Der Verzicht des Arbeitnehmers auf das Widerspruchsrecht nach § 613a Abs. 6 BGB

Schriften zum deutschen und europäischen Arbeitsrecht

Herausgegeben von Frank Bayreuther

Band 16

PL ACADEMIC RESEARCH

Daniel Heimann

Der Verzicht des Arbeitnehmers auf das Widerspruchsrecht nach § 613a Abs. 6 BGB

Mechanismus, Wirkung, Ausübungsmodalitäten und rechtliche Grenzen des Verzichts

PL ACADEMIC RESEARCH

Bibliografische Information der Deutschen Nationalbibliothek
Die Deutsche Nationalbibliothek verzeichnet diese Publikation in der Deutschen Nationalbibliografie; detaillierte bibliografische Daten sind im Internet über http://dnb.d-nb.de abrufbar.

Zugl.: Passau, univ., Diss., 2014

Gedruckt auf alterungsbeständigem,
säurefreiem Papier.

D 739
ISSN 1865-634X
ISBN 978-3-631-65689-1 (Print)
E-ISBN 978-3-653-05060-8 (E-Book)
DOI 10.3726/978-3-653-05060-8

PL Academic Research ist ein Imprint der Peter Lang GmbH.

Peter Lang – Frankfurt am Main · Bern · Bruxelles · New York ·
Oxford · Warszawa · Wien

Diese Publikation wurde begutachtet.

www.peterlang.com

Für Adam, Christine und Rebekka

Vorwort

Der Gesetzgeber hat den Beginn der Widerspruchsfrist in § 613a Abs. 6 Satz 1 BGB vom Zugang eines ordnungsgemäßen Informationsschreibens abhängig gemacht. Da die Rspr. hohe Anforderungen an ein ordnungsgemäßes Informationsschreiben stellt, sind in der Praxis viele Informationsschreiben fehlerhaft. Das Widerspruchsrecht wird dadurch zu einem umfassenden „Reuerecht", das es Arbeitnehmern ermöglicht, dem Übergang ihres Arbeitsverhältnisses auch noch Jahre nach dem Stichtag des Betriebsübergangs erfolgreich zu widersprechen. Ob diese Rechtsunsicherheit durch einen Verzicht des Arbeitnehmers auf das Widerspruchsrecht erfolgreich beseitigt werden kann, ist Gegenstand der vorliegenden Dissertation. Die Arbeit wurde vor Drucklegung noch einmal umfassend aktualisiert. Rechtsprechung und Literatur sind bis Februar 2015 berücksichtigt.

Die juristische Fakultät der Universität Passau hat die Arbeit im Sommersemester 2014 als Dissertation angenommen. Die Disputation fand am 1. Juli 2014 statt. Meinem Doktorvater, Herrn Prof. Dr. Frank Bayreuther, danke ich dafür, dass er mir während der Promotionszeit mit Rat und Tat zur Seite gestanden hat. Dies ist – wie die Erfahrung zeigt – gerade bei externen Promotionsvorhaben keineswegs selbstverständlich. Besonders bedanken möchte ich mich bei ihm zudem für die Anregung des Themas. Herrn Prof. Dr. Wolfgang Hau danke ich für die rasche Erstellung des Zweitgutachtens.

Gewidmet ist die Arbeit zum einen meinen Eltern, Adam und Christine Heimann, zum anderen Rebekka Stumpfrock. Sie alle haben mir durch ihr Verständnis, ihr Vertrauen, ihren steten Zuspruch und ihre bedingungslose Unterstützung den notwendigen Rückhalt gegeben und dadurch ihren Anteil an der Verwirklichung dieser Arbeit.

Stuttgart, im Februar 2015 — Daniel Heimann

Inhaltsverzeichnis

Abkürzungsverzeichnis

a.A.	anderer Ansicht
a.F.	alte Fassung
Abl.	Amtsblatt
Abs.	Absatz
AcP	Archiv für civilistische Praxis
AGBG	Gesetz zur Regelung des Rechts der Allgemeinen Geschäftsbedingungen
AktG	Aktiengesetz
Anm.	Anmerkung
AP	Arbeitsrechtliche Praxis, Nachschlagewerk des Bundesarbeitsgerichts
ArbG	Arbeitsgericht
AR-Blattei SD	Arbeitsrecht-Blattei, Handbuch für die Praxis
Art.	Artikel
AT	allgemeiner Teil
Aufl.	Auflage
BAG	Bundesarbeitsgericht
BB	Betriebsberater
BetrVG	Betriebsverfassungsgericht
BGB	Bürgerliches Gesetzbuch
BGBl.	Bundesgesetzblatt
BGH	Bundesgerichtshof
BR	Bundesrat
BR-Drucks.	Bundesratsdrucksache
BVerfG	Bundesverfassungsgericht
BVerfGE	Entscheidungen des Bundesverfassungsgerichts
bzw.	beziehungsweise
DAV	Deutscher Anwaltsverein
DB	Der Betrieb
ders.	Derselbe
EFZG	Entgeltfortzahlungsgesetz

EG	Europäische Gemeinschaft
Einf. v.	Einführung vor
Einl. v.	Einleitung vor
EuGH	Europäischer Gerichtshof
EuZW	Europäische Zeitschrift für Wirtschafts-recht
EWG	Europäische Wirtschaftsgemeinschaft
EWiR	Entscheidungen zum Wirtschaftsrecht
EzA	Entscheidungssammlung zum Arbeits-recht
f./ff.	folgende/r
Fn.	Fußnote
FS	Festschrift
gem.	gemäß
GewO	Gewerbeordnung
GG	Grundgesetz
ggf.	gegebenenfalls
GmbHG	Gesetz betreffend die Gesellschaft mit beschränkter Haftung
h.M.	herrschende Meinung
i.S.d.	im Sinn des
i.S.v.	im Sinn von
i.V.m.	in Verbindung mit
JuS	Juristische Schulung
JZ	JuristenZeitung
KSchG	Kündigungsschutzgesetz
LAG	Landesarbeitsgericht
lit.	litera
Ls.	Leitsatz
m.w.N.	mit weiteren Nachweisen
n.F.	neue Fassung
NJW	Neue Juristische Wochenschrift
NJW-RR	NJW-Rechtsprechungsreport Zivilrecht
Nr.	Nummer
NZA	Neue Zeitschrift für Arbeitsrecht

NZA-RR	NZA-Rechtsprechungs-Report Arbeitsrecht
OLG	Oberlandesgericht
RdA	Recht der Arbeit
RG	Reichsgericht
RGZ	Entscheidungen des Reichsgerichts in Zivilsachen
RL	Richtlinie
Rn.	Randnummer
Rspr.	Rechtsprechung
S.	Seite/Satz
SGB III	Sozialgesetzbuch (SGB) Drittes Buch (III) - Arbeitsförderung
sog.	sogenannt
TzBfG	Teilzeit- und Befristungsgesetz
u.a.	unter anderem/unter anderen
UmwG	Umwandlungsgesetz
Var.	Variante
vgl.	vergleiche
z.B.	zum Beispiel
z.T.	zum Teil
ZfA	Zeitschrift für Arbeitsrecht
ZIP	Zeitschrift für Wirtschaftsrecht

Literaturverzeichnis

Annuß, Georg, Informationspflicht und Widerspruchsrecht beim Betriebsübergang, in: Festschrift zum 25-jährigen Bestehen der Arbeitsgemeinschaft Arbeitsrecht im DAV, Bonn 2006, S. 563-593.
(zitiert *Annuß*, in: FS ARGE Arbeitsrecht)

Ascheid, Reiner, Die betriebsbedingte Kündigung - § 1 KSchG - § 54 AGB-DDR - § 613a IV 2 BGB, NZA 1991, 873-879.

Ascheid, Reiner/ Preis, Ulrich/ Schmidt, Ingrid, Kündigungsrecht, 4. Aufl., München 2012.
(zitiert *Bearbeiter*, in: A/P/S)

Bachner, Michael/ Köstler, Roland/ Matthießen, Volker/ Trittin, Wolfgang, Arbeitsrecht bei Unternehmensumwandlung und Betriebsübergang, 4. Aufl., Baden-Baden 2012.
(zitiert *Bearbeiter*, in: B/K/M/T, Arbeitsrecht bei Unternehmensumwandlung und Betriebsübergang)

Bauer, Jobst-Hubertus, Kein Widerspruchsrecht der Arbeitnehmer bei Betriebsübergang, NZA 1990, 881-883.

Bauer, Jobst-Hubertus, Nochmals: Kein Widerspruchsrecht, NZA 1991, 139-140.

Bauer, Jobst-Hubertus/ Günther, Jens, Neue Spielregeln für Klageverzichtsvereinbarungen, NJW 2008, 1617-1621.

Bauer, Jobst-Hubertus/ Lingemann, Stefan/ Diller, Martin/ Haußmann, Katrin, Anwalts-Formularbuch Arbeitsrecht, 5. Aufl., Köln 2014.

Bauer, Jobst-Hubertus/ von Steinau-Steinrück, Robert, Neuregelung des Betriebsübergangs: Erhebliche Risiken und viel mehr Bürokratie!, ZIP 2002, 457-466.

Beck'scher Online Kommentar BGB, Stand 1. 5. 2014, Edition 31.
(zitiert *Bearbeiter*, in: BeckOK BGB)

Beck'scher Online-Kommentar Arbeitsrecht, Stand 1. 6. 2014, Edition 32.
(zitiert *Bearbeiter*, in: BeckOK ArbR)

Beisel, Wilhelm/ Klumpp, Hans-Hermann, Der Unternehmenskauf, Gesamtdarstellung der zivil- und steuerrechtlichen Vorgänge einschließlich gesellschafts-, arbeits-, und kartellrechtlicher Fragen bei der Übertragung eines Unternehmens, 6. Aufl., München 2009.
(zitiert *Bearbeiter*, in: Beisel/Klumpp, Der Unternehmenskauf)

Berger, Der Aufrechnungsvertrag, Tübingen 1996.
(zitiert *Berger*, Aufrechnungsvertrag)

Berkowsky, Wilfried, Das Seemannsgesetz und der Betriebsübergang, NZI 2002, 415-417.

Bernsau, Georg/ Dreher, Daniel/ Hauck, Friedrich, Betriebsübergang, Kommentar zu § 613a BGB unter Einschluss von betriebsverfassungsrechtlichen und insolvenzrechtlichen Vorschriften, 3. Aufl., Köln 2010.
(zitiert *Bearbeiter*, in: B/D/H, Betriebsübergang)

Boecken, Winfried, BGB - Allgemeiner Teil, 2. Aufl., Stuttgart 2012.
(zitiert *Boecken*, AT)

Boecken, Winfried, Der Übergang von Arbeitsverhältnissen bei Spaltung nach dem neuen Umwandlungsrecht, ZIP 1994, 1087-1095.

Böhm, Wolfgang, § 623 BGB, Risiken und Nebenwirkungen - Quasi una glossa ordinaria, NZA 2000, 561-564.

Bötticher, Eduard, Besinnung auf das Gestaltungsrecht und das Gestaltungsklagerecht, in: FS für Hans Dölle Band 1: Deutsches Privat- und Zivilprozessrecht, Rechtsvergleichung, Tübingen 1963, S. 41-77.
(zitiert *Bötticher*, FS Dölle)

Clemenz, Susanne/ Kreft, Burghard/ Krause, Rüdiger, AGB-Arbeitsrecht, Kommentar zu den §§ 305-310 BGB, Köln 2013.

Commandeur, Gert, Individualrechtliche Probleme des Widerspruchs des Arbeitnehmers beim Betriebsübergang, NJW 1996, 2537-2546.

Däubler, Wolfgang, Das Arbeitsrecht im neuen Umwandlungsgesetz, RdA 1995, 136-147.

Däubler, Wolfgang, Das Widerspruchsrecht des Arbeitnehmers bei Betriebsübergang - ein Verstoß gegen EG-Recht?, NZA 1991, 134-135.

Däubler, Wolfgang, Transparenzprinzip auch für den Gesetzgeber?, NJW 2004, 993-994.

Däubler, Wolfgang/ Bonin, Birger/ Deinert, Olaf, AGB-Kontrolle im Arbeitsrecht, Kommentar zu den §§ 305 bis 310 BGB, 3. Aufl., München 2010.
(zitiert *Bearbeiter*, in: D/B/D, AGB-Kontrolle im Arbeitsrecht)

Dauner-Lieb, Barbara/ Heidel, Thomas/ Lepa, Manfred/ Ring, Gerhard, Das neue Schuldrecht in der anwaltlichen Praxis, Bonn 2006.
(zitiert *Bearbeiter*, in: Dauner-Lieb/Heidel/Lepa/Ring, Das neue Schuldrecht)

Dietlein, Max Josef, Kreditsicherung der Banken und das neue AGBG, JZ 1977, 637-639.

Dornbusch, Gregor/ Fischermeier, Ernst/ Löwisch, Manfred, Fachanwaltskommentar Arbeitsrecht, 6. Aufl., Köln 2014.
(zitiert *Bearbeiter*, in: D/F/L)

Dörner, Klemens/ Luczak, Stefan/ Wildschütz, Martin/ Baeck, Ulrich/ Hoß, Axel, Handbuch des Fachanwalts Arbeitsrecht, 11. Aufl., Köln 2014.
(zitiert: *Bearbeiter*, in: D/L/W/B/H)

Dreier, Horst, Grundgesetz, Kommentar, 2. Aufl., Tübingen 2004.
(zitiert *Bearbeiter*, in: Dreier, GG)

Dzida, Boris, Die Verwirkung des Widerspruchsrechts als Korrektiv zur uferlosen Unterrichtungspflicht beim Betriebsübergang?, NZA 2009, 641-646.

Ehrich, Christian, Das Widerspruchsrecht des Arbeitnehmers beim Betriebsübergang (§ 613a BGB) – keine Makulatur!, NZA 1993, 635-638.

Eich, Rolf-Achim, Betriebsnachfolge als Betriebsänderung im Sinne des § 111 BetrVG?, DB 1980, 255-259.

Erfurter Kommentar zum Arbeitsrecht, 14. Aufl., München 2014.
(zitiert *Bearbeiter*, in: ErfK)

Erman, Bürgerliches Gesetzbuch Band I, §§ 1-758, AGG, UklaG, 14. Aufl., Köln 2014.
(zitiert *Bearbeiter*, in: Erman)

Ernst, Wolfgang/ Zimmermann, Reinhard, Zivilrechtswissenschaft und Schuldrechtsreform: Zum Diskussionsentwurf eines Schuldrechtsmodernisierungsgesetzes des Bundesministeriums der Justiz, Tübingen 2001.
(zitiert: *Bearbeiter*, in: Zivilrechtswissenschaft und Schuldrechtsreform)

Esser, Josef/ Schmidt, Eike, Schuldrecht Band 1, Allgemeiner Teil, Teilband 1, Entstehung, Inhalt und Beendigung von Schuldverhältnissen, 8 Aufl., Heidelberg 1995.
(zitiert: *Esser/Schmidt*, Schuldrecht AT I/1)

Fandel, Stefan/ Hausch, Tobias, Das Widerspruchsrecht gemäß § 613a Abs. 6 BGB bei Umwandlungen nach dem UmwG unter Wegfall übertragender Rechtsträger, BB 2008, 2402-2405.

Fenn, Herbert/ Klose, Oliver, Voraussetzungen und Folgen des Widerspruchs gegen den Arbeitgeberwechsel bei § 613a BGB – BAGE 88, 196, JuS 2000, 531-537.

Fitting, Karl, Betriebsverfassungsgesetz, Handkommentar, 27. Aufl., München 2014. (zitiert F/E/S/T/L)

Flume, Werner, Allgemeiner Teil des Bürgerlichen Rechts Zweiter Band, Das Rechtsgeschäft, 3. Aufl., Berlin, Heidelberg, New York 1979. (zitiert *Flume*, AT II)

Franzen, Martin, Informationspflichten und Widerspruchsrecht beim Betriebsübergang nach § 613a Abs. 5 und 6 BGB, RdA 2002, 258-272.

Früh, Andreas, Bürgerliches Recht in der Fallbearbeitung, JuS 1994, 486-491.

Fuhlrott, Michael/ Ritz, Sebastian, Anforderungen an Unterrichtungsschreiben bei Betriebsübergängen, BB 2012, 2689-2694.

Fuhlrott, Michael/ Salamon, Erwin, Vermeidungsstrategien und Gestaltungsmöglichkeiten bei Betriebsübergängen, BB 2012, 1793-1798.

Gaul, Björn, Das Arbeitsrecht der Betriebs- und Unternehmensspaltung, Köln 2002.

Gaul, Björn/ Krause, Daniel, Sorgfalt wird (endlich) belohnt: Zur ordnungsgemäßen Unterrichtung über den Betriebsübergang nach § 613a Abs. 5 BGB. Zugleich Besprechung des Urteils des BAG v. 10. 11. 2011 – 8 AZR 430/10, RdA 2013, 39-47.

Gaul, Björn/ Otto, Björn, Unterrichtungsanspruch und Widerspruchsrecht bei Betriebsübergang und Umwandlung, DB 2002, 634-640.

Gaul, Dieter, Anmerkung zu EuGH vom 05. 05. 1988 - verb. Rs 144, 145/87, EzA § 613a BGB Nr. 89.

Gaul, Dieter, Das Widerspruchsrecht des Arbeitnehmers beim Betriebsübergang und seine Rechtswirkungen, ZfA 1990, 87-110.

Gaul, Dieter, Der Betriebsübergang: Arbeitsrecht - Sozialrecht - Gesellschaftsrecht - gewerblicher Rechtsschutz, 2. Aufl., Köln 1993. (zitiert *D. Gaul*, Der Betriebsübergang)

Gehlhaar, Daniel, Widerspruch gegen Betriebsübergang nach Verfügung über das Arbeitsverhältnis, BB 2009, 1182-1185.

Gernhuber, Joachim, Das Schuldverhältnis, Begründung und Änderung, Pflichten und Strukturen, Drittwirkungen, Tübingen 1989. (zitiert *Gernhuber*, Das Schuldverhältnis)

Gernhuber, Joachim, Die Erfüllung und ihre Surrogate sowie das Erlöschen der Schuldverhältnisse aus anderen Gründen, 2. Aufl., Tübingen 1994. (zitiert *Gernhuber*, Erfüllung)

Gitter, Wolfgang, Betriebsübergang und Arbeitsverhältnis unter besonderer Berücksichtigung der Zustimmung des Arbeitnehmers, in: FS 25 Jahre Bundesarbeitsgericht, München 1979, S. 133-151.
(zitiert *Gitter*, in: FS BAG)

Göpfert, Burkhard/ Buschmann, Jörg, „Vierseitiger Vertrag" zur Abwehr von Widerspruchsrisiken bei Insolvenz des Betriebserwerbers, ZIP 2011, 64-67.

Göpfert, Burkhard/ Winzer, Thomas, Nach-Unterrichtungspflicht beim Betriebsübergang?, ZIP 2008, 761-766.

Graf von Westphalen, Friedrich/ Thüsing, Gregor, Vertragsrecht und AGB-Klauselwerke, München 2013 (Stand: 34. Ergänzungslieferung).
(zitiert *Bearbeiter*, in: Graf von Westfalen/Thüsing, Vertragsrecht und AGB-Klauselwerke)

Grau, Timon, Unterrichtung der Arbeitnehmer und ihrer Vertreter gemäß Art. 7 der Betriebsübergangsrichtlinie 2001/23/EG und die Umsetzung der europäischen Vorgaben im deutschen Recht, Zu gemeinschaftsrechtlichen Grundlagen und Richtlinienkonformität der Informationspflichten gemäß § 613a Abs. 5 BGB und §§ 111 ff. BetrVG, ZfA 2005, 647-685.

Grau, Timon, Unterrichtung und Widerspruchsrecht der Arbeitnehmer bei Betriebsübergang gemäß § 613a Abs. 5 und 6 BGB, Köln 2005.
(zitiert *Grau*, Unterrichtung und Widerspruchsrecht)

Grau,Timon, Rechtsfolgen von Verstößen gegen die Unterrichtungspflicht bei Betriebsübergang gemäß § 613a Abs. 5 BGB, RdA 2005, 367-376.

Grobys, Marcel, Die Neuregelung des Betriebsübergangs in § 613a BGB, BB 2002, 726-731.

Günther, Jens, AGB-Kontrolle von Arbeitsverträgen, Analyse der deutschen Rechtslage nach der Schuldrechtsreform und vergleichende Betrachtung des österreichischen Kontrollsystems, Frankfurt a.M., Berlin, Bern, Bruxelles, New York, Oxford, Wien 2007.

Haas, Herrmann/ Salamon, Erwin/Hoppe, Christian, Beseitigung des Widerspruchs gegen den Betriebsübergang: Auswirkungen der Verletzung von Informationspflichten des Arbeitgebers, NZA 2011, 128-132.

Hartmann, Christian, Die privatautonome Zuordnung von Arbeitsverhältnissen nach Umwandlungsrecht, ZfA 1997, 21-42.

Hausch, Tobias, Gestaltungsmittel im Asset Deal-Unternehmensverkauf im Hinblick auf § 613a BGB, BB 2008, 1392-1403.

Heck, Philipp, Grundriss des Sachenrechts, Neudruck der Ausgabe von Tübingen 1930, Aalen 1960.
(zitiert *Heck*, Grundriss)

Heinze, Meinhard, Die Arbeitgeber-Nachfolge bei Betriebsübergang – die Regelungsstruktur des § 613a BGB und rechtliche Konsequenzen, insbesondere im Konkurs, DB 1980, 205-213.

Heither, Friedrich, Zum Widerspruchsrecht der Arbeitnehmer bei Betriebsübergang, NZA 1991, 136-137.

Henssler, Martin, Aktuelle Rechtsprobleme des Betriebsübergangs, NZA 1994, 913-924.

Henssler, Martin/ Willemsen, Heinz Josef/ Kalb, Heinz-Jürgen, Arbeitsrecht, Kommentar, 6. Aufl., Köln 2014.
(zitiert *Bearbeiter*, in: H/W/K)

Herschel, Wilhelm, Anmerkung zu BAG vom 06. 02. 1980, AP Nr. 21 zu § 613a BGB.

Hess, Harald, Gesetzlicher Übergang des Arbeitsverhältnisses bei Betriebsveräußerung nur mit Einwilligung des Arbeitnehmers?, BB 1977, 501-502.

Hitzfeld, Ulrike, § 613a BGB im System der europäischen Rechtsprechung, BB 1991 199-203.

Hölters, Wolfgang, Handbuch Unternehmenskauf, 7. Aufl., Köln 2010.
(zitiert *Bearbeiter*, in: Hölters, Handbuch Unternehmenskauf)

Holzapfel, Hans-Joachim/ Pöllath, Reinhard, Unternehmenskauf in Recht und Praxis, rechtliche und steuerliche Aspekte, 14. Aufl., Köln 2010.
(zitiert *Holzapfel/ Pöllath*, Unternehmenskauf)

Hübner, Heinz, Allgemeiner Teil des Bürgerlichen Gesetzbuches, 2. Aufl., Berlin, New York 1996.
(zitiert *Hübner*, AT)

Hümmerich, Klaus/ Boecken, Winfried/ Düwell, Franz Jose), NomosKommentar Arbeitsrecht, 2. Aufl., Baden-Baden 2010.
(zitiert *Bearbeiter*, in: H/B/D)

Hümmerich, Klaus/ Reufels, Martin, Gestaltung von Arbeitsverträgen, kommentierte Klauseln und Musterverträge 2. Aufl., Baden-Baden 2011.
(zitiert *Bearbeiter*, in: Hümmerich/Reufels, Gestaltung von Arbeitsverträgen)

Hutzler, Kurt, Kündigung und Kündigungsausschluss bei Betriebsübergang, BB 1981, 1470-1471.

Jacobsen, Kay/ Menke, Johan-Michel, Arbeitgeber auf Abruf? Zum Inhalt von Unterrichtungsschreiben nach § 613 a BGB und zur Verwirkung des Widerspruchsrechts beim Betriebsübergang, NZA-RR 2010, 393-398.

Jarass, Hans Dieter/ Pieroth, Bodo, Das Grundgesetz für die Bundesrepublik Deutschland, 13. Aufl., München 2014.
(zitiert *Bearbeiter*, in: Jarass/Pieroth)

Jauernig, Othmar, Bürgerliches Gesetzbuch, 15. Aufl., München 2015.
(zitiert *Bearbeiter*, in: Jauernig)

Joost, Detlev, Der Widerspruch des Arbeitnehmers beim Betriebsübergang und das europäische Recht, ZIP 1991, 220-222.

Kittner, Oliver, Die Verwirkung des Widerspruchsrechts beim Betriebsübergang, NJW 2012, 1180-1185.

Kleinschmidt, Jens, Der Verzicht im Schuldrecht, Vertragsprinzip und einseitiges Rechtsgeschäft im deutschen und US-amerikanischen Recht, Tübingen 2004.
(zitiert *Kleinschmidt*, Der Verzicht)

Koch, Harald, Die Ökonomie der Gestaltungsrechte – Möglichkeiten und Grenzen der ökonomischen Analyse des Rechts am Beispiel von Kündigung und Anfechtung, in: Festschrift für Konrad Zweigert zum 70. Geburtstag, Tübingen 1981, S. 851-877.
(zitiert *Koch*, in: FS Zweigert)

Koller, Ingo, Das Transparenzgebot als Kontrollmaßstab Allgemeiner Geschäftsbedingungen, in: Festschrift für Ernst Steindorff zum 70. Geburtstag, Berlin, New York 1990, S. 667-686.
(zitiert *Koller*, in: FS Steindorff)

Köndgen, Johannes, Grund und Grenzen des Transparenzgebots im AGB-Recht – Bemerkungen zum "Hypothekenzins-„ und zum "Wertstellungs-Urteil" des BGH, NJW 1989, 943-952.

Kötz, Hein, Der Schutzzweck der AGB-Kontrolle – Eine rechtsökonomische Skizze, JuS 2003, 209-214.

KR, Gemeinschaftskommentar zum Kündigungsschutzgesetz und zu sonstigen kündigungsschutzrechtlichen Vorschriften, 10. Aufl., Köln 2013.
(zitiert *Bearbeiter*, in: KR)

Kraft, Alfons: Betriebsübergang und Arbeitsverhältnis in der Rechtsprechung des Bundesarbeitsgerichtes, in: 25 Jahre Bundesarbeitsgericht, München, 1979, S. 299-314.
(zitiert *Kraft*, in: FS BAG)

Krets, Jerome, Klageverzichts- und Abwicklungsverträge ohne Abfindung, in: FS für Jobst-Hubertus Bauer zum 65. Geburtstag, München 2010, S. 601-612. (zitiert *Krets*, in: FS Bauer)

Larenz, Karl, Lehrbuch des Schuldrechts, Erster Band, Allgemeiner Teil, 14. Aufl., München 1987. (zitiert *Larenz*, Schuldrecht AT)

Larenz, Karl/ Canaris, Claus-Wilhelm, Methodenlehre der Rechtswissenschaft, 3. Aufl., Berlin, Heidelberg, New York, 1995. (zitiert *Larenz/Canaris*, Methodenlehre)

Wolf, Manfred/ Neuner, Jörg, Allgemeiner Teil des bürgerlichen Rechts, 10. Aufl., München 2012. (zitiert *Larenz/Wolf*, AT)

Lettl, Tobias, Die AGB-rechtliche Relevanz einer Option in der formularmäßigen Einwilligungserklärung zur Telefonwerbung, NJW 2001, 42-43.

Lieb, Manfred, Sonderprivatrecht für Ungleichgewichtslagen?, Überlegungen zum Anwendungsbereich der sogenannten Inhaltskontrolle privatrechtlicher Verträge, AcP 178 (1978), S. 196-226.

Lingemann, Stefan, Anmerkung zu BAG vom 10. 11. 2011 – 8 AZR 277/10, FD-ArbR 2011, 325104.

Lorenz, Stephan, Neues Leistungsstörungs- und Kaufrecht: Eine Zwischenbilanz, Berlin 2004. (zitiert *Lorenz*, Neues Leistungsstörungs- und Kaufrecht: Eine Zwischenbilanz)

Löw, Frederike, Steht das europäische Recht einem Widerspruchsrecht des Arbeitnehmers bei Betriebsübergang entgegen?, DB 1991, 546-549.

Luke, Joachim, § 615 S. 3 BGB – Neuregelung des Betriebsrisikos?, NZA 2004, 244-247.

Lüke, Gerhard, Anmerkung zu BAG vom 30. 10. 1986, AP Nr. 55 zu § 613a BGB.

Lutter, Marcus/ Winter, Martin, Umwandlungsgesetz Band II, §§ 135-325, SpruchG, 5. Aufl., Köln 2014. (zitiert *Bearbeiter*, in: Lutter)

Mankowski, Peter, Beseitigungsrechte: Anfechtung, Widerruf und verwandte Institute, Tübingen 2003. (zitiert: *Mankowski*, Beseitigungsrechte)

Maschmann, Frank, Abordnung und Versetzung im Konzern, RdA 1996, 24-40.

Maunz, Theodor/ Dürig, Günter, Grundgesetz, München 2014 (Stand: 71. Ergänzungslieferung).
(zitiert *Bearbeiter,* in: Maunz/Dürig)

Medicus, Dieter, Allgemeiner Teil des BGB, 10. Aufl., Heidelberg 2010.
(zitiert *Medicus,* AT)

Meilicke, Wienand, EuGH zu § 613a BGB – Widerspruch des Arbeitnehmers hindert nicht Übergang des Arbeitsverhältnisses, DB 1990, 1770.

Menze, Sandra, Das Widerspruchsrecht der Arbeitnehmer beim Betriebsübergang, Bestehen, Voraussetzungen und individualrechtliche Rechtsfolgen, Frankfurt a.M., Berlin, Bern, Bruxelles, New York, Oxford, Wien 2000.
(zitiert *Menze,* Das Widerspruchsrecht)

Meyer, Cord, Die Unterrichtung der Arbeitnehmer vor Betriebsübergang, Baden-Baden 2007.
(zitiert *Meyer,* Unterrichtung)

Moll, Wilhelm, Die Rechtsstellung des Arbeitnehmers nach einem Betriebsübergang, NJW 1993, 2016-2023.

Mugdan, Benno, Die gesamten Materialien zum Bürgerlichen Gesetzbuch für das Deutsche Reich Band I: Einführungsgesetz und Allgemeiner Teil, Berlin 1899.

Müller, Stefan, Klageverzicht und Abwicklungsvereinbarung, BB 2011, 1653-1656.

Münchener Anwaltshandbuch Arbeitsrecht, 3. Aufl., München 2012.
(zitiert Bearbeiter, in: Münchener Anwaltshandbuch Arbeitsrecht)

Münchener Handbuch zum Arbeitsrecht Band 2, Kollektivarbeitsrecht/Sonderformen, 3. Aufl., München 2009.
(zitiert *Bearbeiter,* in: Münchener Handbuch Arbeitsrecht)

Münchener Kommentar zum Bürgerlichen Gesetzbuch
Band 1, Allgemeiner Teil, §§ 1-240, ProstG, AGG, 6. Aufl., München 2012.
Band 2, Schuldrecht Allgemeiner Teil, §§ 241-432, 6. Aufl., München 2012.
Band 3, Schuldrecht Besonderer Teil, §§ 433-610, Finanzierungsleasing, HeizkostenV, BetriebskostenV, CISG 6. Aufl., München 2012.
Band 4, Schuldrecht Besonderer Teil II, §§ 611-704, EFZG, TzBfG, KSchG, 6. Aufl., München 2012.
Band 5, Schuldrecht Besonderer Teil III, §§ 705-853, Partnerschaftsgesellschaftsgesetz, Produkthaftungsgesetz, 6. Aufl. München 2013.
Band 6, Sachenrecht, §§ 854-1296, Wohnungseigentumsgesetz, Erbbaurechtsgesetz, 6. Aufl., München 2013.
(zitiert *Bearbeiter,* in: MüKo)

Münchener Kommentar zum Gesetz betreffend die Gesellschaften mit beschränkter Haftung – GmbHG Band 2, §§ 35-52, München 2012.
(zitiert *Bearbeiter*, in: MüKo GmbHG)

Nebeling, Martin/ Kille, Sarah-Denise, Verwirkung des Widerspruchsrechts bei fehlerhafter Unterrichtung über den Betriebsübergang, NZA-RR 2013, 1-6.

Nehls, Albrecht, Die Neufassung des § 613a BGB – Bewertung und Gestaltungsmöglichkeiten, NZA 2003, 822-827.

Oetker, Hartmut, Das Widerspruchsrecht der Arbeitnehmer beim Betriebsübergang und die Rechtsprechung des EuGH, NZA 1991, 137-139.

Olbertz, Klaus/ Ungnad, Simone, Zeitliche Grenze des Widerspruchsrechts nach § 613a VI BGB im Falle fehlerhafter Unterrichtung der Arbeitnehmer BB 2004, 213-218.

Palandt, Bürgerliches Gesetzbuch, 73. Aufl., München 2014.
(zitiert *Bearbeiter*, in: Palandt)

Peter, Hansjörg, Verzicht auf Rechte und Befugnisse, insbesondere im Obligationenrecht, Kausale und abstrakte Verfügungen, AcP 200 (2000), S. 149-191.

Picker, Eduard, Die Entwicklung des arbeitsrechtlichen Schrifttums im Jahre 1980, ZfA 1981, 303-492.

Picot, Gerhard, Unternehmenskauf und Restrukturierung, 4. Aufl., München 2013.
(zitiert *Bearbeiter*, in: Picot, Unternehmenskauf und Restrukturierung)

Pietzko, Joachim, Der Tatbestand des § 613a BGB, Berlin 1988.
(zitiert *Pietzko*, Der Tatbestand des § 613a BGB)

Pietzko, Joachim, Rechtsgeschäftliche Gestaltungsmöglichkeiten der Arbeitnehmer beim Betriebsübergang, ZIP 1990, 1105-1116.

Pils, Michael Johannes, Der Verzicht auf das Widerspruchsrecht nach § 613a Abs. 6 BGB, BB 2014, 185-191.

Pottmeyer, Klaus, Praktische Probleme im Zusammenhang mit dem Widerspruchsrecht des Arbeitnehmers beim Betriebsinhaberwechsel (§ 613a BGB) – Zugleich ein Beitrag zur Rechtsnatur des Widerspruchsrechts, ZfA 1989, 239-264.

Preis, Ulrich, Der Arbeitsvertrag, 4. Aufl., Köln 2011.
(zitiert *Bearbeiter*, in: Preis, Der Arbeitsvertrag)

Preis, Ulrich, Privatautonomie und das Recht der Allgemeinen Geschäftsbedingungen, in: Festschrift für Reinhard Richardi zum 70. Geburtstag, München 2007, S. 339-359.
(zitiert *Preis*, in: FS Richardi)

Preis, Ulrich/ Bleser, Alina/ Rauf, Birte, Die Inhaltskontrolle von Ausgleichsquittungen und Verzichtserklärungen, DB 2006, 2812-2818.

Preis, Ulrich/ Gotthardt, Michael, Schriftformerfordernis für Kündigungen, Aufhebungsverträge und Befristungen nach § 623 BGB, NZA 2000, 349-361.

Pröpper, Martin, Präventive Vereinbarungen zwischen Arbeitgeber und Arbeitnehmer über das Widerspruchsrecht für den Fall eines Betriebsübergangs, DB 2000, 2322-2326.

Pröpper, Martin: Unbefristetes Widerspruchsrecht bei Unterrichtungsfehlern über den Betriebsübergang nach § 613a BGB?, DB 2003, 2011-2012.

Prütting, Hans/ Wegen, Gerhard/ Weinreich, Gerd, BGB, 9. Aufl., Köln 2014.
(zitiert *Bearbeiter*, in: P/W/W)

Reichsgerichtsrätekommentar, Das Bürgerliche Gesetzbuch mit besonderer Berücksichtigung der Rechtsprechung des Reichsgerichts und des Bundesgerichtshofs
Band I, §§ 1-240, 12. Aufl., Berlin New York 1982.
Band II, 4. Teil, 12. Aufl., Berlin New York 1978.
(zitiert *Bearbeiter*, in: RGRK)

Richardi, Reinhard/ Annuß, Georg, Der neue § 623 BGB – Eine Falle im Arbeitsrecht?, NJW 2000, 1231-1235.

Richardi, Reinhardt, Betriebsverfassungsgesetz mit Wahlordnung, 14. Aufl., München 2014.
(zitiert *Bearbeiter*, in: Richardi).

Rieble, Volker, § 613a Abs. 5 BGB: Informationspflicht und Verstoß, in: Festschrift zum 25-jährigen Bestehen der Arbeitsgemeinschaft Arbeitsrecht im DAV, Bonn 2006, S. 687-719.
(zitiert *Rieble*, in: FS ARGE Arbeitsrecht)

Rieble, Volker, Kollektivwiderspruch nach § 613a VI BGB, NZA 2005, 1-8.

Rieble, Volker, Verschmelzung und Spaltung von Unternehmen und ihre Folgen für Schuldverhältnisse mit Dritten, ZIP 1997, 301-314.

Rieble, Volker/ Wiebauer, Bernd, Widerspruch (§ 613a VI BGB) nach Aufhebungsvertrag, NZA 2009, 401-408.

Rieble, Volker: Widerspruch nach § 613a VI BGB – die (ungeregelte) Rechtsfolge, NZA 2004, 1-9.

Roemheld, Bernard, Zum Übergang des Arbeitsverhältnisses nach § 613a BGB, BB 1976, 845-847.

Rudkowski, Lena, Das „ewige" Widerspruchsrecht des Arbeitnehmers nach § 613a VI BGB und seine Grenzen, NZA 2010, 739-743.

Rupp, Hans-Jürgen, Das Problem widersprüchlicher Unterrichtungen bei § 613a V BGB, NZA 2007, 301-305.

Sagan, Adam, Unterrichtung und Widerspruch beim Betriebsübergang aus deutscher und europäischer Sicht, ZIP 2011, 1641-1650.

Schäfer, Hans-Bernd/ Ott, Claus, Lehrbuch der ökonomischen Analyse des Zivilrechts, 4. Aufl., Berlin 2005.
(zitiert *Schäfer/Ott*, Ökonomischen Analyse)

Schaub, Günter, Gesetz zur Vereinfachung und Beschleunigung des arbeitsgerichtlichen Verfahrens, NZA 2000, 344-348.

Schaub, Günther, Arbeitsrechts-Handbuch, 15. Aufl., München 2013.
(zitiert *Bearbeiter*, in: Schaub, Arbeitsrechts-Handbuch)

Schiefer, Wolfgang, Arbeitsrechtliche Voraussetzungen und Folgen des Betriebsübergangs gem. § 613a BGB, RdA 1994, 83-93.

Schippel, Helmut/ Brambring, Günter, AGB-Gesetz und notariell beurkundete Formularverträge, DnotZ 1977, 131-159.

Schlüter, Wilfried, Die Rechtsprechung des Bundesarbeitsgerichts im Jahre 1974, ZfA 1975, 437-502.

Schmidt-Salzer, Joachim, Die Kontrolle ungewöhnlicher/überraschender AGB-Klauseln: deutsche Vergangenheit und europäische Zukunft, in: FS für Reinhold Trinkner zum 65. Geburtstag, S. 361-375, Heidelberg 1995.

Schmitt, Joachim/ Hörtnagl, Robert/ Stratz, Rolf-Christian, Umwandlungsgesetz, Umwandlungssteuergesetz, 6. Aufl., München 2013.
(zitiert *Bearbeiter*, in: Schmitt/Hörtnagl/Stratz)

Schmitt, Jochem, Zur Rechtsnatur des Übergangs der Arbeitsverhältnisse gemäß § 613° BGB, ZfA 1979, 503-518.

Schnitker, Elmar/ Grau, Timon, Arbeitsrechtliche Aspekte von Unternehmensumstrukturierungen durch Anwachsung von Gesellschaftsanteilen, ZIP 2008, 394-401.

Schreiber, Klaus, Das Arbeitsverhältnis beim Übergang des Betriebs, RdA 1982, 137-149.

Schwerdtner, Peter, Individualarbeitsrechtliche Probleme des Betriebsübergangs, Versuch einer Bestandsaufnahme, in: FS für Gerhard Müller, Berlin 1981. (zitiert *Schwerdtner* in FS G.Müller, S. 557-588)

Seiter, Hugo, Anmerkung zu BAG vom 2. 10. 1974, AP Nr. 1 zu § 613a BGB.

Semler, Johannes/ Stengel, Arndt, Umwandlungsgesetz, 3. Aufl., München 2012. (zitiert: *Bearbeiter*, in: Semler/Stengel)

Semler, Johannes/ Volhard, Rüdiger, Arbeitshandbuch für Unternehmensübernahmen Band 1, Unternehmensübernahme, Vorbereitung – Durchführung – Folgen, Ausgewählte Drittländer, München 2001.
(zitiert *Bearbeiter*, in: Semler/ Volhard, Arbeitshandbuch für Unternehmensübernahmen)

Simon, Stefan/ Weninger Heike, Betriebsübergang und Gesamtrechtsnachfolge: Kein Widerspruch – keine Unterrichtung?, BB 2010, 117-119.

Soergel, Bürgerliches Gesetzbuch mit Einführungsgesetz und Nebengesetzen
Band 2, Schuldrecht I, §§ 241-432, 12. Aufl., Stuttgart 1990.
Band 10, Schuldrecht 8, §§ 652-704, 13. Aufl., Stuttgart 2012.
(zitiert *Bearbeiter*, in: Soergel)

Söhner, Frank, Der Verzicht des Arbeitnehmers und Auszubildenden auf Bestandsschutz, Baden-Baden 2008.
(zitiert: *Söhner*, Der Verzicht auf Bestandsschutz)

Staudinger, Kommentar zum Bürgerlichen Gesetzbuch mit Einführungsgesetz und Nebengesetzen
Buch 1, Allgemeiner Teil, §§ 125-129, BeurkG, Neubearbeitung Berlin 2012.
Buch 2, Recht der Schuldverhältnisse, §§ 311, 311a, 312, 312a-i, Neubearbeitung Berlin 2013.
Buch 2, Recht der Schuldverhältnisse, §§ 305-310; UklaG, Neubearbeitung Berlin 2013.
Buch 2, Recht der Schuldverhältnisse, §§ 397-432, Neubearbeitung Berlin 2012.
Buch 2, Recht der Schuldverhältnisse, §§ 613a-619a, Neubearbeitung Berlin 2011.
(zitiert *Bearbeiter*, in: Staudinger)

Staudinger, Kommentar zum Bürgerlichen Gesetzbuch mit Einführungsgesetz und Nebengesetzen, Eckpfeiler des Zivilrechts, Neubearbeitung Berlin 2012/2013.
(zitiert *Bearbeiter*, in: Staudinger Eckpfeiler)

Stern, Klaus, Das Staatsrecht der Bundesrepublik Deutschland Band III/2: Allgemeine Lehren der Grundrechte, München 1994.
(zitiert *Stern*, Staatsrecht)

Stoffels, Markus, AGB-Recht, 2.Aufl., München 2009.
(zitiert *Stoffels*, AGB-Recht)

Stoffels, Markus, Grundfragen der Inhaltskontrolle von Arbeitsverträgen, ZfA 2009, 861-895.

Stoffels, Markus, Schranken der Inhaltskontrolle, JZ 2001, 843-849.

Sturm, Gerd, Probleme eines Verzichts auf Grundrechte, in: Menschenwürde und freiheitliche Rechtsordnung, Festschrift für Willi Geiger zum 65. Geburtstag, Tübingen 1974, S. 173-198.
(zitiert *Sturm*, in: FS Geiger)

Sudhoff, Heinrich, Unternehmensnachfolge, 5. Aufl., München 2005.
(zitiert *Bearbeiter*, in: Sudhoff, Unternehmensnachfolge)

Tödtmann, Ulrich, Tätigkeitsregelungen: Transparent, angemessen und doch flexibel, in: Maschmann, Frank, Rigidität und Flexibilität im Arbeitsrecht, S. 31-47, Baden-Baden 2011.
(zitiert Tödtmann, in: Maschmann, Rigidität und Flexibilität*)*

Tschöpe, Ulrich, Rechtsfolgen eines arbeitnehmerseitigen Widerspruchsrechts beim Betriebsinhaberwechsel, Frankfurt a.M. 1984.

Ulmer, Peter/ Brandner, Hans-Erich/ Hensen, Horst-Dieter, AGB Recht, 11. Aufl., Köln 2011.
(zitiert *Bearbeiter*, in: U/B/H)

Vogt, Volker/ Oltmanns, Sönke, Die Anwachsung als Fall des Betriebsübergangs, NZA 2012, 1190-1194.

Von Mangoldt, Hermann/ Klein, Friedrich/ Starck, Christian, Kommentar zum Grundgesetz Band 1, Präambel, Artikel 1 bis 19, 6. Aufl. München 2010.
(zitiert *Bearbeiter*, in: von Mangoldt/Klein/Starck)

Von Münch, Ingo/ Kunig,Philip, Grundgesetz, Kommentar Band 1: Präambel bis Art. 69, 6. Aufl., München 2012.
(zitiert *Bearbeiter*: in von Münch/Kunig)

Wank, Rolf, Anmerkung zu BAG vom 30. 10. 2003 - 8 AZR 491/02, EWIR 2004, 589-590.

Weick, Günter, Die Idee des Leitbildes und die Typisierung im gegenwärtigen Vertragsrecht, NJW 1978, 11-15.

Willemsen, Heinz Josef, Aktuelles zum Betriebsübergang - § 613a BGB im Spannungsfeld von deutschem und europäischem Recht, NJW 2007, 2065-2075.

Willemsen, Heinz Josef, Rechtsunsicherheit als Gesetzgebungsziel? Einige Anmerkungen zu § 613a Abs. 5 und 6 BGB, in: Personalrecht im Wandel, Arbeitsrecht, Lohnsteuerrecht, Sozialversicherungsrecht, Festschrift für Wolfdieter Küttner zum 70. Geburtstag, München 2006, S. 417-434.
(zitiert *Willemsen*, in: FS Küttner)

Willemsen, Heinz Josef/ Hohenstatt, Klaus-Stefan/ Schnitker, Elmar/ Schweibert, Ulrike/ Seibt, Christoph H., Umstrukturierung und Übertragung von Unternehmen, 4. Aufl., München 2011.
(zitiert *Bearbeiter*, in: W/H/S/S, Umstrukturierung)

Willemsen, Heinz Josef/ Lembke, Mark, Die Neuregelung von Unterrichtung und Widerspruchsrecht der Arbeitnehmer beim Betriebsübergang, NJW 2002, 1159-1165.

Wolf, Manfred/ Lindacher, Walter/ Pfeiffer, Thomas, AGB-Recht, 6. Aufl., München 2013.
(zitiert *Bearbeiter*, in: W/L/P)

Worzalla, Michael, Neue Spielregeln bei Betriebsübergang - Die Änderungen des § 613a BGB, NZA 2002, 353-358.

Ziege, Hans-Joachim, Nochmals - Widerspruch des Arbeitnehmers bei Betriebsveräußerung, BB 1978, 203-204.

Kapitel 1: Einleitung

§ 1 Grundlagen

A. Einführung

Der Gesetzgeber hat das Widerspruchsrecht des Arbeitnehmers gegen den durch einen rechtsgeschäftlichen Betriebs(teil)übergang ausgelösten Übergang seines mit dem bisherigen Betriebsinhaber bestehenden Arbeitsverhältnisses auf den Betriebserwerber mit Wirkung vom 1. April 2002 in § 613a Abs. 6 BGB normiert. Zudem ist seitdem in § 613a Abs. 5 BGB eine Pflicht der Kaufvertragsparteien[1] zur individuellen Unterrichtung der von einem Betriebsübergang betroffenen Arbeitnehmer über den Zeitpunkt oder den geplanten Zeitpunkt des Übergangs, den Grund für den Übergang, die rechtlichen, wirtschaftlichen und sozialen Folgen des Übergangs für die Arbeitnehmer und die hinsichtlich der Arbeitnehmer in Aussicht genommenen Maßnahmen enthalten. Die ordnungsgemäße Erfüllung dieser Informationspflicht hat der Gesetzgeber zur Voraussetzung für den Beginn der Widerspruchsfrist gemacht.[2] Die Erweiterung des § 613a BGB um die Absätze 5 und 6 erfolgte kurioserweise in Art. 4 des Gesetzes

---

1 Im Folgenden wird der Unternehmenskauf als das Paradebeispiel eines in den Anwendungsbereich des § 613a Abs. 1 BGB fallenden Rechtsgeschäfts dargestellt. Wenn daher in dieser Arbeit von „den Kaufvertragsparteien" die Rede ist, sind immer die Parteien des Unternehmenskaufvertrags gemeint. § 613a BGB kann allerdings auch bei anderen rechtsgeschäftlichen Betriebsübertragungen anwendbar sein, z.T. einer Verpachtung, vgl. BAG, Urteil vom 16. 7. 1998 - 8 AZR 81/97, NZA 1998, 1233, 1234.

2 Dieser Zusammenhang zwischen Unterrichtungspflicht und Widerspruchsrecht findet bereits Anklang im Wortlaut des Gesetzes. Gemäß § 613a Abs. 6 Satz 1 BGB kann der Arbeitnehmer dem Übergang des Arbeitsverhältnisses innerhalb eines Monats „nach Zugang der Unterrichtung nach Abs. 5" widersprechen. Auch nach der Gesetzesbegründung stehen Informationspflicht und Widerspruchsrecht in wechselseitigem Bezug, vgl. BT-Drucks. 14/7760, S. 20. Dem Arbeitnehmer soll durch die Unterrichtung eine ausreichende Wissensgrundlage vermittelt werden, um sich für oder gegen die Ausübung des Widerspruchsrechts entscheiden zu können; folgerichtig beginnt die Widerspruchsfrist auch erst mit Zugang einer vollständigen Unterrichtung, vgl. BT-Drucks. 14/7760, S. 19. Kritisch zu der Voraussetzung des Zugangs einer in allen Punkten ordnungsgemäßen Unterrichtung für den Beginn der Widerspruchsfrist *Willemsen*, NJW 2007, 2065, 2070 f.; *ders.*, in: FS Küttner, S. 417, 427 f.; *Pröpper*, DB 2003, 2011, 2012.

zur Änderung des Seemannsgesetzes und anderer Gesetze vom 23. März 2002[3], also an einer Stelle, an der man nicht auf den ersten Blick Regelungen von derartiger Tragweite und Sprengkraft für das Arbeitsrecht vermuten würde.[4]

Die neu geschaffenen Regelungen sind im Zusammenhang mit § 613a Abs. 1 Satz 1 BGB zu sehen. Danach tritt der neue Inhaber in die Rechte und Pflichten aus den im Zeitpunkt des Übergangs bestehenden Arbeitsverhältnissen ein, wenn ein Betrieb oder Betriebsteil durch Rechtsgeschäft auf einen anderen Inhaber übergeht. Vor Inkrafttreten des § 613a BGB a. F.[5] galten für den Übergang der Arbeitsverhältnisse die Grundsätze der rechtsgeschäftlichen Vertragsübernahme (§§ 414 ff. BGB).[6] Voraussetzung für den Übergang des Arbeitsverhältnisses war infolgedessen gemäß § 415 Abs. 1 BGB eine Übernahmevereinbarung zwischen den Kaufvertragsparteien sowie die Zustimmung des Arbeitnehmers bzw. ein dreiseitiger Vertrag zwischen den Beteiligten.[7] Der Erwerber eines Betriebs war also nicht verpflichtet, die Belegschaft zu übernehmen, sondern konnte darüber disponieren, welche der im Betrieb des Veräußerers tätigen Arbeitnehmer künftig für ihn arbeiten sollten. Um diese Lücke im Kündigungsschutz zu schließen, ordnet § 613a Abs. 1 Satz 1 BGB den Übergang der Arbeitsverhältnisse gesetzlich an.[8] Der Arbeitnehmer erhält im Fall eines Betriebsübergangs ohne seine Zustimmung[9] einen neuen Vertragspartner im Wege der gesetzlichen Sonderrechtsnachfolge. Der Inhalt des zwischen dem früheren Arbeitgeber und

---

3 BGBl. I 2002, S. 1163 ff.

4 Kritisch mit Blick auf das mangelnde Fingerspitzengefühl des Gesetzgebers für eine transparente Gesetzgebung *Rieble*, NZA 2004, 1, 3 („bewusster Scherz des Gesetzgebers"); *Däubler*, NJW 2004, 993, 994 („fast so, als ob man die Schuldrechtsmodernisierung unter dem Titel „Gesetz zur Aufhebung der Viehmängelverordnung und zur Änderung anderer Vorschriften verkündet hätte"); *Berkowsky*, NZI 2002, 415 („auf dass es keiner, den es angeht, merkt"). *Wank* bezweifelt in seiner Urteilsbesprechung (BAG vom 30. 10. 2003 - 8 AZR 491/02) in EwiR 2004, 589 sogar, dass es sich wegen eines Verstoßes gegen das Transparenzgebot um eine ordnungsgemäße Verkündung der Gesetzesänderung im Sinn des Art. 82 Abs. 1 GG gehandelt hat.

5 Die Regelung des § 613a BGB a.F. wurde anlässlich der Novellierung des BetrVG 1952 in das BGB aufgenommen und trat am 19. 1. 1972 in Kraft.

6 BAG, Urteil vom 29. 4. 1966 - 3 AZR 208/65 (juris); BAG, Urteil vom 29. 11. 1962 - 2 AZR 176/62 (juris); BAG, Urteil vom 18. 2. 1960 - 5 AZR 472/57 (juris).

7 Vgl. *Roth*, in: MüKo, § 398 BGB Rn. 191.

8 *Annuß*, in: Staudinger, § 613a BGB Rn. 9; *Müller-Glöge*, in: MüKo, § 613a BGB Rn. 8; *Dreher*, in: B/D/H, Betriebsübergang, Erster Teil § 613a BGB, Rn. 6, S. 6 f.

9 BAG, Urteil vom 30. 10. 1986 - 2 AZR 101/85, NZA 1987, 524, 525.

dem Arbeitnehmer bestehenden Arbeitsverhältnisses bleibt davon unberührt.[10] Diese Rechtsfolge tritt nur dann nicht ein, wenn der Arbeitnehmer dem Übergang seines Arbeitsverhältnisses widerspricht. 613a BGB ist deshalb in erster Linie ein Schutzgesetz zu Gunsten der von einem Betriebsübergang betroffenen Arbeitnehmer.[11]

Die Absätze 5 und 6 des § 613a BGB haben seitdem folgenden Wortlaut:

§ 613a BGB Rechte und Pflichten beim Betriebsübergang

(5) Der bisherige Arbeitgeber oder der neue Inhaber hat die von einem Übergang betroffenen Arbeitnehmer vor dem Übergang in Textform zu unterrichten über:

1. den Zeitpunkt oder den geplanten Zeitpunkt des Übergangs,
2. den Grund für den Übergang,
3. die rechtlichen, wirtschaftlichen und sozialen Folgen des Übergangs für die Arbeitnehmer und
4. die hinsichtlich der Arbeitnehmer in Aussicht genommenen Maßnahmen.

(6) Der Arbeitnehmer kann dem Übergang des Arbeitsverhältnisses innerhalb eines Monats nach Zugang der Unterrichtung nach Absatz 5 schriftlich widersprechen. Der Widerspruch kann gegenüber dem bisherigen Arbeitgeber oder dem neuen Inhaber erklärt werden.

Angesichts des geringen Regelungsgehalts von § 613a Abs. 5 und Abs. 6 BGB musste man kein Prophet sein, um vorhersagen zu können, dass die Gesetzesänderungen mehr Fragen aufwerfen, als sie beantworten würden. Die Kritik entzündet sich vor allem an der mangelnden Bestimmtheit des neu geschaffenen Informationskatalogs[12] sowie an der fehlenden Rechtsfolgenregelung des Widerspruchs.[13]

---

10 BAG, Urteil vom 21. 2. 2006, NZA 2007, 931, 933; *Müller-Glöge*, in: MüKo, § 613a BGB Rn. 77; *Preis*, in: ErfK, § 613a BGB Rn. 66. § 613a Abs. 1 Satz 1 BGB weist in diesem Punkt eine Parallele zu § 566 Abs. 1 BGB auf. Nach dieser Vorschrift tritt der Erwerber anstelle des Vermieters in die sich während der Dauer seines Eigentums aus dem Mietverhältnis ergebenden Rechte und Pflichten ein, wenn der vermietete Wohnraum nach der Überlassung an den Mieter vom Vermieter an einen Dritten veräußert wird.

11 BAG, Urteil vom 26. 2. 1987 - 2 AZR 782/85 (juris).

12 Vgl. *Grau*, RdA 2005, 367, 367 f.; *Nehls*, NZA 2003, 822, 824; *Rieble*, NZA 2004, 1, 3; *ders.* in: FS ARGE Arbeitsrecht, S. 687; *Bauer/von Steinau-Steinrück*, ZIP 2002, 457, 461; *Worzalla*, NZA 2002, 353, 358; *Rieble*, in: FS ARGE Arbeitsrecht, S. 687; *Willemsen*, in: FS Küttner, S. 417, 419; *Bauer/von Steinau-Steinrück/Thees*, in: Hölters, Handbuch Unternehmenskauf, Teil V Rn. 118, S. 457.

13 Vgl. *Rieble*, NZA 2004, 1, 3; *ders.* in: FS ARGE Arbeitsrecht, S. 687.

Der Wortlaut des § 613a Abs. 5 BGB gibt den Kaufvertragsparteien in der Tat keine verlässliche Richtschnur bezüglich Inhalt und Umfang der Unterrichtung an die Hand. Der Gesetzgeber begnügt sich vielmehr damit, den Wortlaut von Art. 7 Abs. 6 RL 2001/23/EG vom 12. 3. 2001[14], auf dessen Umsetzung die Gesetzesänderung beruht, einfach nur zu wiederholen, ohne ihn auch nur ansatzweise zu konkretisieren. Zudem enthält der Unterrichtungskatalog des § 613a Abs. 5 BGB erstaunlicherweise nicht den aus Sicht des Arbeitnehmers eigentlich wichtigsten Informationsgegenstand, nämlich die Identität des Betriebserwerbers.[15] Im Gegensatz dazu hat der Gesetzgeber die Informationspflichten für bestimmte Verträge in den Art. 246 ff. EGBGB konkretisiert und stellt in den Anlagen 1-6 zum EGBGB sogar Musterformulare für die Information bereit. Zum eigentlichen Problem wird die mangelnde Bestimmtheit des Gesetzes allerdings erst dadurch, dass der Gesetzgeber den Beginn der Widerspruchsfrist mit dem Zugang einer ordnungsgemäßen Unterrichtung verknüpft und gleichzeitig auf eine absolute zeitliche Ausübungsgrenze für das Widerspruchsrecht verzichtet hat.[16]

Auch die gesetzliche Regelung des Widerspruchsrechts in § 613a Abs. 6 BGB ist unvollständig. Das Gesetz nimmt keine Stellung dazu, welche Rechtsfolgen der arbeitnehmerseitige Widerspruch gegen den Übergang des Arbeitsverhältnisses hat.[17] Dabei hat der Gesetzgeber in § 613a Abs. 6 BGB kein neuartiges

---

14 ABl. EG Nr. L 82 vom 22. 3. 2001, S. 16 ff.

15 Die Rspr. korrigiert diesen Mangel, indem sie die Identität des Betriebserwerbers in den Unterrichtungskatalog des § 613a Abs. 5 BGB hineinliest, vgl. BAG, Urteil vom 23. 7. 2009 - 8 AZR 538/08, NZA 2010, 89, 91; BAG, Urteil vom 13. 7. 2006 - 8 AZR 305/05, NZA 2006, 1268, 1271. Deshalb muss das Informationsschreiben auch den Firmensitz des Betriebserwerbers enthalten, damit der Arbeitnehmer das Handelsregister einsehen kann, sowie dessen Geschäftsadresse. Bei Gesellschaften muss, sofern eine vollständige gesetzliche Vertretung nicht angegeben wird oder angegeben werden kann, zudem eine identifizierbaren natürlichen Person mit Personalkompetenz als Ansprechpartner des Betriebserwerbers angegeben werden, vgl. BAG, Urteil vom 23. 7. 2009 - 8 AZR 538/08, NZA 2010, 89, 91.

16 Vgl. unten B. II. 2.

17 Anders ist dies beispielsweise beim Anfechtungsrecht, für das § 142 Abs. 1 BGB regelt, dass das angefochtene Rechtsgeschäft von Anfang an nichtig ist. Auch die ex nunc-Wirkung des Rücktrittsrecht kann anhand der §§ 346 ff. BGB bestimmt werden. *Rieble*, in: FS ARGE Arbeitsrecht, S. 687, bezeichnet § 613a Abs. 6 BGB deshalb als Ausdruck gesetzgeberischer Unfähigkeit. Angesichts des nach wie vor vorhandenen normativen Vakuums kann nach Ansicht *Riebles* von einer Kodifikation des Widerspruchsrechts schwerlich die Rede sein, vgl. *Rieble*, NZA 2004, 1, 3. Vgl. auch *Müller-Glöge*, in: MüKo, § 613a BGB Rn. 13, der die Rspr. weiterhin gefordert sieht,

Recht geschaffen. Die Existenz des Widerspruchsrechts stand schon vor seiner ausdrücklichen Normierung nicht in Frage, sondern war in ständiger Rspr. des BAG richterrechtlich anerkannt.[18] Unproblematisch ist das Fehlen der Rechtsfolgenseite noch, wenn der Arbeitnehmer den Widerspruch vor dem Vollzug des Betriebsübergangs erklärt. Relevant wird die Rechtsfolgenseite des § 613a Abs. 6 BGB aber dann, wenn die Ausübung des Widerspruchsrechts nach dem Stichtag des Betriebsübergangs erfolgt, der Arbeitnehmer also zunächst für den Betriebserwerber gearbeitet hat. Der Regelungsgehalt des § 613a Abs. 6 BGB erschöpft sich darin, das bisher ungeschriebene Widerspruchsrecht einem Merkzettel gleich in das Gesetz zu schreiben, ohne zu den strittigen Fragen Stellung zu nehmen, die mit seiner Ausübung verbunden sind. § 613a Abs. 6 BGB reiht sich damit nahtlos in die in jüngerer Vergangenheit häufiger zu beobachtende Tendenz des Gesetzgebers zu einer „Kodifizierung nach Art einer Repetitor-Karteikarte"[19] ein.

B. Grundlagen des Widerspruchsrechts

I. Rechtsfolgen des Widerspruchs

Die Rechtsfolgen des Widerspruchs sind nicht in § 613a Abs. 6 BGB enthalten. Erklärt der Arbeitnehmer den Widerspruch vor dem Stichtag des Betriebsübergangs, geht das Arbeitsverhältnis nicht auf den Erwerber über, sondern bleibt mit dem bisherigen Arbeitgeber bestehen.[20] Wird das Widerspruchsrecht erst nach dem Stichtag des Betriebsübergangs ausgeübt, sind die Rechtsfolgen umstritten.

---

weil der Gesetzgeber davon abgesehen habe, die jahrelang bekannten Folgeprobleme des Widerspruchs zu regeln.

18 Vgl. ausführlich unten III. 1. b) bb).

19 *Lorenz*, in: Neues Leistungsstörungs- und Kaufrecht: Eine Zwischenbilanz, S. 11, der dieser Art der Gesetzgebung grundsätzlich positiv gegenübersteht. Weitere Beispiele dafür sind die Kodifizierung der Grundsätze der culpa in contrahendo in § 311 Abs. 2 und 3 BGB sowie die Normierung der Grundsätze des Wegfalls der Geschäftsgrundlage in § 313 BGB und des Betriebsrisikos in § 615 S. 3 BGB. Kritisch zu dieser Vorgehensweise des Gesetzgebers dagegen *Dauner-Lieb*, in: Ernst/Zimmermann, Zivilrechtswissenschaft und Schuldrechtsreform, S. 317 und 321 („inhalts- und rechtsfolgenblinde Blankettermächtigung" bzw. „Kodifikation durch Lehrbuchzitat"); *Krebs*, in: Dauner-Lieb/Heidel/Lepa/Ring, Das neue Schuldrecht, S. 114; *Luke*, NZA 2004, 244, 244 f.

20 Statt aller *Preis*, in: ErfK, § 613a BGB Rn. 105.

1. Ex tunc-Wirkung des Widerspruchs

Nach ständiger Rspr. des BAG[21] sowie der h.M. in der Literatur[22] wirkt der Widerspruch in diesem Fall auf den Zeitpunkt des Betriebsübergangs zurück, da dem Arbeitnehmer auch nicht vorübergehend ein neuer Arbeitgeber aufgedrängt werden dürfe. Das Arbeitsverhältnis hat dann also retrospektiv seit dem Stichtag des Betriebsübergangs nur mit dem alten Arbeitgeber, aber niemals zwischen dem Betriebserwerber und dem widersprechenden Arbeitnehmer bestanden. Der Zeitraum, in dem der Arbeitnehmer tatsächlich im Betrieb des Erwerbers gearbeitet hat, wird nach den Grundsätzen des fehlerhaften Arbeitsverhältnisses behandelt.[23]

2. Ex nunc-Wirkung des Widerspruchs

Nach anderer Ansicht wirkt ein nach dem Stichtag des Betriebsübergangs erklärter Widerspruch nicht auf den Zeitpunkt des Betriebsübergangs zurück, sondern entfaltet seine Wirkung nur für die Zukunft.[24] Gestaltungsrechte würden grundsätzlich nur ex nunc wirken. Eine ex tunc-Wirkung müsse daher eindeutig gesetzlich geregelt sein, wie z.B. die Rückwirkung des Anfechtungsrechts in § 142 Abs. 1 BGB oder der Genehmigung in § 184 BGB.[25] Eine Rückwirkung des Widerspruchs ist zudem nach Ansicht *Riebles* nicht mit dem Grundsatz vereinbar, dass der Bestand eines Arbeitsverhältnisses gerade nicht rückwirkend beseitigt werden solle.[26] Nach den Grundsätzen des fehlerhaften Arbeitsverhältnisses wird ein unwirksames Arbeitsverhältnis für den vergangenen Zeitraum des Leistungsaustauschs als wirksam erachtet, wenn eine (fehlerhafte) Willenseinigung der Parteien vorliegt, das Arbeitsverhältnis in Vollzug gesetzt worden ist und keine schutzwürdigen Interessen des Einzelnen oder der Allgemeinheit entgegenstehen.[27] Zudem konterkariere die h.M. die von ihr propagierte Rück-

---

21 Vgl. nur BAG, Urteil vom 23. 7. 2009 - 8 AZR 538/08, NZA 2010, 89,; BAG, Urteil vom 13. 7. 2006 - 8 AZR 382/05, NZA 2006, 1406, 1410 (m.w.N., auch zu den abweichenden Ansichten); BAG, Urteil vom 22. 4. 1993 - 2 AZR 50/92, NZA 1994, 360, 361.

22 *Preis*, in: ErfK, § 613a BGB Rn. 105; *Müller-Glöge*, in: MüKo, § 613a BGB Rn. 122; *Willemsen/Müller-Bonanni*, in: H/W/K, § 613a BGB Rn. 355; *Steffan*, in: A/P/S, § 613a BGB Rn. 224; Worzalla, NZA 2002, 353, 358; *Franzen*, RdA 2002, 258, 270.

23 *Müller-Glöge*, in: MüKo, § 613a BGB Rn. 122.

24 *Rieble*, NZA 2004, 1, 3.

25 *Rieble*, NZA 2004, 1, 4.

26 *Rieble*, NZA 2004, 1, 5.

27 *Schöne*, in: H/B/D, § 611 BGB Rn. 42 ff. Dementsprechend wirkt auch eine Anfechtung eines bereits vollzogenen Arbeitsvertrags in der Regel entgegen § 142 Abs. 1 BGB einer fristlosen Kündigung vergleichbar nur für die Zukunft, vgl. BAG, Urteil

wirkung des Widerspruchs sogleich wieder, indem sie die Rechtsbeziehung zwischen dem widersprechenden Arbeitnehmer und dem Betriebserwerber als fehlerhaftes Arbeitsverhältnis behandle.[28]

3. Aufschiebend bedingter Übergang des Arbeitsverhältnisses

Eine dritte Meinung versucht, Rückabwicklungsschwierigkeiten dadurch zu vermeiden, dass sie zunächst nur einen aufschiebend bedingten Übergang des Arbeitsverhältnisses annimmt. Das Arbeitsverhältnis besteht demnach bis zum Ablauf der Widerspruchsfrist oder einer abschließenden Erklärung des Arbeitnehmers hinsichtlich des Widerspruchsrechts mit dem bisherigen Arbeitgeber fort.[29] Im Ergebnis überträgt diese Ansicht das Modell der Schuldübernahme nach § 415 BGB auf § 613a BGB. Ein Arbeitnehmer, der von seinem Widerspruchsrecht keinen Gebrauch macht - sei es durch Nichtausübung oder Verzicht - genehmigt den Übergang seines Arbeitsverhältnisses.[30]

II. Zusammenhang zwischen Widerspruchsrecht und Informationszugang

1. Verknüpfung des Informationszugangs mit dem Beginn der Widerspruchsfrist

Der Gesetzgeber hat den Beginn der Widerspruchsfrist mit dem Zugang eines ordnungsgemäßen Informationsschreibens verknüpft. Demnach beginnt die einmonatige Ausübungsfrist des § 613a Abs. 6 Satz 1 BGB erst, wenn der Arbeitnehmer vollständig und richtig über sämtliche in § 613a Abs. 5 BGB genannten Umstände unterrichtet worden ist.[31] Dieser Zusammenhang ist bereits im Wortlaut des Gesetzes angedeutet. Gemäß § 613a Abs. 6 Satz 1 BGB kann

---

vom 29. 8. 1 1984 - 7 AZR 34/83, NZA 1985, 58, 59; *Preis*, in: ErfK, § 611 BGB Rn. 367. Eine Ausnahme gilt, wenn das Arbeitsverhältnis später wieder außer Funktion gesetzt wird und der Arbeitnehmer ab diesem Zeitpunkt keine Arbeitsleistung mehr erbringt. In diesem Fall wirkt die Anfechtung auf den Zeitpunkt zurück, in dem das Arbeitsverhältnis außer Funktion gesetzt worden ist, vgl. BAG, Urteil vom 3. 12. 1998 - 2 AZR 754/97, NZA 1999, 584, 585.

28 *Rieble*, NZA 2004, 1, 6.

29 LAG Düsseldorf, Urteil vom 30. 5. 2007 - 7 Sa 158/07 (juris), LAG Düsseldorf, Urteil vom 30. 4. 2008 - 7 Sa 1119/07 (juris); *Annuß*, in: FS ARGE Arbeitsrecht, S. 563, 582.

30 *Rieble*, NZA 2004, 1, 2.

31 BT-Drucks. 14/7760, S. 19; BAG, Urteil vom 27. 11. 2008 - 8 AZR 174/07, NZA 2009, 552, 554; *Preis*, in: ErfK, § 613a BGB Rn. 100; *Müller-Glöge*, in: MüKo, § 613a BGB Rn. 121; *Bayreuther*, in: D/F/L, § 613a Rn. 144; *Willemsen/Lembke*, NJW 2002, 1159, 1160; *Bauer/von Steinau-Steinrück*, ZIP 2002, 457, 458.

der Arbeitnehmer dem Übergang des Arbeitsverhältnisses innerhalb eines Monats „nach Zugang der Unterrichtung nach Abs. 5" widersprechen. Er folgt im Übrigen nach h.M. zwingend aus dem Zweck der Informationspflicht, wonach der Arbeitnehmer eine ausreichende Wissensgrundlage hinsichtlich seiner Entscheidung für oder gegen die Ausübung des Widerspruchsrechts erhalten soll.[32] Deshalb verhindert jeder Informationsmangel im Sinn eines „alles oder nichts" den Beginn der Widerspruchsfrist, so dass eine Differenzierung zwischen erheblichen und nicht erheblichen Mängeln des Informationsschreibens ausscheidet.[33]

Unerheblich ist auch, ob der Informationsfehler bei objektiver Betrachtung überhaupt kausal für die Entscheidung des Arbeitnehmers, das Widerspruchsrecht nicht auszuüben, werden konnte.[34] Dabei sind durchaus Fälle denkbar, in denen ein Arbeitnehmer bei zutreffender Information im Zeitpunkt des Stichtags des Betriebsübergangs erst recht von der Ausübung des Widerspruchsrechts abgesehen hätte.[35] In einer Entscheidung vom 13. 7. 2006[36] hat das BAG z.B.

---

32 BAG, Urteil vom 10. 11. 2011 - 8 AZR 430/10, BeckRS 2012, 66397; BAG, Urteil vom 31. 1. 2008 - 8 AZR 1116/06, NZA 2008, 642, 643; BAG, Urteil vom 13. 7. 2006 - 8 AZR 305/05, NZA 2006, 1268, 1270; vgl. auch die Gesetzesbegründung, BT-Drucks. 14/7760, S. 19.

33 Kritisch *Willemsen*, NJW 2007, 2065, 2070 ff, der zwischen zwei verschiedenen Schutzzwecken des Widerspruchsrechts differenziert: Zum einen diene das Widerspruchsrecht nach seiner Kodifizierung nach wie vor dem Grundrechtsschutz des Arbeitnehmers; zum anderen sei als zusätzlicher Schutzzweck des Widerspruchsrechts neben den Grundrechtsschutz das Recht des Arbeitnehmers auf eine „informierte" Entscheidung zwischen zwei verschiedenen Arbeitgebern unter wirtschaftlichen Gesichtspunkten getreten. Aus diesem Grund könne nicht jeder Informationsmangel dazu führen, dass die Widerspruchsfrist nicht beginne. Wird der Arbeitnehmer beispielsweise nicht oder falsch über den Betriebsübergang als solchen oder die Identität des Erwerbers informiert, sei das personale Element des Widerspruchsrechts betroffen mit der Folge, dass die Widerspruchsfrist nicht beginne. Dagegen stünden Mängel des Unterrichtungsschreibens, die für die sachgerechte wirtschaftliche Entscheidung offensichtlich keine Rolle spielen könnten, dem Beginn der Monatsfrist nicht entgegen.

34 BAG, Urteil vom 22. 1. 2009 - 8 AZR 808/07, NZA 2009, 547, 550.

35 *Willemsen*, NJW 2007, 2065, 2071. Kritisch zur Nichtberücksichtigung der Kausalität des Unterrichtungsmangels auch *Preis*, in: ErfK, § 613a BGB Rn. 110a und *Kittner*, NJW 2012, 1180, 1182 f., der die widerspruchslosen Fortsetzung des Arbeitsverhältnisses mit dem Betriebserwerber als ausreichend für die Bejahung des Umstandsmoments im Rahmen des Verwirkungstatbestands ansieht, wenn die fehlerhafte Unterrichtung keine Auswirkungen auf die Entscheidung des Arbeitnehmers gehabt hat.

36 8 AZR 305/05, NZA 2006, 1268 ff.

die Information über das Haftungssystem als fehlerhaft angesehen, ohne dazu Stellung zu nehmen, dass die Rechtslage bei zutreffender Information für den zunächst nicht widersprechenden Arbeitnehmer günstiger gewesen wäre als sie sich infolge der fehlerhaften Unterrichtung darstellte. Der Arbeitnehmer hätte also bei ordnungsgemäßer Information erst recht nicht von seinem Widerspruchsrecht Gebrauch gemacht.[37]

2. Zeitliche Ausübungsgrenze: Verwirkung

Da § 613a Abs. 6 BGB - anders als z.B. § 355 Abs. 4 Satz 1 BGB - keine absolute zeitliche Ausübungsgrenze vorsieht, kann das Widerspruchsrecht im Fall einer nicht ordnungsgemäßen bzw. fehlenden Information nach h.M. bis zur Grenze der Verwirkung ausgeübt werden.[38] Entgegen einer Empfehlung des Rechtsausschusses des Bundesrats[39] und eines Änderungsantrags der Fraktionen von CDU/CSU und FDP[40] hat der Gesetzgeber bewusst auf eine absolute zeitliche Ausübungsfrist von drei bzw. sechs Monaten nach dem Stichtag des Betriebsübergangs verzichtet. Eine analoge Anwendung von § 5 Abs. 3 Satz 2 KSchG, der für den Antrag auf nachträgliche Zulassung einer verspäteten Kündigungsschutzklage eine Ausschlussfrist von sechs Monaten vorsieht, kommt infolgedessen nicht in Betracht.[41] Das Widerspruchsrecht erlischt nicht, wenn zum Zeitpunkt der Widerspruchserklärung das Arbeitsverhältnis des Arbeitnehmers mit dem Erwerber bereits beendet ist.[42] Das Fehlen einer zeitlichen

---

37 Entscheidungserheblich war dieser Umstand allerdings nicht, da das Unterrichtungsschreiben neben der fehlerhaften Darstellung des Haftungsregimes noch weitere Mängel enthielt.

38 Ständige Rspr. des BAG, vgl. nur BAG, Urteil vom 27. 11. 2008 - 8 AZR 174/07, NZA 2009, 552, 555; BAG, Urteil vom 14. 12. 2006 - 8 AZR 763/05, NZA 2007, 682, 686; BAG, Urteil vom 13. 7. 2006 - 8 AZR 382/05, NZA 2006, 1406, 1409; *Müller-Glöge*, in: MüKo, § 613a BGB Rn. 121; *Preis*, in: ErfK, § 613a BGB Rn. 101a; *Bayreuther*, in: D/F/L, § 613a Rn. 145; *Willemsen/Lembke*, NJW 2002, 1159, 1160.

39 BR-Drucks. 831/1/01, S. 2.

40 BT-Drucks. 14/8128, S. 4.

41 BAG, Urteil vom 13. 7. 2006 - 8 AZR 382/05, NZA 2006, 1406, 1409. Für eine Analogie zu § 5 Abs. 3 Satz 2 KSchG aber *Worzalla*, NZA 2002, 353, 357; *Gaul/Otto*, DB 2002, 634, 637; für eine Auschlussfrist von vier Monate *Franzen*, RdA 2002, 258, 266; für eine Ausschlussfrist von einem Jahr *Rudkowski*, NZA 2010, 739, 742.

42 BAG, Urteil vom 24. 7. 2008 - 8 AZR 755/07, NZA-RR 2009, 294, 297. Allerdings kann in diesem Fall die Art der Beendigung zur Verwirkung des Widerspruchsrechts führen, vgl. dazu ausführlich *Nebeling/Kille*, NZA-RR 2013, 1 ff.; *Kittner*, NJW 2012, 1180 ff; *Jacobsen/Menke*, NZA-RR 2010, 393, 396 ff.

Ausschlussfrist ist zumindest ungewöhnlich, da das Gesetz selbst bei einem wegen arglistiger Täuschung oder widerrechtlicher Drohung anfechtbaren Rechtsgeschäft, bei dem der Anfechtungsgegner nicht schutzwürdig ist, in § 124 Abs. 1 BGB eine absolute zeitliche Ausübungsgrenze für das Anfechtungsrecht von einem Jahr enthält.[43]

Hinsichtlich des Zeitmoments der Verwirkung kann nach Ansicht des BAG nicht auf eine feststehende Monatsfrist abgestellt werden. Entscheidend seien vielmehr die konkreten Umstände des Einzelfalls.[44] Jedenfalls bei komplexeren Sachverhalten sei davon auszugehen, dass das Widerspruchsrecht erst nach längerer Untätigkeit des Arbeitnehmers verwirken könne.[45] Zwar ist nicht von der Hand zu weisen, dass die Verwirkungslösung es dem Tatrichter ermöglicht, flexibel auf die tatsächlichen Umstände des jeweiligen Falls zu reagieren.[46] Jedoch konterkariert gerade diese Unberechenbarkeit der Verwirkungslösung das legitime Interesse der Kaufvertragsparteien, das Bestehen der arbeitsvertraglichen Beziehungen in zeitlicher Nähe zum Stichtag des Betriebsübergangs verlässlich beurteilen zu können.[47]

3. Grundlagen der Informationspflicht

a) Zeitpunkt und Umfang der Information

Gemäß § 613a Abs. 5 BGB müssen der bisherige Arbeitgeber oder der neue Inhaber die von einem Betriebsübergang betroffenen Arbeitnehmer vor dem Übergang in Textform über den Zeitpunkt oder den geplanten Zeitpunkt des Übergangs (§ 613a Abs. 5 Nr. 1 BGB), den Grund für den Übergang (§ 613a Abs. 5 Nr. 2 BGB), die rechtlichen, wirtschaftlichen und sozialen Folgen des Übergangs für die Arbeitnehmer (§ 613a Abs. 5 Nr. 3 BGB) und die hinsichtlich der Arbeitnehmer in Aussicht genommenen Maßnahmen (§ 613a Abs. 5 Nr. 4 BGB) unterrichten. Demnach müssen die Arbeitnehmer die Information grundsätzlich vor dem Betriebsübergang erhalten. Die Informationspflicht erlischt aber nicht mit dem Zeitpunkt des Betriebsübergangs, sondern besteht nach dem Stichtag

43 *Rudkowski*, NZA 2010, 739, 742. *Rudkowski* nimmt deshalb auch für das Widerspruchsrecht des Arbeitnehmers eine Auschlussfrist von einem Jahr in Anlehnung an §§ 613a Abs. 1 Satz 2, Abs. 2 Satz 1 BGB und § 124 Abs. 1 BGB an.

44 BAG, Urteil vom 27. 11. 2008 - 8 AZR 174/07, NZA 2009, 552, 555.

45 BAG, Urteil vom 15. 2. 2007 - 8 AZR 431/06, NZA 2007, 793, 798.

46 *Bayreuther*, in: D/F/L, § 613a BGB Rn. 146.

47 Dieses Interesse hielt das BAG in seiner Rspr. vor der Kodifizierung des Widerspruchsrechts noch ausdrücklich für schutzwürdig, vgl. unten 4.

weiter.[48] Erfolgt die Information erst nach dem Stichtag des Betriebsübergangs, beginnt die Widerspruchsfrist erst mit Zugang des Informationsschreibens.[49]

§ 613a Abs. 5 BGB ist zu unbestimmt, um als Blaupause für ein ordnungsgemäßes Informationsschreiben zu dienen.[50] Um dies zu verdeutlichen, soll an dieser Stelle nur ein Beispiel genannt werden. Nach § 613a Abs. 5 Nr. 2 BGB müssen die Kaufvertragsparteien den vom Übergang betroffenen Arbeitnehmern den „Grund für den Übergang" mitteilen. Welche Angaben das Unterrichtungsschreiben diesbezüglich genau enthalten muss, bleibt unklar. In Betracht kommt sowohl eine Unterrichtung über die rechtsgeschäftliche Grundlage des Betriebsübergangs als auch über die wirtschaftlichen Motive, die den Verkäufer zum Verkauf seines Betriebs bewogen haben.[51] Das BAG ist der Ansicht, dass unter das Tatbestandsmerkmal „Grund für den Übergang" neben der Angabe der rechtlichen Grundlage auch diejenigen unternehmerischen Motive für den Betriebsübergang zu subsumieren sind, die sich bei einem Widerspruch des Arbeitnehmers auf seinen Arbeitsplatz auswirken können.[52] Diese müssten zumindest „schlagwortartig" Gegenstand der Unterrichtung sein.[53]

Da eine genaue gesetzliche Vorgabe fehlt, bestimmt die Rspr. den Umfang der Informationspflicht anhand ihres Zwecks. Das Informationsschreiben soll dem Arbeitnehmer eine ausreichende Wissensgrundlage für die Ausübung oder Nichtausübung des Widerspruchsrechts verschaffen.[54] Dem Arbeitnehmer soll infolge der Information auch die Möglichkeit eröffnet werden, sich weitergehend

---

48 *Preis*, in: ErfK, § 613a BGB Rn. 92.

49 Zur Verknüpfung des Zugangs eines ordnungsgemäßen Informationsschreibens mit dem Beginn der Widerspruchsfrist ausführlich oben II. 1.

50 Vgl. *Grau*, RdA 2005, 367, 367 f.; *Nehls*, NZA 2003, 822, 824; *Rieble*, NZA 2004, 1, 3; *ders.* in: FS ARGE Arbeitsrecht, S. 687; *Bauer/von Steinau-Steinrück*, ZIP 2002, 457, 461; *Worzalla*, NZA 2002, 353, 358; *Willemsen*, in: FS Küttner, S. 417, 419; *Bauer/von Steinau-Steinrück/Thees*, in: Hölters, Handbuch Unternehmenskauf, Teil V Rn. 118, S. 457.

51 Vgl. *Preis*, in: ErfK, § 613a BGB Rn. 87; *Steffan*, in: A/P/S, Kündigungsrecht, § 613a BGB Rn. 208; *Nehls*, NZA 2003, 822, 823; *Worzalla*, NZA 2002, 353, 354; *Willemsen/Lembke*, NJW 2002, 1159, 1162; *B.Gaul/Otto*, DB 2002, 634, 635; *Grobys*, BB 2002, 726, 727 f.; *Bauer/Steinau-Steinrück*, ZIP 2002, 457, 461 f.

52 BAG, Urteil vom 23. 7. 2009 - 8 AZR 538/08, NZA 2010, 89, 92.

53 BAG, Urteil vom 23. 7. 2009 - 8 AZR 538/08, NZA 2010, 89, 92; BAG, Urteil vom 13. 7. 2006 - 8 AZR 303/05, NZA 2006, 1273, 1275.

54 BAG, Urteil vom 10. 11. 2011 - 8 AZR 430/10, BeckRS 2012, 66397; BAG, Urteil vom 31. 1. 2008 - 8 AZR 1116/06, NZA 2008, 642, 643; BAG, Urteil vom 13. 7. 2006 - 8 AZR 305/05, NZA 2006, 1268, 1270; vgl. auch BT-Drucks. 14/7760, S. 19.

zu erkundigen und gegebenenfalls beraten zu lassen.[55] Wegen dieses weit gefassten Leitbilds zur Bestimmung des Informationsumfangs ist vor allem die Pflicht zur Unterrichtung über die rechtlichen und wirtschaftlichen Folgen des Betriebsübergangs eine Fehlerquelle beim Verfassen des Unterrichtungs-schreibens.[56] Die Hinweise auf die rechtlichen Folgen müssen präzise sein und dürfen keine juristischen Fehler enthalten.[57] Ein Unterrichtungsschreiben, das sich in einer reinen Wiederholung des Gesetzeswortlauts erschöpft, genügt den Anforderungen des § 613a Absatz 5 BGB nicht.[58] Erforderlich ist vielmehr eine konkrete betriebsbezogene Darstellung in einer auch für juristische Laien möglichst verständlichen Sprache.[59] Einem juristischen Laien die Rechtsfolgen eines Betriebsübergangs verständlich, aber auch inhaltlich umfassend und juristisch fehlerfrei zu erklären, macht die Unterrichtung zur Lotterie. Zwar hat das BAG die Voraussetzungen eines ordnungsgemäßen Informationsschreibens unlängst konkretisiert und darauf hingewiesen, dass die Kaufvertragsparteien nicht zu einer individuellen Rechtsberatung der Arbeitnehmer verpflichtet seien.[60]. Allerdings sind die Anforderungen an ein fehlerfreies Informationsschreiben nach wie vor hoch,[61] so dass Verfassen von Informationsschreiben weiterhin eine „gefahrgeneigte Tätigkeit" bleibt.[62] Informationsschreiben von mehreren Seiten sind inzwischen Standard.[63] Besonders für rechtlich ungeschulte Arbeitgeber ist es deshalb nahezu unmöglich, ein fehlerfreies Informationsschreiben zu verfassen.[64]

---

55 BAG, Urteil vom 10. 11. 2011 - 8 AZR 430/10, BeckRS 2012, 66397; BAG, Urteil vom 31. 1. 2008 - 8 AZR 1116/06, NZA 2008, 642, 643.

56 Vgl. *Hausch*, BB 2008, 1392, 1402; *Willemsen*, NJW 2007, 2065, 2068; *Holzapfel/Pöllat*, Unternehmenskauf, S. 462, Rn. 832.

57 BAG, Urteil vom 13. 7. 2006 - 8 AZR 305/05, NZA 2006, 1268, 1272.

58 BAG, Urteil vom 14. 12. 2006 - 8 AZR 763/05, NZA 2007, 682, 684.

59 BAG, Urteil vom 14. 12. 2006 - 8 AZR 763/05, NZA 2007, 682, 684.

60 BAG, Urteil vom 10. 11. 2011 - 8 AZR 277/10, BeckRS 2011, 77782 und Parallelentscheidung 8 AZR 430/10, BeckRS 2012, 66397. Nach *Lingemann* handelt es sich dabei erst um die zweite Entscheidung, in der das BAG das Informationsschreiben als ordnungsgemäß angesehen hat. Die erste Entscheidung stamme vom 13. 7. 2006 - 8 AZR 303/05, NZA 2006, 1273 und entspreche nicht mehr in allen Punkten den heutigen strengen Anforderungen des 8. Senates des BAG, vgl. *Lingemann*, Urteilsanmerkung zur Entscheidung des BAG 10. 11. 2011 - 8 AZR 277/10, FD-ArbR 325104.

61 So auch *Gaul/Krause*, RdA 2013, 39, 47.

62 *Willemsen*, NJW 2007, 2065, 2068.

63 Vgl. etwa die Musterinformationsschreiben in *Bauer/Lingemann/Diller/Haußmann*, Anwalts-Formularbuch Arbeitsrecht, Kap. 60, M. 60. 1 und M. 60. 2.

64 So auch *Gehlhaar*, BB 2009, 1182; vgl. auch *Willemsen*, NJW 2007, 2065, 2068.

b) Rechtsnatur und Schuldner der Informationspflicht

§ 613a Abs. 5 BGB enthält nach Ansicht des BAG eine echte Rechtspflicht, keine bloße Obliegenheit.[65] Arbeitnehmer können daher bei schuldhafter Verletzung der Informationspflicht unter Umständen Schadensersatz gemäß §§ 280 Abs. 1, 311 Abs. 2 BGB geltend machen.[66] Es handelt sich nach h.M. trotz des missverständlichen Gesetzeswortlauts um eine Gesamtschuld i.S.d. § 421 BGB.[67] Zwar sollen sich der bisheriger Arbeitgeber und der neuer Inhaber nach der Gesetzesbegründung untereinander verständigen, in welcher Weise sie ihre Informationspflicht erfüllen.[68] Derartige Vereinbarungen beseitigen aber die im Außenverhältnis bestehende Gesamtschuld nicht, sondern dienen nur dazu, den Ausgleich im Innenverhältnis vorzubereiten.[69]

---

65 BAG, Urteil vom 13. 7. 2006 - 8 AZR 382/05, NZA 2006, 1406, 1411; *Preis*, in: ErfK, § 613a BGB Rn. 94 m.w.N.

66 BAG, Urteil vom 13. 7. 2006 - 8 AZR 382/05, NJW 2007, 250, 255; BAG, Urteil vom 24. 5. 2005 - 8 AZR 398/04, NZA 2005, 1302, 1304; *Müller-Glöge*, in: MüKo, § 613a BGB Rn. 114.

67 *Preis*, in: ErfK, § 613a BGB Rn. 90; *Annuß*, in: Staudinger § 613a BGB Rn. 261; *Weidenkaff*, in: Palandt, § 613a BGB Rn. 41; *Rupp*, NZA 2007, 301, 301 f.; *Annuß*, in: FS ARGE Arbeitsrecht, S. 563, 564; *Franzen*, RdA 2002, 258, 264; *Willemsen/ Lembke*, NJW 2002, 1159, 1162; *Gaul/Otto*, DB 2002, 634, 639; *Grau*, Unterrichtung und Widerspruchsrecht, S. 92; a.A *Rieble*, in: FS ARGE Arbeitsrecht, S. 687, 691 ff., nach dem der gesetzgeberische Wille zur Anordnung einer Gesamt-schuld in dem Wort „und" Ausdruck hätte finden müssen. Das Wort „oder" müsse zwar nicht zwangsläufig im Sinn eines „entweder oder" gemeint sein, in jedem Fall könne Schuldner der Informationspflicht nach dem Gesetzeswortlaut aber immer nur eine der Kaufvertragsparteien sein. *Rieble* deutet das „oder" in § 613a Abs. 5 daher im Sinn einer Zuordnung der Informationsverpflichtung: Vor dem Übergang des Arbeitsverhältnisses schulde der Veräußerer die Information, danach der Erwerber. Für *Worzalla*, NZA 2002, 353, 354, spricht die Gesetzesbegründung gegen die Annahme einer Gesamtschuldnerschaft der Kaufvertragsparteien, weil danach entgegen § 421 Satz 1 BGB nicht der Arbeitnehmer, sondern die Verpflichteten entscheiden sollen, wer die Informationen erteilt. *Worzalla* ist deshalb der Meinung, dass die Kaufvertragsparteien entscheiden dürften, wer von ihnen den Informationsanspruch des Arbeitnehmers erfüllt.

68 BT-Drucks. 14/7760, S. 19.

69 *Gussen*, in: BeckOK ArbR, § 613a BGB Rn. 143; *Nehls*, NZA 2003, 822, 823; *Grau*, Unterrichtung und Widerspruch, S. 90; a.A *Worzalla*, NZA 2002, 353, 354, nach dessen Ansicht derartige Vereinbarungen Wirkung im Verhältnis zum Arbeitnehmer entfalten.

4. Vergleich mit der Rechtslage vor der Kodifizierung von Informationspflicht und Widerspruchsrecht

Um die Auswirkungen der Kodifikation von Widerspruchsrecht und Informationspflicht auf den Gegenstand der vorliegenden Arbeit bewerten zu können, wird nachfolgend die richterrechtlich geprägte Rechtslage vor der Kodifizierung dargestellt und mit der heutigen Rechtslage verglichen. Dabei werden gravierende Unterschiede deutlich.

a) Verknüpfung des Informationszugangs mit dem Beginn der Widerspruchsfrist

Der signifikanteste Unterschied ist die Verknüpfung von Informationszugang und Beginn der Widerspruchsfrist. Vor Inkrafttreten von § 613a Abs. 5 und Abs. 6 BGB konnte der Arbeitnehmer dem Übergang seines Arbeitsverhältnisses nach der Rspr. des BAG grundsätzlich nur bis zum Zeitpunkt des Betriebsübergangs widersprechen.[70] Bedingung dafür war, dass der Arbeitgeber den Arbeitnehmer rechtzeitig über den bevorstehenden Betriebsübergang informiert hatte.[71] Ein Arbeitnehmer, der seine Arbeit vorbehaltlos in Kenntnis des Betriebsübergangs bei dem neuen Arbeitgeber fortsetzte, verlor das Widerspruchsrecht, da das BAG die schweigende Weiterarbeit des Arbeitnehmers als Zustimmung zum Übergang des Arbeitsverhältnisses auffasste.[72] Nach dem Stichtag des Betriebsübergangs konnte der Arbeitnehmer das Widerspruchsrecht deshalb nur noch dann ausüben, wenn er nicht über den Betriebsübergang informiert worden war und auch nicht anderweitig Kenntnis von diesem Umstand erlangt hatte.[73] Die Widerspruchsfrist begann mit Zugang der Information des Arbeitnehmers über den Betriebsübergang. Hinsichtlich des Informationsumfangs war das BAG der Ansicht, dass der von einem Betriebsübergang betroffene Arbeitnehmer „ausreichend“ über die Tatsache des Betriebsinhaberwechsels informiert werden musste, so dass der Arbeitnehmer in der Lage war, sich infolge der erhaltenen

---

70 BAG, Urteil vom 19. 3. 1998 - 8 AZR 139/97, NZA 1998, 750, 751; BAG, Urteil vom 30. 10. 1986 - 2 AZR 101/85, NZA 1987, 524, 526; BAG, Urteil vom 22. 4. 1993 - 2 AZR 313/92, NJW 1994, 2170; BAG, Urteil vom 22. 4. 1993 - 2 AZR 50/92, NJW 1994, 2245; BAG, Urteil vom 17. 11. 1977 - 5 AZR 618/76, NJW 1978, 1653. 1654.

71 BAG, Urteil vom 19. 3. 1998 - 8 AZR 139/97, NZA 1998, 750, 751; BAG, Urteil vom 30. 10. 1986 - 2 AZR 101/85, NZA 1987, 524, 526; BAG, Urteil vom 22. 4. 1993 - 2 AZR 313/92, NJW 1994, 2170; BAG, Urteil vom 22. 4. 1993 - 2 AZR 50/92, NJW 1994, 2245; BAG, Urteil vom 17. 11. 1977 - 5 AZR 618/76, NJW 1978, 1653. 1654.

72 BAG, Urteil vom 17. 11. 1977 - 5 AZR 618/76, NJW 1978, 1653, 1654.

73 BAG, Urteil vom 19. 3. 1998 - 8 AZR 139/97, NZA 1998, 750, 751; BAG, Urteil vom 30. 10. 1986 - 2 AZR 101/85, NZA 1987, 524, 526; BAG, Urteil vom 22. 4. 1993 - 2 AZR 313/92, NJW 1994, 2170; BAG, Urteil vom 22. 4. 1993 - 2 AZR 50/92, NJW 1994, 2245.

Informationen näher zu erkundigen und Rat einzuholen.[74] Nach Zugang der Information über den Betriebsinhaberwechsel musste der Arbeitnehmer das Widerspruchsrecht unverzüglich ausüben. Als absolute zeitliche Ausübungsgrenze bestimmte das BAG in Anlehnung an § 4 KSchG eine dreiwöchige Frist.[75] Danach erlosch das Widerspruchsrecht infolge Zeitablaufs. Das BAG begründete dies ausdrücklich mit dem Interesse der Kaufvertragsparteien, bei einem Betriebsübergang frühzeitig Rechtssicherheit hinsichtlich der arbeitsvertraglichen Beziehungen zu erlangen. Verkäufer und Käufer sollten möglichst schon zum Stichtag des Betriebsübergangs wissen, welche Arbeitsverhältnisse auf den Betriebserwerber übergehen würden.[76] Dieses Interesse sei nicht geringer zu bewerten als das des Anfechtungsgegners bei der Anfechtung einer Willenserklärung wegen Irrtums oder falscher Übermittlung.[77]

b) Umfang der Information

Die Anforderungen von § 613a Abs. 5 BGB an ein ordnungsgemäßes Informationsschreiben sind deutlich höher als vor der Kodifikation. Das BAG sah ein Informationsschreiben bereits dann als ordnungsgemäß an, wenn es Angaben zur Identität des Erwerbers und zur etwaigen Geltung eines Tarifvertrags beim Betriebserwerber enthielt.[78]

c) Ergebnis

Vor der Kodifizierung war die Rspr. des BAG erkennbar davon geprägt, im Interesse der Kaufvertragsparteien zu vermeiden, dass das Widerspruchsrecht nach dem Stichtag des Betriebsübergangs ausgeübt wird. Zu diesem Zweck stellte das BAG die verfassungsrechtlich wegen Art. 12 Abs. 1 GG gebotene Funktion des Widerspruchsrechts in den Vordergrund seiner Rspr.. Das Widerspruchsrecht ist ein Abwehrinstrument des Arbeitnehmers gegen die Aufdrängung eines nicht frei gewählten Arbeitgebers.[79] Deshalb musste der Arbeitnehmer das Widerspruchsrecht unverzüglich ausüben, sobald er von dem Betriebsinhaberwechsel

74 BAG, Urteil vom 22. 4. 1993 - 2 AZR 313/92, NJW 1994, 2170, 2171; BAG, Urteil vom 17. 11. 1977 - 5 AZR 618/76, NJW 1978, 1653, 1654.

75 BAG, Urteil vom 19. 3. 1998 - 8 AZR 139/97, NZA 1998, 750, 751; BAG, Urteil vom 22. 4. 1993 - 2 AZR 313/92, NJW 1994, 2170, 2171.

76 BAG, Urteil vom 19. 3. 1998 - 8 AZR 139/97, NZA 1998, 750, 751; BAG, Urteil vom 22. 4. 1993 - 2 AZR 313/92, NJW 1994, 2170, 2171.

77 BAG, Urteil vom 22. 4. 1993 - 2 AZR 313/92, NJW 1994, 2170, 2171.

78 BAG, Urteil vom 22. 4. 1993 - 2 AZR 313/92, NJW 1994, 2170, 2171.

79 Vgl. ausführlich unten III. 1.

als solchem Kenntnis erlangt hatte. Denn danach konnte er von seinem Wahlrecht zwischen zwei Arbeitgebern Gebrauch machen. Dieser Grundsatz galt auch für die Ausübung des Widerspruchsrechts nach dem Stichtag des Betriebsübergangs. Der verfassungsrechtlich gebotene Schutzzweck des Widerspruchsrechts diente zudem als Richtschnur zur Bestimmung des Umfangs der Informationspflicht. Infolge der Normierung eines umfangreichen Informationskatalogs in § 613a Abs. 5 BGB und der Verknüpfung des Informationszugangs mit dem Beginn der Widerspruchsfrist ist dieser Schutzzweck des Widerspruchsrecht in den Hintergrund geraten.

Aufgrund der gestiegenen Anforderungen an ein fehlerfreies Informationsschreiben und der Verknüpfung des Informationszugangs mit dem Beginn der Widerspruchsfrist müssen die Kaufvertragsparteien nach heutiger Rechtslage jederzeit damit rechnen, dass Arbeitnehmer dem Übergang ihres Arbeitsverhältnisses auch noch Monate nach dem Stichtag des Betriebsübergangs widersprechen können.[80]

III. Verfassungsrechtliches Fundament des Widerspruchsrechts

1. Berufsfreiheit des Arbeitnehmers (Art. 12 Abs. 1 GG)

a) Recht zur freien Arbeitgeberwahl als Teilausschnitt der Berufsfreiheit

Verfassungsrechtliches Fundament des Widerspruchsrechts ist das von Art. 12 Abs. 1 GG garantierte Grundrecht der Berufsfreiheit.[81] Nach Artikel 12 Abs. 1 Satz 1 GG haben alle Deutschen das Recht, Beruf, Arbeitsplatz und Ausbildungsstätte frei zu wählen. Die Norm enthält nicht zwei verschiedene Grundrechte, sondern das einheitliche Grundrecht der Berufsfreiheit.[82] Der Schutzbereich dieses Grundrecht erstreckt sich auf sämtliche Dimensionen der beruflichen

80 *Gussen*, in: BeckOK ArbR, § 613a BGB Rn. 165b; *Olbertz/Ungnad*, DB 2004, 213, 214; *Nehls*, NZA 2003, 822, 827; *Holzapfel/Pöllat*, Unternehmenskauf, Rn. 832, S. 461; *Bauer/von Steinau-Steinrück/Thees*, in: Hölters, Handbuch Unternehmenskauf, Teil V Rn. 118, S. 457.

81 BVerfG, Beschluss vom 15. 5. 2012 - 1 BvR 1940/09, BeckRS 2012, 51720; BVerfG, Beschluss vom 25. 1. 2011 - 1 BvR 1741/09, BVerfGE 128, 157,176 f.; BAG, Urteil vom 30. 10. 1986 - 2 AZR 101/85, NZA 1987, 524, 526; BAG, Urteil vom 2. 10. 1974 - 5 AZR 504/73, AP Nr. 1 zu § 613a BGB (unter III. 2. b); *Schmidt*, in: ErfK, Art. 12 GG Rn. 32; *Bayreuther*, in: D/F/L, § 613a BGB Rn. 139; *Müller-Glöge*, in: MüKo, § 613a BGB Rn. 115; *Steffan*, in: A/P/S, § 613a BGB Rn. 218; *Willemsen*, NJW 2007, 2065, 2070; zweifelnd BAG, Urteil vom 25. 1. 2001 - 8 AZR 336/00, NZA 2001, 840, 842 f.; *Annuß*, in: Staudinger, § 613a BGB Rn. 293; *Rieble*, NZA 2004, 1, 5.

82 BVerfG, Urteil vom 11. 6. 1958 - 1 BvR 596/56, BVerfGE 7, 377, 401 ff.

Betätigung, angefangen von der freien Wahl einer bestimmten Berufsausbildung bis hin zu der Entscheidung des Einzelnen, welchen Beruf er ergreifen, wie, wann und wo er ihn ausüben und welchen Arbeitsplatz er dazu wählen will.[83] Das Recht zur freien Arbeitsplatzwahl beschränkt sich nicht auf die räumliche Komponente, sondern umfasst beim abhängig Beschäftigten auch die freie Wahl des Vertragspartners.[84]

Hintergrund des letztgenannten Aspekts der Berufsfreiheit ist, dass es sich bei einem Arbeitsverhältnis um ein Dauerschuldverhältnis handelt, das von einer engen persönlichen Bindung zwischen Arbeitgeber und Arbeitnehmer geprägt ist. Das personale Element des Arbeitsverhältnisses kommt neben § 613a Abs. 6 BGB[85] unter anderem in der Auslegungsregel des § 613 S. 2 BGB zum Ausdruck, wonach der Anspruch auf die Arbeitsleistung im Zweifel nicht übertragen werden kann.[86]

Die Person des Arbeitgebers ist für den Arbeitnehmer bei der Arbeitsplatzwahl zum einen deshalb besonders bedeutsam, weil der Arbeitgeber nach § 106 Satz 1 GewO zur Ausübung des Direktionsrechts berechtigt ist.[87] Gemäß § 106 Satz 1 GewO kann der Arbeitgeber Inhalt, Ort und Zeit der Arbeitsleistung nach billigem Ermessen bestimmen, soweit diese Arbeitsbedingungen nicht durch den Arbeitsvertrag, eine Betriebsvereinbarung, einen Tarifvertrag oder durch das Gesetz festgelegt sind. Der Arbeitgeber konkretisiert demnach die im Arbeitsvertrag nur rahmenmäßig festgelegte Leistungspflicht des Arbeitnehmers kraft seines Direktionsrechts einseitig durch Weisungen.[88] Soweit der Arbeitgeber die Grenzen des Direktionsrechts beachtet, muss der Arbeitnehmer den Weisungen des Arbeitgebers Folge leisten.[89] Ansonsten riskiert der Arbeitnehmer, dass der Arbeitgeber das Arbeitsverhältnis wegen Arbeitsverweigerung außerordentlich oder ordentlich kündigt.[90] Die Person des Arbeitgebers hat deswegen

83 *Scholz*, in: Maunz/Dürig, Art. 12 GG Rn. 25; *Mann*, in: Sachs, Art. 12 GG Rn 86.

84 BVerfG, Urteil vom 10. 3. 1992 - 1 BvR 454/91 u.a., BVerfGE 85, 360, 373; BVerfG, Urteil vom 24. 4. 1991 - 1 BvR 1341/90, BVerfGE 84, 133, 146; *Manssen*, in: von Mangold/Klein/Stark, Art. 12 Rn. 57; *Kämmerer*, in: von Münch/Kunig, Art. 12 Rn. 30.

85 Vgl. unten b).

86 *Müller-Glöge*, in: MüKo, § 613 BGB Rn. 21; vgl. auch *Joussen*, in: BeckOK ArbR, § 613 BGB Rn. 16, nach dem in § 613a Abs. 6 BGB eine „Nachwirkung" von § 613 Satz 2 BGB enthalten ist.

87 *Annuß*, in: Staudinger, § 613a BGB Rn. 293.

88 *Müller-Glöge*, in: MüKo, § 611 BGB Rn. 1016.

89 *Preis*, in: ErfK, § 106 GewO, Rn. 1.

90 *Preis*, in: ErfK, § 106 GewO, Rn. 1.

herausragende Bedeutung für die personale Verwirklichung des Arbeitnehmers im Rahmen seiner beruflichen Tätigkeit.[91]

Zum anderen ist der Arbeitnehmer organisatorisch in einen fremden Bereich eingegliedert, so dass es ihm in der Regel nicht möglich ist, selbständig wirtschaftlich zu planen und zu handeln.[92] Da das Arbeitsverhältnis die wirtschaftliche Existenzgrundlage des Arbeitnehmers sichert, sind wichtige Entscheidungskriterien für oder gegen einen bestimmten Arbeitgeber z.B. die Höhe des Arbeitsentgelts, die Sicherheit künftiger Zahlungsansprüche sowie die langfristige Arbeitsplatzsicherheit. Neben diesen materiellen Kriterien spielen bei der Wahl eines Arbeitgebers auch immaterielle Faktoren wie flexible Arbeitszeiten, erhoffte Aufstiegschancen, ein gutes Betriebsklima oder die Identifikation des Arbeitnehmers mit den hergestellten Produkten sowie den Produktionsmethoden, eine Rolle. Diese sind ebenfalls untrennbar mit der Person des Arbeitgebers verbunden.

b) Aktualisierung des Rechts zur freien Arbeitgeberwahl in der Betriebsübergangssituation

Das von der Berufsfreiheit umfasste Recht des Arbeitnehmers, seinen Arbeitgeber frei zu wählen, wird aber nicht nur bei der Suche nach einem geeigneten Arbeitsplatz relevant, sondern aktualisiert sich auch bei einem Betriebsübergang. Die Wahlfreiheit ist dabei nur auf die Auswahl zwischen zwei möglichen Arbeitgebern verengt. Der Gesetzgeber gewährleistet den verfassungsrechtlich notwendigen Schutz vor Aufdrängung eines Vertragspartners bei einem Betriebsübergang dadurch, dass er dem Arbeitnehmer in § 613a Abs. 6 BGB ein Wahlrecht hinsichtlich seines zukünftigen Arbeitgebers einräumt. Der Arbeitnehmer kann sich entweder für den von ihm ursprünglich gewählten Arbeitgeber entscheiden, indem er das Widerspruchsrecht fristgemäß ausübt. Er kann aber auch den Übergang seines Arbeitsverhältnisses akzeptieren und dadurch den Betriebserwerber als neuen Arbeitgeber wählen. Deshalb ist auch das Widerspruchsrecht eine Ausprägung des Rechts des Arbeitnehmers zur freien Wahl seines Vertragspartners und damit letztlich Ausfluss der Berufsfreiheit. Demnach soll § 613a Abs. 6 BGB den Arbeitnehmer vor der Aufdrängung eines von

91 *Annuß*, in: Staudinger, § 613a BGB Rn. 293.
92 *Müller-Glöge*, in: MüKo, § 611 BGB Rn. 161.

ihm nicht gewählten Arbeitgebers schützen.[93] Dieser Schutzzweck wird z.T. als personales Element des Widerspruchsrechts bezeichnet.[94]

Zwar ist diese verfassungsrechtliche Prägung des Widerspruchsrechts nach der Kodifizierung von Widerspruchsrecht und Informationspflicht nicht mehr so deutlich erkennbar wie noch in der früheren Rspr. des BAG,[95] da die Identität des Betriebserwerbers im Informationskatalog des § 613a Abs. 5 BGB nicht ausdrücklich genannt ist. Die Identität des Betriebserwerbers ist aber (selbstverständlich) Gegenstand der Informationspflicht.[96] Der Gesetzgeber hat in § 613a Abs. 5 BGB nur die wirtschaftlichen Entscheidungskriterien in den Vordergrund gerückt und dadurch diesen Aspekt der Berufsfreiheit des Arbeitnehmers besonders betont. Letztlich handelt es sich dabei aber nur um eine Konkretisierung des personalen Elements des Widerspruchsrechts.[97] Ein Bedeutungswandel ist damit nicht verbunden.[98] Trotz des irreführenden Informationskatalogs schützt das Widerspruchsrecht deshalb nach wie vor die Berufsfreiheit des Arbeitnehmers, indem es dem Arbeitnehmer ein Abwehrmittel zum Schutz vor unerwünschter Aufdrängung eines Arbeitgebers in die Hand gibt. Die verfassungsrechtliche Verankerung des Widerspruchsrechts in der Berufsfreiheit des Arbeitnehmers haben sowohl das BVerfG als auch das BAG haben in zahlreichen Entscheidungen betont.

aa) Marburger Klinikbeschlüsse des BVerfG

Das BVerfG betonte die verfassungsrechtliche Verwurzelung des Widerspruchsrechts in der Berufsfreiheit des Arbeitnehmers besonders in den *Marburger Klinikbeschlüssen.*[99] Den Entscheidungen lag folgender Sachverhalt zugrunde:

93 Vgl. BVerfG, Beschluss vom 15. 5. 2012 - 1 BvR 1940/09, BeckRS 2012, 51720; BVerfG, Beschluss vom 25. 1. 2011 - 1 BvR 1741/09, NZA 2011, 400, 402; BAG, Urteil vom 30. 10. 1986 - 2 AZR 101/85, NZA 1987, 524, 526; BAG, Urteil vom 2. 10. 1974 - 5 AZR 504/73, AP Nr. 1 zu § 613a BGB; *Bayreuther*, in: D/F/L, § 613a BGB Rn. 139; *Müller-Glöge*, in: MüKo, § 613a BGB Rn. 115; *Willemsen*, NJW 2007, 2065, 2070.

94 So *Willemsen*, NJW 2007, 2065, 2070.

95 Vgl. etwa BAG, Urteil vom 19. 3. 1998 - 8 AZR 139/97, NZA 1998, 750, 751.

96 BAG, Urteil vom 23. 7. 2009 - 8 AZR 538/08, NZA 2010, 89, 91; BAG, Urteil vom 13. 7. 2006 - 8 AZR 305/05, NZA 2006, 1268, 1271.

97 So im Ergebnis auch *Willemsen*, NJW 2007, 2065, 2070.

98 A.A. *Willemsen*, NJW 2007, 2065, 2070 im Hinblick auf die funktionale Verknüpfung der Informationspflicht des § 613a Abs. 5 BGB mit dem Widerspruchsrecht. Hinsichtlich der Problematik einer ordnungsgemäßen Unterrichtung gelangt Willemsen aufgrund der Differenzierung zwischen personalem und vermögensrechtlichem Aufdrängungsschutz zu teilweise anderen Ergebnissen als die h.M..

99 BVerfG, Beschluss vom 15. 5. 2012 - 1 BvR 1940/09, BeckRS 2012, 51720; BVerfG, Beschluss vom 25. 1. 2011 - 1 BvR 1741/09, BVerfGE 128, 157 ff.

Die Beschwerdeführerin war seit 1985 als Krankenschwester des Universitätsklinikums Marburg beim Land Hessen beschäftigt. Im Jahr 2005 entschied das Land, die beiden rechtsfähigen Anstalten des öffentlichen Rechts „Universitätsklinikum Gießen" und „Universitätsklinikum Marburg" zu der neu errichteten rechtsfähigen Anstalt des öffentlichen Rechts „Universitätsklinikum Gießen und Marburg" zusammenzulegen. Nach § 3 Abs. 1 des zu diesem Zweck erlassenen Landesgesetzes (UKG) wurden die Arbeitsverhältnisse der Landesbediensteten zwingend vom Land auf die neu errichtete Anstalt übergeleitet. Das Gesetz enthielt zudem eine Ermächtigung, die neue Anstalt zu privatisieren. Die neue Anstalt informierte die Klägerin darüber, dass sie mit Wirkung vom 1. 7. 2005 kraft Gesetzes in die Rechte und Pflichten aus ihrem Arbeitsverhältnis eintrete. Anfang 2006 verkaufte das Land - nach Umwandlung der Anstalt in eine GmbH - 95 % der Geschäftsanteile an eine private Krankenhausgesellschaft. Die Klägerin widersprach dem Übergang ihres Arbeitsverhältnisses und verlangte eine Weiterbeschäftigung beim Land Hessen.

Die Klage hatte vor dem ArbG[100] Erfolg. LAG[101] und BAG[102] wiesen die Klage dagegen ab. Nach Auffassung des BVerfG verstoßen die Entscheidungen des LAG und des BAG sowie die mittelbar angegriffene Vorschrift des § 3 Abs. 1 UKG gegen die Berufsfreiheit der Beschwerdeführerin.[103] Die in § 3 Abs. 1 UKG vorgesehene Zuweisung eines anderen Arbeitgebers sei ein nicht gerechtfertigter Eingriff in das Recht auf freie Wahl des Vertragspartners.[104] Soweit es der Gesetzgeber zulasse, dass der Arbeitgeber durch Rechtsgeschäft ohne Zustimmung des Arbeitnehmers ausgewechselt werde, treffe ihn eine Schutzpflicht, die nicht nur das Interesse des Arbeitnehmers am Erhalt seines Arbeitsplatzes, sondern auch seine privatautonome Entscheidung über die Person des Vertragspartners beachten müsse.[105] Dem sei z.B. mit der Regelung des § 613a BGB Rechnung getragen worden. Danach werde einerseits das Fortbestehen des Arbeitsplatzes gesichert. Andererseits werde dem Arbeitnehmer gemäß § 613a Abs. 6 BGB die Möglichkeit gegeben, dem Übergang des Arbeitsverhältnisses zu widersprechen. Er behalte mit dem Widerspruch den alten Vertragspartner, gehe aber auch das Risiko einer betriebsbedingten Kündigung ein, wenn beim alten Arbeitgeber

---

100 ArbG Marburg, Urteil vom 16. 3. 2007 - 2 Ca 423/06.

101 LAG Hessen, Urteil vom 25. 7. 2007 - 2 Sa 641/07, BeckRS 2009, 60157.

102 BAG, Urteil vom 18. 12. 2008 - 8 AZR 692/07, BeckRS 2009, 67989.

103 Das BVerfG sah die besondere Schwere des Eingriffs im vorliegenden Fall in der beabsichtigten Privatisierung. Offen ist, ob bei Arbeitgeberwechseln innerhalb des öffentlichen Dienstes ohne Privatisierungsabsicht der Ausschluss des Widerspruchsrechts (weiterhin) zulässig ist, bejahend *Arnold*, ArbRAktuell 2011, 116.

104 BVerfG, Beschluss vom 15. 5. 2012 - 1 BvR 1940/09, BeckRS 2012, 51720; BVerfG, Beschluss vom 25. 1. 2011 - 1 BvR 1741/09, BVerfGE 128, 157, 176 ff.

105 BVerfG, Beschluss vom 25. 1. 2011 - 1 BvR 1741/09, BVerfGE 128, 157, 177.

wegen des Betriebsübergangs kein Bedarf an seiner Arbeit mehr bestehe. Im Hinblick auf die von Art. 12 Abs. 1 GG geschützte Entscheidungsfreiheit könne der gesetzliche Eingriff in die freie Vertragspartnerwahl nicht damit gerechtfertigt werden, dass beim gewählten Vertragspartner Beschäftigungsmöglichkeiten wegfielen und der Arbeitnehmer möglicherweise mit einer betriebsbedingten Kündigung rechnen müsse. Grundsätzlich gewährleiste Art. 12 Abs. 1 GG dem Arbeitnehmer das Recht, solche Risiken selbst abzuwägen und über sie nach eigener Einschätzung frei zu entscheiden. Entsprechendes gelte für die Frage, wie nachteilig der Verlust des bisherigen, durch den frei gewählten Arbeitgeber gekennzeichneten Arbeitsplatzes gegenüber dem Arbeitsplatz bei dem neuen Arbeitgeber sei. Die diesbezüglichen künftigen Entwicklungen seien zu wenig vorhersehbar und die Risiken zu wenig vergleichbar, als dass es angemessen und zumutbar wäre, dem Arbeitnehmer diese Entscheidungsfreiheit abzusprechen und an seiner Stelle gesetzlich zu entscheiden.[106]

bb) Richterrechtliche Anerkennung des Widerspruchsrechts durch das BAG

Das BAG hat den von einem Betriebsübergang betroffenen Arbeitnehmern erstmals in einer Entscheidung vom 2. Oktober 1974[107] ein Widerspruchsrecht gegen den Übergang der Arbeitsverhältnisse auf den Betriebserwerber eingeräumt. Seitdem hat das BAG diesen Standpunkt in ständiger Rspr. bis zur Normierung des Widerspruchsrechts vertreten.[108] Die Anerkennung eines Widerspruchsrechts ist in der Literatur sowohl auf Zustimmung[109] als auch auf Kritik[110] gestoßen.

106 BVerfG, Beschluss vom 25. 1. 2011 - 1 BvR 1741/09, BVerfGE 128, 157, 185.

107 BAG, Urteil vom 2. 10. 1974 - 5 AZR 504/73, NJW 1975, 1378 ff.

108 Vgl. etwa BAG, Urteil vom 25. 1. 2001 - 8 AZR 336/00, NZA 2001, 840, 842; BAG, Urteil vom 19. 3. 1998 - 8 AZR 139/97, NZA 1998, 750; BAG, Urteil vom 22. 4. 1993 - 2 AZR 313/92, NJW 1994, 2170; BAG, Urteil vom 30. 10. 1986 - 2 AZR 101/85, NZA 1987, 524, 525 f.; BAG, Urteil vom 15. 2. 1984 - 5 AZR 123/82, NZA 1984, 32; BAG, Urteil vom 6. 2. 1980 - 5 AZR 275/78, NJW 1980, 2149, 2150 f.; BAG, Urteil vom 17. 11. 1977 - 5 AZR 618/76, NJW 1978, 1653 f.

109 Dem BAG z.T. generell, z.T. jedenfalls punktuell hinsichtlich der Europarechtskonformität des Widerspruchsrecht zustimmend *Rieble*, ZIP 1997, 301, 306; *Henssler*, NZA 1994, 913, 921; *Ehrich*, NZA 1993, 635, 638; *Däubler*, NZA 1991, 134, 135; *Heither*, NZA 1991, 136 f.; *Oetker*, NZA 1991, 137, 138; *Joost*, ZIP 1991, 220, 222; *Löw*, DB 1991, 546, 548; *Hutzler*, BB 1981, 1470; *Picker*, ZfA 1981, 303, 453.

110 *Commandeur*, NJW 1996, 2537, 2538; *Schiefer*, RdA 1994, 83, 92; *Bauer*, NZA 1991, 139; *ders.* NZA 1990, 881, 883; *Gaul*, ZfA 1990, 87, 88 f.; *Heinze*, DB 1980, 205, 206; *Hess*, BB 1977, 501, 502; *Gitter*, FS BAG, S. 133, 140 ff.; *Kraft*, FS BAG, S. 299, 307 ff;

Auch nach Ansicht des BAG ist das Widerspruchsrecht ein verfassungsrechtlich notwendiges Korrelat zu dem in § 613a Abs. 1 Satz 1 BGB gesetzlich angeordneten Arbeitgeberwechsel, um der Berufsfreiheit des Arbeitnehmers Rechnung zu tragen.[111] Dies betonte das BAG besonders in seiner Rspr. vor der Kodifizierung des Widerspruchsrechts, um dessen richterrechtliche Anerkennung verfassungsrechtlich zu legitimieren. Der Arbeitnehmer musste deshalb das Widerspruchsrecht unverzüglich ausüben, sobald er von dem Inhaberwechsel als solchem Kenntnis erlangt hatte.[112] Denn danach konnte sich der Arbeitnehmer die für seine Abwägungsentscheidungen zwischen zwei Arbeitgebern notwendigen Informationen selbst verschaffen. Nach Ansicht des BAG genügte die Möglichkeit des Arbeitnehmers zur Kündigung des auf den Betriebserwerber übergegangene Arbeitsverhältnisses nicht, um den Eingriff in den Schutzbereich des Art. 12 Abs. 1 GG zu beseitigen.[113] Dabei zog das BAG sowohl eine ordentliche als auch eine außerordentliche Eigenkündigung in Betracht. Das ordentliche Kündigungsrecht des Arbeitnehmers sei nicht geeignet, die verfassungsrechtlichen Bedenken im Hinblick auf Art. 12 Abs. 1 GG auszuräumen. Denn je nach Dauer der Kündigungsfrist und Zeitpunkt des Betriebsübergangs sei nicht auszuschließen, dass zumindest für eine kurze Zeit ein Arbeitsverhältnis mit dem neuen Betriebsinhaber entstehe.[114] Der von einem Betriebsübergang betroffene Arbeitnehmer sei grundsätzlich nicht berechtigt, das übergegangene Arbeitsverhältnis außerordentlich zu kündigen. Der Betriebs-übergang begründe ein solches Kündigungsrecht in der Regel nur für Schlüssel- und Führungskräfte.[115]

Gaul, Der Betriebsübergang, S. 213 ff.; *Pietzko*, Der Tatbestand des § 613a BGB, S. 234.

111 BAG, Urteil vom 30. 10. 1986 - 2 AZR 101/85, NZA 1987, 524, 526; BAG, Urteil vom 2. 10. 1974 - 5 AZR 504/73, AP Nr. 1 zu § 613a BGB. Kritisch *Lüke*, Anm. zu BAG vom 30. 10. 1986, AP Nr. 55 zu § 613a BGB; *Schreiber*, RdA 1982, 137, 141; *Hess*, BB 1977, 501, 502; *Kraft*, FS BAG, 299, 309; *Pietzko*, Der Tatbestand des § 613a BGB, S. 260; *Gaul*, Der Betriebsübergang, S. 216.

112 BAG, Urteil vom 19. 3. 1998 - 8 AZR 139/97, NZA 1998, 750, 751; BAG, Urteil vom 30. 10. 1986 - 2 AZR 101/85, NZA 1987, 524, 526; BAG, Urteil vom 22. 4. 1993 - 2 AZR 313/92, NJW 1994, 2170, 2170 f.

113 BAG, Urteil vom 30. 10. 1986 - 2 AZR 101/85, NZA 1987, 524, 526; BAG, Urteil vom 2. 10. 1974 - 5 AZR 504/73, NJW 1975, 1378, 1379.

114 BAG, Urteil vom 30. 10. 1986 - 2 AZR 101/85, NZA 1987, 524, 526.

115 BAG, Urteil vom 30. 10. 1986 - 2 AZR 101/85, NZA 1987 524, 526. Da nach § 613a Abs. 1 BGB nur die im Zeitpunkt des Betriebsübergangs bestehenden Arbeitsverhältnisse auf den Erwerber übergehen, fallen die Dienstverhältnisse von Organmitgliedern juristischer Personen grundsätzlich nicht in den Anwendungsbereich der

Das Kündigungsrecht allein vermochte also nach Auffassung des BAG nicht den grundrechtlich gebotenen Schutz des Arbeitnehmers vor der Aufdrängung eines neuen Arbeitgebers zu gewährleisten.

Als zusätzliche Begründung für die richterrechtliche Anerkennung eines Widerspruchsrechts hat das BAG auf die persönliche Natur der Arbeitsleistung verwiesen.[116] Nach § 613 Satz 2 BGB ist der Anspruch auf die Dienste des Arbeitnehmers im Zweifel nicht übertragbar. Da der Arbeitnehmer nicht einen bestimmten Arbeitserfolg schuldet, sondern nur die Dienste als solche, soll dem Dienstverpflichteten nicht gegen seinen Willen ein anderer Dienstgeber aufgezwungen werden können.[117] Der Gesetzgeber des § 613a BGB habe die Auslegungsregel des § 613 Satz 2 BGB nicht geändert, weshalb sie auch noch nach der Normierung des gesetzlichen Übergangs des Arbeitsverhältnisses in § 613a Abs. 1 BGB uneingeschränkt Geltung beanspruche.[118] Dem Grundsatz der persönlichen Natur der Arbeitsleistung müsse daher mit Anerkennung eines Widerspruchsrechts Rechnung getragen werden.[119] Das BAG leitete also aus dem Kontext des Dienstvertragsrechts in systematischer Auslegung ein

---

Vorschrift, vgl. *Müller-Glöge*, in: MüKo, § 613a BGB Rn. 82. Diese Dienstverträge enthalten zudem für den Fall eines sich außerhalb des Tatbestands des § 613a BGB vollziehenden Kontrollwechsels häufig eine sog. Change in Control-Klausel. Danach werden dem Organmitglied für den Fall, dass sich die Kontroll- oder Mehrheitsverhältnisse bei der Gesellschaft ändern, bestimmte Rechte eingeräumt, z.B. ein Sonderkündigungsrecht zur vorzeitigen Beendigung des Anstellungsvertrags verbunden mit einem Abfindungsanspruch, vgl. *Fleischer*, in: Spindler/Stilz, AktG, § 87 Rn. 53; *Jaeger*, in: MüKo GmbHG, § 35 Rn. 450; in der Regel wird der Abfindungsanspruch von dem Kontrollerwerb oder -wechsel und der daraus resultierenden Beendigung der Organstellung abhängig gemacht, vgl. *Reufels*, in: Hümmerich/Reufels, Gestaltung von Arbeitsverträgen, § 3 Rn. 223.

116 BAG, Urteil vom 6. 2. 1980 - 5 AZR 275/78, NJW 1980, 2149, 2150; BAG, Urteil vom 21. 7. 1977 - 3 AZR 703/75, AP Nr. 8 zu § 613a BGB; BAG, Urteil vom 2. 10. 1974 - 5 AZR 504/73, AP Nr. 1 zu § 613a BGB.

117 *Richardi*, in: Staudinger, § 613 BGB Rn. 16; *Müller-Glöge*, in: MüKo, § 613 BGB Rn. 20.

118 BAG, Urteil vom 6. 2. 1980 - 5 AZR 275/78, NJW 1980, 2149, 2150; BAG, Urteil vom 21. 7. 1977 - 3 AZR 703/75, AP Nr. 8 zu § 613a BGB; BAG, Urteil vom 17. 11. 1977 - 5 AZR 618/76, NJW 1978, 1653, 1654.

119 BAG, Urteil vom 17. 11. 1977 - 5 AZR 618/76, NJW 1978, 1653, 1654; BAG, Urteil vom 2. 10. 1974 - 5 AZR 504/73, AP Nr. 1 zu § 613a BGB. Dagegen gingen Teile der Literatur davon aus, dass § 613a BGB die Regelung des § 613 S. 2 BGB im Wege der Spezialität verdrängt, vgl. *Roemheld*, BB 1976, 845; *Schmitt*, ZfA 1979, 503, 506; *Ziege*, BB 1978, 203; *Pietzko*, Der Tatbestand des § 613a BGB, S. 243; *Gitter*, in:

Widerspruchsrecht des Arbeitnehmers ab. § 613 Satz 2 BGB rechtfertigte dabei nach Ansicht des BAG, Arbeits- und Mietrecht unterschiedlich zu beurteilen.[120] Hintergrund dieses vom BAG angestellten Vergleichs ist das Fehlen eines Widerspruchsrechts des Mieters gegen den in § 566 Abs. 1 BGB gesetzlich angeordneten Vermieterwechsel im Fall der Veräußerung des vermieteten Wohnraums. § 571 Abs. 1 BGB a.F., der § 566 Abs. 1 BGB n.F. entspricht, bestimmte, dass der Erwerber im Fall der Veräußerung des vermieteten Wohnraums anstelle des Vermieters in die Rechte und Pflichten aus dem Mietverhältnis eintritt, ohne dass der Mieter dem Eintritt widersprechen konnte. Wegen der vergleichbaren Schutzrichtung von § 613a BGB und § 566 Abs. 1 BGB/§ 571 Abs. 1 BGB a.F., die beide auf die Erhaltung einer menschenwürdigen Existenzgrundlage abzielen, hat der in § 571 Abs. 1 BGB a. F. angeordnete gesetzliche Vertragsübergang zwar unbestritten bei der Einführung des § 613a BGB.

Pate gestanden.[121] Nach Meinung des BAG sprach diese Vorbildfunktion des § 571 Abs. 1 BGB a. F. allerdings nicht gegen ein Widerspruchsrecht, da sich das Interesse des Mieters grundsätzlich darin erschöpfe, das gemietete Grundstück auch nach einer Veräußerung weiter nutzen zu können.[122] Anders als bei einem Arbeitsverhältnis trete der persönliche Kontakt zwischen Vermieter und Mieter hinter dieses rein dingliche Interesse zurück.[123] Nach Meinung des BAG konnte der Rechtsgedanke dieser Norm auch noch aus einem anderen Grund nicht auf das Arbeitsverhältnis übertragen werden. Der Vermieter habe anders als der Arbeitgeber grundsätzlich keine Zahlungsansprüche zu erfüllen, sondern schulde nur die Überlassung der Mietsache.[124] Diese Hauptpflicht aus dem Mietverhältnis könne auch ein Vermieter in finanziellen Schwierigkeiten zumindest noch

---

FS BAG, S. 133, 142; *Kraft*, in: FS BAG, S. 299, 307; *Schwerdtner*, in: FS G. Müller, S. 557, 575.

120 Für eine Vergleichbarkeit von § 571 a.F. BGB und § 613a BGB und aus diesem Grund gegen ein Widerspruchsrecht *Pietzko*, Der Tatbestand des § 613a BGB, S. 241 f.

121 BAG, Urteil vom 6. 2. 1980 - 5 AZR 275/78, NJW 1980, 2149, 2150; BAG, Urteil vom 2. 10. 1974 - 5 AZR 504/73, AP Nr. 1 zu § 613a BGB; *Eich*, DB 1980, 255, 257; *Schmitt*, ZfA 1979, 503, 512; *Pietkzo*, Der Tatbestand des § 613a BGB, S. 242; *D. Gaul*, Betriebsübergang, S. 214; *Seiter*, Anm. zu BAG vom 2. 10. 1974, AP Nr. 1 zu § 613a BGB; *Gitter*, FS BAG, S. 133, 141; *Kraft*, FS BAG, S. 299, 307.

122 BAG, Urteil vom 2. 10. 1974 - 5 AZR 504/73, AP Nr. 1 zu § 613a BGB.

123 BAG, Urteil vom 17. 11. 1977 - 5 AZR 618/76, NJW 1978, 1653, 1654; BAG, Urteil vom 2. 10. 1974 - 5 AZR 504/73, AP Nr. 1 zu § 613a BGB.

124 BAG, Urteil vom 17. 11. 1977 - 5 AZR 618/76, NJW 1978, 1653, 1654.

eine gewisse Zeit lang erfüllen, weshalb der aufgezwungene Schuldnerwechsel im Mietrecht weit weniger problematisch als im Arbeitsverhältnis sei.[125]

Als weiteres systematisches Argument zur Begründung des Widerspruchsrechts stützte sich das BAG auf einen Analogieschluss zu § 415 Abs. 1 Satz 1 BGB.[126] Nach § 415 Abs. 1 Satz 1 BGB hängt die Wirksamkeit einer Schuldübernahme zwischen dem Schuldner und einem Dritten von der Genehmigung des Gläubigers ab. Voraussetzung für die Wirksamkeit der Schuldübernahme ist also eine ausdrückliche oder konkludente Zustimmung des Gläubigers.[127] Bloßes Schweigen genügt dagegen nicht, sondern hat in diesem Zusammenhang wie auch grundsätzlich sonst im Rechtsverkehr keinen Erklärungswert.[128] Da der Übergang des gesamten Vertragsverhältnisses als Rechtsfolge einer Vereinbarung einer Partei mit einem Dritten ohne Zustimmung der anderen Partei dem bürgerlichen Recht im Gegensatz zur Abtretung einer einzelnen schuldrechtlichen Forderung bis auf wenige Ausnahmen fremd sei, müsse das für eine vertragliche Schuldübernahme gemäß § 415 Abs. 1 Satz 1 BGB geltende Zustimmungserfordernis im Fall eines gesetzlichen Schuldnerwechsels analog angewendet werden.[129] Die systematischen Erwägungen des BAG zu § 613 Satz 2 BGB und § 415 Abs. 1 Satz 1 BGB beruhen jedenfalls im Kern ebenfalls auf dem Recht des Arbeitnehmers auf freie Wahl seines Vertragspartners. Sie sind daher als Ergänzung des verfassungsrechtlichen Fundaments des Widerspruchsrechts in Gestalt der Berufsfreiheit des Arbeitnehmers zu sehen, ohne aber einen Anspruch auf dogmatische Richtigkeit zu erheben.[130]

---

125 BAG Urteil vom 17. 11. 1977 - 5 AZR 618/76, NJW 1978, 1653, 1654.

126 BAG, Urteil vom 6. 2. 1980 – 5 AZR 275/78, NJW 1980, 2149, 2151; BAG, Urteil vom 21. 7. 1977 - 3 AZR 703/75, AP Nr. 8 zu § 613a BGB; BAG, Urteil vom 2. 10. 1974 - 5 AZR 504/73, NJW 1975, 1378. Kritisch wegen der fehlenden Vergleichbarkeit von geregeltem und ungeregeltem Tatbestand *Menze*, Das Widerspruchsrecht, S. 11.

127 Vgl. *Bydlinski*, in: MüKo, § 415 BGB Rn. 12.

128 *Bydlinski*, in: MüKo, § 415 BGB Rn. 12.

129 BAG, Urteil vom 2. 10. 1974 - 5 AZR 504/73, AP Nr. 1 zu § 613a BGB.

130 So auch BAG, Urteil vom 30. 10. 1986 - 2 AZR 101/85, NZA 1987, 524, 525. Besonders der vom BAG gezogene Analogieschluss zu § 415 Abs. 1 Satz 1 BGB überzeugt in der Tat nicht, da sich die Grundsätze der rechtsgeschäftlichen Vertragsübernahme nicht mit dem in § 613a Abs. 1 Satz 1 BG angelegten Automatismus hinsichtlich des Übergangs der Arbeitsverhältnisse vertragen. Der Übernahmevertrag bedarf im Fall des § 415 Abs. 1 Satz 1 für seine Wirksamkeit zwingend der Zustimmung des Gläubigers. Solange diese Voraussetzung nicht vorliegt, tritt der Schuldnerwechsel nicht ein; die Schuldübernahme gilt dann gemäß § 415 Abs. 3 BGB im Zweifel nur als Erfüllungsübernahme im Sinn des § 329 BGB. Dagegen kommt es

c) Verfassungsgemäße Alternative: Außerordentliches Kündigungsrecht?
Teilweise wird bestritten, dass das Widerspruchsrecht in seiner Gestaltung als Rechtsfolgenverweigerungsrecht mit Rückwirkung zum Schutz der Berufsfreiheit des Arbeitnehmers verfassungsrechtlich erforderlich ist. Den grundrechtlichen Anforderungen könne auch dadurch Rechnung getragen werden, dass der Arbeitgeberwechsel als wichtiger Grund zur Kündigung des übergeleiteten Arbeitsverhältnisses anerkannt werde.[131] Unabhängig davon, ob der gesetzliche Vertragspartnerwechsel tatsächlich ein wichtigen Grund iSd. § 626 Abs. 1 BGB ist,[132] wird ein außerordentliches Kündigungsrecht der Berufsfreiheit des Arbeitnehmer im Gegensatz zum Widerspruchsrecht in mehrfacher Hinsicht nicht gerecht.

Im Verhältnis zum Betriebserwerber sind die Rechtsfolgen des Widerspruchs gegen den Übergang des Arbeitsverhältnisses und einer gegenüber dem neuen Arbeitgeber ausgesprochenen außerordentlichen Kündigung zwar identisch. Allerdings hat eine Eigenkündigung des Arbeitnehmers negative sozialrechtliche Konsequenzen, z.B. eine Sperrzeit beim Bezug von Arbeitslosengeld (§ 159 Abs. 1 Satz 1, Satz 2 Nr. 1 SBG III). Dadurch entsteht zumindest ein faktischer Druck, den Betriebserwerber als neuen Arbeitgeber zu akzeptieren.[133] Diese negativen sozialrechtlichen Auswirkungen hat die Ausübung des Widerspruchsrechts nicht.[134] Zudem kann die Kündigungslösung nicht verhindern, dass das Arbeitsverhältnis zunächst auf den Betriebserwerber übergeht und vom Arbeitnehmer mit Wirkung für die Zukunft beendet wird. Vor allem in den Fällen, in denen der Arbeitnehmer keine Kenntnis vom Übergangsstichtag hat, wird ihm zumindest für eine gewisse Zeit ein neuer Arbeitgeber aufgedrängt.[135]

---

bei Vorliegen der Voraussetzungen des § 613a Abs. 1 Satz 1 BGB auch ohne Zustimmung des Arbeitnehmers zu einem Vertragspartnerwechsel. Gegen eine Analogie zu § 415 Abs. 1 Satz 1 BGB auch *Gaul*, Der Betriebsübergang, S. 214, nach dessen Ansicht es an der Planwidrigkeit der Regelungslücke fehlt, da der Gesetzgeber des § 613a BGB diese Vorschrift in Kenntnis des Zustimmungserfordernisses geschaffen habe und dabei bewusst von diesem Grundsatz abgewichen sei.

131 BAG, Urteil vom 25. 1. 2001 - 8 AZR 336/00, NZA 2001, 840, 842 f.; *Annuß*, in: Staudinger, § 613 BGB Rn. 293.

132 Zweifelnd BAG, Urteil vom 30. 10. 1986 - 2 AZR 101/85, NZA 1987, 524, 526.

133 BVerfG, Beschluss vom 25. 1. 2011 - 1 BvR 1741/09, BVerfGE 128, 157, 182; BAG, Beschluss vom 26. 9. 2013 - 8 AZR 775/12, BeckRS 2013, 73861.

134 BSG, Urteil vom 8. 7. 2009 - B 11 AL 17/08 R, NJW 2010, 2459, 2459 f.; *Rolfs*, in: ErfK, § 159 SBG III Rn. 6.

135 *Grau*, Unterrichtung und Widerspruch, S. 348.

Zudem missachtet die Kündigungslösung die ursprünglich getroffene Arbeitgeberwahl des Arbeitnehmers und entzieht dem Arbeitnehmer dadurch unter Umständen ein erhebliches Maß an Bestandsschutz.[136] Dagegen erschöpft sich der Sinn des Widerspruchsrechts nicht allein in dem Schutz des Arbeitnehmers gegen einen nicht frei gewählten Arbeitgeber, sondern ist zusätzlich auch darauf gerichtet, das Arbeitsverhältnis mit dem bisherigen Arbeitgeber fortbestehen zu lassen.[137] Ist infolge des Betriebs- oder Betriebsteilübergangs der bisherige Arbeitsplatz des widersprechenden Arbeitnehmers weggefallen, kommt zwar eine betriebsbedingte Kündigung in Betracht.[138] Fällt das Arbeitsverhältnis in den Anwendungsbereich des Kündigungsschutzgesetzes, ist diese betriebsbedingte Kündigung aber nur unter den Voraussetzungen des § 1 Abs. 2 KSchG wirksam.[139] Der widersprechende Arbeitnehmer behält also unter Umständen das Arbeitsverhältnis mit seinem bisherigen Arbeitgeber. Zudem besteht das Arbeitsverhältnis des widersprechenden Arbeitnehmers zumindest bis zum Ablauf der ordentlichen Kündigungsfrist in jedem Fall mit dem ursprünglichen Arbeitgeber fort.

d) Subsidiarität der Vertragsfreiheit gegenüber der Berufsfreiheit

Neben der Berufsfreiheit scheidet Art. 2 Abs. 1 GG unter dem Gesichtspunkt der Vertragsfreiheit als Prüfungsmaßstab aus. Zwar ist die die Vertragsfreiheit als Teil der allgemeinen Handlungsfreiheit[140] grundsätzlich betroffen, wenn ein Wechsel des Vertragspartners aufgrund eines Gesetzes erfolgt.[141] Berührt eine gesetzliche Regelung aber die allgemeine Handlungsfreiheit - wie bei der Auswechslung des Arbeitgebers - gerade im Bereich der beruflichen Betätigung, tritt sie gegenüber der speziellen Gewährleistung in Art. 12 Abs. 1 GG als subsidiär zurück.[142]

---

136 BVerfG, Beschluss vom 25. 1. 2011 - 1 BvR 1741/09, BVerfGE 128, 157, 182; BAG, Beschluss vom 26. 9. 2013 - 8 AZR 775/12, BeckRS 2013, 73861.

137 BAG, Urteil vom 21. 2. 2008 - 8 AZR 157/07, NZA 2008, 815, 818.

138 *Müller-Glöge*, in: MüKo, § 613a BGB Rn. 124; *Preis*, in: ErfK, § 613a BGB Rn. 106; *Bauer/vonSteinau Steinrück/Thees*, in: Hölters, Handbuch Unternehmenskauf, Teil V Rn. 140, S. 472; *Goll-Müller*, in: Holzapfel/Pöllat, Unternehmenskauf, Rn. 834, S. 463.

139 *Müller-Glöge*, in: MüKo, § 613a BGB Rn. 124; *Preis*, in: ErfK, § 613a BGB Rn. 106.

140 *Di Fabio*, in: Maunz/Dürig, Art. 2 GG Rn. 101.

141 BVerfG, Urteil vom 26. 7. 2005 - 1 BvR 782/94 u.a., BVerfG 114, 1, 33 f.

142 BVerfG, Beschluss vom 25. 1. 2011 - 1 BvR 1741/09, BVerfGE 128, 157, 176; BAG, Beschluss vom 26. 9. 2013 - 8 AZR 775/12, BeckRS 2013, 73861; d*i Fabio*, in: Maunz/Dürig, Art. 2 GG Rn. 103.

2. Menschenwürde des Arbeitnehmers (Art. 1 Abs. 1 GG)

Fraglich ist, ob das Widerspruchsrecht daneben auch zum Schutz der Menschenwürde des Arbeitnehmers erforderlich ist. Vor allem das BAG hat in seiner früheren Rspr. auf die Würde und die Persönlichkeitsstruktur des Arbeitnehmers hingewiesen.[143] Die Menschenwürde ist der soziale Wert- und Achtungsanspruch, der dem Menschen kraft seines Menschseins zukommt.[144] Diese Eigenschaft verbietet es, den Menschen zum bloßen Objekt des Staates zu machen oder ihn einer Behandlung auszusetzen, die seine Subjektqualität prinzipiell in Frage stellt.[145] Das BAG war der Ansicht, dass der Gesetzgeber den Arbeitnehmer zu einem bloßen Objekt hoheitlicher Gewalt degradiere, wenn er eine automatische Zwangsübertragung der von einem Betriebsübergang betroffenen Arbeitsverhältnisse gesetzlich anordne. Denn in diesem Fall könne der Verkäufer des Betriebs neben den materiellen und den immateriellen Betriebsmittel auch die in seinem Betrieb tätigen Arbeitnehmer auf den Käufer übertragen. Der einzelne Arbeitnehmer unterscheide sich infolgedessen bei einem Unternehmenskauf nicht mehr von den materiellen Betriebsmitteln.[146] Dagegen hat das BAG in einer neueren Entscheidung einen Verstoß gegen die Menschenwürde als „wenig überzeugend" bezeichnet.[147]

Ob das Widerspruchsrecht tatsächlich wegen Art. 1 Abs. 1 GG notwendig ist, muss nicht entschieden werden. Denn hinsichtlich des vorliegenden Untersuchungs-gegenstands überschneiden sich die Schutzbereiche von Art. 1 Abs. 1 GG und Art. 12 Abs. 1 GG. Der Schutzbereich von Art. 1 Abs. 1 GG reicht jedenfalls hinsichtlich der Wahl zwischen zwei Arbeitgebern nicht weiter als derjenige von Art. 12 Abs. 1 GG, so dass in diesem Punkt allein der

143 BAG, Urteil vom 6. 2. 1980 - 5 AZR 275/78, NJW 1980, 2149, 2151; BAG, Urteil vom 2. 10. 1974 - 5 AZR 504/73, AP Nr. 1 zu § 613a BGB; skeptisch BAG, Urteil 25. 1. 2001 – 8 AZR 336/00, NZA 2001, 840, 842.

144 BVerfG, Beschluss vom 20. 10. 1992 - 1 BvR 698/89, BVerfGE 87, 209, 228; BVerfG, Urteil vom 15. 12. 1970 - 2 BvF 1/69, 2 BvR 629/68, 2 BvR 308/69, BVerfGE 30, 1, 26.

145 BVerfG, Beschluss vom 20. 10. 1992 - 1 BvR 698/89, BVerfGE 87, 209, 228; BVerfG, Urteil vom 15. 12. 1970 - 2 BvF 1/69, 2 BvR 629/68, 2 BvR 308/69, BVerfGE 30, 1, 26.

146 BAG, Urteil vom 21. 7. 1977 - 3 AZR 703/75, AP Nr. 8 zu § 613a BGB; BAG, Urteil vom 17. 11. 1977 - 5 AZR 618/76, NJW 1978, 1653, 1654.

147 BAG, Urteil vom 25. 1. 2001 - 8 AZR 336/00, NZA 2001, 840, 842; kritisch auch *Herschel*, Anm. zu BAG vom 6. 2. 1980, AP Nr. 21 zu § 613a BGB; *Moll/Henke*, Anm. zu BAG vom 2. 3. 2006 - 8 AZR 124/05, AP Nr. 25 zu § 419 BGB (Funktionsnachfolge); *Schreiber*, RdA 1982, 137, 141 f.; *Gaul*, Der Betriebsübergang, S. 217.

„Menschenwürdegehalt“[148] der Berufsfreiheit betroffen sein kann.[149] Die Berufsfreiheit des Arbeitnehmers ist in diesem Fall spezieller und deshalb vorrangig zu prüfen.[150]

3. Ergebnis

Das Widerspruchsrecht ist in seiner gesetzlichen Gestaltung als Rechtsfolgenverweigerungsrecht mit Rückwirkung eine besondere Ausprägung der Berufsfreiheit des Arbeitnehmers. Dagegen kann den grundrechtlichen Anforderungen von Art. 12 Abs. 1 GG nicht mit einem außerordentlichen Kündigungsrecht Rechnung getragen werden. Selbst wenn man den gesetzlich angeordneten Arbeitgeberwechsel als außerordentlichen Kündigungsgrund anerkennen würde, missachtet die Kündigungslösung das Wahlrecht des Arbeitnehmers hinsichtlich seines ursprünglich gewählten Arbeitgebers, da sie es dem Arbeitnehmer verwehrt, den Bestand des Arbeitsverhältnisses mit dem Betriebsveräußerer geltend zu machen. Dadurch wird dem Arbeitnehmer ein nicht unerhebliches Maß an Bestandsschutz entzogen. Das verfassungsrechtliche Fundament des Widerspruchsrechts hat Auswirkungen auf den Zeitpunkt, zu dem der Arbeitnehmer wirksam auf das Widerspruchsrecht verzichten kann.[151]

---

148 *Moll/Henke*, Anm. zu BAG vom 2. 3. 2006 - 8 AZR 124/05, AP Nr. 25 zu § 419 BGB (Funktionsnachfolge).

149 Vgl. BVerfG, Urteil vom 24. 3. 1981 - 1 BvR 1516/78 u.a., BVerGE 56, 363, 393; BVerfG, Urteil vom 28. 2. 1980 – 1 BvL 17/77 u.a., BVerGE 53, 257, 300.

150 Auch das BVerfG hat diese Frage im Marburger Klinikbeschluss vom 25. 1. 2011 - 1 BvR 1741/09 letztlich offen gelassen, obwohl die Beschwerdeführerin eine Verletzung ihres Grundrechts „auf freie Wahl bzw. Beibehaltung des Arbeitsplatzes aus Art. 12 Abs. 1 GG i.V.m. Art. 1 Abs. 1 GG (Würde des Menschen)“ gerügt hatte, vgl. BVerfG, Beschluss vom 25. 1. 2011 - 1 BvR 1741/09, BVerfGE 128, 157, 170.

151 Einen Verzicht des Arbeitnehmers auf das Widerspruchsrecht im Hinblick auf einen konkret bevorstehenden Betriebsübergang halten grundsätzlich für möglich BAG, Urteil vom 15. 2. 2007 - 8 AZR 431/06, NZA 2007, 793, 798; BAG, Urteil vom 19. 3. 1998 - 8 AZR 139/97, NZA 1998, 750, 751; BAG, Urteil vom 15. 2. 1984 - 5 AZR 123/82, NZA 1984, 32, 33; LAG Saarland, Urteil vom 12. 8. 2009 - 2 Sa 52/09, BeckRS 2011, 65207; *Preis*, in: ErfK, § 613a BGB Rn. 102; *Annuß*, in: Staudinger, § 613a BGB Rn. 326; *Müller-Glöge*, in: MüKo, § 613a BGB Rn. 115; *Weidenkaff*, in: Palandt, § 613a Rn. 52; *Bayreuther*, in: D/F/L, § 613a BGB Rn. 143; *Gussen*, in: BeckOK ArbR, § 613a BGB Rn. 165; *Bauer/von Steinau-Steinrück*, ZIP 2002, 457, 464 f.; *Franzen*, RdA 2002, 258, 268; *B. Gaul/Otto*, DB 2002, 634, 638; *Olbertz/Ungnad*, BB 2004, 213, 217 f.; *Worzalla*, NZA 2002, 353, 357; *Pietzko*, ZIP 1990, 1105, 1116; *Henssler*, NZA 1994, 913, 923; *Moll*, NJW 1993, 2016, 2017; *Bauer/von Steinau-Steinrück/Thees*, in: Hölters, Handbuch Unternehmenskauf, Teil V Rn. 131,

IV. *(Keine) Europarechtliche Gebotenheit des Widerspruchsrechts*

Das europarechtliche Fundament von § 613a BGB ist die Richtlinie des Rates vom 14. Februar 1977 zur Angleichung der Rechtsvorschriften der Mitgliedsstaaten über die Wahrung von Ansprüchen der Arbeitnehmer beim Übergang von Unternehmen, Betrieben und Betriebsteilen (RL 77/187/EWG[152]). Diese Richtlinie verankerte die zu diesem Zeitpunkt bereits existierende nationale Regelung des § 613a BGB auch im europäischen (Sekundär-)Recht. Art. 3 Abs. 1 Satz 1 der RL 77/78/EWG[153] ordnet an, dass die Rechte und Pflichten des Veräußerers aus einem im Zeitpunkt des Übergangs bestehenden Arbeitsvertrag oder Arbeitsverhältnis auf den Erwerber übergehen. Ein Widerspruchsrecht gegen diese Rechtsfolge des Betriebsübergangs ist in der Richtlinie nicht vorgesehen.

1. Urteil des EuGH vom 5. 5. 1988 (Berg/Busschers)

Der niederländische Hohe Rat fragte den EuGH in einem Vorabentscheidungsverfahren, ob Art. 3 Abs. 1 Satz 1 der RL 77/187/EWG so auszulegen sei, dass der Veräußerer - soweit in der Richtlinie oder in den Mitgliedsstaaten nichts anderes bestimmt sei - nach dem Zeitpunkt des Übergangs von seinen arbeitsvertraglichen Pflichten allein aufgrund des Übergangs befreit werde, selbst wenn die in dem Unternehmen beschäftigten Arbeitnehmer dem nicht zustimmen oder Einwände dagegen geltend machen würden[154] Im damaligen niederländischen Recht war weder ein Zustimmungserfordernis noch ein Widerspruchsrecht des Arbeitnehmers enthalten.

Der EuGH entschied mit Urteil vom 5. Mai 1988[155], dass der Veräußerer nach dem Zeitpunkt des Übergangs von seinen arbeitsvertraglichen Pflichten allein aufgrund des Übergangs befreit sei. Die automatische Haftungsbefreiung des bisherigen Arbeitgebers erfolge unabhängig von einer Zustimmung oder einem Widerspruch des Arbeitnehmers. Die Mitgliedsstaaten könnten aber eine

---

S. 465; *Grau*, Unterrichtung und Widerspruchsrecht, S. 352 f.; *Menze*, Das Widerspruchsrecht, S. 77 ff.; *Pietzko*, Der Tatbestand des § 613a, S. 295. Die Wirksamkeit eines Verzichts bereits im Arbeitsvertrag bejahen *Pottmeyer*, ZfA 1989, 239, 250 f. (allerdings aufgrund des dogmatisch nicht haltbaren Ausgangspunkts, der Widerspruch des Arbeitnehmers stelle die Verweigerung der zum gegen den Übergang des Arbeitsverhältnisses erforderlichen Zustimmung gemäß den §§ 182, 183 BGB dar; vgl. dazu unten § 2); *Pröpper*, DB 2000, 2322, 2324 ff.

152 ABl. EG Nr. L 61 vom 5. 3. 1977, S. 26.

153 Jetzt: RL 2001/23/EG.

154 Vorlagefragen abgedruckt in NZA 1990, 885.

155 EuGH, Urteil vom 5. 5. 1988 - verb. Rs. 144 und 145/87, NZA 1990, 885 ff.

gesamtschuldnerische Haftung von Veräußerer und Erwerber ab dem Zeitpunkt des Übergangs vorsehen.[156] Sollte es in den Rechtsordnungen der Mitgliedsstaaten einen allgemeinen Rechtsgrundsatz geben, wonach ein Schuldnerwechsel nur mit Zustimmung des Gläubigers wirksam sei, müsse dieser hinter den mit der Richtlinie bezweckten Arbeitnehmerschutz zurücktreten.[157] Der EuGH begründete seine Ansicht damit, dass die RL 77/187/EWG den status quo der Rechte der Arbeitnehmer bei einem Wechsel des Inhabers des Unternehmens gewährleiste wolle und den Arbeitnehmern deshalb die Möglichkeit einräume, ihr Beschäftigungsverhältnis mit dem neuen Arbeitgeber zu denselben Bedingungen wie mit dem Veräußerer fortzusetzen. Der Gerichtshof lehnte es aber ausdrücklich ab, den Zweck der Richtlinie auch darin zu sehen, dass die Arbeitnehmer, die nicht für den Betriebserwerber arbeiten wollen, das Arbeitsverhältnis mit dem Veräußerer fortsetzen können. Da der EuGH also davon ausging, dass der Übergang der Arbeitsverhältnisse bei einem Betriebsübergang automatisch und unabhängig vom Willen des Arbeitnehmers erfolgt, wurde seine Entscheidung in der Literatur teilweise dahingehend interpretiert, dass ein Widerspruchsrecht europarechtlich nicht zulässig sei.[158] Überwiegend wurde die Europarechtskonformität des Widerspruchsrechts aber auch nach der Entscheidung des EuGH nicht in Zweifel gezogen.[159] Das BAG ließ diese Frage in einer Entscheidung vom 18. Oktober 1990 mangels Entscheidungserheblichkeit ausdrücklich offen.[160]

2. Urteil des EuGH vom 16. 12. 1992 (Katsikas)

Da aber zumindest Zweifel an der Europarechtskonformität des Widerspruchsrechts verblieben waren, legten zunächst das Arbeitsgericht Hamburg[161] und das Arbeitsgericht Bamberg[162] dem EuGH die Frage zur Vorabentscheidung vor, ob das bisher nur richterrechtlich anerkannte Widerspruchsrecht eine für den

---

156 EuGH, Urteil vom 5. 5. 1988 - verb. Rs. 144 und 145/87, NZA 1990, 885.

157 EuGH, Urteil vom 5. 5. 1988 - verb. Rs 144 und 145/87, NZA 1990, 885, 885 f.

158 *D. Gaul*, Anm. zum Urteil des EuGH vom 5. 5. 1988 - verb. Rs 144, 145/87, EzA § 613a BGB Nr. 89; *Bauer*, NZA 1991, 139, 140; *ders.*, NZA 1990, 881, 883; *Meilicke*, DB 1990, 1770.

159 *Hitzfeld*, BB 1991, 199, 203; *Löw*, DB 1991, 546, 549; *Däubler*, NZA 1991, 134, 134 f.; *Heither*, NZA 1991, 136; *Oetker*, NZA 1991, 137, 139; *Joost*, ZIP 1991, 220, 222. Die Befürworter argumentierten überwiegend, dass es sich bei dem Widerspruchsrecht um eine für den Arbeitnehmer günstigere Regelung handle, die gemäß Art. 7 der RL 77/187/EWG zulässig sei.

160 BAG, Urteil vom 18. 10. 1990 - 2 AZR 172/90, NZA 1991, 305, 306.

161 ArbG Hamburg, Beschluss vom 4. 4. 1991 - 2 Ca 360/90, EuZW 1992, 32.

162 ArbG Bamberg, Beschluss vom 7. 5. 1991 - 4 Ca 452/90, DB 1991, 1382.

Arbeitnehmer günstigere Regelung i.S.v. Art. 7 der RL 77/187 EWG sei oder ob es gegen das Gemeinschaftsrecht verstoße. Mit Beschluss vom 21. Mai 1992[163] wandte sich auch das BAG mit vergleichbaren Vorlagefragen an den Gerichtshof.

Daraufhin entschied der EuGH, dass es das Gemeinschaftsrecht dem Arbeitnehmer zwar ermögliche, das Vertragsverhältnis mit dem neuen Arbeitgeber zu denselben Bedingungen wie mit dem Verkäufer fortzusetzen.[164] Allerdings sei der Schutz der Richtlinie hinfällig, wenn der Betroffene selbst entscheide, das Arbeitsverhältnis nach dem Übergang nicht mit dem Erwerber fortzusetzen. Der Arbeitnehmer müsse bei der Wahl seines Arbeitgebers frei sein und dürfe nicht dazu verpflichtet werden, für einen Arbeitgeber zu arbeiten, den er nicht selbst gewählt habe. Art. 3 Abs. 1 der RL 77/187/EWG verwehre es einem Arbeitnehmer daher nicht, dem Übergang seines Arbeitsverhältnisses zu widersprechen und damit auf den Schutz der Richtlinie zu verzichten.[165] Die Rechtsfolgenregelung des Widerspruchs stehe im Ermessen der einzelnen Mitgliedsstaaten. In Betracht komme zu einen, dass der Widerspruch das Arbeitsverhältnis mit dem Betriebserwerber beende. Zum anderen könnten die Mitgliedsstaaten als Rechtsfolge des Widerspruchs auch vorsehen, dass das Arbeitsverhältnis mit dem Betriebsveräußerer fortbestehe. Diese Entscheidung des EuGH setzte den endgültigen Schlusspunkt unter die Diskussion um die Europarechtskonformität des Widerspruchsrechts.

3. Ergebnis

Das Widerspruchsrecht ist zumindest in seiner heutigen gesetzlichen Gestaltung als Rechtsfolgenverweigerungsrecht mit Rückwirkung[166] europarechtlich nicht zwingend geboten. Der Gerichtshof verwendet den Begriff „Widerspruchsrecht“ nicht in dem Sinn wie der nationale Gesetzgeber in § 613a Abs. 6 BGB. Nach Ansicht des EuGH erschöpft sich das „europäische Widerspruchsrecht“ in der Funktion als Abwehrmittel gegen die Aufdrängung eines neuen Arbeitgebers.[167] Es entspricht also in seinen Rechtsfolgen einem außerordentlichen Kündigungsrecht. Das Widerspruchsrecht ist demnach aus europäischer Perspektive nur insoweit erforderlich, als es dem Arbeitnehmer ermöglicht, den Betriebserwerber als neuen Arbeitgeber abzuwehren. Die (weitere) Rechtsfolge des nationalen Widerspruchsrechts - das Fortbestehen der arbeitsvertraglichen Beziehung mit dem

163 BAG, Beschluss vom 21. 5. 1992 - 2 AZR 449/91, AP Nr. 96 zu § 613a BGB.

164 EuGH, Urteil vom 16. 12. 1992 - verb. Rs C 132/91, 138/91, 139/91, NZA 1993, 169, 170.

165 EuGH, Urteil vom 16. 12. 1992 - verb. Rs C 132/91, 138/91, 139/91, NZA 1993, 169, 170.

166 Zu den Rechtsfolgen des Widerspruchs ausführlich oben B. I.

167 BVerfG, Beschluss vom 25. 1. 2011 - 1 BvR 1741/09, BVerGE 128, 157, 191 f.

Betriebsveräußerer - hat dagegen keine Grundlage im Gemeinschaftsrecht.[168] Da es demnach kein europäisches Grundrecht auf Widerspruch gibt,[169] wäre es auch europarechtskonform gewesen, wenn der nationale Gesetzgeber anstelle des Widerspruchsrechts in § 613a Abs. 6 ein Recht des Arbeitnehmers zur außerordentliches Kündigung des übergegangenen Arbeitsverhältnisses geregelt hätte.

C. Problemstellung

I. Anwendungsbereich von § 613a Abs. 6 BGB beim Unternehmenskauf

Ein Unternehmenskauf kann auf zwei Wegen verwirklicht werden. Als Grundmodelle stehen den beteiligten Parteien der Anteilserwerb (Share Deal) und der Erwerb der Vermögensgegenständen (Asset Deal) zur Verfügung. Nicht immer kommt es dabei zu einem Betriebsübergang im Sinn des § 613a Abs. 1 Satz 1 BGB.

1. Erwerb der gesellschaftsrechtlichen Beteiligung am Unternehmen (Share Deal)

Beim Share Deal handelt es sich um einen reinen Rechtskauf gemäß §§ 433, 453 BGB. Kaufgegenstand ist die gesellschaftsrechtliche Beteiligung des Verkäufers am Unternehmen.[170] Der dingliche Vollzug des Anteilskaufvertrags erfolgt bei diesem rein gesellschaftsrechtlichen Vorgang grundsätzlich durch Abtretung der Anteile an dem Rechtsträgers des Unternehmens gemäß §§ 398, 413 BGB.[171] Rechtsträger des Unternehmens kann eine Kapital- oder Personenhandelsgesellschaft sein.[172] Die Gesellschaft als Trägerin des Unternehmens bleibt dabei unverändert. Sie bleibt nach der Unternehmensveräußerung Vertragspartner der bei ihr beschäftigten Arbeitnehmer, so dass der Beteiligungserwerb keinen

168 Vgl. BVerfG, Beschluss vom 25. 1. 2011 - 1 BvR 1741/09, BVerGE 128, 157, 191.

169 BVerfG, Beschluss vom 25. 1. 2011 - 1 BvR 1741/09, BVerGE 128, 157, 189 ff.; BAG, Beschluss vom 22. 2. 2005 - 3 AZR 499/03, NJW 2005, 3371, 3373.

170 *Picot*, in: Picot, Unternehmenskauf und Restrukturierung, § 1 Rn. 101, S. 27.

171 Bei der Übereignung von Aktien kommt es darauf an, ob die Aktien in verkörperter Form ausgegeben worden sind und um welche Aktienart es sich handelt. Nicht verbriefte Aktien werden ebenso wie die Geschäftsanteile an einer GmbH durch Abtretung nach §§ 413, 398 BGB, einzeln verbriefte Namensaktien durch Indossament oder Abtretung und verbriefte Inhaberaktien durch Einigung und Übergabe der Urkunde gemäß §§ 929 ff. BGB übertragen, vgl. zum Ganzen *Stenger*, in: Sudhoff, Unternehmensnachfolge, § 33 Rn. 6.

172 *Volhard*, in: Semler/Volhard, Arbeitshandbuch für Unternehmensübernahmen Band 1, § 2 Rn. 24, S. 47.

Arbeitgeberwechsel zur Folge hat.[173] § 613a BGB spielt daher beim Share Deal keine Rolle. Maßgeblich für die Anwendbarkeit von § 613a BGB ist ein Wechsel der Rechtspersönlichkeit des Betriebsinhabers.[174] Ändert der Rechtsträger und damit auch der Arbeitgeber seine Identität nicht, liegt kein Betriebsübergang vor, obwohl eine Veränderung auf der Gesellschafterebene für den Arbeitnehmer aus wirtschaftlicher Sicht ebenso bedeutsam sein kann wie ein Wechsel des Arbeitgebers.[175]

2. Erwerb der Vermögensgegenstände des Unternehmens (Asset Deal)

Beim Asset Deal erfolgt der Unternehmenskauf durch Einzelrechtsübertragung der Vermögensgegenstände des Unternehmens ohne seinen Rechtsträger.[176] Kaufgegenstand ist bei dieser Form des Unternehmenskaufs das Unternehmen als Sachgesamtheit, nicht nur einzelne Wirtschaftsgüter.[177] Für den Kaufvertrag und die Übereignung sind dabei die für das jeweilige Wirtschaftsgut geltenden Vorschriften maßgebend.[178] Der Asset Deal hat die Abtrennung des Unternehmens von seinem bisherigen Rechtsträger, und damit zu einem Betriebsinhaberwechsel zur Folge. Deshalb kann diese Form des Unternehmenskaufs grundsätzlich einen Betriebsübergang mit den sich aus § 613a BGB ergebenden Rechtsfolgen nach sich ziehen.

II. Anwendungsbereich von § 613a Abs. 6 BGB bei der Umwandlung von Unternehmen

Bei der Umwandlung von Unternehmen nach dem UmwG sind die Regelungen von § 613a Abs. 1 und Abs. 4 bis 6 BGB gemäß § 324 UmwG auch bei einer Verschmelzung, Spaltung oder Vermögensübertragung anwendbar. Hintergrund von § 324 UmwG ist, dass es sich bei den genannten Umwandlungsarten um Fälle der Gesamtrechtsnachfolge handelt.[179] Bei der Gesamtrechtsnachfolge geht

---

173 BAG, Urteil vom 12. 7. 1990 - 2 AZR 39/90, NZA 1991, 63, 64; *Bachner*, in: B/K/M/T, Arbeitsrecht bei Unternehmensumwandlung und Betriebsübergang, § 6 Rn. 28.

174 BAG, Urteil vom 20. 3. 2003 - 8 AZR 312/02, NZA 2003, 1338, 1339; BAG, Urteil vom 3. 5. 1983 - 3 AZR 1263/79, NJW 1983, 2283; *Preis*, in: ErfK, § 613a BGB Rn. 43.

175 *Willemsen*, in: W/H/S/S, Umstrukturierung, B. Rn. 5, S. 10.

176 *Klumpp*, in: Beisel/Klumpp, Der Unternehmenskauf, 4. Kapitel Rn. 5, S. 86.

177 *Picot*, in: Picot, Unternehmenskauf und Restrukturierung, § 1 Rn. 99, S. 27.

178 Zum Problem der Bestimmung der zum Unternehmen gehörenden Vermögensgegenstände ausführlich *Klumpp*, in: Beisel/Klumpp, Der Unternehmenskauf, 4. Kapitel Rn. 23 ff, S. 90 ff.

179 *Simon*, in: Semler/Stengel, § 324 UmwG, Rn. 4.

das Vermögen des übertragenden Rechtsträgers kraft Gesetzes ohne gesonderte Übertragungshandlungen auf den neuen Rechtsträger über.[180] § 613a Abs. 1 Satz 1 BGB setzt dagegen für den gesetzlichen Übergang der Rechte und Pflichten aus den bestehenden Arbeitsverhältnissen voraus, dass ein Betrieb oder Betriebsteil „durch Rechtsgeschäft" übertragen wird. Der sachliche Anwendungsbereich des § 613a erfasst also keine Betriebsübergänge, die sich im Wege der Gesamtrechtsnachfolge kraft Gesetzes vollziehen.[181] § 324 UmwG stellt deshalb klar, dass die Regelungen von § 613a Abs. 1, Abs. 4 bis 6 BGB grundsätzlich auch bei einer Gesamtrechtsnachfolge mittels Verschmelzung, Spaltung oder Vermögensübertragung unmittelbar anwendbar sind.[182] Eine Ausnahme gilt nach der Rspr. des BAG[183] allerdings für das Widerspruchsrecht des Arbeitnehmers, wenn der übertragende Rechtsträger infolge der Umwandlung erlischt. Die Frage stellt sich also vor allem bei der Verschmelzung (§ 2 UmwG) und bei der Aufspaltung (§ 123 Abs. 1 UmwG), wird aber auch außerhalb des Umwandlungsgesetzes relevant, z.B. bei der Anwachsung.[184] § 613a Abs. 6 BGB ist nach Ansicht des BAG in diesen Fällen teleologisch zu reduzieren. Das BAG begründet den Ausschluss des Widerspruchsrechts damit, dass der Sinn des Widerspruchsrechts sich nicht allein in dem Schutz des Arbeitnehmers erschöpfe, gegen seinen Willen einen neuen Arbeitgeber aufgedrängt zu bekommen. Der Widerspruch bezwecke zudem, den Übergang des Arbeitsverhältnisses auf den Betriebsübernehmer nicht eintreten zu lassen und ziele demnach auch auf die Kontinuität des Arbeitsverhältnisses mit dem bisherigen Arbeitgeber. Dieser Zweck könne nicht mehr erreicht werden, wenn der bisherige Arbeitgeber nicht mehr existiere. Nach Ansicht des BAG hat der Arbeitnehmer deshalb in diesem Fall ein außerordentliches Kündigungsrecht nach § 626 Abs. 1 BGB.[185]

---

180 *Stratz*, in: Schmitt/Hörtnagl/Stratz, § 20 UmwG Rn. 23.

181 BAG, Urteil vom 2. 3. 2006 - 8 AZR 124/05, NZA 2006, 848, 850; BAG, Urteil vom 13. 11. 2002 - 4 AZR 73/01, NZA 2004, 274, 276.

182 *Simon*, in: Semler/Stengel, § 324 UmwG Rn. 1.

183 BAG, Urteil vom 21. 2. 2008 - 8 AZR 157/07, NZA 2008, 815 ff. Zu den Auswirkungen dieser Entscheidung auf die Unterrichtungspflicht nach § 613a Abs. 5 *Vogt/Oltmanns*, NZA 2012, 1190, 1192 f; *Simon/Weniger* BB 2010, 117 ff.

184 Vgl. dazu ausführlich *Vogt/Oltmanns*, NZA 2012, 1190 ff.

185 BAG, Urteil vom 21. 2. 2008 - 8 AZR 157/07, NZA 2008, 815, 817 f. Zu den Auswirkungen dieser Entscheidung auf die Unterrichtungspflicht nach § 613a Abs. 5 vgl. *Vogt/Oltmanns*, NZA 2012, 1190, 1192 f; *Simon/Weniger* BB 2010, 117 ff. Für ein Widerspruchsrecht des Arbeitnehmers auch bei Erlöschen des übertragenden Rechtsträgers: *Simon*, in: Semler/Stengel, § 324 UmwG Rn. 51; *Joost*, in: Lutter, § 324 UmwG Rn. 67; *Hörtnagl*, in: Schmitt/Hörtnagl/Stratz, § 131 UmwG Rn. 60;

Daneben regelt § 324 UmwG, dass der Übergang der Arbeitsverhältnisse nicht aufgrund der Universalsukzession erfolgt, sondern sich allein nach § 613a Abs. 1 Satz 1 BGB richtet.[186] § 324 UmwG bewirkt aber nicht, dass es bei jeder Verschmelzung, Spaltung oder Vermögensübertragung zwangsläufig zu einem Übergang der Arbeitsverhältnisses kommt. § 324 UmwG ist eine Rechtsgrund-, keine Rechtsfolgenverweisung.[187] Die tatbestandlichen Voraussetzungen des § 613a Abs. 1 Satz 1 BGB müssen also auch bei den genannten Umwandlungsfällen eigenständig geprüft werden.[188]

Bei einer Verschmelzung übertragen ein oder mehrere Rechtsträger ihr Vermögen im Wege der Gesamtrechtsnachfolge als Ganzes auf einen schon bestehenden Rechtsträger oder auf einen aus diesem Anlass neu gegründeten Rechtsträger (§ 2 UmwG). Auch bei der vollständigen Vermögensübertragung wird das gesamte Aktiv- und Passivvermögen des übertragenden Rechtsträgers unter Auflösung ohne Abwicklung auf den aufnehmenden Rechtsträger übertragen (§ 174 Abs. 1 UmwG). Besteht auf Seiten des übertragenden Rechtsträgers ein Betrieb oder Betriebsteil i.S.d. § 613a BGB, kann es zu einem Betriebsübergang kommen. Bei einer Spaltung (§ 123 UmwG) oder Vermögensteilübertragung (§ 174 Abs. 2 UmwG) ist für die Anwendbarkeit von § 613a BGB entscheidend, ob die übertragenen Gegenstände einen Betrieb oder Betriebsteil darstellen. Dagegen führt ein Formwechsel niemals zu einem Betriebsübergang, da sich hierbei nur die Rechtsform, nicht aber die Identität des Rechtsträgers ändert und es somit auch nicht zu einem Wechsel in Rechtspersönlichkeit des Betriebsinhabers kommt.[189] Folgerichtig erwähnt § 324 UmwG diese Umwandlungsmaßnahme nicht.

III. Interessenlage der Kaufvertragsparteien/Umwandlungsbeteiligten

Art. 1 Abs. 1 lit. b der RL 2001/23/EG[190] definiert den Betriebsübergang als Übergang einer ihre Identität bewahrenden wirtschaftlichen Einheit im Sinne

---

Annuß, in: Staudinger, § 613a BGB Rn. 310; *Fandel/Hausch*, BB 2008, 2402, 2403; *Schnitker/Grau*, ZIP 2008, 394, 398; *Rieble*, NZA 2005, 1, 5; *Hartmann*, ZfA 1997, 21, 30; *Däubler*, RdA 1995, 136, 140; *Boecken*, ZIP 1994, 1087, 1092.

186 *Dreher*, in: B/D/H, Betriebsübergang, Erster Teil § 613a, Rn. 106, S. 51.

187 *Willemsen*, in: H/W/K, § 324 UmwG Rn. 1; *Simon*, in: Semler/Stengel, § 324 UmwG Rn. 3; *Preis*, in: ErfK, § 613a BGB Rn. 181.

188 BAG, Urteil vom 25. 5. 2000 - 8 AZR 416/99, NZA 2000, 1115, 1117; *Willemsen*, in: W/H/S/S, Umstrukturierung, B. Rn. 90, S. 61.

189 *Willemsen*, in: W/H/S/S, Umstrukturierung, B. Rn. 79, S. 48 f.; vgl. auch § 202 Abs. 1 Nr. 1 UmwG.

190 ABl. EG Nr. L 82 vom 22. 3. 2001, S. 16 ff.

einer organisierten Zusammenfassung von Ressourcen zur Verfolgung einer wirtschaftlichen Haupt- oder Nebentätigkeit. Die Wahrung der Identität der wirtschaftlichen Einheit ist demnach das entscheidende Kriterium für das Vorliegen eines Betriebsübergangs.[191] Wird der Betrieb oder Betriebsteil nach Vollzug des Asset Deals oder der Verschmelzung, Spaltung oder Vermögensübertragung vom Betriebserwerber als wirtschaftliche Einheit unter Wahrung seiner Identität fortgeführt, tritt der neue Inhaber gemäß § 613a Abs. 1 Satz 1 BGB in die Rechte und Pflichten aus den im Zeitpunkt des Übergangs mit dem Veräußerer bestehenden Arbeitsverhältnissen ein. Die Interessenlage der beteiligten Parteien hinsichtlich des Übergangs der Arbeitsverhältnisse stellt sich wie folgt dar:

1. Übergang der Know-How-Träger

Veräußerer und Erwerber werden häufig daran interessiert sein, dass zumindest bestimmte Arbeitnehmer dem Übergang ihrer Arbeitsverhältnisse nicht widersprechen.[192] In Branchen, die maßgeblich durch das Spezialwissen und die Qualifikation der Arbeitnehmer geprägt sind, will der Käufer des Betriebs nicht nur die materiellen Betriebsmittel, sondern auch das im Betrieb vorhandene Know-How erwerben; auch dieses stellt einen Teil des Unternehmenswerts dar.[193] Oftmals wird die Übernahme der Schlüsselkräfte für den Erwerber sogar

---

191 EuGH, Urteil vom 07. 03. 1996 - verb. Rs. C-171/94 u. C-172/94, NJW 1996, 1199, 1200; BAG, Urteil vom 11. 9. 1997 - 8 AZR 555/95, NZA 1998, 31, 32. Gliederte der Käufer den Betrieb oder Betriebsteil vollständig in seine Organisationsstruktur ein, verneinte das BAG zunächst eine unveränderte Fortführung der wirtschaftlichen Einheit, vgl. BAG, Urteil vom 6. 4. 2006 - 8 AZR 249/04, NZA 2006, 1039, 1042. In der Rechtssache Klarenberg stellte der EuGH dann aber klar, dass es im Fall des Verlustes der organisatorischen Selbständigkeit genüge, wenn die funktionelle Verknüpfung zwischen den übertragenen Produktionsfaktoren erhalten bleibe und diese es dem Erwerber erlaube, diese Faktoren zu nutzen, um derselben oder einer gleichartigen wirtschaftlichen Tätigkeit nachzugehen, vgl. EuGH, Urteil vom 12. 2. 2009 - C-466/07, NZA 2009, 251, 254.

192 BAG, Urteil vom 2. 10. 1974 - 5 AZR 504/73, NJW 1975, 1378, 1380; *Hausch*, BB 2008, 1392, 1397 f.; *Pröpper*, DB 2000, 2322. Umgekehrt kann das Vorliegen eines Betriebsübergangs aber auch ein Hindernis für den Unternehmenskauf sein, vgl. *Fuhlrott/Salamon*, BB 2012, 1793, *Hausch*, BB 2008, 1392 („Dealbreaker"); zu den in Betracht kommenden Vermeidungsstrategien und Gestaltungsmöglichkeiten ausführlich *Fuhlrott/Salamon*, BB 2012, 1793 ff., *Hausch*, BB 2008, 1392 ff.

193 *Bauer/von Steinau-Steinrück/Thees*, in: Hölters, Handbuch Unternehmenskauf, Teil V Rn. 157, S. 480; vgl. auch BAG, Urteil vom 21. 6. 2012 - 8 AZR 181/11, NZA-RR 2013, 6, 11, wonach dem Kriterium, dass der Betriebswerber das betriebsspezifischen

das entscheidende Kriterium für seine Kaufentscheidung sein. Denn nur dann ist der Erwerber in der Lage, das erworbene Unternehmen nahtlos weiterzuführen. Spiegelbildlich zu diesem Interesse des Erwerbers, eine gut funktionierende, produktive Einheit zu übernehmen, ist auch dem Verkäufer häufig daran gelegen, den Betrieb zusammen mit den Know-how-Trägern zu veräußern, da dadurch der Wert des Betriebs und seine Verkehrsfähigkeit erheblich gesteigert werden.

Wie wichtig der Übergang zumindest bestimmter Arbeitsverhältnisse für die Kaufvertragsparteien sein kann, wird deutlich, wenn man einen Blick auf die Regelungen des Unternehmenskaufvertrags wirft, die häufig zur Begrenzung des Widerspruchsrisikos vereinbart werden. Die Parteien können z.B. eine Kompensationspflicht des Verkäufers oder ein Minderungsrecht des Käufers hinsichtlich der Kosten vereinbaren, die dem Erwerber aufgrund der Beschaffung gleichwertigen Ersatzpersonals entstehen.[194] Eine weitere Möglichkeit ist, dem Käufer ein vertragliches Rücktrittsrecht einzuräumen, das ausgeübt werden kann, wenn bestimmte Arbeitnehmer oder einer bestimmten Anzahl von Arbeitnehmern das Widerspruchsrecht ausüben.[195] Zudem kommt eine Haftungsregelung für den Fall in Betracht, dass Arbeitnehmer dem Übergang ihres Arbeitsverhältnisses unter Berufung auf ein unrichtiges oder unvollständiges Unterrichtungsschreiben erfolgreich widersprechen.[196] Teilweise wird sogar empfohlen,

---

Know-how der Führungskräfte weiter nutze, erhebliche Bedeutung für das Vorliegen eines Betriebsübergangs zukomme.

194 *Hausch*, BB 2008, 1392, 1399.

195 *Bauer/von Steinau-Steinrück/Thees*, in: Hölters, Handbuch Unternehmenskauf, Teil V Rn. 127, S. 463 f. Ein gesetzliches Rücktrittsrecht wegen des Wegfalls der Geschäftsgrundlage des Unternehmenskaufvertrags nach § 313 Abs. 3 Satz 1 BGB begründet die arbeitnehmerseitige Widerspruchsausübung dagegen nicht, da dafür eine falsche Vorstellungen der Parteien oder zumindest das Fehlen zutreffender Vorstellungen über die zukünftige Entwicklung Voraussetzung wäre; mit der Ausübung des Widerspruchsrechts müssen aber beide Parteien rechnen, a,A, *Annuß*, in Staudinger, § 613a BGB Rn. 324. Die Vereinbarung eines vertraglichen Rücktrittsrechts kommt grundsätzlich nur dann in Betracht, wenn Widerspruchs- und Rücktrittsrecht vor dem Stichtag des Betriebsübergangs erklärt werden, da eine Rückabwicklung des Unternehmenskaufvertrags nach dem Stichtag des Betriebsübergangs häufig problematisch ist. Aus diesem Grund wird das Rücktrittsrecht in Unternehmenskaufverträgen auch regelmäßig ausgeschlossen, vgl. *Morsch*, in: Holzapfel/Pöllath, Unternehmenskauf, Rn. 714, S. 404.

196 *Bauer/von Steinau-Steinrück/Thees*, in: Hölters, Handbuch Unternehmenskauf, Teil V Rn. 127, S. 463.

die Wirksamkeit des Unternehmenskaufvertrags mit dem Übergang bestimmter Arbeitsverhältnisse zu verknüpfen. In diesem Fall wird der Unternehmenskaufvertrags gemäß § 158 Abs. 1 BGB zunächst nur aufschiebend bedingt geschlossen und erst wirksam, wenn die betreffenden Arbeitnehmer die Zustimmung zum Übergang des Arbeitsverhältnisses bzw. einen Verzicht auf das Widerspruchsrecht erklärt haben.[197]

2. Ausschluss von Widersprüchen nach dem Stichtag des Betriebsübergangs

Die einmonatige Widerspruchsfrist des § 613a Abs. 6 Satz 1 BGB beginnt erst mit Zugang eines ordnungsgemäßen Informationsschreibens.[198] Dem Arbeitnehmer bleibt sein Widerspruchsrecht nach dem Stichtag des Betriebsübergangs bei fehlender oder unvollständiger Unterrichtung also auch dann erhalten, wenn er vom Betriebsübergang als solchem aus einer anderen Quelle Kenntnis erlangt hat.[199] Mangels einer absoluten zeitlichen Ausübungsgrenze kann der Arbeitnehmer ein noch bestehendes Widerspruchsrecht bis zur Grenze der Verwirkung ausüben.[200] Das Widerspruchsrecht mutiert in diesem Fall zu einer umfassenden Rückkehroption, die es dem Arbeitnehmer unter Umständen auch noch nach Jahren ermöglicht, auf die zwischenzeitliche wirtschaftliche Entwicklung beim Betriebserwerber - insbesondere auf eine Insolvenz - zu reagieren.[201] Unabhängig davon, ob die nachträgliche Widerspruchsausübung in einem solchen Fall wegen der Informationspflichtverletzung gesetzlich zulässig ist, erscheint sie deshalb problematisch, weil der Arbeitnehmer damit faktisch nicht mehr auf die im Zeitpunkt des Betriebsübergangs vorgefundene Situation reagiert, sondern auf die folgende wirtschaftliche Entwicklung beim Betriebserwerber. Verschlechtert sich die wirtschaftliche Lage, hat der Arbeitnehmer dadurch immer noch einen Arbeitgeber „in Reserve“.[202]

---

197 *Bauer/von Steinau-Steinrück/Thees*, in: Hölters, Handbuch Unternehmenskauf, Teil V Rn. 157, S. 480; *D. Gaul*, Der Betriebsübergang, S. 232.

198 Vgl. ausführlich oben B. II. 1.

199 *Bayreuther*, in: D/F/L, § 613a BGB Rn. 144.

200 Vgl. oben B. II. 2.

201 *Rieble/Wiebauer*, NZA 2009, 401 f.

202 *Rieble/Wiebauer*, NZA 2009, 401; *Nebeling/Kille*, NZA-RR 2013, 1, 5; vgl. auch *Gussen*, in: BeckOK ArbR, § 613a BGB Rn. 165b und *Jacobsen/Menke*, NZA-RR 2010, 393 (früherer Betriebsinhaber als „Arbeitgeber auf Abruf“); *Willemsen*, NJW 2007, 2065, 2067.

Nach der Neufassung von § 1 Abs. 3 Satz 1 KSchG durch das Gesetz zu Reformen am Arbeitsmarkt vom 24. Dezember 2003[203] mit Wirkung zum 1. Januar 2004 ist die Sozialauswahl nicht mehr allgemein nach „sozialen Gesichtspunkten“ vorzunehmen, sondern ist auf die im Gesetze genannten Kriterien (Dauer der Betriebszugehörigkeit, Lebensalter, Unterhaltspflichten und Schwerbehinderung) beschränkt. Die Gründe, die den Arbeitnehmer zu der Ausübung des Widerspruchsrechts bewogen haben, können deshalb im Rahmen der Sozialauswahl nicht (mehr) berücksichtigt werden.[204] Da sich also auch widersprechende Arbeitnehmer bei einer nachfolgenden, vom Betriebsveräußerer erklärten Kündigung auf eine mangelhafte Sozialauswahl nach § 1 Abs. 3 Satz 1 KSchG berufen können, hat der Arbeitnehmer zumindest bei einem Betriebsteilübergang die Möglichkeit, wieder beim Verkäufer arbeiten zu können. Da die Gründe für den Widerspruch des Arbeitnehmers grundsätzlich auch nicht im Rahmen des § 1 Abs. 3 Satz 2 KSchG berücksichtigt werden können, kann der Kreis der für eine Kündigung in Betracht zu ziehenden Arbeitnehmer zumeist nicht auf die widersprechenden Arbeitnehmer beschränkt werden.[205] Allenfalls in Ausnahmefällen können Teile der vom Betriebsteilübergang nicht betroffenen Arbeitnehmer von der Sozialauswahl ausgenommen werden. Voraussetzung dafür ist, dass eine größeren Anzahl von Arbeitnehmern dem Übergang ihrer Arbeitsverhältnisse widerspricht und die vom Arbeitgeber durchzuführende Sozialauswahl wegen tiefgreifender Änderungen der Arbeitsorganisation zu schweren betrieblichen Ablaufstörungen führt.[206]

Dieser für die Kaufvertragsparteien rechtlich ungewisse Zustand tritt bei einem Verzicht der Arbeitnehmer auf das Widerspruchsrecht, der unabhängig vom Zugang eines ordnungsgemäßen Informationsschreibens erklärt wird, nicht ein. Voraussetzung dafür ist allerdings, dass ein Verzicht bereits vor Zugang einer ordnungsgemäßen Unterrichtung wirksam ist.

3. Ausschluss der kollektiven Ausübung des Widerspruchsrechts

Nach der Rspr. des BAG ist die kollektive Ausübung des Widerspruchsrechts grundsätzlich nicht ausgeschlossen. Die Ausübung des Widerspruchsrechts

---

203 BGBl. 2003, 3002 ff.

204 BAG, Urteil vom 31. 5. 2007 - 2 AZR 276/06, NZA 2008, 33, 38. A. A. z.B. noch BAG, Urteil vom 7. 4. 1993 - 2 AZR 449/91 (B), NZA 1993, 795, 798; dieser Rspr. ist durch die abschließende Aufzählung der bei einer Sozialauswahl zu berücksichtigen Umstände die rechtliche Grundlage entzogen worden.

205 BAG, Urteil vom 31. 5. 2007 - 2 AZR 276/06, NZA 2008, 33, 38 f.

206 BAG, Urteil vom 31. 5. 2007 - 2 AZR 276/06, NZA 2008, 33, 39.

werde nicht allein deshalb unzulässig, weil mehrere Arbeitnehmer dieses Recht als kollektives Druckmittel einsetzen würden.[207] Unerheblich sei, ob mehrere isoliert erklärte Widersprüche zufällig zusammenträfen oder Arbeitnehmer die gemeinschaftliche Ausübung des Widerspruchsrechts gezielt verabreden würden.[208]

Auch bei der kollektiven Ausübung des Widerspruchsrechts ist es ebenso wie bei einem individuellen Widerspruch nicht erforderlich, dass ein sachlicher Grund vorliegt.[209] Rechtliche Grenze ist sowohl bei der kollektiven als auch bei der individuellen Ausübung des Widerspruchsrechts vielmehr nur das Verbot rechtsmissbräuchlichen Verhaltens (§ 242 BGB). Bezwecken die Arbeitnehmer mit der kollektiven Ausübung des Widerspruchsrechts allein die Sicherung der arbeitsvertraglichen Rechte und die Verhinderung des Arbeitgeberwechsels, ist ein Rechtsmissbrauch ausgeschlossen.[210] Rechtsmissbräuchliches Verhalten liegt immer erst dann vor, wenn die Arbeitnehmer das kollektive Verhalten zielgerichtet dazu nutzen, einen Betriebsübergang zum Schaden des Veräußerers zu verhindern oder einen anderen Zweck als die Sicherung der arbeitsvertraglichen Rechte und die Beibehaltung des bisherigen Arbeitgebers verfolgen.[211] Die Gefahr der kollektiven Ausübung des Widerspruchsrechts ist insbesondere in der durch den Einsatz menschlicher Arbeitskraft besonders geprägten Dienstleistungsbranche problematisch.[212] Das Risiko, dass die gesamte Belegschaft von ihrem Widerspruchsrecht Gebrauch macht und dadurch faktisch den Betriebsübergang verhindern kann, entsteht nicht, wenn die Arbeitnehmer auf das Widerspruchsrecht verzichtet haben.

Die Ausübung des Widerspruchsrechts durch eine Vielzahl von Arbeitnehmern hat zudem eine betriebsverfassungsrechtliche Konsequenz. Gemäß § 111 Satz 1 BetrVG muss der Arbeitgeber in Unternehmen mit in der Regel mehr als zwanzig wahlberechtigten Arbeitnehmern den Betriebsrat über geplante Betriebsänderungen, die wesentliche Nachteile für die Belegschaft oder

---

207 BAG, Urteil vom 30. 9. 2004 - 8 AZR 462/03, NZA 2005, 43, 47.

208 BAG, Urteil vom 23. 7. 2009 - 8 AZR 538/08, NZA 2010, 89, 94.

209 BAG, Urteil vom 30. 9. 2004 - 8 AZR 462/03, NZA 2005, 43, 48.

210 BAG, Urteil vom 30. 9. 2004 - 8 AZR 462/03, NZA 2005, 43, 48.

211 BAG, Urteil vom 23. 7. 2009 - 8 AZR 538/08, NZA 2010, 89, 94; BAG, Urteil vom 30. 9. 2004 - 8 AZR 462/03, NZA 2005, 43, 48; *Preis*, in: ErfK, § 613a BGB Rn. 110.

212 Vgl. *Willemsen*, in: W/H/S/S, Umstrukturierung, G. Rn. 148, S. 863 f., nach dem bereits die bloße Drohung mit der kollektiven Ausübung des Widerspruchsrechts zu einer erheblichen Verunsicherung der beteiligten Unternehmen führen und weitgehende Zugeständnissen an die Arbeitnehmerseite zur Folge haben könne.

erhebliche Teile der Belegschaft zur Folge haben können, rechtzeitig und umfassend unterrichten und die geplanten Betriebsänderungen mit dem Betriebsrat beraten. Zudem muss der Arbeitgeber versuchen, mit dem Betriebsrat eine Einigung über einen Interessenausgleich (vgl. § 112 Abs. 1 Satz 1 BetrVG) zu erreichen. Führt der Arbeitgeber eine geplante Betriebsänderung durch, ohne über sie einen Interessenausgleich mit dem Betriebsrat versucht zu haben, und werden infolge der Maßnahme Arbeitnehmer entlassen oder erleiden andere wirtschaftliche Nachteile, droht nach § 113 Abs. 3 BetrVG eine finanzielle Sanktion in Gestalt von Nachteilsausgleichsansprüchen. Hinzu kommen mögliche Sozialplanansprüche (§§ 112, 112a BetrVG).[213] Zwar ist der bloße Betriebsinhaberwechsel keine Betriebsänderung i.S.d. § 111 BetrVG. Allerdings kann ein Betriebsübergang zu Betriebsänderungen führen.[214] Ein Beispiel dafür ist die kollektive Ausübung des Widerspruchsrechts, die den Betriebsveräußerer zu einer Betriebseinschränkung bzw. -stilllegung (§§ 111 Satz 3 Nr. 1, 112a Abs. 1 BetrVG, 17 Abs. 1 KSchG) zwingt. Die betriebsverfassungsrechtlichen Folgen von Betriebsänderungen entfallen infolge eines Verzichts der Arbeitnehmer auf das Widerspruchsrecht.

4. Keine Notwendigkeit betriebsbedingter Kündigungen

Der bisherige Betriebsinhaber ist berechtigt, das Arbeitsverhältnis des widersprechenden Arbeitnehmers betriebsbedingt zu kündigen, wenn der bisherige Arbeitsplatz infolge des Betriebs- oder Betriebsteilübergangs weggefallen ist und es keine freien, vergleichbaren Arbeitsplätze gibt.[215] Fällt das Arbeitsverhältnis in den Anwendungsbereich des Kündigungsschutzgesetzes, ist die betriebsbedingte Kündigung nur unter den Voraussetzungen des § 1 Abs. 2 KSchG wirksam.[216] Eine Sozialauswahl gemäß § 1 Abs. 3 KSchG scheidet aus, wenn der gesamte

---

213 Vgl. BAG, Urteil vom 15. 12. 1998 - 1 AZR 332/98, NZA 1999, 667 ff.; allerdings können Ansprüche widersprechender Arbeitnehmer entsprechend dem Rechtsgedanken von § 112 Abs. 5 Satz 2 Nr. 2 BetrVG ausgeschlossen werden, wenn kein sachlicher Grund für den Widerspruch bestanden hat, vgl. BAG, Urteil vom 5. 2. 1997 - 10 AZR 553/96, NZA 1998, 158, 159 f.

214 BAG, Urteil vom 31. 1. 2008 - 8 AZR 1116/06, NZA 2008, 642, 645; BAG, Beschluss vom 25. 1. 2000 - 1 ABR 1/99, NZA 2000, 1069, 1070; BAG, Beschluss vom 16. 6. 1987 - 1 ABR 41/85, NZA 1987, 671 f.; F/E/S/T/L, § 111 BetrVG Rn. 51; *Annuß*, in: Richardi, § 111 BetrVG Rn. 128.

215 *Müller-Glöge*, in: MüKo, § 613a BGB Rn. 124; *Preis*, in: ErfK, § 613a BGB Rn. 106; *Bauer/vonSteinau Steinrück/Thees*, in: Hölters, Handbuch Unternehmenskauf, Teil V Rn. 140, S. 472; *Goll-Müller*, in: Holzapfel/Pöllat, Unternehmenskauf, Rn. 834, S. 463.

216 *Müller-Glöge*, in: MüKo, § 613a BGB Rn. 124; *Preis*, in: ErfK, § 613a BGB Rn. 106.

Betrieb übertragen worden ist.[217] Da die Sozialauswahl betriebsbezogen ist, gilt dies auch dann, wenn der ehemalige Betriebsinhaber als Unternehmer noch andere Betriebe hat.[218] Eine solche betriebsbedingten Kündigung ist nicht gemäß § 613a Abs. 4 Satz 1 BGB unwirksam.[219] Das Kündigungsverbot des § 613a Abs. 4 Satz 1 BGB gilt nur dann, wenn der Betriebsübergang der tragende Grund, nicht nur der äußere Anlass der Kündigung ist.[220] Das Recht zur Kündigung des Arbeitsverhältnisses aus anderen Gründen bleibt gemäß § 613a Abs. 4 Satz 2 BGB ausdrücklich unberührt. Das Kündigungsverbot ist nicht einschlägig, wenn neben dem Betriebsübergang ein sachlicher Grund vorhanden ist, der „aus sich heraus" die Kündigung zu rechtfertigen vermag.[221] Denn § 613a Abs. 4 BGB soll als Ergänzung des in § 613a Abs. 1 Satz 1 BGB angeordneten Übergangs der Arbeitsverhältnisse verhindern, dass dieser Bestandsschutz unterlaufen wird.[222] Schutzzweck ist aber nicht, den Arbeitnehmer vor Risiken zu bewahren, die jederzeit unabhängig von einem Betriebsübergang auftreten können.[223] Ein solches Risiko realisiert sich aber gerade, wenn der Verkäufer des Betriebs für den widersprechenden Arbeitnehmer keine Beschäftigungsmöglichkeit mehr hat. Zwar ist der Betriebsübergang mitursächlich für die Kündigung, da ansonsten der Arbeitsplatz des Arbeitnehmers nicht weggefallen wäre. Wesentliche Ursache und damit Hauptmotiv der Kündigung ist aber nicht der Übergang des Betriebs als solcher, sondern die Weigerung des Arbeitnehmers, für den neuen Inhaber zu arbeiten.[224]

Aufgrund des Verzichts erspart sich der Arbeitgeber Lohnkosten, deren Höhe sich nach Kündigungsfrist und Anzahl der widersprechenden Arbeitnehmer richtet. Führen die betriebsbedingten Kündigungen zu einer Betriebsänderung, muss der ursprüngliche Betriebsinhaber neben den Lohnkosten unter Umständen auch noch Sozialplanleistungen erbringen, die bei einem Verzicht ebenfalls entfallen.[225]

---

217 *Preis*, in: ErfK, § 613a BGB Rn. 107.

218 BAG, Urteil vom 15. 12. 2005 - 6 AZR 199/05, NZA 2006, 590, 591; *Oetker*, in: ErfK, § 1 KSchG Rn. 318; *Preis*, in: ErfK, § 613a BGB Rn. 107.

219 *Preis*, in: ErfK, § 613a BGB Rn. 106; *Müller-Glöge*, in: MüKo, § 613a BGB Rn. 124.

220 BAG, Urteil vom 20. 3. 2003 - 8 AZR 97/02, NZA 2003, 1027, 1028.

221 BAG, Urteil vom 18. 7. 1996 - 8 AZR 127/94, NZA 1997, 148, 149; BAG, Urteil vom 5. 12. 1985 - 2 AZR 3/85, NZA 1986, 522, 523; BAG, Urteil vom 27. 9. 1984 - 2 AZR 309/83, NZA 1985, 493, 494.

222 BAG, Urteil vom 18. 7. 1996 - 8 AZR 127/94, NZA 1997, 148, 149.

223 *Edenfeld*, in: Erman, § 613a BGB Rn. 109; *Ascheid*, NZA 1991, 873, 878.

224 *Preis*, in: ErfK, § 613a BGB Rn. 106.

225 Vgl. oben 3.

IV. Praktische Bedeutung des Verzichts

Der Verzicht des Arbeitnehmers auf das Widerspruchsrecht spielt in Rspr. und Literatur bislang kaum eine Rolle. Besonders deutlich zeigt sich dies daran, dass die Rspr. bei Widersprüchen nach dem Stichtag des Betriebsübergangs bislang ausschließlich auf den Verwirkungstatbestand zurückgreift.[226] Dabei liegt in diesen Fällen vielfach ein Verzicht des Arbeitnehmers auf das Widerspruchsrecht vor,[227] der streng genommen vorrangig zu prüfen ist. Auch in der Literatur wird nur vereinzelt empfohlen, jedem Informationsschreiben eine Bestätigungserklärung hinsichtlich des Übergangs des Arbeitsverhältnisses beizufügen[228] bzw. die Arbeitnehmer zu einem Verzicht auf das Widerspruchsrecht zu bewegen,[229] um die Ausübung des Widerspruchsrecht nach dem Stichtag des Betriebsübergangs auszuschließen.

Ein Grund für diese untergeordnete Rolle dürfte sein, dass die Kaufvertragsparteien für einen Verzicht auf die Mitwirkung der Arbeitnehmer angewiesen sind. Dies ist die Schwäche der „Verzichtslösung", da in der Regel nicht alle Arbeitnehmer eine entsprechende Verzichtserklärung abgeben werden. Allerdings wird dieser Schwachpunkt dadurch relativiert, dass es auch für den Arbeitnehmer Gründe geben kann, auf das Widerspruchsrecht zu verzichten. Zum einen wird sich der Arbeitnehmer genau überlegen, ob er dem Übergang seines Arbeitsverhältnisses auf den Betriebserwerber widerspricht, da ihm in diesem Fall eine betriebsbedingte Kündigung droht.[230] Ein Widerspruch ist für den Arbeitnehmer nur dann sinnvoll, wenn nur ein Betriebsteil Verkaufsgegenstand ist und der Verkäufer im Restbetrieb eine Weiterbeschäftigungsmöglichkeit für den widersprechenden Arbeitnehmer hat.[231] Zum anderen erhält der Arbeitnehmer möglicherweise eine finanzielle Gegenleistung für den Verzicht.[232] Der Vorteil muss aber nicht unbedingt geldwert sein. Die mit einem Rechtsgeschäft verbundenen Leistungserwartungen der Parteien werden durch das äußerlich sichtbar Vereinbarte in vielen Fällen nur unzureichend abgebildet, da neben den Inhalt eines Rechtsgeschäfts ein „unsichtbarer Händedruck" als weiterer Beweg-

---

226 Ständige Rspr. das BAG, vgl. nur BAG, Urteil vom 13. 7. 2006 - 8 AZR 382/05, NZA 2006, 1406, 1409.

227 Zutreffend *Müller-Glöge*, in: MüKo, § 613a BGB Rn. 121.

228 *Pils*. BB 2014, 185, 191; *Fuhlrott/Ritz*, BB 2012, 2689, 2693.

229 *Göpfert/Buschbaum*, ZIP 2011, 64, 67

230 Vgl. oben III. 4.

231 Vgl. BAG, Urteil vom 15. 8. 2002 - 2 AZR 195/01, NZA 2003, 430 ff.

232 Zum wirtschaftlichen Wert von Gestaltungsrechten vgl. *Koch*, in: FS Zweigert, S. 851, 875.

grund für den Abschluss des Rechtsgeschäfts tritt.[233] Der Arbeitnehmer kann sich z.B. durch einen Verzicht bessere Karrierechancen bei seinem neuen Arbeitgeber versprechen, weil er dadurch seine „Loyalität" schon im Vorfeld des Arbeitsverhältnisses demonstriert hat. Gegen die Verzichtslösung spricht auch nicht, dass das Arbeitsverhältnis auch dann auf den Erwerber übergeht, wenn der Arbeitnehmer das Widerspruchsrecht schlicht nicht ausübt. Eine bindende Wirkung hat nur ein rechtsgeschäftlicher Verzicht.[234] Widerspricht der Arbeitnehmer dagegen dem Übergang seines Arbeitsverhältnisses zunächst nicht, kann er das Widerspruchsrecht später grundsätzlich noch geltend machen.[235]

---

233 *Schäfer/Ott*, Ökonomische Analyse, S. 509 f.

234 *Mankowski*, Beseitigungsrechte, S. 1058 f. Zur Wirkung des Verzichts ausführlich unten § 5.

235 Vgl. *Kleinschmidt*, Der Verzicht, S. 2.; *Peter*, AcP 200 (2000), 149, 183. Das Recht zur Ausübung des Widerspruchsrechts kann in diesem Fall allerdings verwirkt sein.

Kapitel 2: Der Ausschluss des Widerspruchsrechts durch Verzicht des Arbeitnehmers

§ 2 Die Rechtsnatur des Widerspruchsrechts

A. Problemstellung

§ 4 thematisiert die Rechtsnatur des Widerspruchsrechts. Die rechtliche Klassifizierung des Widerspruchsrechts ist zum einen Voraussetzung für die Bestimmung des Mechanismus, dem der Verzicht auf das Widerspruchsrecht folgt.[236] In Betracht kommt insoweit sowohl ein vertraglicher Verzicht als auch ein einseitiger Verzicht des Arbeitnehmers. Zum anderen könnte die Rechtsnatur des Widerspruchsrechts den Zeitpunkt, in dem der Arbeitnehmer den Verzicht wirksam erklären kann, beeinflussen. Zumindest denkbar ist nämlich, dass der Übergang der Arbeitsverhältnisse bei einem Betriebsübergang nicht automatisch erfolgt, sondern dazu trotz des nach § 613a Abs. 1 Satz 1 BGB eigentlich gesetzlich angeordneten Arbeitgeberwechsels die Zustimmung des betroffenen Arbeitnehmers erforderlich ist. In diesem Fall würde es sich bei dem Widerspruch des Arbeitnehmers gegen den Übergang seines Arbeitsverhältnisses um die Verweigerung der zum Arbeitgeberwechsel erforderlichen Zustimmung und bei dem „Verzicht" auf das Widerspruchsrecht spiegelbildlich um die Erteilung der Zustimmung handeln. Da die Zustimmung schon vor dem zustimmungsbedürftigen Rechtsgeschäfts erklärt werden kann (vgl. § 183 Satz 1 BGB), könnte eine arbeitsvertragliche Klausel wirksam sein, wonach der Arbeitnehmer dem Übergang seines Arbeitsverhältnisses auf einen beliebigen, künftigen Betriebserwerber bereits bei Begründung des Arbeitsverhältnisses unwiderruflich zustimmt.[237]

Einleitend wird dargestellt, welche Ansichten hinsichtlich der Rechtsnatur das Widerspruchsrecht vertreten werden, einschließlich ihrer unterschiedlichen Rechtsfolgen. Im Anschluss daran wird zu dem Problem Stellung genommen.

---

236 Vgl. zum Verzichtsmechanismus unten § 5.

237 So auf dem Boden der Zustimmungslösung *Pottmeyer*, ZfA 1989, 239, 250 f.

B. Meinungsspektrum

I. Widerspruchsrecht als Gestaltungsrecht (Gestaltungsrechtslösung)

Nach h.M. ist das Widerspruchsrecht ein Gestaltungsrecht in Form eines Rechtsfolgenverweigerungsrechts.[238] Gestaltungsrechte räumen dem Berechtigten die Befugnis zur einseitigen Gestaltung der Rechtslage ein. Der Gestaltungsberechtigte kann die rechtliche Position des Gestaltungsgegners verändern, ohne dass dieser dabei mitwirkt.[239] Im Gegensatz zur Erfüllung eines Anspruchs muss der Berechtigte zur Durchsetzung seines Rechts keinen vollstreckbaren Titel vor den staatlichen Gerichten erstreiten und diesen gegebenenfalls zwangsweise im Wege der Vollstreckung durchsetzen, sondern kann sich selbst zu seinem Recht verhelfen.[240]

Diese Einordnung des Widerspruchsrechts in die Kategorie der Gestaltungsrechte ist mit allen Ansichten vereinbar, die hinsichtlich der Wirkung des Widerspruchs vertreten werden.[241] In allen Fällen wirkt der Arbeitnehmer mit der Ausübung des Widerspruchsrecht einseitig gestaltend auf die bestehenden arbeitsvertraglichen Beziehungen ein. Reagiert der Arbeitnehmer überhaupt nicht auf den Betriebsübergang, geht sein Arbeitsverhältnis nach der Gestaltungsrechtslösung automatisch gemäß § 613a Abs. 1 Satz 1 BGB auf den Käufer des Betriebs über. Dem Schweigen des Arbeitnehmers darf in diesem Zusammenhang im Einklang mit den auch sonst im Rechtsverkehr geltenden Auslegungsgrundsätzen

---

238 Ständige Rspr. des BAG, vgl. z.B. BAG, Urteil vom 19. 2. 2009 - 8 AZR 176/08, NZA 2009, 1095, 1096; BAG, Urteil vom 30. 10. 2003 - 8 AZR 491/02, NZA 2004, 481, 483; BAG, Urteil vom 22. 4. 1993 - 2 AZR 50/92, NJW 1994, 2245, 2246; BAG, Urteil vom 30. 10. 1986 - 2 AZR 101/85, NZA 1987, 524, 526; BAG, Urteil vom 6. 2. 1980 - 5 AZR 275/78, NJW 1980, 2149, 2151; *Annuß*, in: Staudinger, § 613a BGB Rn. 295; *Müller-Glöge*, in: MüKo, § 613a BGB Rn. 115; *Weidenkaff*, in: Palandt, § 613a BGB Rn. 49; *Edenfeld*, in: Erman, § 613a BGB Rn. 48; *Preis*, in: ErfK, § 613a BGB Rn. 97; *Bayreuther*, in: D/F/L, § 613a BGB Rn. 140; *Mansel*, in: Jauernig, § 613a BGB Rn. 5; *Fuchs*, in: BeckOK, § 613a Rn. 82; *Willemsen/Müller-Bonanni*, in: H/W/K, § 613a BGB Rn. 342; *Hauck*, in: H/B/D, § 613a BGB Rn. 212; *Koch*, in: Schaub, Arbeitsrechts-Handbuch, § 118 Rn. 45; *Franzen*, RdA 2002, 258, 263; *Worzalla*, NZA 2002, 353, 356; *Willemsen/Lembke*, NJW 2002, 1159; *Grau*, Unterrichtung und Widerspruchsrecht, S. 10; *Menze*, Das Widerspruchsrecht, S. 49; *Pietzko*, Der Tatbestand des § 613a BGB, S. 276.

239 *Medicus*, AT, § 12 Rn. 81.

240 *Medicus*, AT, § 12 Rn. 79.

241 Vgl. zur Wirkung eines nach dem Stichtag des Betriebsübergangs erklärten Widerspruchs ausführlich oben § 1 B. I.

grundsätzlich kein Erklärungswert beigemessen werden,[242] besonders nicht im Sinn einer Zustimmung zum Übergang des Arbeitsverhältnisses.[243] Da nach der Gestaltungsrechtslösung eine solche Zustimmung des Arbeitnehmers zum Übergang des Arbeitsverhältnisses nicht notwendig ist, ist das Schweigen des Arbeitnehmers nach der Gestaltungsrechtslösung keine Willenserklärung, sondern nur die Nichtausübung eines Gestaltungsrechts.[244]

II. Widerspruchsrecht als Zustimmungsverweigerung (Zustimmungslösung)

Nach anderer Ansicht ist der Widerspruch des Arbeitnehmers die Verweigerung der zum Übergang des Arbeitsverhältnisses erforderlichen Zustimmung.[245] Die Zustimmung ist als Hilfsrechtsgeschäft Wirksamkeitsvoraussetzung des jeweils in Bezug genommenen Hauptrechtsgeschäfts.[246] Da es sich um ein gesetzliches Zustimmungserfordernis handelt, sind die §§ 182 ff. BGB anwendbar.[247] In § 613a Abs. 6 Satz 1 BGB hat der Gesetzgeber dieser Ansicht zufolge die Verweigerung der Zustimmung zum gesetzlich angeordneten Arbeitgeberwechsel normiert.

1. Begründung des Zustimmungserfordernisses

Pottmeyer stützt seine von der herrschenden Meinung abweichende Ansicht auf eine teleologische Reduktion von § 613a Abs. 1 Satz 1 BGB. Bei einer teleologischen Reduktion wird der Tatbestand einer Norm entgegen ihrem eigentlichen Wortlaut eingeschränkt, da der Anwendungsbereich der Norm sonst über den Zweck der gesetzlichen Regelung hinausgehen würde.[248]

Der Anwendungsbereich von § 613a Abs. 1 Satz 1 BGB ist nach Ansicht *Pottmeyers* zu weit, weil die Norm nach ihrem Wortlaut auch das Arbeitsverhältnis eines Arbeitnehmers erfasst, der mit dem Übergang seines Arbeitsverhältnisses

---

242 BGH, Beschluss vom 19. 9. 2002 - V ZB 37/02, NJW 2002, 3629, 3630; BGH, Urteil vom 24. 9. 1980 - VIII ZR 299/79, NJW 1981, 43, 44; BGH, Urteil vom 29. 9. 1955 - II ZR 210/54, NJW 1955, 1794, 1795; *Ellenberger*, in: Palandt, Einf. v. § 116 BGB, Rn. 7; *Armbrüster*, in: MüKo, vor § 116 BGB, Rn. 8.

243 So aber *Tschöpe*, Das Widerspruchsrecht, S. 39.

244 *Menze*, Das Widerspruchsrecht, S. 49; *Pietzko*, Der Tatbestand des § 613a BGB, S. 285.

245 *Pottmeyer*, ZfA 1989, 238, 248; *Schlüter*, ZfA 1975, 437, 476.

246 *Ellenberger*, in: Palandt, Einf v § 182 BGB, Rn. 3; *Bayreuther*, in: MüKo, § 182 BGB, Rn. 1.

247 *Pottmeyer*, ZfA 1989, 239, 250.

248 *Larenz/Canaris*, Methodenlehre, S. 210 f.; *Looschelders/Olzen*, in: Staudinger, § 242 BGB Rn. 346.

auf den Betriebserwerber nicht einverstanden ist.[249] Bei einem automatischen Übergang des Arbeitsverhältnisses auf den neuen Inhaber würde sich der Übergang der sachlichen Betriebsmittel nicht mehr vom Übergang der Arbeitsverhältnisse unterscheiden, wodurch der Arbeitnehmer auf die gleiche Stufe wie eine Sache gestellt und damit zum bloßen Objekt staatlichen Handelns degradiert werde.[250] Die einzige Möglichkeit, den von seinem Wortlaut her zu weit geratenen § 613a Abs. 1 Satz 1 BGB auf seinen Sinn und Zweck zurückzuführen sei, den Übergang des Arbeitsverhältnisses von einer rechtsgeschäftlichen Zustimmung des Arbeitnehmers abhängig zu machen.[251] Die Gestaltungsrechtslösung lehnt *Pottmeyer* ab, weil ein automatischer Übergang des Arbeitsverhältnisses die Menschenwürde des Arbeitnehmers verletze.[252] Das Widerspruchsrecht werde der Subjektsqualität des Arbeitnehmers nicht gerecht, weil es den Arbeitnehmer vor die Entscheidung stelle, ob er sich als Objekt behandeln lassen will oder nicht.[253]

Da der Gesetzgeber die Rechtsfolgen eines arbeitnehmerseitigen Widerspruchs in § 613a Abs. 6 BGB nicht geregelt hat, kann die Rechtsnatur des Widerspruchsrechts anhand des Wortlaut des Gesetzes nicht eindeutig ermittelt werden.Die Normierung des Widerspruchsrecht in § 613a Abs. 6 BGB hat der Mindermeinung, die aus der Zeit vor der Kodifizierung des Widerspruchsrecht stammt, deshalb nicht die Grundlage entzogen.

2. Vergleichbar: Aufschiebend bedingter Übergang des Arbeitsverhältnisses

Bei genauerem Hinsehen hat die Zustimmungslösung indessen nicht nur Anhänger aus der Zeit vor der Kodifizierung des Widerspruchsrechts. Anklänge findet das Zustimmungserfordernis auch im neueren Schrifttum, wie die von *Annuß* vertretene Ansicht zu den Rechtsfolgen eines nach Vollzug des Betriebsübergangs erklärten Widerspruchs zeigt. *Annuß* nimmt bei einem Betriebsübergang zunächst nur einen aufschiebend bedingten Übergang des Arbeitsverhältnisses an.[254] Das Arbeitsverhältnis besteht also seiner Ansicht nach zunächst mit dem Verkäufer fort. Erlischt das Widerspruchsrecht durch Ablauf der Widerspruchsfrist oder Verzicht des Arbeitnehmers, tritt der Erwerber rückwirkend in die

249 *Pottmeyer*, ZfA 1989, 239, 244.
250 *Pottmeyer*, ZfA 1989, 239, 246.
251 *Pottmeyer*, ZfA 1989, 239, 248.
252 *Pottmeyer*, ZfA 1989, 239, 248 f.
253 *Pottmeyer*, ZfA 1989, 239, 249.
254 *Annuß*, in: FS ARGE Arbeitsrecht, S. 563, 582.

Rechte und Pflichten des Arbeitsverhältnisses ein.[255] Zwar ist auch *Annuß* der Meinung, das Widerspruchsrecht sei ein Gestaltungsrecht.[256] Die von ihm befürwortete rechtliche Konstruktion eines durch den „Nicht-Widerspruch“ des Arbeitnehmers aufschiebend bedingten Übergangs des Arbeitsverhältnisses weist aber eine Parallele zur Zustimmungslösung auf, da ein Arbeitnehmer, der von seinem Widerspruchsrecht keinen Gebrauch macht - sei es dadurch, dass er es innerhalb der Widerspruchsfrist nicht ausübt oder dadurch, dass er auf das Widerspruchsrecht verzichtet - den Übergang seines Arbeitsverhältnisses genehmigt.[257] *Annuß* überträgt damit in der Sache das Modell der Schuldübernahme nach § 415 BGB auf den Fall, dass der Arbeitnehmer den Widerspruch erst nach dem Stichtag des Betriebsübergangs erklärt.[258]

III. Rechtsfolgen von Gestaltungs- und Zustimmungslösung

Es handelt sich bei diesen divergierenden Ansichten nicht nur um rechtstheoretische Fragen. Vielmehr führen sie zu erheblichen praktischen Unterschieden, die im Folgenden dargestellt werden.

1. Rechtsfolgen der Einordnung als Gestaltungsrecht

Gestaltungsrechte können nach h.M. nicht aufschiebend oder auflösend bedingt ausgeübt werden.[259] Dies folgt aus der charakteristischen Besonderheit von Gestaltungsrechten, die es dem Rechtsinhaber gestatten, durch einseitige Erklärung in die rechtliche Sphäre einer anderen Person einzugreifen. Der Gestaltungsgegner kann sich der fremden Gestaltung nicht entziehen, weshalb er im Gegenzug nicht auch noch einer schwebenden Rechtslage ausgesetzt sein soll.[260]

Eine Ausnahme von der grundsätzlichen Bedingungsfeindlichkeit von Gestaltungsrechten ist die sog. Potestativbedingung. Dabei handelt es sich um eine Bedingung, bei der der Bedingungseintritt allein vom Willen des Gestaltungsgegners abhängt, und deshalb kein Schwebezustand eintritt.[261]

---

255 *Annuß*, in: FS ARGE Arbeitsrecht, S. 563, 582.

256 *Annuß*, in: Staudinger, § 613a BGB Rn. 295.

257 *Rieble*, NZA 2004, 1, 2.

258 *Rieble*, NZA 2004, 1, 2.

259 BAG, Urteil vom 30. 10. 2003 - 8 AZR 491/02, NZA 2004, 481, 483; *Annuß*, in: Staudinger, § 613a BGB Rn. 295; *Preis*, in: ErfK, § 613a BGB Rn. 97.

260 *Medicus*, AT, § 12 Rn. 90.

261 *Ellenberger*, in: Palandt, Einf. v. § 158 BGB, Rn. 13. Die Zulässigkeit der Verknüpfung von Gestaltungsrechtsausübung und Potestativbedingung wird allerdings speziell für das Widerspruchsrecht des Arbeitnehmers teilweise verneint, da dies zu

Ein Widerruf der Widerspruchserklärung ist gemäß § 130 Abs. 1 Satz 2 BGB nur wirksam, wenn der Widerruf vor oder zeitgleich mit dem Widerspruch zugeht. Ist die Widerspruchserklärung mit Zugang beim Empfänger wirksam geworden, kann sie nicht mehr durch Widerruf oder Rücknahme beseitigt werden;[262] ein Gestaltungsrecht wird durch einmalige Ausübung verbraucht.[263] Nach Zugang der Widerspruchserklärung kann das Arbeitsverhältnis deshalb nur durch eine dreiseitige Vereinbarung auf den Erwerber übergeleitet werden.[264] Die Widerspruchserklärung ist auch nicht so lange frei widerruflich, bis dem Arbeitnehmer das Informationsschreiben nach § 613a Abs. 5 BGB zugegangen ist..[265] Widerspricht der Arbeitnehmer trotz fehlender oder unzureichender Information, ist davon auszugehen, dass der Arbeitnehmer sich die erforderlichen Informationen zum Betriebsübergang selbst verschafft hat, und sein Widerspruchsrecht deshalb ausübt, weil er das Arbeitsverhältnis mit seinem bisherigen Arbeitgeber fortsetzen will.[266] Denkbar ist allenfalls, den verspäteten Widerruf des Widerspruchs in ein Angebot des Arbeitnehmers auf Abschluss eines dreiseitigen Übernahmevertrags zwischen dem Arbeitnehmer und den Kaufvertragsparteien oder eine Anfechtung der Widerspruchserklärung umzudeuten.[267]

---

nicht hinnehmbaren Unsicherheiten sowohl für den Arbeitnehmer als auch den Erklärungsgegner führen würde, vgl. *Menze*, Das Widerspruchsrecht, S. 76. Nach a.A. besteht dazu dagegen grundsätzlich keine Notwendigkeit. Allerdings müsse die Besonderheit, dass beim Widerspruchsrecht die Gestaltungswirkung gegenüber zwei Parteien wirkt, einschränkend berücksichtigt werden; aus diesem Grund seien solche Bedingungen unzulässig, deren Verwirklichung nur vom Willen einer Kaufvertragspartei abhänge, da ansonsten für die andere ein unzumutbarer Schwebezustand hinsichtlich der Frage des Übergangs des Arbeitsverhältnisse eintrete, vgl. *Grau*, Unterrichtung und Widerspruchsrecht, S. 270.

262 BAG, Urteil vom 30. 10. 2003 - 8 AZR 491/02, NZA 2004, 481, 483.,

263 BAG, Urteil vom 26. 8. 1993 - 2 AZR 159/93, NZA 1994, 70, 71; *Ellenberger*, in: Palandt, Überbl. vor § 104 BGB, Rn. 17.

264 *Bayreuther*, in: D/F/L, § 613a BGB Rn. 140, wobei strittig ist, ob eine solche Überleitungsvereinbarung der Schriftform bedarf; dafür: *Bayreuther*, in: D/F/L, § 613a BGB Rn. 140 (§§ 623, 613a Abs. 4 BGB analog), dagegen LAG Hamm, Urteil vom 15. 1. 2004 - 16 Sa 391/03, BeckRS 2004, 30460049. Eine bloß zweiseitige Vereinbarung zwischen Arbeitnehmer und bisherigem Arbeitgeber stellt dagegen einen unzulässigen Vertrag zu Lasten Dritter dar, vgl. BAG, Urteil vom 30. 10. 2003 - 8 AZR 491/02, NZA 2004, 481, 483.

265 LAG Köln, Urteil vom 2. 8. 2010 - 2 Sa 176/10, BeckRS 2010, 73959.

266 LAG Köln, Urteil vom 2. 8. 2010 - 2 Sa 176/10, BeckRS 2010, 73959.

267 *Grau*, Unterrichtung und Widerspruch, S. 268.

Gestaltungsrechte werden durch eine einseitige, empfangsbedürftige Willenserklärung ausgeübt.[268] Versteht man das Widerspruchsrecht als Gestaltungsrecht, ist es darauf gerichtet, den Übergang des Arbeitsverhältnisses auf den neuen Inhaber zu verhindern oder zu beseitigen. Es berechtigt den Arbeitnehmer also zur Aufhebung einer Rechtsposition des Gestaltungsgegners. Wegen dieser abwehrenden, destruktiven Wirkung fällt das Widerspruchsrecht in die Kategorie der negativen Gestaltungsrechte.[269] Die bloße Existenz eines Gestaltungsrechts stellt gegenüber dem Gestaltungsgegner unabhängig von seiner Ausübung einen wirtschaftlichen Wert dar.[270] Macht der Arbeitnehmer anlässlich eines Betriebsübergangs von seinem Widerspruchsrecht zunächst keinen Gebrauch, geht das Arbeitsverhältnis nach der Gestaltungsrechtslösung gemäß § 613a Abs. 1 Satz 1 BGB auf den Käufer über. Im Fall einer fehlenden oder fehlerhaften Unterrichtung nach § 613a Abs. 5 BGB haben die Kaufvertragsparteien grundsätzlich keine Möglichkeit, das Gestaltungsrecht einseitig zum Erlöschen zu bringen. Der Arbeitnehmer kann das Widerspruchsrecht in diesem Fall bis zur Grenze der Verwirkung ausüben.[271]

2. Rechtsfolgen der Einordnung als Zustimmungsverweigerung

Die Einwilligung als vorherige Zustimmung (§ 183 Satz 1 BGB) zu einem fremden Rspr.werden.[272] Zudem ist die Einwilligung gemäß § 183 Satz 1 BGB bis zur Vornahme des Rechtsgeschäfts, zu dem sie zu erteilen ist, frei widerruflich. Bis zur Erteilung der Zustimmung ist die Auswechslung des Vertragspartners zunächst schwebend unwirksam.[273] Das BGB räumt dem am zustimmungsbedürftigen Rechtsgeschäft beteiligten anderen Teil in den Fällen der §§ 108 Abs. 2, 177 Abs. 2, 1366 Abs. 3, 1427 Abs. 1, 1453 Abs. 1 und 1829 Abs. 2 BGB die Möglichkeit ein, den Schwebezustandes zu beseitigen und sich endgültige Gewissheit über die Wirksamkeit des Rechtsgeschäfts zu verschaffen. Er muss dazu seinen Vertragspartner zur Erteilung der Genehmigung auffordern. Reagiert der Vertragspartner nicht, gilt die Zustimmung als verweigert. Die §§ 182 ff. BGB enthalten zwar keine derartige Regelung. Die h.M. sieht in den genannten gesetzlichen Regelungen aber einen allgemeinen Rechtsgedanken und wendet ihn im Wege der Gesamtanalogie auf alle anderen unter § 184 BGB fallenden

---

268 Vgl. nur §§ 143 Abs. 1, 349 BGB.
269 Vgl. *Medicus*, AT, § 12 Rn. 87.
270 *Koch*, in: FS Zweigert, S. 851, 875.
271 Vgl. ausführlich oben § 1 B. II. 2.
272 *Gursky*, in: Staudinger, § 183 BGB Rn. 5.
273 *Ellenberger*, in: Palandt, § 184 BGB Rn. 1.

gesetzlichen Genehmigungserfordernisse entsprechend an.[274] Dies würde den Kaufvertragsparteien die Möglichkeit eröffnen, den Schwebezustand hinsichtlich des Übergangs der Arbeitsverhältnisse dadurch zu beseitigen, dass sie die Arbeitnehmer auffordern, die Zustimmung zum Übergang der Arbeitsverhältnisse zu erklären.[275]

C. Stellungnahme

Diese Ausführungen machen deutlich, dass die unterschiedliche dogmatische Einordnung des Widerspruchsrechts erhebliche Auswirkungen auf die vorliegende Problemstellung hat. Daher muss zunächst entschieden werden, welche Rechtsnatur das Widerspruchsrecht hat.

I. Grammatikalische Auslegung von § 613a Abs. 6 BGB

Ausgangspunkt für die Bestimmung der Rechtsnatur des Widerspruchs muss § 613a Abs. 6 BGB sein. Die Einordnung des Widerspruchsrechts als negatives Gestaltungsrecht ist angesichts der fehlenden gesetzlichen Regelung der Wirkung des Widerspruchs anders als z.B. beim Anfechtungsrecht zumindest nicht zwingend. Bereits der Wortlaut von § 613a Abs. 6 BGB spricht aber gegen ein Zustimmungserfordernis. Das Wort „Widerspruch" impliziert bei natürlichem Verständnis, dass sich der Widerspruchsberechtigte aktiv gegen den Übergang seines Arbeitsverhältnisses zur Wehr setzen muss. Ginge man dagegen von einem Zustimmungserfordernis aus, könnte der Arbeitnehmer diese Rechtsfolge des Betriebsübergangs durch schlichtes Untätigbleiben verhindern, da es ohne seine Zustimmung nicht zu einem Übergang des Arbeitsverhältnisses käme. Zudem weist die gesetzliche Bezeichnung „Widerspruch" eine terminologische Ähnlichkeit mit dem Anfechtungsrecht oder dem Widerrufrecht auf. Da diese Rechte unstreitig Gestaltungsrechte sind,[276] muss das Widerspruchsrecht aus grammatikalischen Gründen ebenfalls als Gestaltungsrecht angesehen werden.

---

274 *Bayreuther*, in: MüKo, § 184 BGB Rn. 9; *Gursky*, in: Staudinger, § 184 BGB Rn. 18; *Ellenberger*, in: Palandt, § 184 BGB Rn. 1; *Maier-Reimer*, in: Erman, § 184 BGB Rn. 10.

275 So *Pottmeyer*, ZfA 1989, 239, 255.

276 Statt aller: *Ellenberger*, in: Palandt, § 143 BGB Rn. 1 für das Anfechtungsrecht; *Grüneberg*, in: Palandt, § 355 BGB Rn. 3 für das Widerrufsrecht.

II. *Systematische Auslegung von § 613a Abs. 6 BGB i.V.m. § 613a Abs. 1 BGB*

Neben den infolge der grammatikalischen Auslegung entstehenden Ungereimtheiten spricht gegen die Zustimmungslösung, dass sie sich nicht verwirklichen lässt, ohne dass Widersprüche in der Rechtsordnung entstehen. Es fehlt an einem Bezugspunkt für die Erteilung der Zustimmung, so dass es keine rechtlich tragfähige Begründung für ein Zustimmungserfordernis gibt.

Nach § 182 Abs. 1 BGB wird die Zustimmung erteilt, um einen fremden Vertrag oder ein fremdes einseitiges Rechtsgeschäft wirksam werden zu lassen. Bei einem Betriebsübergang existiert aber kein derartiges Rechtsgeschäft, dessen Wirksamkeit von der Zustimmung des Arbeitnehmers abhängig ist. Die Wirksamkeit des Kaufvertrags kann auf keinen Fall von der Zustimmung des Arbeitnehmers abhängen,[277] da der Arbeitnehmer ansonsten auf die rechtsgeschäftliche Grundlage des Betriebsübergangs Einfluss nehmen könnte. Selbst wenn man also den in § 613a Abs. 1 Satz 1 BGB gesetzlich angeordneten Vertragsübergang durch eine teleologische Reduktion des tatbestandlichen Anwendungsbereichs der Norm beseitigt, fügt sich die Zustimmungslösung nicht widerspruchsfrei in die Rechtsordnung ein.

III. *Teleologische Auslegung von § 613a Abs. 6 BGB i.V.m. § 613a Abs. 1 BGB*

Hinzu kommt, dass die Zustimmungslösung den Schutzzweck des § 613a Abs. 1 BGB konterkarieren würde.

§ 613a BGB dient dem arbeitsrechtlichen Bestandsschutz.[278] Die Regelung soll gewährleisten, dass dem Arbeitnehmer sein Arbeitsplatz erhalten bleibt, wenn es zu einem Wechsel in der Dispositionsbefugnis über die Arbeitsorganisation kommt, in die der Arbeitnehmer eingegliedert ist.[279] Zudem soll auch der soziale Besitzstand des Arbeitnehmers gewahrt werden, indem nicht nur das Arbeitsverhältnis als solches, sondern auch sein Inhalt grundsätzlich vor nachteiligen

---

277 So aber *Pottmeyer*, ZfA 1989, 239, 250 f.

278 *Müller-Glöge*, in: MüKo, § 613a BGB Rn. 6. Neben dem arbeitsrechtlichen Bestandsschutz bezweckt die Norm, die Arbeitnehmer über den Arbeitgeberwechsel zu informieren, die Haftung des alten und des neuen Betriebsinhabers für Ansprüche der Arbeitnehmer zu regeln und die Kontinuität der kollektivrechtlich geregelten Arbeitsbedingungen und des amtierenden Betriebsrats möglichst weitgehend zu wahren, vgl. *Müller-Glöge*, in: MüKo, § 613a BGB Rn. 7.

279 *Annuß*, in: Staudinger, § 613a BGB Rn. 9.

Änderungen geschützt wird.[280] Vor Inkrafttreten von § 613a BGB galten für den Übergang der Arbeitsverhältnisse im Fall eines Betriebsinhaberwechsels die allgemeinen Grundsätze der rechtsgeschäftlichen Vertragsübernahme.[281] Danach gingen die Arbeitsverhältnisse nur mit Zustimmung von Veräußerer, Erwerber und Arbeitnehmer auf den Betriebserwerber über.[282] Es stand also im Belieben des neuen Betriebsinhabers, welche Arbeitnehmer er übernahm. Die dadurch entstandene Lücke im Kündigungsschutz sollte durch den von § 613a Abs. 1 BGB angeordneten gesetzlichen Übergang der Arbeitsverhältnisse geschlossen werden.[283] Effektiv verwirklicht wird dieser Schutzzweck aber nur durch einen automatischen Übergang der Arbeitsverhältnisse.

Deutlich wird der Unterschied zwischen Gestaltungsrechts- und Zustimmungslösung, wenn der Arbeitnehmer nicht auf den Betriebsübergang reagiert. Versteht man das Widerspruchsrecht als Gestaltungsrecht, geht das Vertragsverhältnis in diesem Fall kraft Gesetzes auf den Betriebserwerber über. Verlangt man dagegen die Zustimmung des Arbeitnehmers, tritt diese Wirkung nicht ein. Der Verkäufer kann das Arbeitsverhältnis in der Regel durch eine betriebsbedingte Kündigung beenden.[284] Diese Rechtsfolge der Zustimmungslösung ist mit dem Schutzzweck des § 613a Abs. 1 BGB nicht vereinbar. Dem Gesetzeszweck wird nur dadurch ausreichend Rechnung getragen, dass der Übergang des Arbeitsverhältnisses unabhängig von einer Zustimmung des Arbeitnehmers gesetzlich angeordnet wird.

Zudem ist im Rahmen der teleologischen Auslegung auch zu berücksichtigen, dass der Gesetzgeber bei einem Betriebsübergang dem Grundrecht der Berufsfreiheit in diametraler Hinsicht Rechnung tragen muss. Zum einen muss er dem Interesse des Arbeitnehmers am Erhalt seines Arbeitsplatzes gerecht werden.[285]

---

280 BAG, Urteil vom 19. 3. 2009 - 8 AZR 722/07, NZA 2009, 3260, 3261.

281 *Treber*, in: KR, § 613a BGB Rn. 3; *Müller-Glöge*, in: MüKo, § 613a BGB Rn. 8. Dies erklärt auch, weshalb das BAG im Zusammenhang mit dem Widerspruchsrechts anfangs noch von einem Zustimmungserfordernis gesprochen hat, vgl. etwa BAG, Urteil vom 2. 10. 1974 - 5 AZR 504/73, AP Nr. 1 zu § 613a BGB.

282 BAG, Urteil vom 29. 11. 1962 - 2 AZR 176/62, NJW 1963, 680 (Ls.); BAG, Urteil vom 18. 2. 1960 - 5 AZR 472/57, NJW 1960, 1490 (für leitende Angestellte).

283 *Annuß*, in: Staudinger, § 613a BGB Rn. 9; *Müller-Glöge*, in: MüKo, § 613a BGB Rn. 8, *Dreher*, in: B/D/H, Betriebsübergang, Erster Teil § 613a BGB, Rn. 6, S. 6 f.

284 Vgl. oben § 1 C. III. 4.

285 Da das Recht auf freie Wahl des Arbeitsplatzes weder ein Anspruch auf Bereitstellung noch auf Bestandsgarantie des gewählten Arbeitsplatzes enthält, gewährt Art. 12 Abs. 1 GG keinen unmittelbaren Schutz gegen den Verlust eines Arbeitsplatzes aufgrund privater Dispositionen. Aus diesem Grund obliegt dem Staat

Diesem Aspekt des Schutzbereichs von Art. 12 Abs. 1 GG dient der in § 613a Abs. 1 Satz 1 BGB gesetzlich angeordnete Übergang des Arbeitsverhältnisses. Der Arbeitnehmer behält dadurch den von ihm gewählten Arbeitsplatz. Im Fall eines Widerspruchs droht ihm dagegen regelmäßig die betriebsbedingte Kündigung seitens des Verkäufers. Zum anderen muss der Gesetzgeber aber auch die privatautonome Vertragspartnerwahl des Arbeitnehmers respektieren. Auch diese zählt beim abhängig Beschäftigten zum Schutzbereich des Art. 12 Abs. 1 GG.[286] Diese unterschiedlichen Interessenlagen werden durch die Kombination eines gesetzlichen Übergangs des Arbeitsverhältnisses mit einem gestaltenden Widerspruchsrecht des Arbeitnehmers am besten in Einklang gebracht. Ein Zustimmungserfordernis hätte dagegen nur das Recht des Arbeitnehmers auf freie Wahl seines Vertragspartners im Blick.

IV. Fehlende Rechtfertigung für eine teleologische Reduktion von § 613a Abs. 1 Satz 1 BGB

Nach Ansicht *Pottmeyers* bedarf es des Zustimmungserfordernisses, weil der in § 613a Abs. 1 Satz 1 angeordnete automatische Arbeitgeberwechsel die Menschenwürde des Arbeitnehmers verletzen würde. Diese Rechtsfolge sei auch nicht dadurch zu verhindern, dass man dem Arbeitnehmer ein Widerspruchsrecht gegen diesen Automatismus einräume. Dabei verkennt *Pottmeyer*, dass auch die Gestaltungsrechtslösung der Menschenwürde des Arbeitnehmers ausreichend Rechnung.

Da der Arbeitnehmer danach das Recht zum Widerspruch gegen den Übergang seines Arbeitsverhältnisses hat, kann von einem „Verkauf" des Arbeitnehmers gegen seinen Willen keine Rede sein. Der Arbeitnehmer hat in diesem Fall vielmehr ebenso wie bei der Zustimmungslösung ein Wahlrecht hinsichtlich der Person seines künftigen Arbeitgebers. Gegen die Annahme einer Verletzung der Menschenwürde des Arbeitnehmers spricht auch ein Vergleich mit einem Betriebsübergang, der sich nicht rechtsgeschäftlich, sondern kraft Gesetzes vollzieht. Obwohl es auch dabei zu einem Übergang des Arbeitsverhältnisses

---

lediglich eine aus Art. 12 Abs. 1 GG folgende Schutzpflicht, der die geltenden Kündigungsvorschriften hinreichend Rechnung tragen, vgl. BVerfG, Beschluss vom 25. 1. 2011 - 1 BvR 1741/09, NZA 2011, 400, 401 f.; BVerfG, Urteil vom 24. 4. 1991 - 1 BvR 1341/90, NJW 1991, 1667.

286 Vgl. oben § 1 B. III. 1. a).

kommt, hat der Arbeitnehmer dagegen grundsätzlich kein Widerspruchsrecht.[287] Ungeachtet der Frage der Verfassungskonformität dieser Rspr. im Hinblick auf Art. 12 Abs. 1 GG[288] stellt die Versagung eines Widerspruchsrechts bei einem gesetzlich angeordneten Betriebsübergang jedenfalls keine Verletzung der Menschenwürde des Arbeitnehmers dar. Der Arbeitnehmer wird dadurch weder zum bloßen Objekt staatlichen Handelns degradiert noch wird damit einer Sache Vorrang vor der Persönlichkeit des Einzelnen eingeräumt.[289]

V. Ergebnis

Gegen ein Zustimmungserfordernis des Arbeitnehmers zum Übergang seines Arbeitsverhältnisses sprechen grammatikalische, systematische und teleologische Gründe. Zudem bedarf es entgegen der Zustimmungslösung keiner teleologischen Reduktion von § 613a Abs. 1 Satz 1 BGB, da (auch) die Gestaltungsrechtslösung die Menschenwürde des Arbeitnehmers unangetastet lässt.

D. Zusammenfassung von § 2

Das Widerspruchsrecht des Arbeitnehmers nach § 613a Abs. 6 BGB ist ein negatives Gestaltungsrecht, dessen Ausübung sich gegen den in § 613a Abs. 1 Satz 1 BGB gesetzlich angeordneten Übergang des Arbeitsverhältnisses auf den Betriebserwerber richtet. Eine Zustimmung des Arbeitnehmers zum Übergang des Arbeitsverhältnisses auf den Betriebserwerber ist nicht erforderlich. Das Widerspruchsrecht kann wegen seiner Rechtsnatur als Gestaltungsrecht nicht aufschiebend oder auflösend bedingt ausgeübt werden. Ein Widerruf der Widerspruchserklärung ist gemäß § 130 Abs. 1 Satz 2 BGB nur wirksam, wenn der Widerruf dem Erklärungsgegner vor oder zeitgleich mit dem Widerspruch zugeht. Ist die Widerspruchserklärung mit Zugang beim Erklärungsgegner wirksam geworden, kann sie nicht mehr durch Widerruf oder Rücknahme beseitigt

287 BAG, Urteil vom 2. 3. 2006 - 8 AZR 124/05, NZA 2006, 848, 850; BAG, Urteil vom 13. 11. 2002 - 4 AZR 73/01, NZA 2004, 274, 276; BAG, Urteil vom 8. 5. 2001 - 9 AZR 95/00, NZA 2001, 1200, 1202; BAG, Urteil vom 25. 1. 2001 - 8 AZR 336/00, NZA 840, 841; BAG, Urteil vom 23. 2. 2000 - 7 AZR 891/98, NZA 2000, 894, 895; BAG, Urteil vom 19. 1. 2000 - 4 AZR 752/98, NZA 2000, 1170; BAG, Urteil vom 26. 8. 1999 - 8 AZR 827/98, NZA 2000, 371, 373.

288 Vgl. dazu ausführlich oben § 1 B. III. 1. b) aa).

289 BAG, Urteil vom 2. 3. 2006 - 8 AZR 124/05, NZA 2006, 848, 851; BAG, Urteil vom 8. 5. 2001 - 9 AZR 95/00, NZA 2001, 1200, 1202; BAG, Urteil vom 25. 1. 2001 - 8 AZR 336/00, NZA 2001, 840, 842.

werden; das Widerspruchsrecht wird durch seine Ausübung verbraucht. Dies gilt unabhängig vom Zugang eines ordnungsgemäßen Informationsschreibens nach § 613a Abs. 5 BGB.

§ 3 Die Verzichtbarkeit des Widerspruchsrechts

A. Problemstellung

Das Widerspruchsrecht ist verfassungsrechtlich wegen der Berufsfreiheit des Arbeitnehmers geboten.[290] Der Verzicht des Arbeitnehmers auf das Widerspruchsrecht ist deshalb im Ergebnis mit der Einwilligung in eine Grundrechtsbeeinträchtigung gleichzusetzen. Fraglich ist, ob der Arbeitnehmer über grundrechtlich fundierte Rechte wirksam verfügen kann (dazu unten B.).

Nachdem geklärt ist, dass das Widerspruchsrecht ein Gestaltungsrecht ist, stellt sich zudem die Frage, ob bei Gestaltungsrechten ein Verzicht im Rechtssinn überhaupt existiert. (dazu unten C.). Möglicherweise ist ein „Verzicht" auf das Widerspruchsrecht eine Form der Ausübung des Gestaltungsrechts. Das Widerspruchsrecht würde den Arbeitnehmer danach einerseits dazu berechtigen, den Übergang der Rechte und Pflichten auf den Betriebserwerber zu verhindern und sich dadurch für den Veräußerer als Arbeitgeber zu entscheiden (negative oder widersprechende Ausübung). Andererseits könnte der Arbeitnehmer durch gegenteilige Ausübung des Widerspruchsrechts auch endgültig den Betriebserwerber als neuen Arbeitgeber wählen, indem er den Übergang der Rechte und Pflichten aus dem Arbeitsverhältnis bestätigt (positive oder bestätigende Ausübung).

B. Verzichtbarkeit grundrechtlich gebotener Rechte

I. Meinungsspektrum

Teilweise wird – vor allem in der älteren Literatur – davon ausgegangen, auf Grundrechte könne generell nicht verzichtet werden.[291] Als Grund wird zumeist angeführt, dass Grundrechte zugleich staatskonstituierende Normen und deshalb für den Einzelnen nicht disponibel seien.[292]

---

290 vgl. oben § 1 B. III.

291 *Sturm*, in: FS Geiger, S. 173, 197 f.; weitere Nachweise bei *Stern*, Staatsrecht, Band III/2, S. 894 Fn. 31.

292 *Sturm*, in: FS Geiger, S. 173, 197 f.

Nach der überwiegenden Ansicht ist ein Grundrechtsverzicht dagegen grundsätzlich zulässig.[293] Entscheidend für die Wirksamkeit des Verzichts sei vor allem das Wesen des zu verzichtenden Grundrechts.[294]

II. Stellungnahme

Bei genauerer Betrachtung handelt es sich bei dem Problemfeld „Grundrechtsverzicht“ nicht um einen Rechtsverzicht im herkömmlichen Sinn, also um die endgültige rechtsgeschäftliche Aufgabe einer bestimmten Rechtsposition. Ein solcher genereller, zeitlich unbegrenzter Verzicht auf die Ausübung bestimmter Grundrechte ist nach allgemeiner Ansicht unzulässig.[295] Es geht vielmehr um die Frage, in welchem konkreten Fall und unter welchen Voraussetzungen der Grundrechtsinhaber auf einzelne, durch das betreffende Grundrecht geschützte Handlungsweisen verzichten kann.[296] Grundrechte schützen in der Regel den Einzelnen nur vor der Beeinträchtigung bestimmter Rechtspositionen ohne oder gegen seinen Willen. Willigt der Grundrechtsberechtigte dagegen in die Grundrechtsbeeinträchtigung ein, liegt in vielen Fällen schon kein Grundrechtseingriff vor.[297] Kern des Problems sind demnach die Grenzen der Verfügungsbefugnis des Einzelnen über grundrechtlich gewährleistete Rechte.[298]

Diese Grenzen verlaufen naturgemäß nicht bei allen Grundrechten einheitlich. Die Wirksamkeit von Einwilligungen in Grundrechtsbeeinträchtigungen ist demnach für jedes einzelne Grundrecht gesondert zu bestimmen. Diese Linie ist bereits im Grundgesetz selbst vorgezeichnet. Die Verfassung differenziert an manchen Stellen danach, ob ein Verzicht auf ein bestimmtes Grundrecht wirksam ist oder nicht. Nach Art. 9 Abs. 3 Satz 2 GG sind z.B. Abreden, die das Recht, zur Wahrung und Förderung der Arbeits- und Wirtschaftsbedingungen Vereinigungen zu bilden, einschränken oder behindern, nichtig. Demnach ist ein vertraglicher Verzicht auf die Koalitionsfreiheit ohne Rückgriff auf § 138 BGB unwirksam.[299] Dagegen

---

293 *Stern*, Staatsrecht, Band III/2, S. 907; *Schmidt*, in: ErfK, Einl. GG, Rn. 63.

294 Vgl. *Stern*, Staatsrecht, Band III/2, S. 908; *Schmidt*, in: ErfK, Einl. GG, Rn. 64.

295 *Di Fabio*, in: Maunz/Dürig, Art. 2 GG Rn. 229 (zum allgemeinen Persönlichkeitsrecht); *Jarass*, in: Jarass/Pieroth, GG, Vorb. vor Art. 1, Rn. 36; *Dreier*, in: Dreier, GG, Vorb., Rn. 131.

296 *Schmidt*, in: ErfK, Einl. GG, Rn. 62.

297 *Jarass*, in: Jarass/Pieroth, GG, Vorb. vor Art. 1, Rn. 36; *Di Fabio*, in: Maunz/Dürig, Art. 2 GG Rn. 228 (zum allgemeinen Persönlichkeitsrecht).

298 Vgl. *Stern*, Staatsrecht, Band III/2, S. 906.

299 *Löwisch/Rieble*, in: Münchener Handbuch Arbeitsrecht, § 155 Rn. 72 (Fall der unmittelbaren Drittwirkung).

erklärt Art. 16 Abs. 1 GG ausdrücklich den Willen des Grundrechtsinhabers für beachtlich, so dass die Einwilligung in die Grundrechtsbeeinträchtigung in diesem Fall als Grundrechtsausübung geschützt ist.[300] Daran wird deutlich, dass einige Grundrechte eher verzichtsfreundlich, andere eher verzichtsfeindlich sind.[301] Die Berufsfreiheit zählt zu den Grundrechten, die grundsätzlich einen weiten Spielraum für einen Verzicht auf davon geschützte Handlungsweisen eröffnen.[302]

III. Ergebnis

Der Arbeitnehmer kann grundsätzlich auf das Widerspruchsrecht nach § 613a Abs. 6 BGB verzichten. Das verfassungsrechtliche Fundament des Widerspruchsrechts in Gestalt der Berufsfreiheit steht einem Verzicht nicht generell entgegen. Offen ist, unter welchen Voraussetzungen ein Verzicht wirksam ist. Entscheidend dafür ist, inwieweit Art. 12 Abs. 1 GG die Verfügungsbefugnis des Arbeitnehmers einschränkt.[303]

C. Verzichtbarkeit von Gestaltungsrechten

I. Meinungsspektrum

1. Verzicht auf das Widerspruchsrecht und Ausübung des Widerspruchsrecht als eigenständige Rechtsgeschäfte (Trennungslösung)

Die h.M. trennt Verzicht und Ausübung und sieht in dem Verzicht auf ein Gestaltungsrecht und dessen Ausübung zwei verschiedene, eigenständige Rechtsgeschäfte.[304] Mit der Ausübung des Gestaltungsrechts vermag der Gestal-

300 *Jarass*, in: Jarass/Pieroth, GG, Vorb. vor Art. 1, Rn. 35.

301 *Dreier*, in: Dreier, GG, Vorb., Rn. 133; *Jarass*, in: Jarass/Pieroth, Vorb. vor Art. 1, Rn. 35; *Stern*, Staatsrecht, Band III/2, S. 911.

302 *Jarass*, in: Jarass/Pieroth, GG, Vorb. vor Art. 1, Rn. 35; *Stern*, Staatsrecht, Band III/2, S. 911.

303 Vgl. dazu ausführlich unten §§ 7 ff.

304 Vgl. BAG, Urteil vom 13. 12. 2007 - 6 AZR 145/07, NZA 2008, 403, 404; BAG, Urteil vom 6. 3. 1963, BeckRS 1963, 31190469; *Grüneberg*, in: Palandt, § 397 BGB Rn. 4; *Wagner*, in: Erman, § 397 BGB Rn. 1; *Schlüter*, in: MüKo, § 397 BGB Rn. 19; *Kleinschmidt*, Der Verzicht, S. 164; *Peter*, AcP 200 (2000), 149, 184; *Dennhardt*, in: BeckOK BGB, § 397 Rn. 7. Speziell für die Bestätigung nach § 144 BGB als Verzicht auf das Anfechtungsrecht BGH, Urteil vom 12. 11. 1957 - VIII ZR 311/56, NJW 1958, 177; BayOblG, Beschluss vom 12. 3. 1954, NJW 1954, 1039, 1040; RG, Urteil vom 12. 12. 1921 - VI 455/21, RGZ 104, 1, 3; RG, Urteil vom 20. 5. 1908 - V 372/07, RGZ 68, 398, 400; *Arnold*, in: Erman, § 144 BGB Rn. 1; *Krüger-Nieland/Zöller*, in: RGRK, § 144 BGB Rn. 1. *Ellenberger*, in: Palandt, § 144 BGB Rn. 1; *Roth*,

tungsberechtigte die Rechtslage demnach nur in eine Richtung zu verändern. Er kann ein Rechtsverhältnis begründen, inhaltlich ändern oder beseitigen, indem er von seinem Recht Gebrauch macht. Auf der anderen Seite kann der Gestaltungsberechtigte den rechtlichen Schwebezustand auch dadurch beenden, dass er auf das Gestaltungsrecht verzichtet. Der Verzicht ist eine Verfügung über den Verzichtsgegenstand[305] und bewirkt ebenso wie die Ausübung das Erlöschen des Gestaltungsrechts.[306] Gestaltungsrechte sind also nach h.M. keine ambivalenten Wahlrechte zu Gunsten des einen oder des anderen Rechtszustands. Das „Wahlrecht" besteht vielmehr nur in der Freiheit, das Gestaltungsrecht auszuüben oder nicht.

2. Verzicht auf das Widerspruchsrecht als Ausübung des Widerspruchsrechts (Einheitslösung)

Nach anderer Ansicht existiert bei Gestaltungsrechten kein Verzicht in Gestalt einer rechtsaufhebenden Verfügung. Danach ist das, was üblicherweise als Verzicht auf ein Gestaltungsrecht angesehen wird, in Wahrheit eine Form der Ausübung des Gestaltungsrechts.[307] Das Gestaltungsrecht vermittelt dem Rechtsinhaber demnach ein Wahlrecht zwischen mindestens zwei Rechtszuständen. Derjenige, der sich für einen der möglichen Rechtszustände entscheide, übe das ihm durch das Gestaltungsrecht eingeräumte Wahlrecht aus, verzichte aber nicht auf ein Recht.[308] Der „Verzicht" auf das Gestaltungsrecht als positive Ausübung dieses Rechts ist also nach dieser Ansicht das Gegenstück zur negativen Ausübung im herkömmlichen Sinn. Diese Auffassung teilen andere Stimmen in der Literatur zumindest hinsichtlich bestimmter Gestaltungsrechte, ohne dies aber zu einem für alle Gestaltungsrechte geltenden Prinzip zu erheben. Ein Beispiel

---

in: Staudinger, § 144 BGB Rn. 2; *Mansel*, in: Jauernig, § 144 BGB Rn. 2; *Medicus*, AT, § 37 Rn. 534; *Früh*, JuS 1994, 486, 491. Speziell für das Widerspruchsrecht u.a. *Bayreuther*, in: D/F/L, § 613a BGB Rn. 143; *Annuß*, in: Staudinger, § 613a BGB Rn. 325 ff.; *Müller-Glöge*, in: MüKo, § 613a BGB Rn. 12, 115; *Preis*, in: ErfK, § 613a BGB Rn. 102; *Simon*, in: Semler/Stengel, § 324 UmwG, Rn. 59.

305 *Grüneberg*, in: Palandt, § 397 BGB Rn. 2; *Wagner*, in: Erman, § 397 BGB Rn. 1; *Rieble*, in: Staudinger, § 397 BGB Rn. 29; *Schlüter*, in: MüKo, § 397 BGB Rn. 1, 6; *Stürner*, in: Jauernig, § 397 BGB Rn. 2; *Dennhardt*, in: BeckOK BGB, § 397 BGB Rn. 2; *Peter*, AcP 200 (2000), 149, 183; *Flume*, AT II, S. 144; *Mankowski*, Beseitigungsrechte, S. 1058; *Kleinschmidt*, Der Verzicht, S. 2.

306 *Peter*, AcP 200 (2000), 149, 183; *Mankowski*, Beseitigungsrechte, S. 1059.

307 *Rieble*, in: Staudinger, § 397 BGB Rn. 66; *Gussen*, in: BeckOK ArbR, § 613a BGB Rn. 165a; *Rieble/Wiebauer*, NZA 2009, 401, 403.

308 *Rieble/Wiebauer*, NZA 2009, 401, 404.

dafür ist die Bestätigung eines anfechtbaren Rechtsgeschäfts nach § 144 BGB. Die Bestätigung sei kein Verzicht auf das Anfechtungsrecht, sondern die Entscheidung des Anfechtungsberechtigten, dass das Rechtsgeschäft ungeachtet des Anfechtungsgrunds gelten soll.[309] Auch bezüglich des Widerspruchsrechts des Arbeitnehmers nach § 613a Abs. 6 BGB finden sich Befürworter dieser Ansicht. Ein „Verzicht" des Arbeitnehmers sei als Disposition über das Widerspruchsrecht eine Form seiner Ausübung.[310]

Näher begründet wird die Einheitslösung nur von *Rieble* und *Wiebauer*. Danach folgt die Ambivalenz des Wesens von Gestaltungsrechten aus § 144 BGB.[311] Diese Regelung enthalte einen allgemeinen Rechtsgedanken, der für alle Gestaltungsrechte Geltung beanspruche. Da diese Ansicht jedenfalls punktuell gerade auch für das Anfechtungsrecht geteilt wird, wird sie im Folgenden am Beispiel dieses Gestaltungsrecht illustriert. *Rieble/Wiebauer* sehen sich daneben aber auch noch durch andere Gestaltungsrechte bestätigt.[312] Das Anfechtungsrecht berechtige den Rechtsinhaber nicht nur dazu, die Wirksamkeit des anfechtbaren Rechtsgeschäfts zu beseitigen (negative Ausübung des Anfechtungsrechts). Der Anfechtungsberechtigte könne sich durch die Ausübung des Anfechtungsrechts auch unumstößlich für die Wirksamkeit des Rechtsgeschäfts entscheiden (positive Ausübung des Anfechtungsrechts). Die Entscheidung zu Gunsten der endgültigen Wirksamkeit des Rechtsgeschäfts sei ebenso wie die Entscheidung, die Wirksamkeit des Rechtsgeschäfts mit rückwirkender Kraft zu beseitigen,

---

309 *Flume*, AT II, S. 568 f.; *Busche*, in: MüKo, § 144 BGB Rn. 3. Dagegen sieht die h.M. in der Bestätigung einen Verzicht auf das Anfechtungsrecht, vgl. BGH, Urteil vom 12. 11. 1957 - VIII ZR 311/56, NJW 1958, 177; BayOblG, Beschluss vom 12. 3. 1954, NJW 1954, 1039, 1040; RG, Urteil vom 12. 12. 1921 - VI 455/21, RGZ 104, 1, 3; RG, Urteil vom 20. 5. 1908 - V 372/07, RGZ 68, 398, 400; *Arnold*, in: Erman, § 144 BGB Rn. 1; *Krüger-Nieland/Zöller*, in: RGRK, § 144 BGB Rn. 1. *Ellenberger*, in: Palandt, § 144 BGB Rn. 1; *Roth*, in: Staudinger, § 144 BGB Rn. 2; *Mansel*, in: Jauernig, § 144 BGB Rn. 2; *Medicus*, AT, § 37 Rn. 534; *Früh*, JuS 1994, 486, 491.

310 *Nehls*, NZA 2003, 822, 826; *Grau*, Unterrichtung und Widerspruchsrecht, S. 355; *Rieble/Wiebauer*, NZA 2009, 401, 405; *Rieble*, in: FS ARGE Arbeitsrecht, S. 687, 704.

311 *Rieble*, in: FS ARGE Arbeitsrecht, S. 687, 704; *Rieble/Wiebauer*, NZA 2009, 401, 405.

312 Nach *Rieble/Wiebauer*, NZA 2009, 401, 404 f. hat der allgemeine Rechtsgedanke des § 144 BGB seinen Niederschlag in den Regelungen der Genehmigung in §§ 108 Abs. 2, 177 Abs. 2, 182 Abs. 1, 184 Abs. 1 BGB, des Ausschlagungsrechts in 1942 Abs. 1 BGB, des Rücknahmerechts des hinterlegenden Schuldners in § 378 BGB sowie des Widerrufsrechts des Verbrauchers in den §§ 312d Abs. 3 Nr. 1, 312d Abs. 3 Nr. 2 BGB a. F. (§ 312d Abs. 3 BGB hat den Kerngehalt des früheren § 312d Abs. 3 Nr. 1 BGB unverändert übernommen), gefunden.

spezifische Gestaltungswirkung des Anfechtungsrechts. In beiden Fällen erlösche das Anfechtungsrecht infolge seiner Ausübung. *Rieble/Wiebauer* begründen die von ihnen befürwortete Einheitslösung zum einen damit, dass der innere Zusammenhang zwischen Anfechtung und Bestätigung zerrissen würde, wenn man letztere als eigenständiges (Gestaltungs-)Recht begreife, die Gestaltungsbefugnis rechtsgeschäftlich aufzugeben.[313] Zum anderen entspreche nur ein solches Verständnis der Willensrichtung des Anfechtungsberechtigten. Bestätige dieser das anfechtbare Rechtsgeschäft, habe er keine Verfügung über sein Anfechtungsrecht im Sinn, sondern wolle an dem Vertrag festhalten. Deutlich werde dies bei der konkludenten Bestätigung. Wer bei Vertragsschluss arglistig getäuscht worden sei und die Kaufsache gleichwohl in Kenntnis des Anfechtungsrechts benutze, bringe zum Ausdruck, dass er am Kauf festhalten wolle, nicht aber, dass er die Täuschung billige.[314]

3. Rechtsfolgen von Trennungs- und Einheitslösung

Aufgrund der fehlenden Trennung zwischen Ausübung und Verzicht gelangt die Einheitslösung gegenüber der Trennungslösung zu völlig unterschiedlichen Ergebnissen hinsichtlich des vorliegenden Untersuchungsgegenstands.

a) Ausübungsmodalitäten des Verzichts

aa) Formerfordernis

Trennt man den Verzicht auf das Widerspruchsrecht von dessen Ausübung, können diese Rechtsgeschäfte unterschiedlichen Wirksamkeitsvoraussetzungen unterliegen. Ein Beispiel dafür ist das Formerfordernis in § 613a Abs. 6 Satz 1 BGB. Danach muss die Ausübung des Widerspruchsrechts schriftlich erfolgen. Dieses Formerfordernis gilt aber grundsätzlich nur in der Ausübungssituation. Die Frage der Formbedürftigkeit des Verzichts ist damit noch nicht beantwortet.

Differenziert man zwischen Verzicht und Ausübung, kann das für die Ausübung geltenden Schriftformerfordernisses in der Verzichtssituation allenfalls aufgrund einer analogen Anwendung von § 613a Abs. 6 Satz 1 BGB gelten.[315]

---

313 *Rieble/Wiebauer*, NZA 2009, 401, 404.

314 *Rieble/Wiebauer*, NZA 2009, 401, 404.

315 Dafür: *Müller-Glöge*, in: MüKo, § 613a BGB Rn. 115; *Preis*, in: ErfK, § 613a BGB Rn. 102; *Fuchs*, in: BeckOK BGB, § 613a BGB Rn. 82; *Hauck*, in: H/B/D, § 613a BGB Rn. 223; *Koch*, in: Schaub, Arbeitsrechts-Handbuch, § 118 Rn. 49; *Grau*, Unterrichtung und Widerspruchsrecht, S. 356; Franzen, RdA 2002, 258, 268; *Gaul/Otto*, DB 2002, 634, 638; *Olbertz/Ungnad*, BB 2004, 213, 218; *Meyer*, Unterrichtung, S. 181; dagegen: *Annuß*, in: Staudinger, § 613a BGB Rn. 329; *Bayreuther*, in: D/F/L, § 613a

Begreift man dagegen den „Verzicht" auf das Widerspruchsrecht als dessen bestätigende Ausübung, muss der „Verzicht" zu seiner Wirksamkeit zwangsläufig dem Schriftformerfordernis des § 613a Abs. 6 Satz 1 BGB genügen. In diesem Fall bedingt die Ausübungsmodalität die „Verzichtsmodalität".[316]

bb) Empfangsbedürftigkeit der Verzichtserklärung

Daneben ist nach der Einheitslösung auch noch eine andere Ausübungsmodalität präjudiziert. Da die Anfechtung gemäß § 143 Abs. 1 BGB gegenüber dem Anfechtungsgegner erklärt werden muss (empfangsbedürftige Willenserklärung), gilt diese Ausübungsmodalität nach der Einheitslösung auch für die bestätigende Ausübung des Anfechtungsrechts gemäß § 144 BGB.[317]

Gemäß § 613a Abs. 6 Satz 2 BGB kann der Arbeitnehmer den Widerspruch gegen den Übergang seines Arbeitsverhältnisses sowohl gegenüber dem bisherigen Arbeitgeber oder dem neuen Inhaber erklären kann, so dass es sich dabei ebenfalls um eine empfangsbedürftige Willenserklärung handelt. Diese Ausübungsmodalität gilt nach der Einheitslösung zwingend auch für die bestätigende Ausübung des Widerspruchsrechts.[318]

b) Wirksamkeit des Verzichts vor Zugang des Informationsschreibens

Neben den unterschiedlichen Wirksamkeitsvoraussetzungen gelangen Einheits- und Trennungslösung auch bei der Frage, ob ein Verzicht des Arbeitnehmers vor Zugang einer ordnungsgemäßen Unterrichtung nach § 613a Abs. 5 BGB wirksam ist, zu unterschiedlichen Ergebnissen. Versteht man den Verzicht als Ausübung des Widerspruchsrechts, ist dieses Rechtsgeschäft auch dann wirksam, wenn der Arbeitnehmer die Erklärung vor Zugang einer ordnungsgemäßen

---

BGB Rn. 143; *Willemsen/Müller-Bonanni*, in: H/W/K, § 613a BGB Rn. 362; *Simon*, in: Semler/Stengel, § 324 UmwG, Rn. 59. Vgl. zur Formbedürftigkeit des Verzichts ausführlich unten § 8 A.

316 *Rieble/Wiebauer*, NZA 2009, 401, 405. Dennoch erwägen *Rieble/Wiebauer*, die Bestätigung des Übergangs des Arbeitsverhältnisses formlos zuzulassen. Die Bestätigung weise Ähnlichkeit zur Begründung eines Arbeitsverhältnisses auf, was formlos möglich sei. Dagegen laufe der widersprechende Arbeitnehmer Gefahr, seinen Arbeitsplatz zu verlieren, so dass die Ausübung des Widerspruchsrechts eher im Bereich von § 623 BGB zu verorten sei. Infolgedessen spricht nach Ansicht von *Rieble/Wiebauer* mehr für die Formfreiheit der bestätigenden Ausübung.

317 *Rieble/Wiebauer*, NZA 2009, 401, 404. Vgl. zum Streitstand, ob die Bestätigung bereits durch eine nicht empfangsbedürftige oder nur durch eine empfangsbedürftige Willenserklärung möglich ist, ausführlich *Roth*, in: Staudinger, § 144 BGB Rn. 4 m.w.N.

318 *Rieble/Wiebauer*, NZA 2009, 401, 406.

Unterrichtung abgibt.[319] Das Widerspruchsrecht kann auch dann wirksam ausgeübt werden, wenn der widersprechende Arbeitnehmer vor Abgabe der Widerspruchserklärung nicht oder nicht ordnungsgemäß über den Betriebsübergang informiert worden ist.[320] Fasst man den Verzicht dagegen nicht als Ausübung, sondern als rechtsgeschäftliche Aufgabe des Widerspruchsrechts auf, ist fraglich, ob der Verzicht vor Zugang einer vollständigen Unterrichtung nach § 613a Abs. 5 BGB wirksam ist.[321]

c) Verzichtsmechanismus

Die fehlende Trennung zwischen Verzicht und Ausübung zieht noch eine weitere Konsequenz nach sich. Nach der Einheitslösung richtet sich der Mechanismus des „Verzichts" zwingend nach den für die Ausübung des Widerspruchsrechts geltenden Grundsätzen. Da ein Wesensmerkmal von Gestaltungsrechten ist, dass der Gestaltungsberechtigte die Rechtslage durch eine einseitige Willenserklärung verändern kann, ist nach dieser Ansicht der „Verzicht" auf das Widerspruchsrecht sowohl vertraglich als auch einseitig möglich.[322] Nach der Trennungslösung ist der Verzichtsmechanismus dagegen nicht „vorprogrammiert". Fraglich ist danach, ob der Verzicht auf das Gestaltungsrecht ebenso wie der Forderungsverzicht nach § 397 Abs. 1 BGB nur vertraglich möglich ist oder

319 *Rieble*, in: FS ARGE Arbeitsrecht, S. 687, 704.

320 Vgl. oben § 3 B. III. 1.

321 Dafür: *Preis*, in: ErfK, § 613a BGB Rn. 102; *Müller-Glöge*, in: MüKo, § 613a BGB Rn. 121 (mit Fn. 645); *Annuß*, in: Staudinger, § 613a BGB Rn. 327 (Der Arbeitnehmer muss nach *Annuß* zwar nicht volle Kenntnis von der Person des neuen Inhabers haben, doch muss dieser wenigstens in groben Zügen erkennbar sein; daher genüge die Kenntnis der Konzernzugehörigkeit ebenso wie diejenige des Kreises der möglichen neuen Inhaber); *Willemsen/Müller-Bonanni*, in: H/W/K, § 613a BGB Rn. 362; *Grau*, Unterrichtung und Widerspruchsrecht, S. 356 f.; *Göpfert/Buschbaum*, ZIP 2011, 64, 65; *Bauer/von Steinau.Steinrück*, ZIP 2002, 457, 464; *Pröpper*, DB 2000, 2322, 2324 ff; *Pottmeyer*, ZfA 1989, 239, 250; dagegen: LAG Saarland, Urteil vom 12. 8. 2009 - 2 Sa 52/09, BeckRS 2011, 65207; *Bayreuther*, in: D/F/L, § 613a BGB Rn. 143 (Anforderungen, die an die Information zu stellen sind, gleichen denen an eine Unterrichtung nach § 613a Abs. 5 BGB); *Hauck*, in: H/B/D, § 613a BGB Rn. 223; *Nehls*, NZA 2003, 822, 827; *Franzen*, RdA 2002, 258, 268 (Verzicht nur wirksam nach ausreichender Unterrichtung über die wesentlichen Aspekte des Betriebsübergangs). Vgl. dazu ausführlich unten § 9 A. IV. 2.

322 Vgl. *Rieble/Wiebauer*, NZA 2009, 401, 406.

ob der Gestaltungsberechtigte sein Recht auch durch eine einseitige Verzichtserklärung aufgeben kann.[323]

d) Verzichtswille

Da die Einheitslösung in der bestätigenden Ausübung eines Gestaltungsrechts gerade keinen Verzicht sieht, hält sie auch einen „Verzichtswillen" für nicht erforderlich.[324] Im Gegensatz dazu sind an den Verzichtswillen bei einem rechtsgeschäftlichen Verzicht strenge Anforderungen zu stellen. Der äußere Erklärungstatbestand der Willenserklärung des Verzichtenden muss nach Berücksichtigung sämtlicher Begleitumstände einen eindeutigen Schluss auf den Verzichtswillen zulassen.[325] Im Zweifel darf nicht von einem Verzicht ausgegangen werden.[326]

II. Stellungnahme

1. Grammatikalische Auslegung von §§ 376 Abs. 2 Nr. 1, 658 Abs. 2, 671 Abs. 3 BGB

Die grammatikalische Auslegung spricht dafür, die herkömmliche Trennung zwischen Rechtsausübung und -verzicht auch bei Gestaltungsrechten beizubehalten. Das BGB spricht in den §§ 376 Abs. 2 Nr. 1, 658 Abs. 2 und 671 Abs. 3 BGB ausdrücklich vom Verzicht auf das Recht zur Rücknahme der hinterlegten Sache, vom Verzicht auf die Widerruflichkeit der Auslobung und vom Verzicht auf das Kündigungsrecht des Auftrags. Das Rücknahmerecht des hinterlegenden Schuldners[327], das Recht zum Widerruf der Auslobung[328] und das Kündigungsrecht des Auftraggebers[329] sind Gestaltungsrechte. Auch das BGB trennt also zwischen der Ausübung eines Gestaltungsrechts und dem Verzicht auf ein Gestaltungsrecht. Diese in der gesetzlichen Terminologie angelegte Differenzierung zwischen Verzicht und Ausübung gilt im Übrigen auch bei Einreden, wie die §§ 768 Abs. 2, 1137 Abs. 2 und 1211 Abs. 2 BGB zeigen.

---

323 Zum Verzichtsmechanismus bei Gestaltungsrechten unten § 4.

324 *Rieble/Wiebauer*, NZA 2009, 401, 406.

325 BGH, Urteil vom 15. 1. 2002 - X ZR 91/00, NJW 2002, 1044, 1046.

326 BGH Urteil vom 15. 1. 2002 - X ZR 91/00, NJW 2002, 1044, 1046, BGH, Urteil vom 22. 6. 1995 - VII ZR 118/94, NJW-RR 1996, 237.

327 *Fetzer*, in: MüKo, § 376 BGB Rn. 1.

328 Vgl. zum Widerrufsrecht bei Verbraucherverträgen *Stadler*, in: Jauernig, § 355 BGB Rn. 3.

329 *Berger*, in: Erman, § 671 BGB Rn. 2; *Sprau*, in: Palandt, § 671 BGB Rn. 1.

Zum anderen spricht gegen die Einheitslösung, dass sie nicht mit der destruktiven Wirkung negativer Gestaltungsrechte vereinbar ist. Diese Charaktereigenschaft kommt bereits in der gesetzlichen Bezeichnung solcher Rechte als „Anfechtungsrecht", „Widerspruchsrecht", „Rücktrittsrecht" oder „Kündigungsrecht" zum Ausdruck. Dies macht deutlich, dass der Rechtsinhaber die Rechtslage mit der Rechtsausübung nur in eine Richtung beeinflussen kann. Auch dieser Aspekt der grammatikalischen Auslegung spricht deshalb dagegen, in Gestaltungsrechten ambivalente Rechte zu sehen.

2. Historische Auslegung von § 144 BGB

Für die Existenz eines rechtgeschäftlichen Verzichts auf Gestaltungsrechte spricht zudem die Entstehungsgeschichte von § 144 BGB. Bereits der historische Gesetzgeber qualifizierte die Bestätigung eines anfechtbaren Rechtsgeschäfts als Verzicht auf das Anfechtungsrecht, wie das RG in einer Entscheidung vom 20. Mai 1908[330] darlegt. Während der Verhandlungen der zweiten Kommission sei beantragt worden, den Wortlaut von § 144 BGB wie folgt zu formulieren: „Durch Verzicht gegenüber dem Anfechtungsgegner erlischt das Anfechtungsrecht".[331] Das Wort „Verzicht" habe letztlich nur deshalb keine Verwendung gefunden, weil dadurch der Eindruck entstehen könne, die endgültige Wirksamkeit eines anfechtbaren Rechtsgeschäfts könne nur durch eine empfangsbedürftige Willenserklärung herbeigeführt werden. Der Verzicht auf das Anfechtungsrecht sollte nach der Intention des historischen Gesetzgebers aber (auch) mit einer nicht empfangsbedürftigen Willenserklärung möglich sein. Davon abgesehen sei aber an einen Verzicht, also an ein Verhalten gedacht, in dem der Verzichtswille oder der Wille, etwas aufzugeben, zum Ausdruck komme. Dieses „etwas" könne nur das Anfechtungsrecht sein.[332]

Der Grund dafür, dass § 144 BGB nicht ausdrücklich von einem Verzicht auf das Anfechtungsrecht spricht, ist also gerade nicht, dass der historische Gesetzgeber die Bestätigung nicht als Verzicht auf das Anfechtungsrecht auffasste. Vielmehr ging auch der historische Gesetzgeber davon aus, dass der Anfechtungsberechtigte auf das Anfechtungsrecht verzichten kann. Das Wort „Verzicht" ist nur deshalb nicht in den Gesetzestext aufgenommen worden, um die Empfangsbedürftigkeit der Verzichtserklärung nicht zu präjudizieren. Deshalb

---

330 RG, Urteil vom 20. 5. 1908, RGZ 68, 398 ff.

331 RG, Urteil vom 20. 5. 1908, RGZ 68, 398, 400.

332 RG, Urteil vom 20. 5. 1908, RGZ 68, 398, 400.

spricht die historische Auslegung von § 144 BGB für die Trennung zwischen Ausübung und Verzicht.[333]

3. Fehlender Verzichtswille?

Gegen die Trennungslösung spricht nicht der angeblich fehlende „Verzichtswille“ des Bestätigenden. Nach *Rieble/Wiebauer* habe der Anfechtungsberechtigte, der das anfechtbare Rechtsgeschäft bestätige, keine Verfügung über sein Anfechtungsrecht im Sinn. Wer bei Vertragsschluss arglistig getäuscht worden sei und die Kaufsache gleichwohl in Kenntnis des Anfechtungsrechts benutzte, bringe zum Ausdruck, dass er am Kauf festhalten wolle, nicht aber, dass er die Täuschung billige.

Zum einen ist bereits die Annahme, der Verzicht sei in jedem Fall mit der Billigung der arglistigen Täuschung verbunden, nicht zutreffend. Der Anfechtungsberechtigte kann z.B. nur deshalb nicht von seinem Anfechtungsrecht Gebrauch machen, weil er sich schämt, auf einen Betrüger hereingefallen zu sein. Vielleicht scheut der Anfechtungsberechtigte auch einfach nur den Zeitaufwand und das Kostenrisiko eines etwaigen Rechtsstreits. In beiden Fällen kann er die Täuschung aber dennoch innerlich missbilligen. Zudem ist auch bei einer Qualifikation der Bestätigung als rechtsgeschäftlichen Verzicht auf das Anfechtungsrecht nicht ausgeschlossen, dass der Wille des Anfechtungsberechtigten darauf gerichtet ist, am Vertrag festzuhalten. Dem Verzicht auf das Anfechtungsrecht wohnt neben dem Verfügungswillen zwangsläufig auch immer die Entscheidung inne, die Wirksamkeit des anfechtbaren Rechtsgeschäfts unangetastet zu lassen. Verfügungs- und Bestätigungswille schließen sich deshalb nicht gegenseitig aus.

4. Funktionale Betrachtung von Gestaltungsrechten

Nach *Rieble/Wiebauer* würde der innere Zusammenhang zwischen Anfechtung und Bestätigung zerrissen werden, wenn man letztere als eigenständiges (Gestaltungs-)Recht begreife, die Gestaltungsbefugnis rechtsgeschäftlich aufzugeben. Bei einer funktionalen Betrachtung von Gestaltungsrechten[334] wird allerdings deutlich, dass es einen solchen inneren Zusammenhang zwischen Anfechtungsrecht und Bestätigung nicht gibt, da die Bestätigung einem Verzicht auf ein Gestaltungsrecht näher steht als der Ausübung eines Gestaltungsrechts.[335]

333 So auch *Kleinschmidt*, Der Verzicht, S. 161.

334 Zu den Funktionen von Gestaltungsrechten ausführlich *Bötticher*, in: FS Dölle, S. 41, 42 ff.

335 So auch *Kleinschmidt*, Der Verzicht, S 161.

Die Bestätigung des anfechtbaren Rechtsgeschäfts ist nach der Trennungslösung nicht die Ausübung eines Gestaltungsrechts, sondern der rechtsgeschäftliche Verzicht auf das Anfechtungsrecht. Die Befugnis zur Aufgabe des Anfechtungsrechts folgt also nicht aus § 144 BGB. § 144 BGB regelt in Abs. 1 die Wirkung eines Verzichts auf das Anfechtungsrecht und in Abs. 2 eine Ausübungsmodalität für die Verzichtserklärung. Um das anfechtbare Rechtsgeschäfts wirksam werden zu lassen, muss der Anfechtungsberechtigte es nicht zwingend positiv bestätigen. Das anfechtbare Rechtsgeschäft ist auch ohne Bestätigung (schwebend) wirksam, so dass dieses Ergebnis vom Gesetz schon vorgezeichnet ist[336] und nicht erst durch eine bestätigende Ausübung des Anfechtungsrechts herbeigeführt werden muss. Die Bestätigung führt nicht zu dem für negative Gestaltungsrechte charakteristischen Einbruch in das materielle Vertrags- bzw. Mitwirkungsprinzip,[337] sondern lediglich zum Erlöschen des Gestaltungsrechts. Die Bestätigung der bereits gesetzlich vorgefundenen Rechtslage kann deshalb bei funktionaler Betrachtung nicht als Ausübung eines Gestaltungsrechts angesehen werden. Das Recht, dem Gestaltungsgegner durch Ausübung des Gestaltungsrechts eine Rechtsposition zu entziehen, ist also von der Frage zu trennen, ob der Gestaltungsberechtigte auf diese Befugnis rechtsgeschäftlich verzichtet und dadurch das Gestaltungsrecht erlischt.

5. Existenz unverzichtbarer Gestaltungsrechte

Gegen die Einheitslösung spricht auch die Existenz unverzichtbar Gestaltungsrechte. Gemäß § 312i Satz 1 BGB darf z.B. von den Vorschriften der §§ 312 bis 312g BGB grundsätzlich nicht zum Nachteil des Verbrauchers bzw. Kunden abgewichen werden. Die Widerrufsrechte des Verbrauchers bei Haustürgeschäften nach § 312 Abs. 1 Satz 1 BGB und bei Fernabsatzverträgen nach § 312d Abs. 1 Satz 1 BGB sind halb zwingende Gestaltungsrechte.[338]

Bei unverzichtbaren Gestaltungsrechten kann es kein Wahlrecht zwischen positiver und negativer Ausübung im Sinn der Einheitslösung geben, da bei solchen Rechten nur eine Entscheidung gegen die Wirksamkeit des Rechtsgeschäfts möglich ist. Deshalb ist *Rieble* gezwungen, das Widerrufsrecht des Verbrauchers als dispositiv anzusehen. Trotz der Unverzichtbarkeit müsse es dem Verbraucher möglich sein, den Vertrag durch bestätigende Ausübung des Widerrufsrechts endgültig wirksam zu machen.[339] Die Einheitslösung gerät dadurch im Fall von

336 *Kleinschmidt*, Der Verzicht, S. 161.

337 Vgl. *Bötticher*, in: FS Dölle, S. 41, 45.

338 *Wendehorst*, in: MüKo, § 312i BGB Rn. 12.

339 *Rieble*, in: Staudinger, § 397 BGB Rn. 70; *Rieble/Wiebauer* NZA 2009, 401, 405.

unverzichtbaren Gestaltungsrechten in Erklärungsnot und muss diese entgegen dem eindeutigen Gesetzeswortlaut und dem gesetzlich verfolgten Zweck des Verbraucherschutzes[340] zumindest im Ergebnis für verzichtbar erklären. Zwar stellt die bestätigende Ausübung nach der Einheitslösung gerade keinen Verzicht dar. Allerdings würden sowohl der Verzicht als auch die bestätigende Ausübung zum Erlöschen des Widerrufsrechts führen, so dass eine unterschiedliche Behandlung von Verzicht und bestätigender Ausübung nicht gerechtfertigt ist.

6. Antizipierter Verzicht auf Gestaltungsrechte

Schließlich vermag die Einheitslösung nicht zu erklären, weshalb ein Verzicht auf ein Gestaltungsrecht möglich ist, bevor das Recht entstanden ist. In den Grenzen der §§ 444, 475 BGB kann der Käufer z.B. schon im Kaufvertrag auf das Rücktrittsrecht oder das Minderungsrecht verzichten.[341] Es handelt sich in diesem Fall um einen „antizipierten" Verzicht. Der Käufer verpflichtet sich bereits im Zeitpunkt des Vertragsschlusses, ein bestimmtes künftiges Recht nicht geltend zu machen. Ob die Voraussetzungen für das Entstehen des Gestaltungsrechts überhaupt jemals eintreten, ist im Zeitpunkt des Verzichts völlig ungewiss.

Nach der Einheitslösung müsste konsequenterweise auch dies die negative Ausübung des Gestaltungsrechts sein. Die Ausübung eines Gestaltungsrechts, das noch gar nicht existiert, kommt aber nicht in Betracht. Auch die Ausübung eines noch nicht entstandenen Gestaltungsrechts unter der Bedingung, dass es später tatsächlich entsteht, ist nicht möglich, da die Abgabe der Gestaltungserklärung nicht mit einer Bedingung verknüpft werden kann.[342] Deshalb ist auch *Rieble* gezwungen, seinen Standpunkt zumindest bei einem Vorausverzicht auf Gestaltungsrechte zu verlassen und an dieser Stelle die Möglichkeit eines Verzichts auf Gestaltungsrechte zu bejahen.[343]

7. Ergebnis

Die besseren Argumente sprechen für die Trennungslösung. Aus diesem Grund sieht auch die h.M. in der Bestätigung des anfechtbaren Rechtsgeschäfts einen Verzicht auf das Anfechtungsrecht.[344] In Übereinstimmung mit der herrschenden

---

340 Vgl. *Masuch*, in: MüKo, § 312 BGB Rn. 1; *Wendehorst*, in: MüKo, § 312b BGB Rn. 1; *Wendehorst*, in: MüKo, § 312i BGB Rn. 1.

341 *Weidenkaff*, in: Palandt, § 441 BGB Rn. 5; *Grüneberg*, in: Palandt, § 323 BGB Rn. 2.

342 Vgl. oben § 2 B. III. 1.

343 *Rieble*, in: Staudinger, § 397 BGB Rn. 71.

344 BGH, Urteil vom 12. 11. 1957 - VIII ZR 311/56, NJW 1958, 177; BayOblG, Beschluss vom 12. 3. 1954, NJW 1954, 1039, 1040; RG, Urteil vom 12. 12. 1921 - VI

Meinung ist zwischen dem Verzicht auf ein Gestaltungsrecht und der Ausübung eines Gestaltungsrechts zu differenzieren und nicht beides mit der Ausübung des Gestaltungsrechts gleichzusetzen.

D. Zusammenfassung von § 3

Das verfassungsrechtliche Fundament des Widerspruchsrechts in Gestalt der Berufsfreiheit steht einem Verzicht nicht generell entgegen. Entscheidend für die Wirksamkeit des Verzichts ist, inwieweit Art. 12 Abs. 1 GG die Verfügungsbefugnis des Arbeitnehmers einschränkt.

Der Verzicht auf das Widerspruchsrecht ist die rechtsgeschäftliche Aufgabe des Gestaltungsrechts durch eine rechtsaufhebende Verfügung, und daher nicht mit der positiven Ausübung des Widerspruchsrechts gleichzusetzen. Eine solche bestätigende Ausübung des Widerspruchsrechts existiert nicht. Die Bestätigung des Übergangs des Arbeitsverhältnisses auf den Käufer des Betriebs ist ein Verzicht des Arbeitnehmers auf das Widerspruchsrecht. Das Widerspruchsrecht berechtigt den Arbeitnehmer nur dazu, den Übergang der Rechte und Pflichten aus dem Arbeitsverhältnis zu verhindern. Dagegen umfasst es nicht das Recht, sich bestätigend für den Betriebserwerber als neuen Arbeitgeber zu entscheiden. Diese Rechtsfolge kann der Arbeitnehmer nur dadurch herbeiführen, dass er auf das Widerspruchsrecht verzichtet. Für Verzicht und Ausübung können daher unterschiedlichen Formerfordernissen gelten. Auch die Frage der Wirksamkeit eines Verzichts vor Zugang einer ordnungsgemäßen Unterrichtung ist ebenso wenig entschieden wie diejenige nach dem Verzichtsmechanismus bei Gestaltungsrechten.

§ 4 Der rechtlicher Mechanismus des Verzichts auf das Widerspruchsrecht

A. Problemstellung

Um den rechtlichen Mechanismus des Verzichts auf das Widerspruchsrecht bestimmen zu können, wird in § 4 die dingliche Seite des Verzichts beleuchtet. Die schuldrechtliche Ebene des Verzichts wird nachfolgend ausgeklammert; wenn

---

455/21, RGZ 104, 1, 3; RG, Urteil vom 20. 5. 1908 - V 372/07, RGZ 68, 398, 400; *Arnold*, in: Erman, § 144 Rn. 1; *Krüger-Nieland/Zöller*, in: RGRK, § 144 BGB Rn. 1. *Ellenberger*, in: Palandt, § 144 BGB Rn. 1; *Roth*, in: Staudinger, § 144 BGB Rn. 2; *Mansel*, in: Jauernig, § 144 BGB Rn. 2; *Medicus*, AT, § 37 Rn. 534; *Früh*, JuS 1994, 486, 491.

daher in § 4 von „Verzicht“ die Rede ist, ist immer der Verzicht als Verfügungsgeschäft gemeint.

Möglicherweise ist ein dinglich wirkender Verzicht auf das Widerspruchsrecht ebenso wie der Forderungsverzicht nach § 397 Abs. 1 BGB nur vertraglich möglich.[345] § 397 Abs. 1 BGB regelt für den Verzicht auf eine schuldrechtliche Forderung nach h.M. ein Vertragserfordernis.[346] In diesem Fall könnte der Arbeitnehmer nicht ohne Mitwirkung des Gestaltungsgegners auf das Widerspruchsrecht verzichten, da dieser die Verzichtserklärung des Arbeitnehmers annehmen müsste, um den Verzicht wirksam werden zu lassen. In die Richtung eines Vertragserfordernisses scheint neben § 397 Abs. 1 BGB besonders die Regelung des § 311 Abs. 1 BGB zu deuten. Danach ist zur Begründung eines Schuldverhältnisses durch Rechtsgeschäft sowie zur Änderung des Inhalts eines Schuldverhältnisses ein Vertrag zwischen den Beteiligten erforderlich, soweit gesetzlich nichts anderes geregelt ist. Denkbar ist auf der anderen Seite aber auch, dass dafür die einseitige Verzichtserklärung des Arbeitnehmers genügt.[347] Ein Annahmeerfordernis für die Verzichtserklärung dürfte in der Tat auf den ersten Blick wenig lebensnah erscheinen, da der Verzicht auf ein Gestaltungsrecht

---

345 Den Abschluss eines Vertrags für den Verzicht auf Gestaltungsrechte fordern *Wolf*, in: Soergel, § 305 a.F. BGB Rn. 37, der die Annahme der Verzichtserklärung aber regelmäßig nach § 151 BGB für entbehrlich hält und dadurch in der Praxis nicht zu einem anderen Ergebnis als die h.M. kommt (eine Ausnahme vom Vertragserfordernis im Sinn eines einseitigen Verzichts ist nach Ansicht *Wolfs* in § 144 BGB für den Verzicht auf das Anfechtungsrecht geregelt). Aus rechtspolitischer Sicht generell kritisch zur Aufweichung des Vertragsprinzips *Kohler*, in: MüKo, § 875 BGB Rn. 2. Nach Ansicht *Kohlers* besteht die Gefahr der Aufdrängung eines ungewollten Rechtsvorteils sowohl im Schuld- als auch im Sachenrecht. Daher sei die Unterscheidung zwischen einseitig verzichtbaren absoluten Rechten und relativen Rechten, auf die grundsätzlich nur vertraglich verzichtet werden könne, rein formal.

346 BAG, Urteil vom 13. 12. 2007 - 6 AZR 145/07, NZA 2008, 403, 404; BGH, Urteil vom 4. 12. 1986 - III ZR 51/85, NJW 1987, 3203, *Schlüter*, in: MüKo. § 397 BGB Rn. 1; *Grüneberg*, in: Palandt, § 397 BGB Rn. 4; *Rieble*, in: Staudinger, § 397 BGB Rn. 1; *Wagner*, in: Erman, § 397 BGB Rn. 1; a.A. *Kleinschmidt*, Der Verzicht, S. 323.

347 Einen einseitigen Verzicht auf Gestaltungsrechte halten für möglich BAG, Urteil vom 13. 12. 2007 - 6 AZR 145/07, NZA 2008, 403, 404; BGH, Urteil vom 6. 3. 1963 - VIII ZR 8/62, BeckRS 1963, 31190469; *Grüneberg*, in: Palandt, § 397 BGB Rn. 4; *Stürner*, in: Jauernig, § 397 BGB Rn. 1; *Wagner*, in: Erman, § 397 BGB Rn. 1; *Kindl*, in: Erman, § 311 BGB Rn. 8; *Schlüter*, in: MüKo, § 397 BGB Rn. 19; *Gernhuber*, Das Schuldverhältnis, S. 613 und S. 619; *Kleinschmidt*, Der Verzicht, S. 191; *Peters* AcP 200 (2000), 149, 184; *Mankowski*, Beseitigungsrechte, S. 1058.

für den Gestaltungsgegner rechtlich vorteilhaft ist.[348] Dies gilt aber auch für den Forderungsverzicht. Dennoch fordert das Gesetz in § 397 Abs. 1 BGB dafür einen Vertrag. Allein mit dem Verweis auf die „allgemeine Verkehrsanschauung" lässt sich ein einseitiger Verzicht also nicht begründen. Fällt die Entscheidung zu Gunsten eines einseitigen Verzichts aus, muss anschließend geklärt werden, ob das dingliche Rechtsgeschäft einer schuldrechtlichen causa bedarf, um kondiktionsfest zu sein (dazu unten D.), und ob die einseitige Verzichtserklärung empfangsbedürftig ist oder nicht (dazu unten § 6 B.)

Die Frage, ob für den Verzicht ein Vertrag erforderlich ist oder dafür eine einseitige Erklärung des Arbeitnehmers ausreicht, ist nicht nur von rein akademischer Natur, sondern hat einen praktischen Bezug. Der rechtliche Mechanismus des Verzichts hat Einfluss auf die Frage, ob die Verzichtserklärung in den Anwendungsbereich des Rechts der Allgemeinen Geschäftsbedingungen fallen kann. Die Inhaltskontrolle nach § 307 BGB kommt grundsätzlich nur bei vorformulierten Vertragsbedingungen in Betracht, da die Definition Allgemeiner Geschäftsbedingungen in § 305 Abs. 1 Satz 1 BGB einseitige Rechtsgeschäfte grundsätzlich nicht erfasst.[349] Es ist also zumindest denkbar, dass das Recht der Allgemeinen Geschäftsbedingungen bei einem einseitigen Verzicht im Gegensatz zu einem vertraglich vereinbarten Verzicht nicht anwendbar ist.[350] Zudem wirkt sich der rechtliche Mechanismus des Verzichts auf das Problem der Ausübung des Widerspruchsrechts nach dem Stichtag des Betriebsübergangs aus. Wenn man bestimmte Verhaltensweisen des Arbeitnehmers nach Vollzug des Betriebsübergangs, z.B. die „klaglose" Hinnahme einer vom Betriebserwerber ausgesprochenen Kündigung, als konkludenten Verzicht des Arbeitnehmers auf das Widerspruchsrecht auffassen will, ist dies in vielen Fällen nur dann möglich, wenn man einen einseitigen Verzicht zulässt. Die Frage nach der rechtlichen Konstruktion des Verzichts ist infolgedessen alles andere als „juristisches Glasperlenspiel".

B. Ausgangspunkt des Verzichtsmechanismus

Der Rechtsinhaber kann ein ihm zustehendes Rechts grundsätzlich wieder aufgeben. Eine Ausnahme besteht, wenn das Recht einem Verzichtsverbot unterliegt.[351] Das BGB enthält aber keine ausdrückliche Regelung, die den rechtlichen

348 *Peter*, AcP 200 (2000), 149, 184 Fn. 153 a.E.; *Mankowski*, Beseitigungsrechte, S. 1058.

349 Vgl. ausführlich unten § 9 A. II. 2.

350 So *Bauer/Günther*, NJW 2008, 1617, 1621.

351 Vgl. zu den unterschiedlichen Schutzzwecken von Verzichtsverboten *Schlüter*, in: MüKo, § 397 BGB Rn. 20.

Mechanismus des Verzichts bei Gestaltungsrechten verbindlich festlegen würde. Im Gesetz finden sich aber Anhaltspunkte, die zumindest die generelle Haltung des BGB zum Verzichtsmechanismus erkennen lassen.

I. Verzicht im Schuldrecht

Im Schuldrecht gilt das Vertragsprinzip gemäß § 311 Abs. 1 BGB sowohl für die Begründung einer schuldrechtlichen Forderung als auch nach § 397 Abs. 1 BGB für ihren Erlass. Bereits das RG[352] war wegen der in diesen Vorschriften zum Ausdruck kommenden gesetzgeberischen Wertung der Meinung,

> *„dass der Verzicht innerhalb des Rechts der Schuldverhältnisse [...] nur als Vertrag zustande kommt, dass es also der Annahme der Verzichtserklärung durch den Schuldner bedarf. Dies folgt aus § 305 BGB in Verbindung mit § 397 BGB, welche Vorschriften erkennen lassen, dass auf dem Gebiete des Schuldrechts einseitige Erklärungen nur ausnahmsweise Geltung haben sollen. Das bloße Zugehen der Verzichtserklärung genügt sonach nicht."*

Für den Verzicht auf eine schuldrechtliche Forderung ist gemäß § 397 Abs. 1 BGB ein Erlassvertrag zwischen Gläubiger und Schuldner erforderlich. Ein rechtlich bindender einseitiger Verzicht auf einen Anspruch ist nicht möglich.[353] § 311 Abs. 1 BGB fordert zur Begründung eines Schuldverhältnisses durch Rechtsgeschäft sowie zur Änderung des Inhalts eines Schuldverhältnisses ebenfalls einen Vertrag zwischen den Beteiligten, soweit nicht gesetzlich etwas anderes geregelt ist. Würde der Verzicht auf ein Gestaltungsrecht zugleich eine Änderung des Schuldverhältnisses darstellen, wäre der richtige Ausgangspunkt für die rechtliche Konstruktion seines Verzichts gefunden.

Das BGB verwendet den Begriff des Schuldverhältnisses in einem engeren und einem weiteren Sinn. In den §§ 362 Abs. 1, 364 Abs. 1 und 397 Abs. 1 BGB ist der Begriff „Schuldverhältnis" Synonym für die rechtliche Forderungsbeziehung,

---

352 RG, Urteil vom 12. 11. 1909 - VII 29/09, RGZ 168, 171.

353 BAG, Urteil vom 13. 12. 2007 - 6 AZR 145/07, NZA 2008, 403, 404; BGH, Urteil vom 4. 12. 1986 - III ZR 51/85, NJW 1987, 3203, *Schlüter*, in: MüKo. § 397 BGB Rn. 1; *Grüneberg*, in: Palandt, § 397 BGB Rn. 4; *Rieble*, in: Staudinger, § 397 BGB Rn. 1; *Wagner*, in: Erman, § 397 BGB Rn. 1; a.A. *Kleinschmidt*, Der Verzicht, S. 323. Für *Kleinschmidt* enthält § 397 BGB nur die Rechtsfolge eines Verzichtsvertrags, ohne aber ein Vertragserfordernis zu regeln. Zusätzlich zum vertraglichen Verzicht könne der Gläubiger auch durch einseitiges Rechtsgeschäft ohne Mitwirkung des Schuldners verzichten. *Kleinschmidt* hält also einen einseitigen Forderungsverzicht bereits de lege lata für möglich.

die den Gläubiger mit dem Schuldner verbindet.[354] Demnach wäre nur der Verzicht auf eine schuldrechtliche Forderung, nicht aber auf ein Gestaltungsrecht eine inhaltliche Änderung des Schuldverhältnisses. Anderen Normen des BGB liegt dagegen ein weiter Begriff des Schuldverhältnisses zugrunde. Dieses weite Verständnis vom Inhalt eines Schuldverhältnisses ist z.B. Gegenstand von § 273 Abs. 1 BGB und § 425 Abs. 1 BGB.[355] Das Schuldverhältnis im weiteren Sinn bezeichnet das gesamte schuldrechtliches Rechtsverhältnis, aus dem regelmäßig eine ganze Reihe einzelner Leistungs- und Verhaltenspflichten, abgeleitet werden können.[356] Auch Gestaltungsrechte sind Bestandteil des Schuldverhältnisses im weiteren Sinn.[357] Inhalt des Schuldverhältnisses im weiteren Sinn ist also im Gegensatz zum Schuldverhältnis im engeren Sinn gerade nicht nur die einzelne Forderung.[358] Durch die Betonung der Trennung von Forderung und Schuldverhältnis soll zum einen unterstrichen werden, dass das Schuldverhältnis im weiteren Sinn in seinem Bestand von seinen einzelnen rechtlichen Elementen unabhängig sein kann. Es besteht fort, auch wenn einzelne der in ihm zunächst enthaltenen Verpflichtungen durch Erfüllung erloschen, einzelne Gestaltungsrechte durch ihre Ausübung verbraucht oder infolge Nichtausübung innerhalb der vorgesehenen Ausübungsfrist untergegangen sind.[359] Zum anderen soll dadurch die besondere Zeitstruktur des Schuldverhältnisses als finaler Prozess zur Erreichung eines bestimmten Ziels illustriert werden.[360]

Zwar ist der Arbeitnehmer erst angesichts eines konkret bevorstehenden Betriebsübergangs zur Ausübung des Widerspruchsrechts berechtigt. Eine antizipierte Ausübung des Widerspruchsrechts, z.B. im Arbeitsvertrag, ist unwirksam, weil das mit dem Widerspruchsrecht eingeräumte Wahlrecht zwischen zwei Arbeitgebern erst mit Kenntnis der Person des Betriebserwerbers sinnvoll wahrgenommen werden kann.[361] Zudem würde dies im Ergebnis eine unzulässige

354 *Olzen*, in: Staudinger, § 241 BGB Rn. 36; *Ernst*, in: MüKo, Einl. vor § 241 BGB Rn. 10; *Gernhuber*, Das Schuldverhältnis, S. 7.

355 *Olzen*, in: Staudinger, § 241 BGB Rn. 36; *Ernst*, in: MüKo, Einl. vor § 241 BGB Rn. 10; *Gernhuber*, Das Schuldverhältnis, S. 7.

356 *Ernst*, in: MüKo, Einl. vor § 241 BGB Rn. 10.

357 *Grüneberg*, in: Palandt, Einl. v. § 241 BGB Rn. 3; *Ernst*, in: MüKo, Einl. vor § 241 BGB Rn. 10; *Esser/Schmidt*, Schuldrecht AT I/1, S. 91; *Gernhuber*, Das Schuldverhältnis, S. 15.

358 BGH, Urteil vom 11. 11. 1953 - II ZR 181/52, NJW 1954, 231, 232.

359 *Larenz*, Schuldrecht AT, S. 27.

360 *Larenz*, Schuldrecht AT, S. 28.

361 *Grau*, Unterrichtung und Widerspruchsrecht, S. 357; *Menze*, Das Widerspruchsrecht, S. 90 f.

Umgehung von § 613a Abs. 1 BGB bedeuten.[362] Das Widerspruchsrecht ist aber dem Grunde nach bereits mit Abschluss des Arbeitsvertrags im Arbeitsverhältnis angelegt. Ebenso ist das Anfechtungsrecht dem Kaufvertrag ab dem Zeitpunkt des Entstehens der schuldrechtlichen Beziehung immanent, auch wenn es zur konkreten Ausübungsberechtigung noch weiterer Voraussetzungen bedarf. Deshalb ist grundsätzlich auch ein antizipierter Verzicht auf Gestaltungsrechte möglich.[363] Ob das Widerspruchsrecht bei einem antizipierten Verzicht bei einem späteren Betriebsübergangs zunächst für eine „juristische Sekunde" entsteht, um dann sogleich wieder zu erlöschen[364] oder das Recht erst gar nicht entsteht,[365] ist eine Frage der Auslegung der Verzichtsvereinbarung.[366] Jedenfalls verliert das Arbeitsverhältnis durch den Verzicht eines seiner Elemente. Der Verzicht auf das Widerspruchsrecht verursacht also eine inhaltliche Änderung des Arbeitsverhältnisses.[367] Gedankliche Ausgangsbasis für den rechtlichen Mechanismus des Verzichts auf das Widerspruchsrecht (und auch für den Verzicht auf alle anderen Gestaltungsrechte) muss folglich das Vertragsprinzip sein.[368]

II. Verzicht im Sachenrecht

Im Sachenrecht ist ein Verzicht dagegen grundsätzlich einseitig möglich, wie die §§ 875, 928, 959, 976, 1064, 1168, 1255 BGB zeigen. Auch auf den Eigentumsvorbehalt kann durch einseitige Willenserklärung verzichtet werden.[369] Dieser Unterschied zwischen Schuld- und Sachenrecht beruht auf dem Wesen des dinglichen Rechts.[370] Besonderes Kennzeichen des dinglichen Rechts, das es von den obligatorischen Rechten unterscheidet, ist seine Absolutheit.[371] Während ein obligatorisches Recht nur Befugnisse gegenüber einer bestimmten Person vermittelt, also relativ wirkt, ordnet das dingliche Recht dem Berechtigten

---

362 *Grau*, Unterrichtung und Widerspruchsrecht, S. 357.

363 Vgl. oben § 3 C. II. 6.

364 BGH, Urteil vom 25. 5. 1993 - VI ZR 272/92, NJW –RR 1993, 1111, 1113.

365 BGH, Urteil vom 28. 11. 1963 - II ZR 41/62, NJW 1964, 648, 649; BGH, Urteil vom 27. 9. 1956 - II ZR 68/55, BB 1956, 1086; *Mankowski*, Beseitigungsrechte, S. 1059.

366 *Grüneberg*, in: Palandt, § 397 BGB Rn. 3.

367 Vgl. *Gernhuber*, Das Schuldverhältnis, S. 613; *Kleinschmidt*, Der Verzicht, S. 21.

368 *Kleinschmidt*, Der Verzicht, S. 21.

369 BGH, Urteil vom 20. 5. 1958 - VIII ZR 329/56, NJW 1958, 1231 f.; RG, Urteil vom 4. 10. 1907 - II 138/07, RGZ 66, 344, 349.

370 A.A *Kohler*, in: MüKo, § 875 BGB Rn. 2, der auch im Sachenrecht die Gefahr der Aufdrängung eines ungewollten Rechtsvorteils sieht.

371 *Seiler*, in: Staudinger, Eckpfeiler, Sachenrecht, Rn. 12.

die Herrschaftsmacht über den betreffenden Gegenstand gegenüber allen am Rechtsverkehr teilnehmenden Personen unmittelbar zu.[372] Unmittelbare Zuordnung meint in diesem Zusammenhang, dass dem Rechtsinhaber die Herrschaftsmacht nicht durch eine andere Person vermittelt wird.[373] Da die Sachherrschaft also unmittelbar und damit nicht vom Willen einer anderen Person abhängig ist, ist der Rechtsinhaber für die Entscheidungen im Rahmen seines Rechts grundsätzlich allein zuständig. Diese Entscheidungsfreiheit gilt auch in negativer Hinsicht, was die gesetzlich angeordnete Einseitigkeit des Verzichts im Sachenrecht erklärt.

Ausnahmen von diesem Grundsatz bestehen zum einen, wenn Dritte von der Aufhebung des Rechts betroffen sind. Ist z.B. das Pfandrecht mit dem Recht eines Dritten belastet, ist für die Aufhebung des Pfandrechts gemäß § 1255 Abs. 2 Satz 1 BGB die Zustimmung des Dritten erforderlich. Eine entsprechende Regelung enthält das BGB in § 876 für den Fall der Aufhebung eines mit dem Recht eines Dritten belasteten Rechts an einem Grundstück. Zum anderen ist zur Aufhebung der Hypothek durch Rechtsgeschäft gemäß § 1183 die Zustimmung des Eigentümers erforderlich. Dieses Zustimmungserfordernis ist damit zu erklären, dass als Folge des Erlöschens des Grundpfandrechts nachrangige Rechte aufrücken, wodurch die Rechtsstellung des Eigentümers berührt wird. Da der Eigentümer ein Interesse am Erhalt der Rangstelle haben kann, räumt ihm § 1183 BGB die Möglichkeit ein, das Grundpfandrecht rangwahrend als Eigentümergrundschuld zu erwerben.[374] Von der Aufhebung ist der Verzicht auf die Hypothek zu unterscheiden. Der Verzicht auf das Grundpfandrecht ändert die Rangfolge nicht, da in diesem Fall das Grundpfandrecht gemäß § 1168 Abs. 1 BGB auf den Eigentümer übergeht. Eine Zustimmung des Eigentümers ist daher in diesem Fall entbehrlich.[375] Während also im Schuldrecht grundsätzlich das Vertragsprinzip gilt, ist im Sachenrecht in den meisten Fällen ein einseitiger Rechtsverzicht möglich.

---

372 *Olzen*, in: Staudinger, § 241 BGB Rn. 300.

373 *Heck*, Grundriss, S. 2.

374 *Bassenge*, in: Palandt, § 1183 BGB Rn. 1.

375 Eine Sonderstellung hat in diesem Zusammenhang die Aufgabe des Eigentums ein. Mit Rechten Dritter belastetes Eigentum kann abweichend vom dargestellten Grundsatz einseitig aufgegeben werden. Eine Mitwirkung der Rechtsinhaber ist deshalb nicht erforderlich, weil die Rechte an der herrenlosen Sache fortbestehen, vgl. *Oechsler*, in: MüKo, § 959 BGB, Rn. 9.

C. Verzichtsmechanismus bei Gestaltungsrechten

In Durchbrechung des Vertragsprinzips geht das BGB aber selbst an manchen Stellen des Schuldrechts von der Möglichkeit des einseitigen Rechtsverzichts aus. Handelt es sich bei diesen Rechten um Gestaltungsrechte, sind diese gesetzlichen Regelungen solche, bei denen das Gesetz ein anderes i.S.d. § 311 Abs. 1 BGB vorschreibt und in Abweichung vom Vertragsprinzip einen einseitigen Verzicht zulässt.[376]

I. Gesetzlich geregelte Verzichtsfälle

1. Verzicht auf das Anfechtungsrecht (§ 144 BGB)

Gemäß § 144 Abs. 1 BGB ist die Anfechtung ausgeschlossen, wenn das anfechtbare Rechtsgeschäft von dem Anfechtungsberechtigten bestätigt wird. Das Anfechtungsrecht ermächtigt den Anfechtungsberechtigten nach §§ 143 Abs. 1, 142 Abs. 1 BGB, das anfechtbare Rechtsgeschäft durch einseitige, empfangsbedürftige Willenserklärung endgültig unwirksam zu machen. Das Anfechtungsrecht ist deshalb ein Gestaltungsrecht.[377] Zwar ist in § 144 Abs. 1 BGB nicht ausdrücklich von einem Verzicht auf das Anfechtungsrecht die Rede; die Bestätigung des anfechtbaren Rechtsgeschäfts ist aber nach h.M. nur eine andere Bezeichnung für den Verzicht auf das Anfechtungsrecht.[378]

Zugunsten eines einseitigen Verzichts spricht zum einen die grammatikalische Auslegung von § 144 Abs. 1 BGB. Danach ist die Anfechtung ausgeschlossen, wenn das anfechtbare Rechtsgeschäft von dem Anfechtungsberechtigten bestätigt wird. Der Wortlaut des Gesetzes spricht also nur von der Bestätigung des Anfechtungsberechtigten, aber nicht von einem Mitwirkungserfordernis des Anfechtungsgegners. Im Fall der Bestätigung folgt der Mechanismus des Verzichts zum anderen zwangsläufig auch aus der teleologischen Auslegung. § 144 Abs. 1 BGB bezweckt, dem Anfechtungsberechtigten die freie Wahl zu lassen, ob er das anfechtbare Rechtsgeschäft als rechtlich wirksam behandeln oder durch

---

376 Vgl. *Emmerich*, in: MüKo, § 311 BGB Rn. 11.

377 Statt aller *Ellenberger*, in: Palandt, § 143 BGB Rn. 1.

378 BGH, Urteil vom 12. 11. 1957 - VIII ZR 311/56, NJW 1958, 177; BayOblG, Beschluss vom 12. 3. 1954 - BReg. 2 Z 245/53, NJW 1954, 1039, 1040; RG, Urteil vom 12. 12. 1921 - VI 455/21, RGZ 104, 1, 3; RG, Urteil vom 20. 5. 1908 - V 372/07, RGZ 68, 398, 400; *Arnold*, in: Erman, § 144 BGB Rn. 1; *Krüger-Nieland/Zöller*, in: RGRK, § 144 BGB Rn. 1. *Ellenberger*, in: Palandt, § 144 BGB Rn. 1; *Roth*, in: Staudinger, § 144 BGB Rn. 2; *Mansel*, in: Jauernig, § 144 BGB Rn. 2; *Medicus*, AT, § 37 Rn. 534; *Früh*, JuS 1994, 486, 491.

Anfechtung mit rückwirkender Kraft vernichten möchte.[379] Dieses Recht würde dem Anfechtungsberechtigten genommen, wenn man für den Verzicht auf das Anfechtungsrecht eine Mitwirkung des Anfechtungsgegners verlangen würde.[380] Die Bestätigung als Verzicht auf das Anfechtungsrecht muss nach dem Zweck des Gesetzes durch ein einseitiges Rechtsgeschäft möglich sein, weshalb § 144 Abs. 1 BGB das „Paradebeispiel eines einseitigen Verzichts"[381] auf ein Gestaltungsrecht ist.[382]

2. Verzicht auf das Rücknahmerecht der hinterlegten Sache (§ 376 Abs. 2 Nr. 1 BGB)

Einen weiteren Fall eines gesetzlich vorgesehenen einseitigen Verzichts auf ein Gestaltungsrecht enthält § 376 Abs. 2 Nr. 1 BGB. Gemäß § 376 Abs. 1 BGB hat der Schuldner bei einer Hinterlegung grundsätzlich das Recht, die hinterlegte Sache zurückzunehmen. Auf dieses Recht kann der hinterlegende Schuldner gemäß § 376 Abs. 2 Nr. 1 BGB verzichten, indem er den Verzicht auf das Rücknahmerecht gegenüber der Hinterlegungsstelle erklärt.

Zur Bestimmung der Rechtsnatur des Rücknahmerechts muss man sich zunächst den Zweck der Hinterlegung ins Gedächtnis rufen. Die Hinterlegung soll es dem Schuldner ermöglichen, sich nach Fälligkeit der Schuld von seiner Leistungspflicht auch dann zu befreien, wenn der Erfüllung Hindernisse aus dem Risikobereich des Gläubigers entgegenstehen.[383] Um diesen Zweck zu erreichen, kann der Schuldner auf sein Recht zur Rücknahme der hinterlegten Sache verzichten. Der Verzicht auf das Rücknahmerecht hat zur Folge, dass der Schuldner gemäß § 378 BGB durch die Hinterlegung von seiner Verbindlichkeit in gleicher Weise befreit wird, wie wenn er zur Zeit der Hinterlegung an den Gläubiger geleistet hätte. Die Hinterlegung ist in diesem Fall also ein Erfüllungssurrogat.[384] Schuldbefreiende Wirkung hat die Hinterlegung gemäß § 378 BGB aber nur, wenn die Rücknahme der hinterlegten Sache ausgeschlossen ist. Ansonsten kann der Schuldner den Gläubiger gemäß § 379 Abs. 1 BGB auf die hinterlegte Sache verweisen. Das Verweisungsrecht ist ein vorübergehendes Leistungsverweigerungsrecht, das vom Schuldner durch Einrede geltend gemacht werden

---

379 *Busche*, in: MüKo, § 144 BGB Rn. 1.

380 Vgl. *Kleinschmidt*, Der Verzicht, S. 165.

381 *Kleinschmidt*, Der Verzicht, S. 165.

382 Vgl. *Roth*, in: Staudinger, § 144 BGB Rn. 4; *Mansel*, in: Jauernig, § 144 BGB Rn. 2; *Boecken*, AT, Rn. 553, S. 387.

383 *Fetzer*, in: MüKo, § 372 BGB Rn. 1.

384 *Fetzer*, in: MüKo, § 372 BGB Rn. 1; *Gernhuber*, Erfüllung, S. 350.

muss.[385] Schon das Bestehen der Einrede hindert aber den Eintritt des Verzugs.[386] Zudem trägt der Gläubiger dann gemäß § 379 Abs. 2 BGB für die Zeit der Hinterlegung die Preisgefahr und der Schuldner muss in diesem Zeitraum keine Zinsen zahlen oder Ersatz für nicht gezogene Nutzungen leisten.[387] Solange die Hinterlegung widerruflich ist, hat der Gläubiger einen durch die Ausübung des Rücknahmerechts auflösend bedingten Herausgabeanspruch gegen die Hinterlegungsstelle und der Schuldner das Rücknahmerecht oder das Verweisungsrecht des § 379.[388] Das Rücknahmerecht des Schuldners ist ein Gestaltungsrecht, weil durch seine Ausübung der durch die Hinterlegung entstandene auflösend bedingte Herausgabeanspruch des Gläubigers gegen die Hinterlegungsstelle einseitig aufgehoben und dadurch ein von den dinglichen Rechtsverhältnissen unabhängiger öffentlich-rechtlicher Anspruch des Schuldners auf Herausgabe begründet wird.[389]

---

385 *Buck-Heeb*, in: Erman, § 379 BGB Rn. 1; *Grüneberg*, in: Palandt, § 379 BGB Rn. 1; *Fetzer*, in: MüKo, § 379 BGB Rn. 2.

386 Dauernde oder aufschiebende Einreden schließen grundsätzlich den Verzug auch dann aus, wenn der Schuldner die Einrede zunächst nicht erhebt. Im Fall eines Rechtsstreits muss der Schuldner die Einrede dann aber im Prozess erheben, um die Verzugsfolgen abzuwenden, vgl. BGH, Urteil vom 6. 12. 1991 - V ZR 229/90, NJW 1992, 556, 557. Ausnahmestellungen nehmen in diesem Zusammenhang die Einrede des nicht erfüllten Vertrags nach § 320 BGB und das Zurückbehaltungsrecht nach § 273 BGB ein. Bei der Einrede des nicht erfüllten Vertrages kann der Schuldner nicht in Verzug geraten, solange der Gläubiger die ihm obliegende Gegenleistung nicht in einer den Annahmeverzug begründenden Weise anbietet, die bloße Bereitschaft des Gläubigers zur Leistungserbringung genügt nicht, vgl. BGH, Urteil vom 6. 12. 1991 - V ZR 229/90, NJW 1992, 556, 558. Beim Zurückbehaltungsrecht des § 273 BGB besteht die Besonderheit in der dem Gläubiger nach § 273 Abs. 3 BGB eingeräumten Abwendungsbefugnis. Um dem Gläubiger Gelegenheit zu geben, von der Abwendungsbefugnis des § 273 Abs 3 Gebrauch machen zu können, ist der Verzug nur dann ausgeschlossen, wenn das Zurückbehaltungsrecht vom Schuldner vor oder bei Eintritt der Verzugsvoraussetzungen geltend gemacht wird, vgl. BGH, Urteil vom 25. 11. 1970 - VIII ZR 101/69, NJW 1971, 421.

387 Die in § 379 Abs. 2 BGB angeordnete schuldnerschützende Wirkung der Hinterlegung tritt kraft Gesetzes ein; einer Einrede des Schuldners bedarf es nicht, vgl. *Fetzer*, in: MüKo, § 379 BGB Rn. 3. Im Fall der Hinterlegung wegen Annahmeverzugs hat § 379 Abs. 2 BGB wegen den §§ 300 Abs. 2, 326 Abs. 2, 301, 302 BGB keinen eigenständigen Anwendungsbereich.

388 *Fetzer*, in: MüKo, § 376 BGB Rn. 1.

389 *Fetzer*, in: MüKo, § 376 BGB Rn. 1.

Dafür, dass der Verzicht auf das Rücknahmerecht vom Schuldner einseitig bewirkt werden kann, spricht bereits die grammatikalische Auslegung von § 376 Abs. 2 Nr. 1 BGB. Nach dem Gesetzeswortlaut ist die Rücknahme ausgeschlossen ist, wenn „der Schuldner der Hinterlegungsstelle erklärt, dass er auf das Recht zur Rücknahme verzichte". Das Gesetz fordert für den Verzicht also nur die einseitige Erklärung des Schuldners gegenüber der Hinterlegungsstelle. Der Zweck der Hinterlegung muss zudem zwingend ohne Beteiligung des Gläubigers erreicht werden können. Voraussetzung der Hinterlegung ist gemäß § 372 BGB, dass der Gläubiger in Annahmeverzug ist oder der Schuldner aus einem anderen in der Person des Gläubigers liegenden Grund oder infolge einer nicht auf Fahrlässigkeit beruhenden Ungewissheit über die Person des Gläubigers seine Verbindlichkeit nicht oder nicht mit Sicherheit erfüllen kann. Im Fall des Annahmeverzugs ist eine Beteiligung des Gläubigers nicht gerechtfertigt, im Übrigen schlicht nicht möglich. Die gesetzlich angeordnete Einseitigkeit des Verzichts auf das Rücknahmerecht der hinterlegten Sache ist daher bei der Hinterlegung der spezifischen Situation geschuldet, in der sich der Gestaltungsberechtigte befindet. Der leistungswillige Schuldner muss in der Lage sein, die nachteiligen Folgen des Schuldnerverzugs ohne Mitwirkungshandlung des Gläubigers vermeiden zu können. Aus diesem Grund kann der Schuldner auf das Rücknahmerecht mit einer einseitigen, empfangsbedürftigen Willenserklärung verzichten.[390] Allerdings ist die Verzichtsmodalität speziell auf die Hinterlegung zugeschnitten und daher nicht verallgemeinerungsfähig ist.[391]

3. Verzicht auf das Widerrufsrecht der Schenkung (§ 533 BGB)

In die Kategorie der gesetzlich geregelten Fälle des Verzichts auf Gestaltungsrechte fällt auch § 533 BGB. Diese Regelung ist im Zusammenhang mit § 530 BGB zu sehen. Gemäß § 530 Abs. 1 BGB kann eine Schenkung widerrufen werden, wenn sich der Beschenkte durch eine schwere Verfehlung gegen den Schenker oder einen nahen Angehörigen des Schenkers groben Undanks schuldig macht. Den Erben des Schenkers steht nach § 530 Abs. 2 BGB das Recht zum Widerruf nur zu, wenn der Beschenkte den Schenker vorsätzlich und widerrechtlich getötet oder am Widerruf gehindert hat. Auf dieses Widerrufsrecht kann gemäß § 533 BGB erst verzichtet werden, wenn der Undank dem Widerrufsberechtigten bekannt geworden ist. Durch den Widerruf erlischt der schuldrechtliche Schenkungsvertrag, und das dingliche Vollzugsgeschäft ist gemäß § 531 Abs. 2

390 *Fetzer*, in: MüKo, § 376 Rn. 3; *Grüneberg*, in: Palandt, § 376 BGB Rn. 2.

391 *Kleinschmidt*, Der Verzicht, S. 186.

BGB nach den Vorschriften über die Herausgabe einer ungerechtfertigten Bereicherung rückgängig zu machen. Das Widerrufsrecht des Schenkers nach § 533 ist infolgedessen ein Gestaltungsrecht,[392] da es dem Schenker die einseitige Einwirkung auf den Schenkungsvertrag gestattet.

Im Gegensatz zu § 144 Abs. 1 BGB und § 376 Abs. 2 Nr. 1 BGB ergibt die grammatikalische Auslegung von § 533 BGB keine eindeutigen Erkenntnisse. Der Wortlaut des Gesetzes - „auf das Widerrufsrecht kann erst verzichtet werden“ - lässt sich sowohl mit einem vertraglichen als auch mit einem einseitigen Verzicht in Einklang bringen. Die Möglichkeit des einseitigen Verzichts folgt aber zwingend aus der teleologischen Auslegung von § 533 BGB. Die Vorschrift bezweckt, den Schenker vor der leichtsinnigen Erteilung eines Freibriefs an den Beschenkten zu schützen und erklärt daher einen Vorausverzicht auf das Widerrufsrecht wegen künftiger Verfehlungen für nichtig.[393] Der Verzicht auf das Widerrufsrecht ist daher zwar möglich, allerdings erst, wenn dem Widerrufsberechtigten die den Undank begründenden Tatsachen bekannt geworden sind. Der Schenker soll also, nachdem er von den Umständen des groben Undanks Kenntnis erlangt hat, in seiner Entscheidung frei sein, ob er dem Beschenkten die Verfehlung nachsieht oder nicht.[394] Diesem Gesetzeszweck würde es widersprechen, wenn man für den Verzicht auf das Widerrufsrecht eine Mitwirkung des Beschenkten verlangen würde Zudem ist auch kein schutzwürdiges Interesse des Beschenkten erkennbar, das seine Mitwirkung beim Verzicht rechtfertigen würde.[395]. Die Einseitigkeit des Verzichts erklärt sich also auch beim Widerrufsrecht des Schenkers ebenso wie beim Rücknahmerecht des Schuldners bei der Hinterlegung mit dem speziellen Charakter des aufzugebenden Gestaltungsrechts.[396]

4. Verzicht auf das Widerrufsrecht der Auslobung (§ 658 Abs. 2 BGB)

Eine weitere Regelung des Verzichts auf ein Gestaltungsrecht enthält § 658 Abs. 2 BGB. Nach § 658 Abs. 1 Satz 1 BGB kann die Auslobung bis zur Vornahme der Handlung, für die der Auslobende die Belohnung ausgesetzt hat, widerrufen werden. Dieser Widerruf ist nach § 658 Abs. 1 Satz 2 BGB nur wirksam, wenn er in derselben Weise wie die Auslobung bekannt gemacht wird, oder wenn er durch besondere Mitteilung erfolgt. Auf diese Widerruflichkeit kann gemäß § 658 Abs. 2, Hs. 1 BGB in der Auslobung verzichtet werden. Ein solcher

---

392 *Koch*, in: MüKo, § 530 BGB Rn. 15.

393 *Koch*, in: MüKo, § 533 BGB Rn. 1.

394 *Koch*, in: MüKo, § 533 BGB Rn. 1.

395 *Kleinschmidt*, Der Verzicht, S. 167.

396 *Kleinschmidt*, Der Verzicht, S. 186.

Verzicht liegt nach der Auslegungsregel des § 658 Abs. 2, Hs. 2 BGB im Zweifel vor, wenn der Auslobende in der Auslobung eine Frist für die Vornahme der Handlung bestimmt. Ob es sich bei einem bereits in der Auslobung erklärten Verzicht überhaupt um einen echten Rechtsverzicht handelt, ist zweifelhaft. Bei einem unwiderruflich abgegebenen Auslobungsversprechen gelangt das Widerrufsrecht genau genommen von vornherein gar nicht zur Entstehung.[397] Zumindest bei einem zeitlich nach dem Auslobungsversprechen erklärten Verzicht auf das Widerrufsrecht handelt es sich aber um einen echten Rechtsverzicht.[398] Der Widerruf ist ein Gestaltungsrecht, da er den Auslobenden dazu ermächtigt, die Wirkung des Auslobungsversprechens für die Zukunft zu beseitigen.[399]

Der Wortlaut des Gesetzes kann für das Problem des Verzichtsmechanismus nicht fruchtbar gemacht werden. Nach § 658 Abs. 1 Satz 1 BGB kann die Auslobung bis zur Vornahme der Handlung, für die der Auslobende die Belohnung aussetzt, „widerrufen werden". Darunter kann sowohl ein vertraglicher als auch ein einseitiger Verzicht subsumiert werden. Hinsichtlich des Verzichtsmechanismus ist bei der Auslobung zwischen einem bereits im Auslobungsversprechen selbst erklärten Verzicht auf den Widerruf und dem zu einem späteren Zeitpunkt erfolgenden Verzicht zu differenzieren. Fasst man auch den bereits in der Auslobung selbst erklärten Verzicht auf das Widerrufsrecht als einen echten Rechtsverzicht auf, teilt dieser Verzicht zwingend die Rechtsnatur der Auslobung. Die herrschende Pollizitationstheorie erblickt die Verbindlichkeit der Auslobung allein in einem öffentlich abgegebenen einseitigen Versprechen.[400]

---

397 *Kleinschmidt*, Der Verzicht, S. 168.

398 Auch dieser nachträgliche Verzicht ist zulässig, vgl. *Seiler*, in: MüKo, § 658 BGB Rn. 8.

399 Vgl. zum Widerrufsrecht bei Verbraucherverträgen *Stadler*, in: Jauernig, § 355 BGB Rn. 3.

400 *Werner/Berger*, in: Erman, § 657 BGB Rn. 2; *Sprau*, in: Palandt, § 657 BGB Rn. 1. Dagegen fasste die Vertragstheorie die Belohnungszusage als Vertragsangebot ad incertam personam auf, das dann von einer bestimmten Person angenommen werden konnte. Strittig war innerhalb der Vertragstheorie, worin die Annahme des Antrags zu sehen war. Der Gesetzgeber hat sich in § 657 BGB für die Pollizitationstheorie entschieden. Dennoch schlägt *Bergmann* vor, zu einem besonderen Modell der Vertragstheorie zurückzukehren. Er differenziert dabei zwischen der „Auslobung im engeren Sinn" und der „Auslobung im weiteren Sinn". Als „Auslobung im engeren Sinn" bezeichnet *Bergmann* die bindende, an eine noch nicht bestimmte Person gerichtete die Willenserklärung des Auslobenden. Für das Entstehen eines Vertragsverhältnisses (nach *Bergmann* die „Auslobung im weiteren Sinn") sei aber noch ein auf die Auslobung bezogenes Willensmoment des Handelnden erforderlich, mit der er seine Handlung der in der Auslobung bestimmten Handlung

Da der Widerruf aber gemäß § 658 Abs. 1 Satz 1 BGB bis zur Vornahme der Handlung widerrufen werden kann, kann der Verzicht auf das Widerrufsrecht auch zeitlich nach Abgabe des Auslobungsversprechens erklärt werden. Auch in diesem Fall ist - wie die teleologische Auslegung zeigt - für den Verzicht aber kein Vertragsschluss erforderlich. Bei der Auslobung handelt es sich um ein durch öffentliche Bekanntmachung gemachtes Versprechen an einen unbestimmten Personenkreis, das weder des Zugangs oder der Annahme bedarf, um eine wirksame schuldrechtliche Verpflichtung zu erzeugen.[401] Für die Einseitigkeit des Verzichts auf das Widerrufsrecht sprechen also bereits die praktischen Schwierigkeiten, zu denen ein Vertragserfordernis führen würde. Bei einem Versprechen an einen unbestimmten Personenkreis wüsste der Versprechende gar nicht, an wen er seine Verzichtserklärung richten soll.[402] Außerdem ist kein rechtliches Interesse des Adressatenkreises der Auslobung vorhanden, eine unwiderrufliche Bindung des Auslobenden an sein Belohnungsversprechen zu verhindern.[403] Der einseitige Verzichtsmechanismus hat also sowohl bei einem Verzicht, der bereits in der Auslobung selbst erklärt wird, als auch bei einem zeitlich nach Abgabe des Auslobungsversprechens erklärten Verzicht seine Ursache in der speziellen Rechtsnatur der Auslobung. Generelle Rückschlüsse für den Verzichtsmechanismus bei Gestaltungsrechten können daraus nicht gezogen werden.

5. Verzicht auf das Kündigungsrecht des Auftrags (§ 671 Abs. 3 BGB)

Schließlich regelt § 671 Abs. 3 BGB den Verzicht auf das Kündigungsrecht des Beauftragten. Gemäß § 671 Abs. 1 BGB kann der Auftrag vom Auftraggeber jederzeit widerrufen, vom Beauftragten jederzeit gekündigt werden. § 671 Abs. 3 BGB nimmt auf das Kündigungsrecht des Beauftragten Bezug und regelt, dass der Beauftragte bei Vorliegen eines wichtigen Grunds auch dann zur Kündigung berechtigt ist, wenn der auf das Kündigungsrecht verzichtet hat. Das Kündigungsrecht ist ein Gestaltungsrecht, da es dem Kündigungsberechtigten erlaubt, durch einseitige Kündigungserklärung das Vertragsverhältnis ex nunc zu beenden.[404]

---

zuordnet; allein die Vornahme der Handlung genüge für das Entstehen des Anspruchs auf die versprochene Belohnung nicht, vgl. *Bergmann*, in: Staudinger, § 657 BGB Rn. 14.

401 *Sprau*, in: Palandt, § 657 BGB Rn. 1.

402 *Kleinschmidt*, Der Verzicht, S. 168.

403 *Kleinschmidt*, Der Verzicht, S. 168.

404 *Berger*, in: Erman, § 671 BGB Rn. 2; *Sprau*, in: Palandt, § 671 BGB Rn. 1.

Das Gesetz bejaht in § 671 Abs. 3 BGB zwar die grundsätzliche Verzichtbarkeit des Kündigungsrechts. Genauso wie bei §§ 533, 658 Abs. 2 BGB schweigt das Gesetz aber auch bei § 671 Abs. 3 BGB zur Frage des Verzichtsmechanismus. In der Literatur wird teilweise von einer Verzichtsvereinbarung gesprochen,[405] ohne dass deutlich gemacht wird, ob dies im Sinn eines Vertragserfordernisses zu verstehen oder neben dem vertraglichen Verzicht auch der einseitige Verzicht zulässig ist. Andere Stimmen führen § 671 Abs. 3 BGB ohne nähere Begründung als Beispiel einer gesetzlichen Regelung des einseitigen Verzichts an.[406] Selbstverständlich kann der Beauftragte bereits im Auftrag selbst auf das Kündigungsrecht verzichten. Diese Möglichkeit des vertraglichen Verzichts besteht bei allen Gestaltungsrechten. *Kleinschmidt* erklärt die ausdrückliche Betonung des vertraglichen Verzichts, indem er zwischen dem Verzicht auf die Kündigungsmöglichkeit an sich und dem Verzicht auf ein durch einen bestimmten Anlass hervorgerufenes Kündigungsrecht differenziert. Diejenigen, die einen Verzichtsvertrag fordern würden, hätten die generelle Kündbarkeit des Auftrags im Blick. Befürworter des einseitigen Verzichts würden eher an den Verzicht auf ein konkretes Kündigungsrecht denken.[407] Der Verzicht auf die generelle Kündigungsbefugnis wird in der Regel im Auftrag, also vertraglich vereinbart. Dagegen kann auf eine punktuelle Kündigungsbefugnis erst bei einem bestimmten Anlass verzichtet werden. In diesem Fall ist der vertragliche Verzicht zumindest nicht die einzig mögliche Gestaltungsform. Jedenfalls ist kein Grund ersichtlich, weshalb gerade beim Verzicht auf das Kündigungsrecht des Beauftragten ein Vertrag erforderlich sein soll. Es liegt deshalb nahe, dass sich der in diesem Zusammenhang genannte vertragliche Verzicht nur auf die Möglichkeit des Verzichts bei Begründung des Auftragsverhältnisses bezieht, ohne dass damit ein Vertragserfordernis verbunden ist. Aus diesem Grund enthält auch § 671 Abs. 3 BGB keine eindeutige Aussage über den Verzichtsmechanismus bei Gestaltungsrechten.

6. Ergebnis

Die im Gesetz geregelten Verzichtsfälle lassen – bis auf den in § 144 Abs. 1 BGB geregelten Verzicht auf das Anfechtungsrecht – keine Rückschlüsse auf den Verzichtsmechanismus bei Gestaltungsrechten zu. Die Einseitigkeit des Verzichts ist in den Fällen der §§ 376 Abs. 2 Nr. 1, 533, 658 Abs. 2 BGB der speziellen

---

405 *Seiler*, in: MüKo, § 671 BGB Rn. 6; *Mansel*, in Jauernig, § 671 BGB Rn. 3; *Martinek*, in: Staudinger, § 671 BGB Rn. 15; *Steffen*, in: RGRK, § 671 BGB Rn. 8; *Beuthien*, in: Soergel, § 671 BGB Rn. 7.

406 *Stürner*, in: Jauernig, § 397 BGB Rn. 1; *Schlüter*, in: MüKo, § 397 BGB Rn. 19.

407 *Kleinschmidt*, Der Verzicht, S. 169.

Situation geschuldet, in der sich der Gestaltungsberechtigte befindet. Der häufig genannte vertragliche Verzicht auf das Kündigungsrecht des Auftrags nach § 671 Abs. 3 BGB meint den bereits im Auftrag selbst erklärten Verzicht, ohne dadurch aber einen einseitigen Verzicht eindeutig auszuschließen.

II. Stellungnahme

1. Recht zur „Rechtfolgenaufdrängung" als Wesenseigenschaft von Gestaltungsrechten

Wesentliches Argument für das durch § 311 Abs. 1 BGB statuierte Vertragsprinzip im Schuldrecht ist der Schutz vor unerwünschter Fremdbestimmung. Danach soll niemandem eine Forderung aus dem Versprechen eines anderen aufgedrängt werden können.[408] Für den Fall des Forderungsverzichts bedeutet dies, dass der Schuldner sich vom Gläubiger einen Erlass nicht einseitig diktieren und dadurch einen Vermögensvorteil aufdrängen lassen muss.[409] Begründet wird der Ausschluss eines einseitigen Forderungsverzichts mit dem Persönlichkeitsschutz des Schuldners. Es könne dem Schuldner unangenehm sein, durch Erlass seiner Verpflichtung zu entgehen.[410] Ein Grund dafür kann z.B. sein, dass der Schuldner nicht in den Ruf mangelnder Solvenz geraten will, um seine übrigen Geschäftsbeziehungen nicht zu gefährden. Das Gesetz gewährleistet diesen Schutz, indem es die Schenkung in den §§ 516 ff. BGB als Vertrag ausgestaltet und dem begünstigten Dritten in § 333 BGB bei einem Vertrag zu Gunsten Dritter ein Zurückweisungsrecht gegenüber dem Versprechenden einräumt.

Fraglich ist, ob dieser Schutzzweck des Vertragsprinzips auch beim Verzicht auf Gestaltungsrechte zum Tragen kommt. Gemeinsames Wesen aller Gestaltungsrechte ist, dass sie dem Gestaltungsberechtigten die Befugnis vermitteln, einseitig und ohne Mitwirkung eines anderen die Rechtslage zu verändern.[411] Dieses Gestaltungsrechten immanente Recht zur Fremdbestimmung unterscheidet es besonders von der schuldrechtlichen Forderung. Zur Verwirklichung eines schuldrechtlichen Anspruchs bedarf es der Mitwirkung des Verpflichteten in Form eines Tuns oder Unterlassens (vgl. § 194 BGB). Verweigert der Anspruchsgegner die Mitwirkung, muss der Anspruchsinhaber sein Recht gerichtlich durchsetzen. Das Gestaltungsrecht erlaubt es dem Rechtsinhaber dagegen, die Rechtslage ohne Inanspruchnahme staatlicher Gerichte oder

408 *Löwisch/Feldmann*, in: Staudinger, § 311 BGB Rn. 6; *Larenz*, Schuldrecht AT, S. 40.

409 *Esser/Schmidt*, Schuldrecht AT I/1, S. 331 f.

410 *Larenz*, Schuldrecht AT, S. 267.

411 Vgl. oben § 2 B. I.

Zwangsvollstreckungsorgane zu gestalten. Aus diesem Grund bedarf es einer rechtlichen Legitimation.[412] Bei gesetzlichen Gestaltungsrechten ist der Eingriff in die Selbstbestimmung des Gestaltungsgegners gesetzlich vorgesehen und dadurch legitimiert. Das Gesetz unterstellt das Gestaltungsrecht der alleinigen Verfügungsmacht des Rechtsinhabers und entzieht es dadurch von vornherein dem Einwirkungsbereich des Gestaltungsgegners.[413] Aus diesem Grund kann der Verzicht auf ein gesetzliches Gestaltungsrecht das Selbstbestimmungsrecht des Gestaltungsgegners nicht verletzen.[414] Der Rechtsinhaber muss deshalb zwingend allein über sein Recht verfügen können,[415] und zwar entweder dadurch, dass er das Gestaltungsrecht ausübt, oder dadurch, dass er darauf verzichtet. Ansonsten würde das gesetzeswidrige Ergebnis eintreten, dass der Gestaltungsberechtigte nicht mehr einseitig über die weitere Entwicklung der Rechtslage entscheiden kann.[416] Das Wesen von Gestaltungsrechten spricht also für die Einseitigkeit des Verzichts.

Die allen Gestaltungsrechten immanente Befugnis, dem Gestaltungsgegners entgegen des Vertragsprinzips einseitig unerwünschte Rechtsfolgen aufdrängen zu können, begründet ein weiteres Argument zu Gunsten des einseitigen Verzichts. Da durch die Ausübung eines Gestaltungsrechts dem Gestaltungsgegner gegen dessen Willen Rechtsfolgen aufgedrängt werden können, ist es erst recht nicht angebracht, im Fall des Verzichts auf ein Gestaltungsrecht die Mitwirkung des Gestaltungsgegners zu verlangen.[417]

2. Kein Schutz vor „Rechtsfolgenaufdrängung" bei rechtlich vorteilhaftem Rechtsgeschäft

Gegen ein Mitwirkungserfordernis der Kaufvertragsparteien beim Verzicht auf das Widerspruchsrecht spricht schließlich ihre fehlende Schutzbedürftigkeit. Der Verzicht auf das Widerspruchsrecht ist für die Kaufvertragsparteien grundsätzlich nur rechtlich vorteilhaft, da der Arbeitnehmer die ihm durch das Gestaltungsrecht vermittelte Befugnis zur Fremdbestimmung bereits vor Ablauf der Widerspruchsfrist endgültig aufgibt.[418]

412 *Schürnbrand*, AcP 204 (2004), 177, 179.
413 *Kleinschmidt*, Der Verzicht, S. 188.
414 *Kleinschmidt*, Der Verzicht, S. 188.
415 *Peter*, AcP 200 (2000), 149, 184.
416 *Kleinschmidt*, Der Verzicht, S. 188 f.
417 *Kleinschmidt*, Der Verzicht, S. 191.
418 Vgl. *Mankowski*, Beseitigungsrechte, S. 1058.

Im BGB kommt der Gesichtspunkt der fehlenden Schutzbedürftigkeit bei einem ausschließlich rechtlich vorteilhaften Rechtsgeschäft an mehreren Stellen zum Ausdruck. Gemäß § 107 BGB bedarf der Minderjährige zu einer Willenserklärung, durch die er nicht lediglich einen rechtlichen Vorteil erlangt, der Einwilligung seines gesetzlichen Vertreters. Der Grundsatz, dass Minderjährige ohne die Einwilligung ihrer gesetzlichen Vertreter keine wirksame Willenserklärung abgeben können, wird wegen des fehlenden Schutzbedürfnisses also dann durchbrochen, wenn die Willenserklärung dem Minderjährigen lediglich einen rechtlichen Vorteil bringt. Auch für rechtlich neutrale Geschäfte ist die Einwilligung keine Wirksamkeitsvoraussetzung.[419] Dieser Gedanke liegt auch § 165 BGB zu Grunde. Da die Rechtsfolgen des Rechtsgeschäfts bei der Stellvertretung allein den Vertretenen treffen, handelt es sich für den minderjährigen Vertreter um ein rechtlich neutrales Rechtsgeschäft.[420] Er kann deshalb nach § 165 BGB auch ohne Zustimmung seines gesetzlichen Vertreters als Vertreter am Rechtsverkehr teilnehmen. Das Gesetz trennt also scharf zwischen Rechtsgeschäften, bei denen der Schutz des Minderjährigen zwingend gewährleistet werden muss und solchen, die dem beschränkt Geschäftsfähigen nicht gefährlich werden können. Weiterer Ausdruck dieses Prinzips ist eine teleologische Reduktion von § 181 BGB für den Fall eines rechtlich vorteilhaften In-sich-Geschäfts. Nach § 181 BGB kann ein Vertreter ein Rechtsgeschäft im Namen des Vertretenen mit sich im eigenen Namen oder als Vertreter eines Dritten grundsätzlich nicht wirksam vornehmen. Eine Ausnahme besteht nach dem Gesetzeswortlaut nur dann, wenn der Vertreter vom Verbot des In-sich-Geschäfts befreit ist oder das Rechtsgeschäft ausschließlich in der Erfüllung einer Verbindlichkeit besteht. Aber auch Rechtsgeschäfte, die dem Vertretenen ausschließlich einen rechtlichen Vorteil bringen, fallen nicht in den Anwendungsbereich von § 181 BGB, da der Vertretene in diesem Fall nicht vor möglichen Nachteilen durch einen Interessenkonflikt in der Person des Vertreters geschützt werden muss.[421]

Zwar hält das BGB auch bei einem Forderungserlass oder einer Schenkung am Vertragsprinzip fest, also bei Rechtsgeschäften, die für den Begünstigten nur rechtlich vorteilhaft sind. Da dem mit dem Vertragsprinzip bezweckten Schutz vor unerwünschter Aufdrängung eines Vermögensvorteils beim Verzicht

419 *Schmidt*, in: MüKo, § 107 BGB Rn. 33.

420 *Schmidt*, in: MüKo, § 107 BGB Rn. 33.

421 BGH, Urteil vom 25. 4. 1985 - IX ZR 141/84, NJW 1985, 2407, 2408; BGH, Urteil vom 27. 9. 1972 - IV ZR 225/69, NJW 1972, 2262, 2263; *Schramm*, in: MüKo, § 181 BGB Rn. 15.

auf Gestaltungsrechte aber keine Bedeutung zukommt,[422] spricht der rechtliche Vorteil, den der Verzicht auf das Gestaltungsrecht für den Gestaltungsgegner bedeutet, in diesem Fall uneingeschränkt für die Einseitigkeit des Verzichts. Im Übrigen wird das Vertragsprinzip selbst in den Fällen, in denen der Schutz vor „Rechtsfolgenaufdrängung“ gesetzlich vorgesehen ist, wegen der fehlenden.

Schutzbedürftigkeit des Schuldners z.T. als zu streng empfunden.[423] Bei einer Schenkung relativiert bereits das Gesetz in § 516 Abs. 2 BGB das Vertragsprinzip, weil Schenkungsangebote üblicherweise nicht abgelehnt werden.[424] Ist die Zuwendung ohne Mitwirkung des Bereicherten möglich, z.B. bei der Tilgung fremder Schulden oder beim Vertrag zu Gunsten Dritter,[425] kann der Zuwendende den Beschenkten nach § 516 Abs. 2 Satz 1 BGB unter Bestimmung einer angemessenen Frist zur Erklärung über die Annahme auffordern. Nach dem Ablauf der Frist gilt die Schenkung als angenommen, wenn sie nicht vorher abgelehnt wird. Auch beim Forderungserlass wird das Vertragsprinzip in der Praxis nicht lupenrein durchgeführt, sondern durch eine extensive Anwendung von § 151 Satz 1 BGB verwässert.[426] Bei rechtlich vorteilhaften Rechtsgeschäften wird allgemein davon ausgegangen, dass nach der Verkehrssitte der Zugang der Annahmeerklärung des Schuldners entbehrlich ist.[427] Zudem ist ein lediglich rechtlich vorteilhaftes Vertragsangebot im Rechtsverkehr ein Indiz dafür, dass entgegen der ansonsten geltenden Auslegungsregeln[428] eine stillschweigende Annahme des Schweigenden vorliegt.[429] Auch auf der Ebene der Beweislast

---

422 Vgl. oben 1.

423 Vgl. *Rieble*, in: Staudinger, § 397 BGB Rn. 5 („§ 397 ist Ausdruck einer gewissen Prinzipienreiterei“); *Esser/Schmidt*, Schuldrecht AT I/1, S. 331 („Übertreibung des Vertragsprinzips“). *Esser/Schmidt* schlagen deshalb vor, dem Schuldner zumindest beim Erfüllungsverzicht in entsprechender Anwendung der §§ 333, 516 Abs. 2 BGB nur ein Widerspruchsrecht einzuräumen, das den Verzicht nachträglich unwirksam werden lässt, vgl. *Esser/Schmidt*, Schuldrecht AT I/1, S. 332.

424 *Koch*, in: MüKo, § 516 BGB Rn. 48.

425 *Koch*, in: MüKo, § 516 BGB Rn. 47.

426 Vgl. etwa OLG Hamm, Urteil vom 16. 1. 1998 - 12 U 74-97, NJW-RR 1998, 811, 812 f.; OLG Düsseldorf, Urteil vom 20. 7. 1994 - 22 U 249/93, NJW-RR 1995, 402 f.; *Schlüter*, in: MüKo, § 397 BGB Rn. 3; *Grüneberg*, in: Palandt, § 397 BGB Rn. 5.

427 BGH, Urteil vom 4. 4. 2000 - XI ZR 152/99, NJW 2000, 2984, 2985; BGH, Urteil vom 12. 10. 1999 - XI ZR 24/99, NJW 2000, 276, 277; *Busche*, in: MüKo, § 151 BGB Rn. 5; *Ellenberger*, in: Palandt, § 151 BGB Rn. 4

428 BGH, Beschluss vom 19. 9. 2002 - V ZB 37/02, NJW 2002, 3629, 3630; *Ellenberger*, in: Palandt, Einf. v. § 116 BGB Rn. 7.

429 *Armbrüster*, in: Erman, § 147 BGB Rn. 3.

wird das Vertragsprinzip in der Rspr. teilweise abgeschwächt. Für die Annahme eines Vertragsangebots, das einen Rechtsvorteil verspreche, spreche eine Vermutung[430] bzw. der Beweis des ersten Anscheins.[431] Dadurch führt das Vertragsprinzip selbst beim Forderungsverzicht in der Rechtspraxis in der Regel nicht zu anderen Ergebnissen, als wenn man einen einseitigen Forderungsverzicht zulassen würde.

3. Analogie zu § 144 Abs. 1 BGB

Die rechtliche Begründung für einen einseitigen Verzicht auf Gestaltungsrechte ergibt sich aus einer analogen Anwendung von § 144 Abs. 1 BGB. Nach dieser Vorschrift ist für den Verzicht auf das Anfechtungsrecht die einseitige Verzichtserklärung des Anfechtungsberechtigten ausreichend.[432]

a) Regelungslücke

Das BGB enthält keine Norm, die den Verzichtsmechanismus für das Widerspruchsrechts des Arbeitnehmers nach § 613a Abs. 6 BGB festlegt. Der Verzicht auf bestimmte Gestaltungsrechte ist ausdrücklich nur für den Verzicht auf das Anfechtungsrecht (§ 144 Abs. 1 BGB), den Verzicht auf das Rücknahmerecht des Schuldners (§ 376 Abs. 2 Nr. 1 BGB), den Verzicht auf das Widerrufsrecht des Schenkers wegen groben Undanks (§ 533 BGB), den Verzicht auf die Widerruflichkeit der Auslobung (§ 658 Abs. 2 BGB) und den Verzicht auf das Kündigungsrecht des Beauftragten (§ 671 Abs. 3 BGB) geregelt.

b) Vergleichbarkeit von geregeltem und nicht geregeltem Tatbestand

Nach dem Wortlaut des Gesetzes ist ein Verzicht durch einseitige Erklärung nur für das Anfechtungsrecht in § 144 Abs. 1 BGB und für das Rücknahmerecht des hinterlegenden Schuldners in § 376 Abs. 2 Nr. 1 BGB vorgesehen. Da die übrigen Verzichtstatbestände nach ihrem Wortlaut sowohl einen vertraglichen als auch einen einseitigen Verzicht zulassen, scheidet eine analoge Anwendung dieser Vorschriften aus.[433] Bei § 376 Abs. 2 Nr. 1 BGB beruht die Möglichkeit des einseitigen Verzichts auf der speziellen Situation, in der sich der Schuldner bei der Hinterlegung befindet.[434] Die Einseitigkeit des Verzichts auf das Rücknahmerecht ist speziell auf die Situation der Hinterlegung zugeschnitten, und kann

430 BAG, Urteil vom 3. 8. 1961 - 2 AZR 117/60, BAGE 11, 236, 249.

431 BGH, Urteil vom 1. 2. 1961 - VIII ZR 43/60, BeckRS 1961, 31188496.

432 Vgl. oben I. 1.

433 So i.E. auch *Kleinschmidt*, Der Verzicht, S. 186 f.

434 Vgl. oben I. 2.

daher nicht auf das Widerspruchsrecht übertragen werden. Ein Analogieschluss zu § 376 Abs. 2 Nr. 1 BGB kommt daher ebenfalls nicht in Betracht.

Möglich bleibt damit allein eine analoge Anwendung von § 144 Abs. 1 BGB. Um den in § 144 Abs. 1 BGB geregelte Verzichtsmechanismus für Anfechtungsrecht durch Analogieschluss auf das Widerspruchsrecht des Arbeitnehmers übertragen zu können, muss geprüft werden, ob Anfechtung- und Widerspruchsrecht ausreichend miteinander vergleichbar sind. Das Anfechtungsrecht berechtigt den Anfechtungsberechtigten, seine infolge eines Inhalts-, Erklärungs- oder Eigenschaftsirrtums, falscher Übermittlung, Täuschung oder Drohung abgegebene Willenserklärung durch einseitige, empfangsbedürftige Willenserklärung (§ 143 Abs. 1 BGB) anzufechten. Wirkung der Anfechtung ist nach § 142 Abs. 1 BGB grundsätzlich, dass das anfechtbare Rechtsgeschäft von Anfang an nichtig ist. Gemäß § 613a Abs. 6 Satz 2 BGB wird das Widerspruchsrecht ebenso wie das Anfechtungsrecht durch einseitige, empfangsbedürftige Willenserklärung ausgeübt. Nach h.M. bewirkt der Widerspruch, der nach dem Stichtag des Betriebsübergangs erklärt wird, die rückwirkende Auflösung des Arbeitsverhältnisses mit dem Betriebserwerber und den Fortbestand des Arbeitsverhältnisses mit dem bisherigen Arbeitgeber.[435] Sowohl das Anfechtungs- als auch das Widerspruchsrecht bewirken also die rückwirkende Vernichtung des bestehenden Vertragsverhältnisses, bei der Anfechtung bezogen auf das anfechtbare Vertragsverhältnis, beim Widerspruch bezogen auf den in § 613a Abs. 1 Satz 1 gesetzlich angeordneten, infolge der Verknüpfung von Informationszugang und Beginn der Widerspruchsfrist „widerspruchsbehafteten" Vertragspartnerwechsel.[436] Anfechtungs- und Widerspruchsrecht werden also beide durch einseitige, empfangsbedürftige Willenserklärung ausgeübt und haben eine „rechtsähnliche"[437] Wirkung", so dass die Vergleichbarkeit von geregeltem und nicht geregeltem Tatbestand für eine entsprechende Anwendung von § 144 Abs. 1 BGB ausreichend ist.[438] Daher kann auch der in § 144 Abs. 1 BGB für das Anfechtungsrecht enthaltene einseitige Verzichtsmechanismus analog auf das Widerspruchsrecht nach § 613a Abs. 6 BGB übertragen werden.[439]

---

435 Vgl. oben § 1 B. I. 1.

436 LAG Düsseldorf: Urteil vom 30. 05. 2007 - 7 Sa 158/07; BeckRS 2009, 57449; *Gehlhaar*, BB 2009, 1182, 1184.

437 LAG Düsseldorf: Urteil vom 30. 05. 2007 - 7 Sa 158/07; BeckRS 2009, 57449.

438 LAG Düsseldorf: Urteil vom 30. 05. 2007 - 7 Sa 158/07; BeckRS 2009, 57449; *Gehlhaar*, BB 2009, 1182, 1184.

439 *Emmerich*, in: MüKo, § 311 BGB Rn. 11; *Mankowski*, Beseitigungsrechte, S. 1058; *Kleinschmidt*, Der Verzicht, S. 192; in diese Richtung auch *Gernhuber*, Das

4. Ergebnis

Der Arbeitnehmer kann in entsprechender Anwendung von § 144 Abs. 1 BGB einseitig auf das Widerspruchsrecht nach § 613a Abs. 6 BGB verzichten. Ein Mitwirkungserfordernis der Kaufvertragsparteien besteht nicht.

D. Kondiktionsfestigkeit des einseitigen Verzichts

I. Problemstellung

1. Abstraktheit des Verzichts

Charakteristikum des Verzichts sowie auch der meisten anderen Verfügungsgeschäfte ist seine Abstraktheit gegenüber der schuldrechtlichen Ebene.[440] Abstrakte Rechtsgeschäfte enthalten keinen bestimmten Leistungszweck und können daher zur Erfüllung der unterschiedlichsten kausalen Leistungszwecke eingesetzt werden.[441] Dagegen handelt es sich bei kausalen Rechtsgeschäften um zweckgebundene Geschäfte, deren Inhalt durch den von den Parteien gemeinsam festgelegten Leistungszweck geprägt wird.[442] Bei kausalen Rechtsgeschäften zählt also der Rechtsgrund zum Inhalt des jeweiligen Rechtsgeschäfts; solche Rechtsgeschäfte sind in der Regel Verpflichtungsgeschäfte.[443] Fraglich ist, ob der einseitige Verzicht des Arbeitnehmers eine kausale Zweckbestimmung braucht, um endgültig wirksam zu werden. Zu klären ist deshalb, in welchem Verhältnis die dingliche und die schuldrechtliche Seite des Verzichts zueinander stehen.

Schuldverhältnis, S. 619, jeweils generell für den Verzicht auf Gestaltungsrechte; einschränkend *Roth*, in: Staudinger, § 144 BGB Rn. 2.

440 *Marburger*, in: Staudinger vor § 780 BGB Rn. 2; *Wolf/Neuner*, AT, § 29 Rn. 60. Umgekehrt gibt es auch abstrakte Verpflichtungsgeschäfte, z.B. das abstrakte Schuldversprechen bzw. -anerkenntnis (§§ 780, 781 BGB), vgl. *Gehrlein*, in: BeckOK BGB, § 780 BGB Rn. 3; *Habersack*, in: MüKo, § 780 BGB Rn. 2; *Marburger*, in: Staudinger, vor § 780 BGB Rn. 2.

441 *Wolf/Neuner*, AT, § 29 Rn. 60.

442 *Wolf/Neuner*, AT, § 29 Rn. 57.

443 *Wolf/Neuner*, AT, § 29 Rn. 59. Es gibt aber auch kausale Verfügungsgeschäfte, z.B. die Aufrechnung. Durch die Verfügung über die Gegenforderung bezweckt der Aufrechnende die Erfüllung der Hauptforderung; diese Tilgungsbestimmung ist dem Verfügungsgeschäft immanent und muss nicht in einer zusätzlichen causa vereinbart werden. Besteht die Hauptforderung nicht, muss der Aufrechnende seine Forderung deshalb nicht kondizieren, vielmehr geht die Aufrechnung ins Leere mit der Folge, dass die Gegenforderung mangels Bezugspunkt nicht verbraucht wird, vgl. *Berger*, Der Aufrechnungsvertrag, S. 131.

Gedanklicher Ausgangspunkt für die Abstraktheit ist dabei das sog. Trennungsprinzip. Nach diesem Grundsatz sind Verpflichtungs- und Verfügungsgeschäft eigenständige, voneinander zu trennende Rechtsgeschäfte.[444] Das Verpflichtungsgeschäft ist zwar der Rechtsgrund der Verfügung, führt jedoch selbst noch nicht zu der erstrebten Veränderung auf der dinglichen Ebene. Erst das Verfügungsgeschäft bewirkt diese Änderung der dinglichen Rechtslage. Das Abstraktionsprinzip baut auf das Trennungsprinzip auf und führt die für das deutsche Recht typische Trennung zwischen schuldrechtlicher und dinglicher Ebene konsequent fort. Danach ist das Verfügungsgeschäft grundsätzlich unabhängig davon wirksam, ob ihm überhaupt ein Verpflichtungsgeschäft zugrunde liegt und ob dieses wirksam ist.[445] Für die Übertragung des Eigentums an einer beweglichen Sache kommen z.B. vielfältige rechtliche Gründe in Betracht. Eine solche Verfügung kann der Erfüllung eines Kauf- Werklieferungs- oder Schenkungsvertrags dienen. Denkbar sind aber noch weitere Leistungszwecke, etwa eine darlehensbedingte Übereignung. Dennoch gibt es nur die Eigentumsübertragung als solche, die immer nach denselben Regeln unterliegt, gleichgültig aus welchem Rechtsgrund sie erfolgt.[446]

2. Rechtsfolgen der Abstraktheit

Der Verzicht auf das Widerspruchsrecht ist deshalb also auch bei Fehlen einer schuldrechtlichen causa grundsätzlich wirksam. Bedeutung erlangt die schuldrechtliche Ebene erst bei der Frage nach der Endgültigkeit der durch die Verfügung herbeigeführten Änderung der Rechtslage, also bei der Kondiktionsfestigkeit des Verzichts. Die Vorschriften der §§ 812 ff. BGB über die Herausgabe einer ungerechtfertigten Bereicherung werden somit zum notwendige Korrelat abstrakter Zuwendungsgeschäfte.[447] Das Fehlen oder die Unwirksamkeit des Verpflichtungsgeschäfts hat keinen Einfluss auf die Wirksamkeit des

444 *Oechsler*, in: MüKo, § 929 BGB Rn. 5.

445 *Oechsler*, in: MüKo, § 929 BGB Rn. 8. Dies wird auch als äußere Abstraktion bezeichnet, da es sich nur um die Rechtsfolge eines inhaltlich abstrakten Rechtsgeschäfts handelt, vgl. *Habersack*, in: MüKo, § 780 BGB Rn. 1. Dagegen spricht man von der inneren oder inhaltlichen Abstraktion eines Rechtsgeschäfts, wenn sich dessen Inhalt allein auf die Rechtsänderung als solche beschränkt und zu seiner Wirksamkeit keine weiteren Voraussetzungen erfüllt sein müssen, insbesondere keine Einigung über den Zuwendungszweck vorliegen muss, vgl. *Oechsler*, in: MüKo, § 929 BGB Rn. 8.

446 *Flume*, AT II, S. 153.

447 *Flume*, AT II, S. 157.

Verfügungsgeschäfts, sondern führt nur dazu, dass die durch die Verfügung bewirkte Vermögensverschiebung nach Maßgabe der bereicherungsrechtlichen Vorschriften rückgängig zu machen ist.

Da der Verzicht bereits mit Abgabe der Verzichtserklärung bzw. mit Zugang der Verzichtserklärung beim Gestaltungsgegner[448] wirksam wird, liegt dem Verzicht auf ein Gestaltungsrecht in der Regel kein Kausalgeschäft zugrunde.[449] Veräußert z.B. der Anfechtungsberechtigte in Kenntnis seines Anfechtungsrechts die aufgrund eines anfechtbaren Kaufvertrags erworbene Kaufsache an einen Dritten, verzichtet er dadurch in der Regel konkludent nach § 144 Abs. 1 BGB auf sein Anfechtungsrecht.[450] Er schließt aber gleichzeitig keinen schuldrechtlichen Vertrag mit dem Anfechtungsgegner, in dem er sich zu der Bestätigung des anfechtbaren Rechtsgeschäfts verpflichtet. Häufig wird der Anfechtungsgegner von der Bestätigungshandlung noch nicht einmal keine Kenntnis haben. Dennoch hält die h.M. den Verzicht auf das Anfechtungsrecht auch in diesem Fall für wirksam.[451] Zwar muss als Rechtsgrund nicht immer ein Verpflichtungsgeschäft vorliegen. In manchen Fällen ist für die Kondiktionsfestigkeit auch das Vorliegen einer bloßen Rechtsgrundabrede ausreichend, z.B. bei der Handschenkung nach § 516 Abs. 1. Eine Handschenkung begründet zwar keinen Erfüllungsanspruch, enthält aber eine Vereinbarung über das Behaltendürfen des geschenkten Gegenstands.[452] Auch eine bloße Rechtsgrundabrede im Sinn einer Willensübereinstimmung im Hinblick auf die Rechtsgültigkeit des Verzichts liegt bei einem einseitigen Verzicht aber in der Regel nicht vor. Denn im Gegensatz zu einer Handschenkung gemäß § 516 Abs. 1 kann der Gestaltungsgegner an einem einseitigen Verzicht völlig unbeteiligt sein, wie das obige Beispiel des Verzichts auf das Anfechtungsrecht zeigt. Bei einem einseitigen Verzicht liegt deshalb in vielen Fällen überhaupt keine Willensübereinstimmung vor, nicht einmal in Form einer bloßen Rechtsgrundabrede. Deshalb ist die Frage naheliegend, ob

---

448 Zur Empfangsbedürftigkeit der Verzichtserklärung unten § 6 B.

449 Selbstverständlich können die Parteien ein solches Kausalgeschäft vereinbaren.

450 *Busche*, in: MüKo, § 144 BGB Rn. 6; *Roth*, in: Staudinger, § 144 BGB Rn. 6.

451 RG, Urteil vom 20. 5. 1908 - V 372/07, RGZ 68, 398, 399; BayObLG, Beschluss vom 12. 3. 1954 - BReg. 2 Z 245/53, NJW 1954, 1039; *Mansel*, in: Jauernig, § 144 BGB Rn. 2; *Wendtland*, in: BeckOK BGB, § 144 BGB Rn. 5; *Ellenberger*, in: Palandt, § 144 BGB Rn. 2; *Flume*, AT II, S. 569; *Wolf/Neuner*, AT, § 41 Rn. 169; a.A. *Roth*, in: Staudinger, § 144 BGB Rn. 4; *Busche*, in: MüKo, § 144 BGB Rn. 4; *Arnold*, in: Erman, § 144 BGB Rn. 2; *Medicus*, AT, § 37 Rn. 534; *Kleinschmidt*, Der Verzicht, S. 195.

452 *Wolf/Neuner*, AT, § 29 Rn. 62.

der einseitige Verzicht des Arbeitnehmers überhaupt eines Rechtsgrunds bedarf, um kondiktionsfest zu sein.[453]

II. *Rechtsgrunderfordernis (nur) bei Zuwendungsgeschäften*

Die Frage der Kondiktionsfestigkeit des Leistungsaustauschs wird grundsätzlich nur bei Zuwendungsgeschäften relevant.[454] Ein Zuwendungsgeschäft ist ein (kausales oder abstraktes) Rechtsgeschäft, durch das eine Partei der anderen Partei ein Recht oder einen sonstigen Vermögensvorteil zukommen lässt.[455] Ein Beispiel für ein Zuwendungsgeschäft ist demnach die Eigentumsübertragung. Nur bei solchen Rechtsgeschäften kann sich die Frage stellen, ob die Zuwendung mit Rechtsgrund erfolgt ist und der ihr unmittelbar zugrunde liegende Zweck mit der Zuwendung erreicht worden ist, so dass die Vermögensverschiebung dauerhaft gerechtfertigt ist.[456] Denn Zuwendungsgeschäfte werden im Rechtsverkehr nicht nur um ihrer selbst willen - zur Herbeiführung der sich aus ihnen unmittelbar ergebenden Rechtsfolgen - vorgenommen, sondern zur Erreichung eines weiteren Rechtserfolgs, z.B. der Befreiung von einer Schuld.[457] Diese Zweckbestimmung erhalten abstrakte Zuwendungsgeschäfte erst dadurch, dass Zweck, der mit der Zuwendung des Vermögensvorteils verfolgt wird, in einem Kausalgeschäft festgelegt wird.

Rechtsgeschäfte, die keine Vermögensverschiebung zwischen den Parteien bezwecken, brauchen dagegen keiner causa, um als soziale Akte sinnvoll zu erscheinen.[458] Aus diesem Grund ist auch die Ausübung eines Gestaltungsrechts, die eine Verfügung des Gestaltungsberechtigten über sein Gestaltungsrecht ist,[459]

---

453 Folgt man der hier als Einheitslösung bezeichneten Ansicht (vgl. oben § 4 B. II.), spielt die durch die Abstraktheit des Verzichts hervorgerufene Frage nach einer schuldrechtlichen Zweckbestimmung keine Rolle. Da die Einheitslösung den „Verzicht" als Ausübung versteht, ist er vom Gestaltungsrecht selbst gedeckt, vgl. *Rieble*, in: Staudinger, § 397 BGB Rn. 72.

454 *Flume*, AT II, S. 152; *Wolf/Neuner*, AT, § 29 Rn. 64; *Kleinschmidt*, Der Verzicht, S. 342 f.

455 *Wolf/Neuner*, AT, § 29 Rn. 64; *Flume*, AT II, S. 152; *Hübner*, AT, Rn. 634.

456 *Wolf/Neuner*, AT, § 29 Rn. 64.

457 *Hübner*, AT, Rn. 635. Herkömmlich unterscheidet man zwischen den Zuwendungszwecken causa credendi bzw. acquirendi, causa solvendi und causa donandi, vgl. *Hübner*, AT, Rn. 636.

458 *Wolf/Neuner*, AT, § 29 Rn. 64.

459 *Müller*, in: Erman, Einl. § 104 BGB Rn. 25; *Ellenberger*, in: Palandt, Überbl. v. § 104 BGB Rn. 17.

kein Zuwendungsgeschäft.[460] Denn mit der Ausübung des Gestaltungsrechts zielt der Gestaltungsberechtigte auf eine Veränderung der Rechtslage, ohne dadurch unmittelbar auf das Vermögen des Gestaltungsgegners einzuwirken.[461] Besonders deutlich wird der fehlende Zuwendungscharakter der ausübenden Verfügung über ein Gestaltungsrecht im Fall des Widerspruchsrechts. Der Arbeitnehmer, der dem Übergang seines Arbeitsverhältnisses auf den Betriebserwerber widerspricht, will den Kaufvertragsparteien keinen Vermögensvorteil zuwenden, sondern entscheidet sich im eigenen Interesse für seinen bisherigen Arbeitgeber. Diese Grundsätze gelten auch für den Verzicht des Arbeitnehmers auf das Widerspruchsrechts.[462] Sollte die Ausübung des Widerspruchsrecht oder der Verzicht auf das Widerspruchsrecht dennoch mittelbar zu einem Vermögensvorteil für die Kaufvertragsparteien führen, handelt es sich um eine bloße „Reflexwirkung" eines Rechtsgeschäfts, das der Arbeitnehmer vorrangig aus eigenem Interesse vornimmt.

III. Ergebnis

Der einseitige Verzicht auf das Widerspruchsrecht ist kein Zuwendungsgeschäft, sondern erfolgt ausschließlich im Interesse des Arbeitnehmers. Der Verzicht braucht daher keine kausale Zweckbestimmung, um kondiktionsfest zu sein.

E. Zusammenfassung von § 4

Anders als bei einem Verzicht auf eine schuldrechtliche Forderung, für den in § 397 Abs. 1 BGB nach h.M. ein Vertragserfordernis vorgesehen ist, kann der Arbeitnehmer auf das Widerspruchsrecht nach § 613a Abs. 6 BGB einseitig verzichten. Die Verzichtserklärung des Arbeitnehmers muss also nicht von den Kaufvertragsparteien angenommen werden, um wirksam zu werden. Dafür spricht, dass der einseitige Verzichtsmechanismus bereits im Wesen von Gestaltungsrechten angelegt ist. Zudem muss der Verzicht - spiegelbildlich zur Entstehung des Widerspruchsrechts - ohne Mitwirkung der Kaufvertragsparteien möglich sein. Ein Annahmeerfordernis ist auch deswegen nicht erforderlich, weil die Kaufvertragsparteien bei einem Verzicht des Arbeitnehmers auf das Widerspruchsrechts nicht schutzwürdig sind. Der Verzicht ist für sie ausschließlich rechtlich vorteilhaft, da dadurch der Schwebezustand bereits vor Ablauf der Widerspruchsfrist beendet wird. Seine rechtliche Grundlage hat der einseitige

460 Vgl. *Wolf/Neuner*, AT, § 29 Rn. 64.

461 *Kleinschmidt*, Der Verzicht, S. 344.

462 So auch *Kleinschmidt*, Der Verzicht, S. 344; *Peter*, AcP 200 (2000), 149, 186 (Fn. 160), jeweils allgemein für den Verzicht auf Gestaltungsrechte.

Verzicht in einer entsprechenden Anwendung von § 144 Abs. 1 BGB, wonach für den Verzicht des Anfechtungsberechtigten auf das Anfechtungsrecht die einseitige Bestätigungserklärung genügt.

Der Verzicht des Arbeitnehmers auf das Widerspruchsrecht ist kein Zuwendungsgeschäft. Der Arbeitnehmer hat aus diesem Grund bei Fehlen einer schuldrechtlichen causa keinen bereicherungsrechtlichen Anspruch gegen den Verzichtsgegner auf Wiedereinräumung des Widerspruchsrechts.

§ 5 Die Wirkung des Verzichts auf das Widerspruchsrecht

Nachdem geklärt ist, dass der Arbeitnehmer einseitig auf das Widerspruchsrecht verzichten kann, wird nachfolgend in § 5 die dingliche Seite des Verzichts präzisiert. Zu diesem Zweck werden zunächst die (wenigen) Entscheidungen des BAG dargestellt, in denen sich das Gericht mit einem Verzicht des Arbeitnehmers auf das Widerspruchsrecht auseinandergesetzt hat. Im Anschluss erfolgt eine Analyse dieser Rspr.

A. Wirkung des Verzichts in der Rspr. des BAG

In der Rspr. des BAG spielt der Verzicht auf das Widerspruchsrecht bislang keine relevante Rolle, so dass das BAG wenig Gelegenheit hatte, seine Wirkung zu konkretisieren. In einer Entscheidung vom 19. 3. 1998[463] hat das BAG bejaht, dass sich der Arbeitnehmer schuldrechtlich gegenüber den Kaufvertragsparteien dazu verpflichten kann, dem Übergang seines Arbeitsverhältnisses auf den Erwerber nicht zu widersprechen. Ein entgegen einer wirksamen schuldrechtlichen Vereinbarung dennoch vertragswidrig ausgeübter Widerspruch ist nach Meinung des BAG nicht nur vertragswidrig, sondern auch „unwirksam und unbeachtlich." Dasselbe gelte, wenn der Arbeitnehmer mit dem bisherigen Arbeitgeber oder mit dem neuen Arbeitgeber den Übergang des Arbeitsverhältnisses vereinbart habe. Eine solche Vereinbarung sei kein Vertrag zu Lasten Dritter, da der Betriebserwerber ohnehin an § 613a BGB gebunden sei. Schließlich könne der Widerspruch nach § 242 BGB ausgeschlossen sein, etwa wegen Verwirkung oder widersprüchlichen Verhaltens.[464]

In einer Entscheidung vom 15. 2. 1984[465] hält das BAG eine einseitige Zusage des Arbeitnehmers, dem Übergang seines Arbeitsverhältnisses nicht zu wider-

463 BAG, Urteil vom 19. 3. 1998 - 8 AZR 139/97, NZA 1998, 750 ff.
464 BAG, Urteil vom 19. 3. 1998 - 8 AZR 139/97, NZA 1998, 750, 751.
465 BAG, Urteil vom 15. 2. 1984 - 5 AZR 123/82, NZA 1984, 32 ff.

sprechen, unter bestimmen Voraussetzungen für zulässig. Mit einem entgegen dieser Zusage erklärten Widerspruch setze sich der Arbeitnehmer mit seiner vorherigen Erklärungen in Widerspruch. Dies sei ein Verstoß gegen Treu und Glauben, weil sich der Arbeitgeber auf die zustimmende Erklärung des Arbeitnehmers verlassen durfte und sich darauf auch eingerichtet habe. Dem Arbeitnehmer sei wegen des von ihm gesetzten Vertrauenstatbestands die Ausübung des Widerspruchsrechts nach § 242 BGB verwehrt.[466]

B. Verzicht als rechtsaufhebende Verfügung über das Widerspruchsrecht

I. Bewertung der Rspr. des BAG

Während sich das BAG in der Entscheidung vom 19. 3. 1998 nur den Vorwurf mangelnder sprachlicher Präzision gefallen lassen muss, verkennt das Gericht in der Entscheidung vom 15. 2. 1984 sowohl die Wirkung, die ein einseitiger Verzicht auf ein Gestaltungsrecht hat, als auch das damit zusammenhängende Verhältnis von Verzicht und unzulässiger Rechtsausübung wegen widersprüchlichen Verhaltens.[467] Der Rekurs der Rspr. auf § 242 BGB überzeugt deshalb nicht.

Das BAG ist der Meinung, dass die einseitige Zusage des Arbeitnehmers der späteren Ausübung des Widerspruchsrechts nur unter den (zusätzlichen) Voraussetzungen des rechtsmissbräuchlichen Verhaltens entgegensteht. Die Entscheidung des BAG überzeugt nur im Ergebnis, nicht aber in der dogmatischen Begründung. Bevor auf das Verbot widersprüchlichen Verhaltens zurückgegriffen werden kann, muss zunächst das Verhalten des Arbeitnehmers nach den allgemeinen Auslegungsgrundsätzen (§§ 133, 157 BGB) auf einen ausdrücklichen oder konkludenten rechtsgeschäftlicher Verzicht überprüft werden. Die vorrangige Prüfung eines rechtsgeschäftlichen Verzichts ist aus zwei Gründen geboten. Ist das Widerspruchsrecht durch einen Verzicht des Arbeitnehmers untergegangen, kommt die Frage eines etwaigen widersprüchlichen Verhaltens nicht mehr zum Tragen. Voraussetzung für ein widersprüchliches Verhalten ist, dass dem Rechtsinhaber ein Recht zusteht, dessen Geltendmachung gegen § 242

466 BAG, Urteil vom 15. 2. 1984 - 5 AZR 123/82, NZA 1984, 32, 33.

467 Kritisch auch *Grau*, Unterrichtung und Widerspruchsrecht, S. 351; für eine Anwendung von § 242 BGB dagegen *Lingemann*, in: Prütting/Wegen/Weinreich, § 613a BGB Rn. 46; *Grobys*, BB 2002, 726, 730; *Fenn/Klose*, JuS 2000, 531, 534; *Moll*, NJW 1993, 2016; *D. Gaul*, ZfA 1989, 87, 93; *ders.*, Betriebsübergang, S. 230; *Menze*, Das Widerspruchsrecht, S. 84, 96.

BGB verstößt.[468] Die Prüfungsreihenfolge „Verzicht vor rechtsmissbräuchlichem Verhalten" ist daher aus systematischen Gründen vorgegeben.

Die Prüfung des Vorliegens eines rechtsgeschäftlichen Verzichts anhand der geltenden Auslegungsgrundsätze hat zudem eine andere Zielrichtung als die Wahrung der Grundsätze von Treu und Glauben und ist deshalb vorrangig zu prüfen.[469] Während die Auslegung gemäß §§ 133, 157 BGB darauf zielt, Sinn und Tragweite rechtsgeschäftlicher Erklärungen zu ermitteln und etwaige Lücken in Parteivereinbarungen im Wege einer ergänzenden Vertragsauslegung zu schließen, enthält § 242 BGB einen objektiven Maßstab, der unabhängig vom Parteiwillen auf Inhalt und Bestand der Leistungspflicht und das Rechtsverhältnis insgesamt einwirkt.[470] Deshalb kann erst dann, wenn der Parteiwille feststeht, geprüft werden, wie § 242 BGB auf das Rechtsverhältnis einwirkt.[471] Dieser Vorrang des Verzichts gilt auch für den Verwirkungstatbestand, da die Verwirkung ein Unterfall der unzulässigen Rechtsausübung wegen eines widersprüchlichen früheren Verhaltens des Rechtsinhabers ist.[472] Bevor die Verwirkung des Widerspruchsrechts bejaht wird, muss deshalb geprüft werden, ob das Verhalten des Arbeitnehmers im Wege der Auslegung als Verzicht auf das Widerspruchsecht

468 Nach h.M. handelt es sich bei dem Einwand treuwidrigen Verhaltens grundsätzlich um eine Einwendung, die im Prozess von Amts wegen zu berücksichtigen ist, vgl. BGH, Urteil vom 10. 11. 1965 - I b ZR 101/63; NJW 1966, 343, 345; *Grüneberg*, in: Palandt, § 242 BGB Rn. 21; *Bötticher/Hohloch*, in: Erman, § 242 BGB Rn. 19; *Roth/Schubert*, in: MüKo, § 242 BGB Rn. 82. Strittig ist aber, ob § 242 BGB zumindest in Einzelfällen im Wege der Einrede geltend zu machen ist, z.B. im Fall der Verwirkung wegen der Nähe zur Verjährung, vgl. *Roth/Schubert*, in: MüKo, § 242 BGB Rn. 346.

469 BGH, Urteil vom 11. 10. 2005 - XI ZR 395/04, NJW 2006, 54, 55; BGH, Urteil vom 1. 2. 1984 - VIII ZR 54/83, NJW 1984, 1177, 117 BGH, Urteil vom 22. 4. 1953 - II ZR 143/52, NJW 1953, 937; *RothSchubert*, in: MüKo, § 242 BGB Rn. 292; *Bötticher/Hohloch*, in: Erman § 242 BGB Rn. 21; *Sutschet*, in: BeckOK BGB, § 242 BGB Rn. 107. Besonders die Abgrenzung zwischen ergänzender Vertragsauslegung und § 242 BGB ist allerdings in der Praxis nicht leicht zu handhaben, weshalb teilweise eine Abgrenzung dieser Rechtsinstitute für überflüssig gehalten wird, vgl. *Flume*, AT II, S. 309; *Larenz*, Schuldrecht AT, S. 128. Vgl. zum Ganzen *Looschelders/Olzen*, in: Staudinger, § 242 BGB Rn. 354 ff, die selbst für eine klare Abgrenzung zwischen § 157 BGB und § 242 BGB eintreten.

470 *Bötticher/Hohloch*, in: Erman, § 242 BGB Rn. 21.

471 BGH, Urteil vom 1. 2. 1984 - VIII ZR 54/83, NJW 1984, 1177, 1178; BGH, Urteil vom 3. 7. 1981 - V ZR 100/80, NJW 1981, 2241, 2242; *Sutschet*, in: BeckOK BGB, § 242 BGB Rn. 34.

472 *Roth/Schubert*, in: MüKo, § 242 BGB Rn. 329.

auszulegen ist.[473]. Verzicht und Verwirkung unterscheiden sich darin, dass der Verzicht einen Verzichtswillen voraussetzt, der nur bei Kenntnis des Rechtsinhabers von seinem Recht denkbar ist, während die Verwirkung eines Rechts unabhängig von der Willensrichtung des Berechtigten ist und deshalb auch dann eintreten kann, wenn der Berechtigte keine Kenntnis von seinem Recht hat.[474]

II. Verzicht als Verfügungsgeschäft

Als Verfügungsgeschäft gilt jedes Rechtsgeschäft, durch das der Verfügende auf ein Recht unmittelbar einwirkt, es also entweder auf einen Dritten überträgt, mit einem Recht belastet, das Recht aufhebt oder es in seinem Inhalt ändert.[475] Danach ist auch ein Rechtsgeschäft, das einen Rechtsverzicht zum Inhalt hat, eine Verfügung.[476] Unerheblich ist dabei, welchem Mechanismus der Verzicht folgt; Verfügungen können entweder durch Vertrag oder einseitiges Rechtsgeschäft vorgenommen werden.[477] Beispiel für eine rechtsaufhebende vertragliche Verfügung ist § 397 Abs. 1 BGB, wonach für den Verzicht auf eine schuldrechtliche Forderung ein Vertrag zwischen Gläubiger und Schuldner erforderlich ist.[478] Eine Verfügung durch einseitiges Rechtsgeschäft enthält unter anderem § 144 Abs. 1 BGB. Danach verzichtet der Anfechtungsberechtigte auf sein Anfechtungsrecht, indem er die Wirksamkeit des anfechtbaren Rechtsgeschäfts einseitig bestätigt.[479] Folglich zählt auch der Verzicht des Arbeitnehmers auf das Widerspruchsrecht zu den Verfügungsgeschäften.

Unmittelbare Rechtsfolge des Verzichts ist, dass das Widerspruchsrecht erlischt.[480] Ein einseitiger Verzicht wird mit Abgabe bzw. mit Zugang beim

---

473 Vgl. *Roth/Schubert*, in: MüKo, § 242 BGB Rn. 292.

474 *Roth/Schubert*, in: MüKo, § 242 BGB Rn. 360.

475 BGH, Urteil vom 4. 5. 1987 - II ZR 211/86, NJW 1987, 3177; BGH, Urteil vom 15. 3. 1951 - IV ZR 9/50, NJW 1951, 645, 647; *Bayreuther*, in: MüKo, § 185 BGB Rn. 3; *Mansel*, in: Jauernig, Vorb. v. § 104 BGB, Rn. 9.

476 *Grüneberg*, in: Palandt, § 397 BGB Rn. 2; *Wagner*, in: Erman, § 397 BGB Rn. 1; *Rieble*, in: Staudinger, § 397 BGB Rn. 29; *Schlüter*, in: MüKo, § 397 BGB Rn. 1, 6; *Stürner*, in: Jauernig, § 397 BGB Rn. 2; *Peters*, AcP 200 (2000), 149, 183; *Flume*, AT II, S. 144; *Kleinschmidt*, Der Verzicht, S. 2; *Mankowski*, Beseitigungsrechte, S. 1058.

477 *Müller*, in: Erman, Einl. § 104 BGB Rn. 21.

478 Vgl. oben § 4 B. I.

479 Vgl. oben § 4 C. I. 1.

480 *Klumpp*, in: Beisel/Klumpp, Der Unternehmenskauf, 10. Kapitel Rn. 36, S. 227; *Grau*, Unterrichtung und Widerspruch, S. 351; allgemein für den Verzicht auf Gestaltungsrechte *Peter*, AcP 200 (2000), 149, 183; *Mankowski*, Beseitigungsrechte, S. 1059.

Erklärungsgegner (vgl. § 130 Abs. 1 Satz 1 BGB) wirksam - je nachdem, ob die Verzichtserklärung empfangsbedürftig ist oder nicht.[481] Im Fall einer vertraglichen Verzichtsvereinbarung werden Verpflichtungs- und Erfüllungsgeschäft in der Regel zeitgleich vorgenommen, so dass das Widerspruchsrecht in diesem Fall grundsätzlich mit Abschluss des Vertrags untergeht. Auch wenn der Arbeitnehmer den Verzicht auf das Widerspruchsrecht einseitig gegenüber einer Kaufvertragspartei erklärt bzw. die Verzichts- oder Überleitungsvereinbarung nur zwischen einer der Kaufvertragsparteien und dem Arbeitnehmer vereinbart wird, kann sich die nicht beteiligte Partei auf das Erlöschen des Widerspruchsrecht berufen, da der Verzicht unmittelbar zu einer Änderung der dinglichen Rechtslage führt.[482] Innerhalb der Monatsfrist des § 613a Abs. 6 BGB kann das Widerspruchsrecht demnach nur dadurch erlöschen, dass der Arbeitnehmer das Widerspruchsrecht ausübt oder darauf verzichtet.[483]

C. Zusammenfassung von § 5

Der einseitige Verzicht des Arbeitnehmers auf das Widerspruchsrecht zählt ebenso wie die Ausübung des Widerspruchrechts zu den Verfügungsgeschäften. Mit Abgabe bzw. Zugang der Verzichtserklärung beim Erklärungsgegner erlischt das Widerspruchsrecht unmittelbar. Gleiches gilt bei Abschluss einer Verzichts- oder Überleitungsvereinbarung zwischen dem Arbeitnehmer und einer oder beiden Kaufvertragsparteien, da Verpflichtungs- und Erfüllungsgeschäft in der Regel zeitgleich vorgenommen werden. Ob ein Verzicht auf das Widerspruchrecht vorliegt, ist gegenüber dem Verbot des rechtsmissbräuchlichen Verhaltens nach § 242 BGB vorrangig zu prüfen.

§ 6 Die Ausübungsmodalitäten des Verzichts auf das Widerspruchsrecht

§ 7 enthält die Ausübungsmodalitäten, die für den Verzicht auf das Widerspruchsrecht gelten. Zum einen stellt sich die Frage, ob der Verzicht auf das Widerspruchsrecht formbedürftig ist (dazu unten A.). Zum anderen ist klärungsbedürftig, ob die einseitige Verzichtserklärung des Arbeitnehmers[484]

481 Vgl. ausführlich unten § 6 B.

482 *Grau*, Unterrichtung und Widerspruchsrecht, S. 351.

483 Vgl. *Bayreuther*, in: D/F/L, § 613a BGB Rn. 143.

484 Zur Möglichkeit des einseitigen Verzichts vgl. oben § 4 C.

empfangsbedürftig ist, und deshalb zumindest einem der möglichen Erklärungsgegner zugehen muss, um wirksam zu werden (dazu unten B.).

A. Formbedürftigkeit des Verzichts

I. Problemstellung

Grundsätzlich bedürfen Rechtsgeschäfte zu ihrer Wirksamkeit keiner bestimmten Form. Es gilt der Grundsatz der Formfreiheit.[485] Die Ausübung des Widerspruchsrechts muss allerdings gemäß § 613a Abs. 6 Satz 1 BGB schriftlich erfolgen. Aus diesem Grund muss die Widerspruchserklärung gemäß § 126 Abs. 1 BGB in einer schriftlichen Urkunde enthalten und vom Arbeitnehmer eigenhändig unterzeichnet sein. Ansonsten ist das einseitige Rechtsgeschäft nach § 125 Satz 1 BGB nichtig.

Um die gesetzlichen Formvorschriften nicht auszuhöhlen, ist der Formmangel eines Rechtsgeschäfts nur ausnahmsweise nach § 242 BGB unbeachtlich.[486] Voraussetzung dafür ist, dass die Rechtsfolge der Nichtigkeit für die betroffene Partei nicht nur hart, sondern schlechthin untragbar ist.[487] Dabei sind zwei Fallgruppen anerkannt, in denen die Berufung auf einen Formmangel treuwidrig ist. Ein Verstoß gegen § 242 BGB liegt zum einen vor, wenn die Partei, die sich auf die Formnichtigkeit berufen will, eine schwere Treuepflichtverletzung zu vertreten hat. Zum anderen ist die Berufung auf den Formmangel ausgeschlossen, wenn dies eine wirtschaftliche Existenzgefährdung der anderen Partei zur Folge hätte.[488]

Da es sich bei Ausübung und Verzicht um eigenständige Rechtsgeschäfte handelt, für die grundsätzlich unterschiedlichen Regeln gelten,[489] ist § 613a Abs. 6 Satz 1 in der Verzichtssituation jedenfalls nicht direkt anwendbar. Nur dann, wenn man - wie die hier als Einheitslösung bezeichnete Ansicht - Verzicht und Ausübung gleichsetzt, gelangt man auch für den Verzicht auf das Widerspruchsrecht zu einer direkten Anwendung der in § 613a Abs. 6 Satz 1 BGB geregel-

---

485 *Hertel*, in: Staudinger, § 125 BGB Rn. 3.

486 BGH, Urteil vom 29. 2. 1996 - IX ZR 153/95, NJW 1996, 1467, 1469; BGH, Urteil vom 28. 1. 1993 - IX ZR 259/91, NJW 1993, 1126, 1128; *Hertel*, in: Staudinger, § 125 BGB Rn. 111; *Einsele*, in: MüKo, § 125 BGB Rn. 56.

487 Vgl. etwa BGH, Urteil vom 10. 10. 1986 - V ZR 247/85, NJW 1987, 1069, 1070; BGH, Urteil vom 10. 6. 1977 - V ZR 99/75, NJW 1977, 2072.

488 Vgl. zum Ganzen ausführlich *Hertel*, in Staudinger, § 125 BGB Rn. 112 ff; *Einsele*, in: MüKo § 125 BGB Rn. 58 ff.

489 Vgl. oben § 3 C.

ten Ausübungsmodalitäten.[490] Möglicherweise gilt das Schriftformerfordernis von § 613a Abs. 6 Satz 1 BGB aber analog für den Verzicht auf das Widerspruchsrecht. Die h.M.[491] befürwortet einen solchen Analogieschluss z.T. ohne Begründung,[492] z.T. mit der Warn- und Beweisfunktion, die das Schriftformerfordernis in der Ausübungssituation erfülle.[493] Sollte das Schriftformerfordernis auch für den Verzicht auf das Widerspruchsrecht gelten, bliebe nur wenig Raum für einen konkludenten Verzicht. Zwar ist das BAG[494] hinsichtlich der Ausübung des Widerspruchsrechts der Meinung, dass das Schriftformerfordernis des § 613a Abs. 6 Satz 1 BGB einem konkludenten Widerspruch nicht generell entgegensteht. Anhaltspunkte dafür, dass ein konkludent erklärter Widerspruch mit der Normierung des Schriftformerfordernisses ohne rechtliche Bedeutung sein solle, seien nicht ersichtlich. Bei der Ermittlung des Erklärungsinhalts fänden vielmehr die Grundsätze zur Auslegung formbedürftiger Willenserklärungen (Andeutungstheorie) Anwendung. Danach könnten auch außerhalb

490 Vgl. *Rieble/Wiebauer*, NZA 2009, 401, 405. Auch *Grau*, der eigentlich der Trennungslösung folgt, begründet den von ihm befürworteten Formzwang für den Verzicht auf das Widerspruchsrecht u.a. mit einer Anlehnung an die Terminologie der Einheitslösung. Der Verzicht auf das Widerspruchsrecht sei dessen negative Ausübung, weshalb es nahe liege, das Schriftformerfordernis des § 613a Abs. 6 Satz 1 BGB entsprechend anzuwenden, vgl. *Grau*, Unterrichtung und Widerspruchsrecht, S. 355. Die übrigen Konsequenzen der Einheitslösung zieht *Grau* allerdings nicht.

491 *Müller-Glöge*, in: MüKo, § 613a BGB Rn. 115; *Preis*, in: ErfK, § 613a BGB Rn. 102; *Fuchs*, in: BeckOK BGB, § 613a BGB Rn. 82; *Hauck*, in: H/B/D, § 613a BGB Rn. 223; *Steffan*, in: A/P/S, § 613a BGB Rn. 232; *Koch*, in: Schaub, Arbeitsrechts-Handbuch, § 118 Rn. 49; *Baeck/Haußmann*, in: D/L/W/B/H, Handbuch Fachanwalt Arbeitsrecht, Rn. 4072; *Cohnen*, in: Münchener Anwaltshandbuch Arbeitsrecht, § 55 Rn. 87; *Treber*, in: KR, § 613a BGB Rn. 115; *B. Gaul*, Das Arbeitsrecht der Betriebs- und Unternehmensspaltung, § 11 Rn. 51, S. 329; *Grau*, Unterrichtung und Widerspruchsrecht, S. 356; Franzen, RdA 2002, 258, 268; *Gaul/Otto*, DB 2002, 634, 638; *Olbertz/Ungnad*, BB 2004, 213, 218; *Meyer*, Unterrichtung, S. 181, Rn. 388; *Rieble/Wiebauer*, NZA 2009, 401, 405 (auf dem Boden der Einheitslösung).

492 Vgl. etwa *Müller-Glöge*, in: MüKo, § 613a BGB Rn. 115; *Hauck*, in: H/B/D, § 613a BGB Rn. 223; *Fuchs*, in: BeckOK BGB, § 613a BGB Rn. 82; *Koch*, in: Schaub, Arbeitsrechts-Handbuch, § 118 Rn. 49; *Baeck/Haußmann*, in: D/L/W/B/H, Handbuch Fachanwalt Arbeitsrecht, Rn. 4072; *Steffan*, in: A/P/S, § 613a BGB Rn. 232.

493 Vgl. etwa *Preis*, in: ErfK, § 613a BGB Rn. 102; *Treber*, in: KR, § 613a BGB Rn. 115; *Cohnen*, in: Münchener Anwaltshandbuch Arbeitsrecht, § 55 Rn 87; *B. Gaul*, Das Arbeitsrecht der Betriebs- und Unternehmensspaltung, § 11 Rn. 51, S. 329; *Grau*, Unterrichtung und Widerspruchsrecht, S. 355 f.

494 BAG, Urteil vom 15. 2. 2007 - 8 AZR 431/06, NZA 2007, 793 ff.

der Urkunde liegende Umstände berücksichtigt werden, wenn der einschlägige rechtsgeschäftliche Wille der Parteien in der formgerechten Urkunde zum Ausdruck gekommen sei, wenn auch nur unvollkommenen oder andeutungsweise. Bei der Auslegung müsse das gesamte Verhalten der Parteien einschließlich aller Nebenumstände, etwaiger Vorbesprechungen sowie der Zweck der Erklärung berücksichtigt werden. Dabei müsse zunächst festgestellt werden, wie die Erklärung unter Berücksichtigung aller maßgebenden Umstände zu verstehen sei. Erst anschließend dürfe geprüft werden, ob die in dieser Weise ausgelegte Erklärung dem Formerfordernis genüge.[495] Die Andeutungstheorie würde auch für den Verzicht auf das Widerspruchsrecht gelten. Die Möglichkeit eines konkludenten Verzichts bleibt aber - fordert man für den Verzicht die Schriftform - auch unter Berücksichtigung dieses Auslegungsgrundsatzes eher theoretisch.[496] In jedem Fall ausgeschlossen wäre ein konkludenter Verzicht allein aufgrund eines tatsächlichen Verhaltens des Arbeitnehmers.[497]

Um die Frage der Formbedürftigkeit des Verzichts beantworten zu können, muss zunächst geklärt werden, was den Gesetzgeber des § 613a Abs. 6 BGB dazu bewogen hat, die wirksame Ausübung des Widerspruchsrechts von der Einhaltung der Schriftform abhängig zu machen. Nur dann, wenn diese Erwägungen auch auf den Verzicht auf das Widerspruchsrecht zutreffen, ist eine entsprechende Anwendung von § 613a Abs. 6 Satz 1 BGB in der Verzichtssituation gerechtfertigt.

II. Analoge Anwendung von § 613a Abs. 6 Satz 1 BGB in der Verzichtssituation

1. Funktion der für die Ausübung geltenden Schriftform

a) Warnfunktion

Die Gesetzesbegründung[498] rechtfertigt das für die Ausübung des Widerspruchsrechts bestehende Schriftformerfordernis vor allem mit dessen Warnfunktion. Die eigenhändige Unterzeichnung des Widerspruchs sei erforderlich, um dem Arbeitnehmer die Bedeutung des Widerspruchs bewusst zu machen und ihn - wie es § 623 BGB bei einer Kündigung oder dem Abschluss eines Aufhebungsvertrag bezwecke - vor den Folgen einer voreiligen, unbedachten Erklärung zu

495 BAG, Urteil vom 15. 2. 2007 - 8 AZR 431/06, NZA 2007, 793, 796 f.

496 A.A. *Hauck*, in: H/B/D, § 613a BGB Rn. 223, nach dem ein konkludenter Verzicht wegen des auch für den Verzicht geltenden Schriftformerfordernisses generell ausgeschlossen ist.

497 *Müller-Glöge*, in: MüKo, § 613a BGB Rn. 115.

498 BT-Drucks. 14/7760.

schützen. Denn der Widerspruch gegen den Übergang des Arbeitsverhältnisses könne für den Arbeitnehmer zum Verlust seines Arbeitsplatzes führen, wenn für ihn beim bisherigen Arbeitgeber keine Beschäftigungsmöglichkeit mehr bestehe.[499] Die Warnfunktion der Schriftform wird in den Motiven zum BGB wie folgt umschrieben:

> *„Die Notwendigkeit der Beobachtung einer Form ruft bei den Beteiligten eine geschäftsmäßige Stimmung hervor, weckt das juristische Bewusstsein, fordert zur besonneren Überlegung heraus und gewährleistet die Ernstlichkeit der gefassten Entscheidung."*[500]

Der Gesetzgeber zieht demnach hinsichtlich des für die Ausübung des Widerspruchsrechts bestehenden Formzwangs eine Parallele zu § 623 BGB, da der Arbeitnehmer in beiden Fällen denselben gesetzlichen Schutz bedürfe. Gemäß § 623 BGB ist die Beendigung von Arbeitsverhältnissen durch Kündigung oder Auflösungsvertrag nur schriftlich wirksam. Die elektronische Form ist ausgeschlossen. Der Bundesrat rechtfertigte das Schriftformerfordernis ursprünglich nur mit der damit verbundenen Rechtssicherheit und einer Entlastung der Arbeitsgerichte.[501] Als sich der Gesetzgeber danach anlässlich der Normierung der elektronischen Form in § 126b BGB entscheiden musste, ob die elektronische Form auch im Fall des § 623 BGB ein gleichwertiger Ersatz für die herkömmliche Schriftform sein solle (vgl. § 126b Abs. 3 BGB), stellte er aber ausdrücklich auch auf die Warnfunktion der Schriftform ab.[502] Das Schriftformerfordernis solle im Hinblick darauf, dass der Arbeitsplatz für den Arbeitnehmer grundsätzlich die einzige Einnahmequelle sei, die Rechtssicherheit erhöhen und insbesondere vor

---

499 BT-Drucks. 14/7760, S. 20.

500 Motive zum BGB, abgedruckt bei *Mugdan*, Materialien zum BGB, Band I, S. 451.

501 BT-Drucks. 14/626, S. 11. Die Bundesregierung stimmte dem Schriftformerfordernis in ihrer Stellungnahme nicht zu, vgl. BT-Drucks. 14/626, S. 14. Sie verneinte insbesondere, dass mit der Einführung des Schriftformerfordernisses eine Entlastung der Arbeitsgerichte verbunden sei. Zum einen gehe es in der weit überwiegenden Zahl der Kündigungsschutzklagen gar nicht um den Nachweis der Kündigungserklärung, sondern um deren sachliche Berechtigung. Zum anderen würde sich der Schwerpunkt künftiger Auseinandersetzungen nur verlagern. Es werde dann nicht mehr um die Abgabe der Kündigungserklärung, sondern um die Wirksamkeit des Zugangs der Erklärung gestritten. Skeptisch zur Entlastungswirkung des Schriftformerfordernisses auch *Spilger*, in: KR, § 623 BGB Rn. 23; *Böhm*, NZA 2000, 561; *Richardi/Annuß*, NJW 2000, 1232 f.; *Schaub*, NZA 2000, 344, 347. *Preis/Gotthardt*, NZA 2000, 349, 361 bejahen dagegen grundsätzlich einen Entlastungseffekt, sind allerdings der Meinung, dass ein solcher erst nach einer Übergangszeit eintreten könne.

502 BT-Drucks. 14/4987, S. 22

einer übereilten Aufgabe des Arbeitsplatzes schützen. Dieser Schutz solle durch Beibehaltung des strengen Schriftformerfordernisses verwirklicht werden, da die Warnfunktion der elektronischen Form im Bewusstsein der Bürger gegenüber der traditionellen Schriftform weniger stark verankert sei. Die elektronische Form werde deshalb abweichend vom Grundsatz des § 126b Abs. 3 BGB im Fall des § 623 BGB (zunächst) ausgeschlossen.[503] Das Schriftformerfordernis in § 623 BGB dient also vor allem dazu, die Arbeitsvertragsparteien vor unüberlegten Handlungen im Affekt schützen, indem es verhindert, dass das Arbeitsverhältnis durch eine spontane, mündliche Äußerung beendet wird.[504]

b) Beweisfunktion

Daneben verweist die Gesetzesbegründung auf die Beweisfunktion der Schriftform.[505] Die Schriftform erleichtere für den Arbeitnehmer und die beteiligten Arbeitgeber die Beweisführung darüber, ob der Arbeitnehmer tatsächlich widersprochen habe, wenn nach einem Betriebsübergang Streit darüber bestehe, ob das Arbeitsverhältnis auf den neuen Inhaber übergegangen sei oder mit dem bisherigen Arbeitgeber weiterbestehe.

2. Vergleich von Ausübungs- und Verzichtssituation

Das Schriftformerfordernis kann in der Verzichtssituation nur aufgrund einer analogen Anwendung von § 613a Abs. 6 Satz 1 BGB gelten. Voraussetzung dafür ist, dass der Schutzzweck der Schriftform auch in der Verzichtssituation einschlägig ist.

a) Warnfunktion in der Verzichtssituation

Die Ausübung des Widerspruchsrechts verhindert den in § 613a Abs. 1 Satz 1 BGB gesetzlich angeordneten Arbeitgeberwechsel. Übt der widersprechende Arbeitnehmer das Widerspruchsrecht aus, droht ihm der Verlust seines Arbeitsplatzes infolge einer betriebsbedingten Kündigung durch den Verkäufer.[506]

Die Gefahr der betriebsbedingten Kündigung entsteht vor allem dann, wenn der gesamte Betrieb ist verkauft wird und somit auch der Arbeitsplatz des widersprechenden Arbeitnehmers mit dem Betrieb auf den Käufer übergeht.[507] Eine betriebsbedingte Kündigung ist gemäß § 1 Abs. 2 Satz 2 Nr. 1 lit. b KSchG nur

503 BT-Drucks. 14/4987, S. 22.

504 *Henssler*, in: MüKo, § 623 BGB Rn. 2; *Müller-Glöge*, in: ErfK, § 623 BGB Rn. 1.

505 BT-Drucks. 14/7760, S. 20.

506 Zur Wirksamkeit einer solchen betriebsbedingten Kündigung vgl. oben § 1 C. III. 4.

507 *Müller-Glöge*, in: MüKo, § 613a BGB Rn. 124.

wirksam, wenn der Betriebsveräußerer den widersprechenden Arbeitnehmer nicht an einem Arbeitsplatz in seinem Betrieb oder Unternehmen weiterbeschäftigen kann. Nach Ansicht des BAG kommt ein konzernbezogener Weiterbeschäftigungsanspruch nur ausnahmsweise in Betracht. Voraussetzung dafür ist, dass sich eine solche Verpflichtung unmittelbar aus dem Arbeitsvertrag oder einer sonstigen vertraglichen Absprache ergibt und der Arbeitgeber rechtlich (z.B. aufgrund eines Beherrschungsvertrags) oder zumindest faktisch die Möglichkeit hat, die Weiterbeschäftigung gegen das Drittunternehmen durchzusetzen.[508] Ist bei dem Betriebsveräußerer kein anderer Arbeitsplatz frei, ist die betriebsbedingte Kündigung grundsätzlich wirksam. Eine Sozialauswahl gemäß § 1 Abs. 3 KSchG scheidet aus, wenn der gesamte Betrieb übertragen worden ist. Dies gilt auch dann, wenn der ehemalige Betriebsinhaber als Unternehmer noch andere Betriebe hat, da die Sozialauswahl betriebsbezogen ist.[509] Eine Sozialauswahl ist demnach nur dann durchzuführen, wenn nur ein Betriebsteil übertragen worden ist und bei dem Vertragsarbeitgeber noch ein Restbetrieb verbleibt.[510] Bei einem Teilbetriebsübergang ist der Arbeitgeber nach Auffassung des BAG zudem verpflichtet, dem Arbeitnehmer die Weiterbeschäftigung auf einem freien Arbeitsplatz anzubieten, sobald er mit dem Widerspruch des Arbeitnehmers rechnen muss. Dies sei jedenfalls ab der Unterrichtung des Arbeitnehmers über den bevorstehenden Betriebsteilübergang der Fall.[511] Ansonsten kann sich der Arbeitgeber nach Ansicht des BAG entsprechend dem allgemeinen Rechtsgedanken des § 162 Abs. 1 BGB nicht auf die zwischenzeitliche Besetzung eines zunächst noch freien Arbeitsplatzes berufen.[512] Eine (realistische) Chance zur Weiterbeschäftigung beim Verkäufer besteht infolgedessen nur bei einem Teilbetriebsübergang. Aus diesem Grund hat der Gesetzgeber für die Ausübung des Widerspruchsrechts generell Schriftform angeordnet hat.

Dieses für die Ausübungssituation typische Risiko des Arbeitsplatzverlustes entsteht nicht, wenn der Arbeitnehmer auf das Widerspruchsrecht verzichtet. Die Interessenlage, in der sich der widersprechende Arbeitnehmer befindet,

---

508 BAG, Urteil vom 23. 3. 2006 - 2 AZR 162/05, NZA 2007, 30, 32.

509 BAG, Urteil vom 22. 05. 1986 - 2 AZR 612/85, NZA 1987, 125, 126; *Preis*, in: ErfK, § 613a BGB Rn. 107; *Müller-Glöge*, in: MüKo, § 613a BGB Rn. 127.

510 Vgl. z.B. BAG, Urteil vom 24. 2. 2000 - 8 AZR 167/99, NZA 2000, 764, 766.

511 BAG, Urteil vom 15. 8. 2002 - 2 AZR 195/01, NZA 2003, 430, 431.

512 BAG, Urteil vom 15. 8. 2002 - 2 AZR 195/01, NZA 2003, 430, 431. Allgemein zur Anwendung des in § 162 Abs. 1 BGB enthaltenen Rechtsgedankens bei betriebsbedingten Kündigungen BAG, Urteil vom 05. 10. 1995 - 2 AZR 269/95, NZA 1996, 524, 528; BAG, Urteil vom 10. 11. 1994 - 2 AZR 242/94, NZA 1995, 566, 569.

ist vielmehr diametral zu derjenigen des verzichtenden Arbeitnehmers. Der Verzicht des Arbeitnehmers auf das Widerspruchsrecht zielt auf die Kontinuität des bestehenden Arbeitsverhältnisses,[513] da er die in § 613a Abs. 1 Satz 1 BGB zum Schutz des Arbeitnehmers vor einem Arbeitsplatzverlust angeordnete Rechtsfolge[514] endgültig bestätigt. Der Verzicht sichert also das bisherige Arbeitsverhältnis.[515] Da der Arbeitnehmer demnach in der Verzichtssituation grundsätzlich nicht seinen Arbeitsplatz „aufs Spiel setzt", ist die Warnfunktion der Schriftform anders als in der Ausübungssituation und bei den in § 623 BGB genannten Beendigungstatbeständen nicht notwendig, um den Arbeitnehmer vor einer unüberlegten (mündlichen) Verzichtserklärung zu schützen.[516] Die Warnfunktion der Schriftform ist infolgedessen in der Verzichtssituation nicht betroffen.

b) Beweisfunktion in der Verzichtssituation

Die Beweisfunktion der Schriftform wird dagegen auch in der Verzichtssituation relevant. Ebenso wie mit der Ausübung des Widerspruchsrechts trifft der Arbeitnehmer auch mit dem Verzicht eine Entscheidung hinsichtlich seines künftigen Arbeitgebers. Diese Entscheidung über die Zuordnung des Arbeitsverhältnisses muss aus Gründen der Rechtssicherheit eindeutig und beweisbeständig dokumentiert sein. Das Schriftformerfordernis bezweckt auch in der Verzichtssituation, den Kaufvertragsparteien und den betroffenen Arbeitnehmern eine rechtssichere und beweisbeständige Zuordnung der Arbeitsverhältnisse zu ermöglichen.[517] In diesem Punkt besteht zwischen Ausübungs- und Verzichtssituation kein Unterschied.

c) Ergebnis

Die Warnfunktion des Schriftformerfordernisses ist entgegen der herrschenden Meinung in der Verzichtssituation nicht notwendig. Im Gegensatz dazu wird die Beweisfunktion der Schriftform auch in der Verzichtssituation relevant.

---

513 *Grau*, Unterrichtung und Widerspruchsrecht, S. 355, der aber dennoch im Ergebnis ein Schriftformerfordernis für den Verzicht annimmt.

514 Vgl. zu diesem Schutzzweck ausführlich § 2 C. III.

515 *Annuß*, in Staudinger, § 613a BGB Rn. 329.

516 *Willemsen/Müller-Bonanni*, in: H/W/K, § 613a BGB Rn. 362; *Bauer/von Steinau-Steinrück/Thees*, in: Hölters, Handbuch Unternehmenskauf, Teil V Rn. 156, S. 480.

517 *Grau*, Unterrichtung und Widerspruchsrecht, S. 356.

3. Analoge Anwendung von § 144 Abs. 2 BGB?

Möglicherweise folgt die Wirksamkeit eines formlosen Verzichts auf das Widerspruchsrecht aus einer analogen Anwendung von § 144 Abs. 2 BGB. Nach § 144 Abs. 2 BGB kann der Anfechtungsberechtigte den Verzicht auf das Anfechtungsrecht selbst dann formlos erklären, wenn für das anfechtbare Rechtsgeschäft ein Formerfordernis gilt. Die Anfechtungserklärung unterliegt grundsätzlich auch dann keinem Formerfordernis, wenn das angefochtene Rechtsgeschäft formbedürftig war.[518] Deshalb kann sich hinsichtlich des Verzichts auf das Anfechtungsrecht - anders als bei einem Verzicht auf das Widerspruchsrecht - nur die Frage stellen, ob ein für das anfechtbare Rechtsgeschäft geltendes Formerfordernis „auf den Verzicht ausstrahlt" und deshalb auch für den Verzicht auf das Anfechtungsrecht ein Formerfordernis gilt. Diese Frage verneint § 144 Abs. 2 BGB.

Die Vorschrift bezweckt, die Bestätigung eines anfechtbaren gegenüber einem nichtigen Rechtsgeschäft zu erleichtern.[519] Der Anfechtungsberechtigte soll die Möglichkeit haben, die Wirksamkeit des anfechtbaren Rechtsgeschäfts schon vor Ablauf der Anfechtungsfrist ohne Mitwirkung des Anfechtungsgegners endgültig herbeizuführen. Das Gesetz verwirklicht diesen Zweck zum einen, indem es auf eine Neuvornahme des Rechtsgeschäfts verzichtet. Der Anfechtungsberechtigte kann zum anderen die Ungewissheit über die Wirksamkeit des anfechtbaren Rechtsgeschäfts auch dann formlos beseitigen, wenn es sich bei dem anfechtbaren Rechtsgeschäft um ein formbedürftiges gehandelt hat.[520] Der Anfechtungsberechtigte kann folglich den Verzicht auf das Anfechtungsrecht auch konkludent erklären.[521]

Denkbar ist, diese Regelung entsprechend für den Verzicht auf das Widerspruchsrecht anzuwenden. Anfechtungs- und Widerspruchsrecht sind grundsätzlich „rechtsähnlich".[522] Entscheidend gegen die analoge Anwendbarkeit von § 144 Abs. 2 BGB spricht aber, dass das in dieser Norm in Bezug genommene Problem bei einem Verzicht auf das Widerspruchsrecht nicht auftreten kann.[523] Die Regelung des § 613a Abs. 6 Satz 1 BGB enthält keine Formvorschrift für das Rechtsgeschäft, auf das mit der Ausübung des Gestaltungsrecht eingewirkt werden soll, sondern eine Formvorschrift für die Ausübung des Gestaltungsrechts selbst. Das Widerspruchsrecht richtet sich gegen die gesetzliche Rechtsfolge eines

518 *Busche*, in: MüKo, § 143 BGB Rn. 4.
519 *Busche*, in: MüKo, § 144 BGB Rn. 1.
520 *Busche*, in: MüKo, § 144 BGB Rn. 1.
521 Zu den Voraussetzungen einer konkludenten Bestätigung ausführlich *Roth*, in: Staudinger, § 144 BGB Rn. 5 ff.
522 Vgl. oben § 4 C. II. 4. b).
523 Vgl. *Rieble/Wiebauer*, NZA 2009, 401, 405.

Betriebsübergangs, und nicht gegen die Wirksamkeit eines Rechtsgeschäfts. Die Frage nach der Formbedürftigkeit des Verzichts aufgrund einer Formbedürftigkeit des anfechtbaren Rechtsgeschäfts stellt sich deshalb bei dem Verzicht auf das Widerspruchsrecht nicht. Ein Formerfordernis für den Verzicht auf das Widerspruchsrecht kann sich vielmehr nur aufgrund einer entsprechenden Anwendung des für die Ausübung des Gestaltungsrechts geltenden Schriftformerfordernisses ergeben. Eine Analogie zu § 144 Abs. 2 BGB kommt demnach für den Verzicht auf das Widerspruchsrecht nicht in Betracht.[524]

III. Ergebnis

Die Warnfunktion der Schriftform spricht in der Verzichtsituation – anders als in der Ausübungssituation – entgegen der herrschenden Meinung nicht für die Formbedürftigkeit des Verzichts. § 144 Abs. 2 BGB enthält für das vorliegende Problem ebenfalls keinen Lösungsansatz.

Entscheidend für eine analoge Anwendung von § 613a Abs. 6 Satz 1 BGB in der Verzichtssituation spricht aber die Beweisfunktion der Schriftform.[525] Die Entscheidung des Arbeitnehmers hinsichtlich seines künftigen Arbeitgebers muss aus Gründen der Rechtssicherheit eindeutig und beweisbeständig dokumentiert sein. Da auch der Verzicht des Arbeitnehmers eine solche Arbeitgeberwahl ist, ist dieser Formzweck auch in der Verzichtssituation einschlägig.[526] Die Verzichtserklärung muss deshalb schriftlich abgefasst und vom Arbeitnehmer eigenhändig unterzeichnet werden. Infolgedessen verbleibt nur ein eingeschränkter Spielraum für einen konkludenten Verzicht des Arbeitnehmers auf das Widerspruchsrecht.

---

524 A.A. LAG Düsseldorf, Urteil vom 30. 5. 2007 - 7 Sa 158/07, BeckRS 2009, 57449; *Gehlhaar*, BB 2009, 1182, 11884 f; *Kleinschmidt*, Der Verzicht, S. 194, der in analoger Anwendung von § 144 Abs. 2 BGB die Formlosigkeit des Verzichts auf jegliche Art von Gestaltungsrechten befürwortet.

525 Dies übersehen *Annuß*, in: Staudinger, § 613a BGB Rn. 329 und *Willemsen/Müller-Bonanni*, in: H/W/K, § 613a BGB Rn. 362, die nur auf die Warnfunktion der Schriftform abstellen.

526 So auch *Grau*, Unterrichtung und Widerspruchsrecht, S. 356; a.A. LAG Düsseldorf, Urteil vom 30. 5. 2007 - 7 Sa 158/07, BeckRS 2009, 57449; *Annuß*, in: Staudinger, § 613a BGB Rn. 329; *Bayreuther*, in: D/F/L, § 613a BGB Rn. 143; *Willemsen/Müller-Bonanni*, in: H/W/K, § 613a BGB Rn. 362; *Bauer/von Steinau-Steinrück/Thees*, in: Hölters, Handbuch Unternehmenskauf, Teil V Rn. 156, S. 480; *Simon*, in: Semler/Stengel, § 324 UmwG, Rn. 59; *Gehlhaar*, BB 2009, 1182, 1184 f; *Kleinschmidt*, Der Verzicht, S. 194 (allgemein für den Verzicht auf Gestaltungsrechte).

B. Empfangsbedürftigkeit der Verzichtserklärung

Fraglich ist, ob die Verzichtserklärung des Arbeitnehmers einem der möglichen Gestaltungsgegner zugehen muss, um wirksam zu werden (empfangsbedürftige Willenserklärung, vgl. § 130 Abs. 1 Satz 1 BGB). Ansonsten würde der Verzicht bereits mit der Vollendung des Erklärungsvorgangs[527] - also mit Abgabe der Verzichtserklärung ohne Zugang beim Erklärungsgegner – wirksam werden (nicht empfangsbedürftige Willenserklärung).

I. Analoge Anwendung von § 144 Abs. 1 BGB

Möglicherweise ist auch das Problem der Empfangsbedürftigkeit der Verzichtserklärung ebenso wie die Frage des Verzichtsmechanismus mit einem Analogieschluss zu § 144 Abs. 1 BGB zu lösen.

Für den Verzicht auf das Anfechtungsrecht ist umstritten, ob die Verzichtserklärung dem Anfechtungsgegner zugehen muss, um wirksam zu werden. Die h.M. vertritt in Anlehnung an den historischen Gesetzgeber,[528] dass die Bestätigungserklärung eine nicht empfangsbedürftige Willenserklärung ist und hält deshalb einen Zugang an den Erklärungsgegner nicht für erforderlich.[529] Nach anderer Ansicht ist die Verzichtserklärung eine empfangsbedürftige Willenserklärung.[530] Begründet wird die Empfangsbedürftigkeit vor allem mit der Rechtssicherheit, die mit dem Zugangserfordernis für den Gestaltungsgegner verbunden ist. Dieser müsse wissen, woran er ist, um eindeutig auf den entsprechenden Rechtsfolgewillen des Anfechtungsberechtigten schließen zu können.[531] Zudem sei kein Grund erkennbar, den Verzichtenden an seine Verzichtserklärung zu binden, wenn er den Verzicht nicht dem Anfechtungsgegner gegenüber erklärt habe.[532] Da die Frage der Empfangsbedürftigkeit der Verzichtserklärung also

527 *Einsele*, in: MüKo, § 130 BGB Rn. 5; *Flume*, AT II, S. 222.

528 Vgl. Motive zum BGB, abgedruckt bei *Mugdan*, Materialien zum BGB, Band I, S. 731.

529 RG, Urteil vom 20. 5. 1908 - V 372/07, RGZ 68, 398, 399; BayObLG, Beschluss vom 12. 3. 1954 - BReg. 2 Z 245/53, NJW 1954, 1039; *Mansel*, in: Jauernig. § 144 BGB Rn. 2; *Wendtland*, in: BeckOK BGB, § 144 BGB Rn. 5; *Ellenberger*, in: Palandt, § 144 BGB Rn. 2; *Wolf/Neuner*, AT, § 41 Rn. 169;*Flume*, AT II, S 569.

530 *Roth*, in: Staudinger, § 144 BGB Rn. 4; *Busche*, in: MüKo, § 144 BGB Rn. 4; *Arnold*, in: Erman, § 144 BGB Rn. 2; *Medicus*, AT, § 37 Rn. 534; *Kleinschmidt*, Der Verzicht, S. 195.

531 *Roth*, in: Staudinger, § 144 BGB Rn. 4; *Arnold*, in: Erman, § 144 BGB Rn. 2; *Medicus*, AT, § 37 Rn. 534; *Kleinschmidt*, Der Verzicht, S. 195.

532 *Medicus*, AT, § 37 Rn. 534.

auch für das Anfechtungsrecht nicht einheitlich beantwortet wird, hilft eine entsprechende Anwendung von § 144 Abs. 1 BGB nicht weiter.[533]

II. Funktion des Zugangserfordernisses: Rechtssichere Zuordnung der Arbeitsverhältnisse

Das Argument der Rechtssicherheit, die das Zugangserfordernis für den Gestaltungsgegner bedeutet, spricht aber für den Verzicht auf das Widerspruchsrecht noch mehr als für den Verzicht auf das Anfechtungsrecht dafür, die Verzichtserklärung in die Kategorie der empfangsbedürftigen Willenserklärungen einzuordnen. Denn bei einem Betriebsübergang müssen die Kaufvertragsparteien eindeutig erkennen können, für welchen Arbeitgeber sich die von einem Betriebsübergang betroffenen Arbeitnehmer entscheiden, um die betroffenen Arbeitsverhältnisse rechtssicher entweder dem bisherigen Arbeitgeber oder dem Käufer des Betriebs zuordnen zu können.

Diese Interessenlage der Kaufvertragsparteien wird auch im umgekehrten Fall der Ausübung des Widerspruchsrechts deutlich. Der Arbeitnehmer ist nach § 613a Abs. 6 Satz 2 BGB berechtigt, den Widerspruch sowohl gegenüber dem bisherigen Arbeitgeber als auch gegenüber dem neuen Inhaber zu erklären. Eine Einschränkung dieser Wahlmöglichkeit hinsichtlich des Erklärungsgegners dergestalt, dass der Widerspruch stets gegenüber derjenigen Kaufvertragspartei erklärt werden muss, der den Arbeitnehmer nach § 613a Abs. 5 BGB informiert hat, ist nicht möglich.[534] Um die dadurch hervorgerufene Rechtsunsicherheit bezüglich der Zuordnung der Arbeitsverhältnisse möglichst gering zu halten, müssen sich die Kaufvertragsparteien auch ohne besondere Vereinbarung aufgrund ihrer nebenvertraglichen Pflichten aus dem Rechtsgeschäft, das dem Betriebsübergang zu Grunde liegt, wechselseitig über beim jeweils anderen eingehende Widersprüche unterrichten.[535] Deshalb spricht jedenfalls für den Verzicht auf das Widerspruchsrecht mehr dafür, die Wirksamkeit der Verzichtserklärung

533 A..A. *Kleinschmidt*, Der Verzicht, S. 195 f., der für das Anfechtungsrecht die Empfangsbedürftigkeit der Verzichtserklärung bejaht und deshalb in entsprechender Anwendung von § 144 BGB zur Empfangsbedürftigkeit der Verzichtserklärung für jegliche Art von Gestaltungsrechten gelangt.

534 *Willemsen/Müller-Bonanni*, in: H/W/K, § 613a BGB Rn. 350; *Worzalla*, NZA 2002, 353, 356 f.

535 BAG vom 22. 4. 1993 - 2 AZR 50/92, NZA 1994, 360; *Müller-Glöge*, in: MüKo, § 613a BGB Rn. 115; *Bauer/von Steinau-Steinrück/Thees*, in: Hölters, Handbuch Unternehmenskauf, Teil V Rn. 131, S. 465; *Willemsen/Lembke*, NJW 2002, 1159, 1160; einschränkend *Annuß*, in: Staudinger, § 613a BGB Rn. 298; scheinbar

davon abhängig zu machen, dass sie zumindest einer der Kaufvertragsparteien zugeht.[536]. Die Kaufvertragsparteien sind im Innenverhältnis - ebenso wie bei der Ausübung des Widerspruchsrechts - verpflichtet, sich gegenseitig über die zugegangenen Verzichtserklärungen zu informieren.

III. Ergebnis

Die einseitige Verzichtserklärung des Arbeitnehmers ist eine empfangsbedürftige Willenserklärung.

C. Zusammenfassung von § 6

Entscheidend für eine analoge Anwendung von § 613a Abs. 6 Satz 1 BGB in der Verzichtssituation spricht die Beweisfunktion der Schriftform. Die Entscheidung des Arbeitnehmers hinsichtlich seines künftigen Arbeitgebers muss aus Gründen der Rechtssicherheit eindeutig und beweisbeständig dokumentiert sein. Da auch der Verzicht des Arbeitnehmers eine solche Arbeitgeberwahl ist, ist dieser Formzweck auch in der Verzichtssituation einschlägig. Die Verzichtserklärung muss deshalb schriftlich abgefasst und vom Arbeitnehmer eigenhändig unterzeichnet werden.

Die einseitige Verzichtserklärung ist eine empfangsbedürftige Willenserklärung. Dafür spricht ebenfalls das Argument der rechtssicheren Zuordnung der Arbeitsverhältnisse. Die Verzichtserklärung muss deshalb ebenso wie die Widerspruchserklärung nach § 613a Abs. 6 Satz 2 BGB einer der Kaufvertragsparteien zugehen, um wirksam zu werden.

---

weitergehend *Preis*, in: ErfK, § 613a BGB Rn. 99; vgl. auch die Gesetzesbegründung, BT-Drucks. 14/7760, S. 20.

536 A.A. LAG Düsseldorf, Urteil vom 30. 5. 2007 – 7 Sa 158/07, BeckRS 2009, 57449; widersprüchlich *Gehlhaar*, BB 2009, 1182, 1184, nach dem die Bestätigung als nicht empfangsbedürftige Willenserklärung auch gegenüber dem Betriebserwerber erklärt werden könne, weshalb es auf eine Kenntnis des ursprünglichen Arbeitgebers nicht ankomme; wie hier für den Verzicht auf das Anfechtungsrecht auch *Roth*, in: Staudinger, § 144 BGB Rn. 4; *Busche*, in: MüKo, § 144 BGB Rn. 4; *Arnold*, in: Erman, § 144 BGB Rn. 2; *Medicus*, AT, § 37 Rn. 534; *Kleinschmidt*, Der Verzicht, S. 195. *Kleinschmidt* befürwortet aufgrund einer entsprechenden Anwendung von § 144 Abs. 1 BGB die Empfangsbedürftigkeit der Verzichtserklärung hinsichtlich des Verzichts auf alle Gestaltungsrechte, vgl. *Kleinschmidt*, Der Verzicht, S. 195 f.

Kapitel 3: Die rechtlichen Grenzen des Verzichts auf das Widerspruchsrecht

§ 7 Einleitung

A. Individualrechtliche Gestaltungsmöglichkeiten für den Verzicht auf das Widerspruchsrecht

In der Regel ist es für den Verkäufer eines Betriebs oder Betriebsteils von Vorteil, wenn er dem Käufer den Übergang der bei ihm beschäftigten Arbeitnehmer, vor allem der Know-how-Träger, garantieren kann; denn grundsätzlich haben potentielle Erwerber ein Interesse daran, eine gut funktionierende wirtschaftliche Einheit zu übernehmen, um diese nach dem Stichtag des Betriebsübergangs nahtlos weiter betreiben zu können.[537] Eine solche Garantie ist gegeben, wenn die Schlüsselkräfte vor dem Stichtag des Betriebsübergangs auf ihr Widerspruchsrecht aus § 613a Abs. 6 BGB verzichtet haben. Der Verzicht auf das Widerspruchsrecht würde also in vielen Fällen den Wert und die Verkehrsfähigkeit des Betriebs oder Betriebsteils erhöhen.[538] Kapitel 3 widmet sich deshalb der Frage, wo die rechtlichen Grenzen einer individualrechtlichen Disposition des Arbeitnehmers über das Widerspruchsrecht verlaufen. Ein kollektivrechtlicher Ausschluss des Widerspruchsrechts in einer Betriebsvereinbarung, einem Tarifvertrag oder einer sonstigen Kollektivabrede ist nicht möglich, da den beteiligten Parteien insoweit die Regelungsbefugnis fehlt.[539]

In diesem Zusammenhang kommt als erste individualrechtliche Ausschlussmöglichkeit für das Widerspruchsrecht ein Verzicht des Arbeitnehmers bei Begründung des Arbeitsverhältnisses in Betracht. In diesem Fall verzichtet der Arbeitnehmer bereits bei Abschluss des Arbeitsvertrags darauf, bei einem zukünftigen Betriebs- oder Betriebsteilübergang dem Übergang seines Arbeitsverhältnisses auf einen in diesem Zeitpunkt noch nicht konkretisierten Erwerber zu widersprechen. Dies hätte für den Verkäufer des Betriebs oder Betriebsteils den Vorteil, dass er einem Kaufinteressenten den Übergang bestimmter

---

537 Zur Interessenlage der Kaufvertragsparteien hinsichtlich des Übergangs der Arbeitsverhältnisse ausführlich oben § 1 C. III.

538 *Menze*, Das Widerspruchsrecht, S. 77.

539 BAG, Urteil vom 2. 10. 1974 - 5 AZR 504/7, NJW 1975, 1378, 1380; *Bayreuther*, in: D/F/L, § 613a BGB Rn. 143; *Preis*, in: ErfK, § 613a BGB Rn. 103; *Steffan*, in: A/P/S, § 613a BGB Rn. 234; *Grau*, Unterrichtung und Widerspruchsrecht, S. 353.

Arbeitsverhältnisse in jedem Fall garantieren könnte, da die betreffenden Arbeitnehmer schon im Zeitpunkt der Begründung des Arbeitsverhältnisses auf ihr Widerspruchsrecht verzichtet hätten und die Kaufvertragsparteien daher im Vorfeld der Betriebs(teil)veräußerung nicht mehr auf die Mitwirkung der Arbeitnehmer angewiesen wären. Die denkbaren rechtsgeschäftlichen Gestaltungsmöglichkeiten für einen arbeitsvertraglichen Ausschluss des Widerspruchsrechts werden in § 8 beleuchtet.

Im Anschluss wird in § 9 die zweite rechtsgeschäftliche Gestaltungsmöglichkeit hinsichtlich eines individualrechtlichen Verzichts des Arbeitnehmers auf das Widerspruchsrecht dargestellt. Dabei handelt es sich um einen Verzicht des Arbeitnehmers in Anbetracht eines sich konkret abzeichnenden oder bereits vollzogenen Betriebsübergangs, bei dem der mögliche neue Arbeitgeber im Zeitpunkt des Verzichts bereits bekannt ist.

Hinsichtlich der Disposition des Arbeitnehmers über das Widerspruchsrecht werden vor allem folgende Fragen relevant: Zum einen ist zu klären, ob der Arbeitnehmer auch dann wirksam auf das Widerspruchsrecht verzichten kann, wenn ihm sein potentieller neuer Arbeitgeber noch nicht bekannt ist. Zum anderen ist fraglich, ob eine einseitige Verzichtserklärung[540] des Arbeitnehmers, die entweder vom bisherigen Arbeitgeber oder dem Käufer des Betriebs vorformuliert worden ist, in den Anwendungsbereich des Rechts der Allgemeinen Geschäftsbedingungen fällt. Allgemeine Geschäftsbedingungen sind nach § 305 Abs. 1 Satz 1 BGB grundsätzlich nur Vertragsbedingungen, also zweiseitigen Rechtsgeschäfte. Sollte dies zu bejahen sein, ist zu prüfen, ob ein solches einseitiges Rechtsgeschäft einer AGB-Prüfung Stand hält; ansonsten müsste anschließend beantwortet werden, ob der einseitig erklärte Verzicht auf das Widerspruchsrecht die äußerste rechtsgeschäftliche Wirksamkeitsgrenze in Form der zivilrechtlichen Generalklauseln verletzt. Schließlich ist zweifelhaft, ob ein solcher Verzicht nur wirksam ist, wenn der Arbeitnehmer vor Abgabe der Verzichtserklärung ordnungsgemäß über die in § 613a Abs. 5 BGB genannten Umstände informiert worden ist.

B. Beispielsfälle

Die individualrechtlichen Ausschlussmöglichkeiten für das Widerspruchsrecht des Arbeitnehmers werden in Kapitel 3 anhand folgender Beispielsfälle illustriert:

Fall 1:
Um zu verhindern, dass eine mögliche, zukünftige Veräußerung seines Betriebs wegen eines Widerspruchs der Schlüsselkräfte an Attraktivität einbüßt, nimmt

540 Vgl. zur Möglichkeit des einseitigen Verzichts auf das Widerspruchsrecht oben § 4 C.

der Arbeitgeber folgende, von ihm vorformulierte Klausel in die von ihm verwendeten Arbeitsverträge auf:

§ XY Ausschluss des Widerspruchsrechts bei einem künftigen Betriebs- oder Betriebsteilübergang

1. *Der Arbeitnehmer wird darauf hingewiesen, dass die Rechte und Pflichten aus seinem Arbeitsverhältnis bei einem zukünftigen Betriebs- oder Betriebsteilübergang nach § 613a Abs. 1 Satz 1 BGB auf den Betriebserwerber übergehen. Gegen diesen gesetzlich angeordneten Vertragspartnerwechsel hat der Arbeitnehmer nach § 613a Abs. 6 BGB ein Widerspruchsrecht. Widerspricht der Arbeitnehmer dem Übergang seines Arbeitsverhältnisses, bleibt sein Arbeitsverhältnis mit dem bisherigen Arbeitgeber bestehen.*
2. *Der Arbeitnehmer verzichtet mit der Unterzeichnung dieses Arbeitsvertrags darauf, im Fall eines zukünftigen Betriebs- oder Betriebsteilübergangs dem Übergang der Rechte und Pflichten seines Arbeitsverhältnisses auf den Betriebserwerber gemäß § 613a Abs. 6 BGB zu widersprechen. Der Arbeitnehmer erklärt sich bereits mit dem Abschluss dieses Arbeitsvertrags damit einverstanden, dass sein Arbeitsverhältnis im Fall eines zukünftigen Betriebs- oder Betriebsteilübergangs auf den neuen Betriebsinhaber übergeht und er diesen als neuen Arbeitgeber akzeptiert.*

Fall 2:
Die Klausel aus Fall 1 ist keine Allgemeine Geschäftsbedingung, sondern wird von den Arbeitsvertragsparteien bei der Begründung des Arbeitsverhältnisses individuell ausgehandelt und dann Bestandteil des Arbeitsvertrags.

Fall 3:
Anlässlich eines konkret bevorstehenden Betriebsübergangs wollen die Kaufvertragsparteien bereits vor dem Stichtag des Betriebsübergangs Gewissheit haben, dass bestimmte Arbeitnehmer dem Übergang ihres Arbeitsverhältnisses nicht widersprechen. Der Arbeitgeber legt deshalb den betreffenden Arbeitnehmern vor dem Übergangsstichtag ein Formular mit folgendem Inhalt vor:

Verzicht auf das Widerspruchsrecht anlässlich des Betriebsübergangs auf die XY GmbH

1. *Es ist entschieden worden, den Betrieb, in dem Sie tätig sind, auf die XY GmbH, eingetragen im Handelsregister des Amtsgerichts ... unter der Nummer ..., mit*

Sitz in ...und der Anschrift..., derzeit vertreten durch die Geschäftsführer ..., zu übertragen.[541]

2. *Sie werden darauf hingewiesen, dass infolge des Betriebsübergangs die Rechte und Pflichten aus ihrem Arbeitsverhältnis nach § 613a Abs. 1 Satz 1 BGB auf die XY GmbH übergehen. Gegen diesen gesetzlich angeordneten Vertragspartnerwechsel haben Sie nach § 613a Abs. 6 BGB ein Widerspruchsrecht. Widersprechen Sie dem Übergang ihres Arbeitsverhältnisses, bleibt das Arbeitsverhältnis mit dem Betriebsveräußerer bestehen.*

Hiermit verzichte ich auf mein mir anlässlich des Betriebsübergangs vom ... gemäß § 613a Abs. 6 BGB zustehendes Widerspruchsrecht gegen den Übergang der Rechte und Pflichten aus meinem Arbeitsverhältnisses auf die XY GmbH. Mit der Fortsetzung meiner Tätigkeit bei der XY GmbH zum ... bin ich in Kenntnis und unter Aufgabe meines Widerspruchsrechts einverstanden.
Ort, Datum
Unterschrift Arbeitnehmer

Fall 4
Die Kaufvertragsparteien handeln den Verzicht mit bestimmten Arbeitnehmern angesichts eines konkret bevorstehenden Betriebsübergangs individuell aus.

§ 8 Verzicht auf das Widerspruchsrecht bei Begründung des Arbeitsverhältnisses

In Betracht kommt, das Widerspruchsrecht bereits bei Begründung des Arbeitsverhältnisses in einer Verzichtsvereinbarung im Arbeitsvertrag auszuschließen. (dazu unten A. und B.). Da der zukünftige, neue Arbeitgeber in diesen Fällen zum Zeitpunkt des Abschlusses der Verzichtsvereinbarung bzw. der Abgabe der Verzichtserklärung noch nicht bekannt ist, wird dieser „ins Blaue hinein" erklärte Verzicht auch „blinder Verzicht"[542], „Blanko-Verzicht"[543] oder „Globalverzicht"[544] genannt.

---

541 Die Angaben zur Identität des Betriebserwerbers orientieren sich an den Anforderungen, die das BAG diesbezüglich an das Informationsschreiben nach § 613a Abs. 5 BGB stellt, vgl. BAG, Urteil vom 23. 7. 2009 - 8 AZR 538/08, NZA 2010, 89, 91.

542 *Bayreuther*, in: D/F/L, § 613a BGB Rn. 143; *Annuß*, in: Staudinger, § 613a BGB Rn. 326; *Pietzko*, Der Tatbestand des § 613a BGB, S. 295; *ders.*, ZIP 1990, 1105, 1116; *Grau*, Unterrichtung und Widerspruchsrecht, S. 352.

543 *Willemsen/Müller-Bonanni*, in: H/W/K, § 613a BGB Rn. 362.

544 *Menze*, Das Widerspruchsrecht, S. 77.

A. Wirksamkeit des arbeitsvertraglichen Verzichts in Allgemeinen Geschäftsbedingungen (Fall 1)

In Fall 1 vereinbaren die Arbeitsvertragsparteien bereits bei der Begründung des Arbeitsverhältnisses im Arbeitsvertrag, dass der Arbeitnehmer im Fall eines zukünftigen Betriebs- oder Betriebsteilübergangs dem Übergang seines Arbeitsverhältnisses auf einen im Zeitpunkt des Abschlusses der Verzichtsvereinbarung noch unbestimmten Dritten nicht widersprechen wird, sondern sich mit dem in § 613a Abs. 1 Satz 1 BGB gesetzlich angeordneten Übergang seines Arbeitsverhältnisses auf den neuen Betriebsinhaber einverstanden erklärt. Sollte diese arbeitsvertragliche Regelung wirksam sein, würde das Widerspruchsrecht bei einem späteren Betriebsübergang infolge der Verzichtsvereinbarung entweder erst gar nicht entstehen[545] oder sogleich wieder erlöschen,[546] und das Arbeitsverhältnis in dem Zeitpunkt auf den Käufer des Betriebs übergehen, in dem dieser die arbeitstechnische Organisations- und Leitungsmacht im eigenen Namen tatsächlich übernimmt.[547]

I. Anwendungsbereich der §§ 305 ff. BGB im Arbeitsrecht

Das Gesetz zur Modernisierung des Schuldrechts vom 26. November 2001[548] hat die Regelungen des früheren AGBG mit Wirkung zum 1. Januar 2002 in das BGB eingegliedert. Zur Zeit der Geltung des AGBG sollte eine AGB-Kontrolle auf dem Gebiet des Arbeitsrechts nach der Intention des Gesetzgebers nicht stattfinden. Begründet wurde dies damit, dass der Arbeitnehmer als schwächere Vertragspartei bereits ausreichend durch ein dichtes Netz von zwingenden arbeitsrechtlichen Schutzvorschriften und das besonderen System der kollektivrechtlich ausgehandelten Vereinbarungen vor unangemessenen Vertragsbedingungen geschützt sei. Soweit auch auf diesem Gebiet noch eine Verbesserung des Schutzes vor unangemessenen Vertragsbedingungen erforderlich sei, sollten zu diesem

545 Vgl. BGH, Urteil vom 28. 11. 1963 - II ZR 41/62, NJW 1964, 648, 649; BGH, Urteil vom 27. 9. 1956 - II ZR 68/55, BB 1956, 1086; *Mankowski*, Beseitigungsrechte, S. 1059.

546 Vgl. BGH, Urteil vom 25. 5. 1993 - VI ZR 272/92, NJW-RR 1993, 1111, 1113. Dies ist eine Frage der Auslegung der Verzichtsvereinbarung, vgl. *Grüneberg*, in: Palandt, § 397 BGB Rn. 3.

547 BAG, Urteil vom 6. 2. 1985 - 5 AZR 411/83, NZA 1985, 735, 736. Zur Wirkung des Verzichts vgl. oben § 5 B.

548 BGBl. I S. 3138 ff.

Zweck besondere gesetzgeberische Maßnahmen vorgenommen werden.[549] Deshalb fand das AGBG nach der Bereichsausnahme des § 23 Abs. 1 AGBG keine Anwendung auf Verträge auf dem Gebiet des Arbeitsrechts.

Im Bereich der Einbeziehungskontrolle griff das BAG dennoch auf zahlreiche in den Vorschriften des AGBG enthaltene Rechtsgrundsätze zurück. Nach Ansicht des BAG wurden z.B. für den Arbeitnehmer überraschende Klauseln in Über-einstimmung mit § 3 AGBG nicht Vertragsbestandteil.[550] An einer Inhaltskontrolle Allgemeiner Arbeitsbedingungen sah sich das BAG trotz § 23 Abs. 1 AGBG ebenfalls nicht gehindert. Vielmehr nahm das BAG in ständiger Rspr. bereits vor Inkrafttreten des Schuldrechtsmodernisierungsgesetzes eine Inhaltskontrolle arbeitsvertraglicher Regelungen vor. Dabei griff das BAG allerdings nicht auf § 9 AGBG zurück, sondern ermittelte die Angemessenheit Allgemeiner Arbeits-bedingungen anhand der zivilrechtlichen Generalklauseln der §§ 242, 315 BGB.[551]

Dieser „Umweg" zur Begründung einer Inhaltskontrolle von Allgemeinen Geschäftsbedingungen in Arbeitsverträgen ist infolge der Eingliederung des AGBGB hinfällig geworden. Nach § 310 Abs. 4 Satz 2 Hs. 1 BGB sind die §§ 305 ff. BGB entgegen der früheren Rechtslage grundsätzlich auch auf Arbeitsverträge anwendbar, wobei die im Arbeitsrecht geltenden Besonderheiten angemessen zu berücksichtigen sind. Ausgenommen sind nach § 310 Abs. 4 Satz 2 Hs. 2 BGB allerdings die in § 305 Abs. 2 und 3 BGB enthaltenen Einbeziehungsregelungen. Die Bereichsausnahme ist für das Arbeitsrecht nunmehr gemäß § 310 Abs. 4 Satz 1 BGB auf Tarifverträge, Betriebsvereinbarungen und Dienstvereinbarungen beschränkt.

II. Definition Allgemeinen Geschäftsbedingungen

Nach der Legaldefinition des § 305 Abs. 1 Satz 1 BGB sind Allgemeine Geschäftsbedingungen alle für eine Vielzahl von Verträgen vorformulierten Vertragsbedingungen, die eine Vertragspartei (Verwender) der anderen Vertragspartei bei Abschluss eines Vertrags stellt. Gemäß § 305 Abs. 1 Satz 3 BGB

549 BT-Drucks. 7/3919, S. 41.

550 BAG vom 29. 11. 1995 - 5 AZR 447/94, NZA 1996, 702, 702 f. (wobei das BAG in dieser Entscheidung offen gelassen hat, ob sich dies aus einer analogen Anwendung von § 3 AGBG oder aus § 242 BGB i.V.m. einem allgemeinen Rechtsgedanken ergibt, der in § 3 AGBG seinen Ausdruck gefunden hat).

551 Vgl. z.B. BAG, Urteil vom 13. 12. 2000 - 10 AZR 168/00, NZA 2001, 723 ff.; BAG, Urteil vom 16. 3. 1994 – 5 AZR 339/92, NZA 1994, 937 ff.

sind Vertragsbedingungen, die zwischen den Vertragsparteien im Einzelnen ausgehandelt sind, keine Allgemeine Geschäftsbedingungen. Dieser auch für Arbeitsverträge maßgebliche AGB-Begriff ist das Nadelöhr, durch das eine Klausel muss, um einer Kontrolle am Maßstab der §§ 305 ff. BGB unterzogen werden zu können.[552]

1. Vertragsbedingungen

Vertragsbedingungen sind rechtlich verbindliche Bestandteile eines zwischen dem Verwender und dem anderen Teil abzuschließenden Rechtsgeschäfts, die darauf zielen, den Vertragsinhalt zu gestalten.[553] Bloße Bitten und Wünsche sind demnach keine Allgemeinen Geschäftsbedingungen dar.[554] Nicht in den Anwendungsbereich der §§ 305 ff. BGB fallen auch Klauseln, deren Geltungsgrund nicht auf einer bewusst getroffenen Entscheidung zur Einbeziehung in den Vertrag beruht, sondern auf ihrem Charakter als zwingende Rechtsnormen.[555] Unerheblich für die Qualifikation als Vertragsbedingung ist, ob die Klausel tatsächlich Vertragsinhalt wird. Nach dem Gesetzeswortlaut genügt es, wenn der Verwender die Vertragsbedingungen bei Vertragsschluss „stellt".[556] Zudem ist die Einordnung als Vertragsbedingung Voraussetzung für die Anwendung der Einbeziehungsregelung des § 305 Abs. 2 BGB.[557]

Da die einseitige Verzichtserklärung in Fall 1 Gegenstand des Arbeitsvertrags ist, handelt es sich bei ihr unproblematisch um eine Vertragsbedingung i.S.d. § 305 Abs. 1 Satz 1 BGB. Dadurch, dass das einseitige, dingliche Verfügungsgeschäft in den Arbeitsvertrag integriert worden ist, ist es zu einer Vertragsbedingung geworden.[558] Zweifelhaft ist dagegen, ob es sich auch bei der „isolierten"

552 *Deinert*, in: D/B/D, AGB-Kontrolle im Arbeitsrecht, § 305 BGB Rn. 2a.

553 BGH, Urteil vom 8. 3. 2005 - XI ZR 154/04, NJW 2005, 1645, 1646; BGH, Urteil vom 3. 7. 1996 - VIII ZR 221/95, NJW 1996, 2574, 2575; BGH, Urteil vom 28. 1. 1987 - IVa ZR 173/85, NJW 1987, 1634.

554 *Grüneberg*, in: Palandt § 305 BGB Rn. 3.

555 *Ulmer/Habersack*, in: U/B/H, § 305 BGB Rn. 9; *Grüneberg*, in: Palandt, § 305 BGB Rn. 2; *Schlosser*, in: Staudinger, § 305 BGB Rn. 4; *Basedow*, in: MüKo, § 305 BGB Rn. 5.

556 BGH, Urteil vom 28. 1. 1987 - IVa ZR 173/85, NJW 1987, 1634.

557 *Grüneberg*, in: Palandt, § 305 BGB Rn. 4.

558 *Schlosser*, in: Staudinger, § 305 BGB Rn. 8. Vgl. auch BGH, Urteil vom 31. 5. 1990 - IX ZR 257/89, NJW 1990, 2313 ff. (Einwilligungserklärung in Krankenhausaufnahmevertrag); BGH, Urteil vom 19. 9. 1985 - III ZR 213/83, NJW 1986, 46 ff. (Einwilligung zur Weitergabe von Daten als Bestandteil eines Kreditvertrags); BGH, Urteil vom 5. 5. 1982 - IVa ZR 264/80, NJW 1982, 2314 ff. (Bevollmächtigung in Versicherungsvertrag); in diesen Entscheidungen hat die Rspr. das Vorliegen von

Verzichtserklärung in Fall 3 um eine Vertragsbedingung handelt, da der Verzicht im Gegensatz zu Fall 1 nicht Teil eines zweiseitigen Rechtsgeschäfts ist.

2. Vorformulierung

Vertragsbedingungen sind vorformuliert, wenn sie zeitlich vor Abschluss des Vertrags fertig entworfen vorliegen, um in künftige Verträge einbezogen zu werden.[559] Vorformulierte Vertragsbedingungen werden vom Verwender nicht ad hoc für den konkreten Vertragsschluss formuliert, sondern als Grundlage für eine Vielzahl gleichartiger Rechtsgeschäfte aufgestellt.[560] Eine schriftliche Fixierung ist für das Vorliegen einer vorformulierten Vertragsbedingung nicht unbedingt erforderlich.[561]Es genügt auch eine Speicherung im Kopf des Verwenders oder dessen Gehilfen.[562] Die Verzichtsklausel in Fall 1 würde also auch dann eine Allgemeine Geschäftsbedingung darstellen, wenn der Arbeitgeber sie „im Kopf gespeichert hat" und erst bei Abschluss des Vertrags handschriftlich in den Arbeitsvertrag einfügt.[563]

Der Arbeitgeber hat die Vertragsbedingung, die den Verzicht des Arbeitnehmers auf das Widerspruchsrecht zum Inhalt hat, in Fall 1 bereits vor Abschluss des Arbeitsvertrags vollständig ausformuliert, um sie den Arbeitsverträgen mit den Schlüsselkräften unverändert zugrunde zu legen. Die in Fall 1 verwendete Klausel ist deshalb eine vom Arbeitgeber vorformulierte Vertragsbedingung im Sinn der AGB-Definition des § 305 Abs. 1 Satz 1 BGB.

Allgemeinen Geschäftsbedingungen deshalb ohne jeden Begründungsaufwand bejahen können, weil das einseitige Rechtsgeschäft Teil einer zweiseitigen Vereinbarung war. Darin besteht auch der Unterschied zu den Sachverhalten, in denen das einseitige Rechtsgeschäft nicht Bestandteil des Vertrags wird, sondern isoliert vorgenommen wird, vgl. z.B. BGH, Urteil vom 16. 3. 1999 - XI ZR 76/98, NJW 1999, 1864 ff.

559 *Basedow*, in: MüKo, § 305 BGB Rn. 13; *Deinert*, in: D/B/D, AGB-Kontrolle im Arbeitsrecht, § 305 BGB Rn. 8.

560 *Ulmer/Habersack*, in: U/B/H, § 305 BGB Rn. 21.

561 BGH, Urteil vom 12. 6. 2001 - XI ZR 274/00, NJW 2001, 2635, 2636; BGH, Urteil vom 10. 3. 1999 - VIII ZR 204/98, NJW 1999, 2180, 2181; *Grüneberg*, in: Palandt, § 305 BGB Rn. 8.

562 BGH, Urteil vom 19. 5. 2005 - III ZR 437/04, NJW 2005, 2543, 2544; BGH, Urteil vom 10. 3. 1999 - VIII ZR 204/98, NJW 1999, 2180, 2181; BGH, Urteil vom 30. 9. 1987 - IVa ZR 6/86, NJW 1988, 410; *Grüneberg*, in: Palandt, § 305 BGB Rn. 8.

563 *Gotthardt*, in: H/W/K, § 305 BGB Rn. 5.

3. Vielzahl von Verträgen

a) Grundsatz

Vertragsbedingungen sind nach § 305 Abs. 1 Satz 1 BGB nur dann Allgemeine Geschäftsbedingungen, wenn sie für eine Vielzahl von Verträgen vorformuliert sind. Diese Voraussetzung liegt vor, wenn der Arbeitgeber beabsichtigt, die Verzichtsklausel mindestens dreimal zu verwenden.[564] Entscheidend ist dabei seine dahingehende Absicht. Deshalb gelten die §§ 305 ff. BGB bereits für den ersten Verwendungsfall, auch wenn es schlussendlich gar nicht mehr zu weiteren Verwendung kommt.[565] Die Verzichtsklausel wäre auch dann für eine Vielzahl von Verträgen vorformuliert, wenn der Arbeitgeber sie nur in den Arbeitsvertrag eines einzigen Arbeitnehmers aufnehmen will, dabei aber ein vorformuliertes Formular seines Rechtsanwalts oder eines Arbeitgeberverbandes verwendet. Bei einer von einem Dritten vorformulierte Vertragsbedingung genügt es, dass der Dritte diese in der Absicht der mehrmaligen Verwendung formuliert hat.[566]

In Fall 1 möchte der Arbeitgeber die Verzichtsklausel zumindest in den Arbeitsverträgen mit den Schlüsselkräften verwenden, so dass eine Vorformulierung für eine Vielzahl von Verträgen gegeben ist.

b) Einmalige Verwendung, § 310 Abs. 3 Nr. 2 BGB

Möglicherweise muss der Arbeitgeber in Fall 1 aber gar nicht beabsichtigen, die Verzichtsklausel in einer Vielzahl von Verträgen zu verwenden. Gemäß § 310 Abs. 3 Nr. 2 BGB finden die §§ 305c Abs. 2, 306 und 307 bis 309 BGB bei Verträgen zwischen einem Unternehmer und einem Verbraucher auf vorformulierte Vertragsbedingungen auch dann Anwendung, wenn diese nur zur einmaligen Verwendung bestimmt sind und soweit der Verbraucher auf Grund der Vorformulierung auf ihren Inhalt keinen Einfluss nehmen konnte.

aa) Arbeitsvertrag als Verbrauchervertrag

Voraussetzung ist, dass der Arbeitsvertrag ein Verbrauchervertrag ist. Nach der Legaldefinition des § 13 BGB ist ein Verbraucher jede natürliche Person, die ein Rechtsgeschäft zu einem Zweck abschließt, der weder ihrer gewerblichen noch ihrer selbständigen beruflichen Tätigkeit zuzurechnen ist. Als Unternehmer gilt nach § 14 BGB eine natürliche oder juristische Person oder eine rechtsfähige Personenhandelsgesellschaft, die bei Abschluss eines Rechtsgeschäfts in Ausübung

---

564 BAG, Urteil vom 1. 3. 2006 - 5 AZR 363/05, NZA 2006, 746, 747; *Grüneberg*, in: Palandt, § 305 BGB Rn. 9.

565 *Deinert*, in: D/B/D, AGB-Kontrolle im Arbeitsrecht, § 305 BGB Rn. 15.

566 *Deinert*, in: D/B/D, AGB-Kontrolle im Arbeitsrecht, § 305 BGB Rn. 16.

ihrer gewerblichen oder selbständigen beruflichen Tätigkeit handelt. Da dem Arbeitgeber in Fall 1 diese Eigenschaft bei Abschluss des Arbeitsvertrags unproblematisch zukommt,[567] ist allein die Verbrauchereigenschaft des Arbeitnehmers fraglich. Diese Frage ist nach dem Inkrafttreten des Gesetzes zur Modernisierung des Schuldrechts am 1. Januar 2002 in der Literatur ausführlich und intensiv diskutiert worden.[568] Sowohl das BAG[569] als auch das BVerfG[570] haben die Verbrauchereigenschaft des Arbeitnehmers grundsätzlich bejaht. Infolgedessen ist die Streitfrage zumindest für die Praxis entschieden. Der Arbeitnehmer handelt demnach auch dann als Verbraucher, wenn mit ihm ein Arbeitsvertrag geschlossen, geändert oder aufgehoben wird.[571]

---

567 Da der deutsche Gesetzgeber sich für einen weite Definition des Unternehmers entschieden hat, erfüllen fast alle Arbeitgeber bei Abschluss des Arbeitsvertrags diese Voraussetzungen. Ausnahmen bestehen nur bei Beschäftigungen zu rein privaten Zwecken, z.B. bei der Einstellung einer Haushaltshilfe oder eines Gärtners zur Pflege des privaten Gartens, vgl. *Däubler*, in D/B/D, AGB-Kontrolle im Arbeitsrecht, Einleitung Rn. 74; *Günther*, AGB-Kontrolle von Arbeitsverträgen, S. 67.

568 Vor Klärung dieser Frage durch die Rspr. für die Verbrauchereigenschaft des Arbeitnehmers bei Abschluss des Arbeitsvertrags u.a. *Diehn*, NZA 2004, 129, 130; *Lakies*, NZA-RR 2002, 337, 343; *Gotthardt*, ZIP 2002, 277, 278; *Thüsing*, BB 2002, 2666, 2668; *Hümmerich/Holthausen*, NZA 2002, 173, 178; *Däubler*, NZA 2001, 1329, 1333; dagegen *Annuß*, NJW 2002, 2844, 2845 ff.; *Henssler*, RdA 2002, 129, 133; *Richardi*, NZA 2002, 1004, 1009; *Hromadka*, NJW 2002, 2523, 2524; *Bauer/Kock*, DB 2002, 42, 44; *Lingemann*, NZA 2002, 181, 184.

569 BAG, Urteil vom 25. 5. 2005 - 5 AZR 572/04, NZA 2005, 1111, 1115.

570 BVerfG, Beschluss vom 23. 11. 2006 - 1 BvR 1909/06, NZA 2007, 85, 86.

571 Trotz seiner Verbrauchereigenschaft hat der Arbeitnehmer allerdings nach h.M. kein Recht zum Widerruf eines an seinem Arbeitsplatz geschlossenen Aufhebungsvertrags nach § 312 Abs. 1 Satz 1 BGB, vgl. BAG, Urteil vom 27. 11. 2003 - 2 AZR 135/03, NZA 2004, 597, 600; a.A: *Hümmerich/Holthausen*, NZA 2002, 173, 178; *Schleusener*, NZA 2002, 949 ff. Nach Ansicht des BAG sprechen systematische, teleologische und historische Gründe gegen ein Widerrufsrecht. Nach der Überschrift des Gesetzes soll dem Verbraucher ein solches Widerrufsrecht nur im Fall „besondere Vertriebsformen" eingeräumt werden; Arbeits- und Aufhebungsvertrag sind nach Ansicht des BAG aber keine Vertriebsgeschäfte, vgl. BAG, Urteil vom 27. 11. 2003 - 2 AZR 135/03, NZA 2004, 597, 601. Zudem befinde sich der Arbeitnehmer bei Abschluss einer Beendigungsvereinbarung im Betrieb regelmäßig nicht in einer vom Schutzzweck § 312 BGB erfassten Situation, da der Arbeitsplatz typischerweise der Ort sei, an dem die das Arbeitsverhältnis betreffenden Fragen besprochen und geregelt würden, so dass es grundsätzlich am situationstypischen Überraschungsmoment fehle, vgl. BAG, Urteil vom 27. 11. 2003 - 2 AZR 135/03, NZA 2004, 597, 602 f.

bb) Fehlender Einfluss des Arbeitnehmers auf den Inhalt der Vertragsbedingung

Der Arbeitnehmer darf zudem auf Grund der Vorformulierung auf den Inhalt der Vertragsbedingung keinen Einfluss haben. Das Tatbestandsmerkmal des „Einflussnehmens" entspricht dabei nach h.M. dem Begriff des „Aushandelns" i.S.d. § 305 Abs. 1 Satz 2 BGB.[572] Ein Aushandeln i.S.d. Gesetzes erfordert mehr als ein bloßes „Verhandeln" über die Vertragsbedingung; ein Aushandeln liegt vielmehr nur dann vor, wenn der Arbeitgeber den Kerngehalt der vorformulierten Vertragsbedingung ernsthaft zur Disposition stellt und dem Arbeitnehmer die reale Möglichkeit einräumt, die inhaltliche Ausgestaltung der Klausel zu beeinflussen.[573]

Da es sich bei dem Arbeitsvertrag in Fall 1 um einen Verbrauchervertrag handelt und der Arbeitgeber von der Verzichtsbestimmung grundsätzlich nicht abrücken will, kann die fragliche Vertragsbestimmung nach § 310 Abs. 3 Nr. 2 BGB auch dann einer Inhaltskontrolle am Maßstabe der §§ 307 ff. BGB unterzogen werden, wenn sie nur zur einmaligen Verwendung bestimmt sein sollte. Die erforderliche Bereitschaft zur Änderung der Verzichtsvereinbarung würde in Fall 1 nicht vorliegen, wenn der Arbeitgeber die Akzeptanz der Bestimmung zur Voraussetzung für den Abschluss des Arbeitsvertrags machen würde.[574]

4. „Stellen" der Vertragsbedingung

a) Grundsatz

Eine Vertragsbedingung ist vom Verwender gestellt, wenn sie auf Veranlassung des Verwenders in den Vertrag einbezogen werden, also dem Verwendungsgegner einseitig auferlegt werden soll.[575] Dazu muss der Arbeitgeber dem Arbeitnehmer ein konkretes Angebot zur Einbeziehung machen.[576] Die Initiative zur Aufnahme der entsprechenden Vertragsbestimmung muss grundsätzlich vom Arbeitgeber ausgehen. Geht das Einbeziehungsangebot dagegen von einem Dritten aus, sind die Voraussetzungen des § 305 Abs. 1 Satz 1 BGB in der Regel nicht erfüllt. Etwas anderes gilt aber dann, wenn zwar eine dritte Partei die Klausel

---

572 *Preis*, in: ErfK, §§ 305-310 BGB Rn. 24; *Gotthardt*, in: H/W/K, § 310 BGB Rn. 6; a.A. *Ulmer/Schäfer*, in: U/B/H, § 310 BGB Rn. 85.

573 BGH, Urteil vom 3. 11. 1999 - VIII ZR 269/98, NJW 2000, 1110, 1111; *Basedow*, in: MüKo, § 305 BGB Rn. 35; *Deinert*, in: D/B/D, AGB-Kontrolle im Arbeitsrecht, § 305 BGB Rn. 24.

574 *Deinert*, in: D/B/D, AGB-Kontrolle im Arbeitsrecht, § 305 BGB Rn. 23.

575 *Basedow*, in: MüKo, § 305 BGB Rn. 21.

576 *Stoffels*, AGB-Recht, Rn. 132, S. 44; *Deinert*, in: D/B/D, AGB-Kontrolle im Arbeitsrecht, § 305 BGB Rn. 18.

vorformuliert hat, der Arbeitgeber sich aber dieses Handeln deshalb wie eigenes zurechnen lassen muss, weil von ihm die Initiative zur Erstellung der Vertragsbestimmung ausgeht.[577]

Ein Stellen i.S.d. § 305 Abs. 1 Satz 1 BGB kommt in Fall 1 demnach auch dann in Betracht, wenn sich der Arbeitgeber im Vorfeld der Begründung des Arbeitsverhältnisses von einem Rechtsanwalt beraten lässt und dieser im Auftrag des Arbeitgebers vorschlägt, die von ihm entwickelte Verzichtsbestimmung in die künftig abzuschließenden Arbeitsvertrag einzubeziehen.[578]

b) Vermutung des „Stellens", § 310 Abs. 3 Nr. 1 BGB

Gemäß § 310 Abs. 3 Nr. 1 BGB gelten Allgemeine Geschäftsbedingungen bei Verbraucherverträgen als vom Unternehmer gestellt, es sei denn, dass die durch den Verbraucher in den Vertrag eingeführt wurden. Voraussetzung für das Eingreifen der Vermutungswirkung des § 310 Abs. 3 Nr. 1 BGB ist, dass die vorformulierte Vertragsbedingung Inhalt des Arbeitsvertrags geworden ist.[579] Da es sich bei dem Arbeitsvertrag um einen Verbrauchervertrag handelt,[580] wird die Rolle des Verwenders also grundsätzlich gemäß § 310 Abs. 3 Nr. 1 BGB dem Arbeitgeber zugerechnet. Der Arbeitnehmer muss deshalb in einem Rechtsstreit nicht vortragen, dass der Arbeitgeber die Einbeziehung der Vertragsbedingung in den Arbeitsvertrag veranlasst hat.[581] Der Arbeitgeber kann diese Vermutung widerlegen, indem er darlegt und gegebenenfalls beweist, dass die Vertragsbestimmung nicht auf seinen Wunsch hin, sondern auf Initiative des Arbeitnehmers Vertragsinhalt geworden ist.

5. Nicht im Einzelnen ausgehandelt, § 305 Abs. 1 Satz 3 BGB

Nach § 305 Abs. 1 Satz 3 BGB liegen Allgemeine Geschäftsbedingungen nicht vor, soweit die Vertragsbedingungen zwischen den Vertragsparteien im Einzelnen ausgehandelt sind. Diese Regelung ist Ausdruck des Schutzzwecks des Rechts der Allgemeinen Geschäftsbedingungen. Verträge, bei denen der Vertragsmechanismus funktioniert hat, bedürfen grundsätzlich keiner Inhaltskontrolle.[582]

---

577 *Ulmer/Habersack*, in: U/B/H, § 305 BGB Rn. 32a; *Basedow*, in: MüKo, § 305 BGB Rn. 22.

578 *Stoffels*, AGB-Recht, Rn. 136, S. 46; *Deinert*, in: D/B/D, AGB-Kontrolle im Arbeitsrecht, § 305 BGB Rn. 19.

579 *Deinert*, in: D/B/D, AGB-Kontrolle im Arbeitsrecht, § 305 BGB Rn. 18.

580 Vgl. oben A. II. 3. b) aa).

581 *Deinert*, in: D/B/D, AGB-Kontrolle im Arbeitsrecht, § 310 BGB Rn. 5.

582 Vgl. zum Schutzzweck des Rechts der Allgemeinen Geschäftsbedingungen ausführlich unten § 9 A. II. 1.

In Fall 1 handelt es sich nicht um eine solche kontrollfreie Individualabrede, da der Arbeitgeber die Klausel dem Arbeitsvertrag einseitig zugrunde legt und nicht zur Änderung ihres materiellen Regelungsgehalts bereit ist.

III. Einbeziehung der Verzichtsklausel in den Arbeitsvertrag

1. Ausschluss der Verzichtsklausel als überraschende Klausel, § 305c Abs. 1 BGB

Gemäß § 305c Abs. 1 BGB werden Bestimmungen in Allgemeinen Geschäftsbedingungen, die nach den Umständen, insbesondere nach dem äußeren Erscheinungsbild des Vertrags, so ungewöhnlich sind, dass der Vertragspartner des Verwenders mit ihnen nicht zu rechnen braucht, nicht Vertragsbestandteil. Möglicherweise handelt es sich bei der Verzichtsklausel in Fall 1 um eine (inhaltlich) derart ungewöhnliche arbeitsvertragliche Regelung, dass der Arbeitnehmer sie wegen ihres Überraschungscharakters nicht erwarten musste und sie deshalb nicht Bestandteil des Arbeitsvertrags wird.

a) Tatbestandliche Voraussetzungen für überraschende Klauseln

Für das Vorliegen einer überraschenden Klausel müssen nach h.M. zwei Voraussetzungen erfüllt sein. Die Vertragsbestimmung muss zum einen objektiv ungewöhnlich sein,[583] wobei sich diese Eigenschaft nach dem Gesetzeswortlaut insbesondere anhand des äußeren Erscheinungsbilds des Vertrags bestimmt. Entgegen des missverständlichen Wortlauts zielte der Gesetzgeber mit der Betonung des äußeren Erscheinungsbilds des Vertrags nicht auf die formale Gestaltung der Allgemeinen Geschäftsbedingungen, sondern auf den Vertragstyp, mit dem der Kunde aufgrund aller Umstände bei Vertragsschluss rechnet oder rechnen konnte.[584] Der Gesetzgeber bezweckte damit, die Fallgruppe der atypischen Vertragsbedingungen, die den Vertragscharakter insgesamt in Frage stellen, in den Vordergrund des Anwendungsbereichs zu rücken.[585]

Zum anderen muss die Klausel in subjektiver Hinsicht einen „Überrumpelungseffekt“ haben, weil zwischen ihrem tatsächlichen Inhalt und der Erwartung des Arbeitnehmers eine deutliche Diskrepanz besteht.[586] Die Erwartungshaltung

---

583 *Grüneberg*, in: Palandt, § 305c BGB Rn. 3; *Stoffels*, AGB-Recht, S. 112, Rn. 336.

584 BT-Drucks. 7/3919, S. 19.

585 *Ulmer/Schäfer*, in: U/B/H, § 305c BGB Rn. 18; a.A. *Schlosser*, in: Staudinger, § 305c BGB Rn. 12.

586 BGH, Urteil vom 10. 11. 1989 - V ZR 201/88, NJW 1990, 576, 577; *Grüneberg*, in: Palandt, § 305c BGB Rn. 4; *Basedow*, in: MüKo, § 305c BGB Rn. 10; *Stoffels*, AGB-Recht, S. 112, Rn. 337.

des Verwendungsgegners bestimmt sich dabei nach einem generellen Maßstab.[587] Maßgeblich sind deshalb die Verständnismöglichkeiten des typischerweise bei Verträgen der geregelten Art zu erwartenden Durchschnittskunden,[588] bei Arbeitsverträgen also des typischerweise zu erwartenden Arbeitnehmers.[589] Dieser generelle Maßstab kann durch die konkreten Umstände bei Vertragsschluss beeinflusst werden, insbesondere kann der Verwender den Überraschungscharakter einer Klausel ausschließen, indem er den Kunden auf die ungewöhnliche Klausel in eindeutiger Weise hinweist.[590]

b) Beispiele für überraschende Klauseln

Betrachtet man die Sachverhalte, in denen die Rspr. die Regelung des § 305c BGB bzw. die inhaltsgleiche Vorgängerregelung des § 3 AGBG herangezogen hat, zeigt sich, dass die Vorschrift einen sehr heterogenen Anwendungsbereich hat.[591]

Eine den Verwendungsgegner überraschende Wirkung haben vor allem solche Vertragsbestimmungen, die neben der eigentlichen Hauptleistungspflicht eine zusätzliche, völlig anders geartete Hauptleistungspflicht begründen oder die Hauptleistungspflicht derart modifizieren sollen, dass sie den Erwartungen, die ein durchschnittlicher Verwendungsgegner mit dem Vertragstyp verbindet, nicht mehr entsprechen.[592] Beispiele für Klauseln, die das Entstehen einer zusätzlichen Hauptleistungspflicht bezwecken, sind die in der Gesetzesbegründung genannte Regelung in einem Kaufvertrag über eine Kaffeemaschine, die den Käufer neben der Zahlung des Kaufpreises zu einem Bezug von Kaffee verpflichtet oder die Klausel in einem Vertrag, der die Vermietung von Berufsbekleidung zum Gegenstand hat, wonach der Mieter nach Ablauf der Mietzeit zum Erwerb der Mietsache verpflichtet ist.[593] Eine nach § 305c Abs. 1 BGB überraschende Modifikation der Hauptleistungspflicht eines Vertrags ist die Erweiterung der

587 *Ulmer/Schäfer*, in: U/B/H, § 305c BGB Rn. 13.

588 BGH, Urteil vom 30. 6. 1995 - V ZR 184/94, NJW 1995, 2637, 2638; BGH, Urteil vom 30. 10. 1987 - V ZR 174/86, NJW 1988, 558, 560.

589 Trotz dieses typisierten Maßstabs spricht nichts dagegen, gruppenspezifisches Sonderwissen zu berücksichtigen, vgl. *Däubler*, in: D/B/D, § 305c BGB Rn. 13.

590 *Ulmer/Schäfer*, in: U/B/H, § 305c BGB Rn. 23; *Schmidt*, in: BeckOK BGB, § 305c BGB Rn. 19.

591 *Schmidt-Salzer*, in: FS für Trinkner, S. 361, 374; vgl. zu den einzelnen Fallgruppen ausführlich *Ulmer/Schäfer*, in: U/B/H, § 305c BGB Rn. 26 ff.; *Stoffels*, AGB-Recht, S. 113 ff., Rn. 340 ff.; *Schmidt-Salzer*, in: FS für Trinkner, S. 361, 371 ff.

592 *Stoffels*, AGB-Recht, S. 113, Rn. 340.

593 BT-Drucks. 7/3919, S. 19.

Haftung des Bürgen auf alle bereits begründeten oder künftig entstehenden, vom eigentlichen Anlass des Bürgschaftsvertrags unabhängigen Schulden des Hauptschuldners.[594] Daneben spielt § 305c Abs. 1 BGB bei Vertragsbestimmungen eine große Rolle, die im Vertragstext an einer für den Kunden unerwarteten Stelle auftauchen.[595]

Trotz dieses vielschichtigen Anwendungsbereichs ist aber eine Gemeinsamkeit erkennbar, die sich wie ein roter Faden durch die einzelnen Fallgruppen zieht. In allen Fällen besteht zumindest eine gewisse Nähe zum objektiven Tatbestand der arglistigen Täuschung, wenn nicht sogar die Umstände, die für das Vorliegen einer überraschenden Klausel sprechen, die Anfechtbarkeit des Vertrags nach § 123 Abs. 1 Var. 1 BGB tatsächlich rechtfertigen würden. Dementsprechend ist auch nach der Intention des Gesetzgebers der Zweck des Ausschlusses überraschender Klauseln, eine Täuschung des Vertragspartners des Verwenders durch versteckte Modifikationen des Vertrags, die mit dessen durch die Umstände bei Vertragsschlusses begründeten Erwartungen deutlich in Widerspruchs stehen, zu verhindern.[596] Sehr deutlich wird die einer überraschenden Klausel immanente, „täuschungsähnliche" Abweichung zwischen dem Inhalt der Vertragsbestimmung und dem Erwartungshorizont des Arbeitnehmers anhand der Rspr. des BAG hinsichtlich der bei Beendigung eines Arbeitsverhältnisses üblichen Ausgleichsquittungen. Dabei handelt es sich um die schriftliche Bestätigung des Arbeitnehmers über den Erhalt der Arbeitspapiere, verbunden mit einer Verzichtserklärung hinsichtlich weiterer Ansprüche aus dem Arbeitsverhältnis. Die Ausgleichsquittung ist daher eine kombinierte Willenserklärung aus Quittung und Verzicht.[597] Bei derartigen Vereinbarungen besteht die Gefahr, dass der Arbeitnehmer glaubt, er bestätige lediglich den Ausgleich von Übergabepflichten, ohne zu merken, dass der Arbeitgeber im gleichzeitig einen umfassenden Anspruchsverzicht „unterjubelt".[598]

Aus diesem Grund wird nach Ansicht des BAG ein negatives Schuldanerkenntnis nach § 305c Abs. 1 BGB nicht Vertragsinhalt, das Bestandteil einer

---

594 BGH Urteil vom 18. 5. 1995 - IX ZR 108/94, NJW 1995, 2553, 2554 ff.; BGH, Urteil vom 1. 6. 1994 - XI ZR 133/93, NJW 1994, 2145.

595 *Ulmer/Schäfer*, in: U/B/H, § 305c BGB Rn. 17; *Stoffels*, AGB-Recht, S. 115, Rn. 343.

596 BT-Drucks. 7/3919, S. 19.

597 *Rolfs*, in: Preis, Der Arbeitsvertrag, II V 50, Rn. 2.

598 *Preis/Bleser/Rauf*, DB 2006, 2812, 2813. *Preis/Bleser/Rauf* weisen auf ein Urteil des LAG Düsseldorf vom 13. 04. 2005 - 12 Sa 154/05, DB 2005, 1463 ff. hin, in der das Gericht eine solche Ausgleichquittung mit einem „Trojaner" vergleicht, vgl. *Preis/Bleser/Rauf*, DB 2006, 2812, 2813.

Urkunde ist, die ohne Hinweis auf die Verzichtserklärung mit "Rückgabe Ihrer Unterlagen" überschrieben und in der das negative Schuldanerkenntnis drucktechnisch nicht besonders hervorgehoben ist. Um den von dieser äußeren Vertragsgestaltung ausgehenden Überrumpelungseffekt zu vermeiden, müsse das negative Schuldanerkenntnis durch Schriftart, Schriftgröße, Fettdruck oder Unterstreichungen vom übrigen Vertragsinhalt deutlich abgehoben werden.[599] Der Überrumpelungseffekt, der von einer solchen Vertragsbestimmung ausgeht, kann also durch eine sorgfältigen Trennung von Bestätigungs- und Verzichtserklärung vermieden werden,[600] die dem Arbeitnehmer deutlich vor Augen führt, dass er mit der Unterzeichnung der Ausgleichquittung auf weitere Ansprüche aus dem Arbeitsverhältnis unwiderruflich verzichtet.

c) Überraschungscharakter der Verzichtsklausel

Vergleicht man die in der Ausgleichsquittung enthaltene Verzichtsklausel mit der in Fall 1 vom Arbeitgeber verwendete Allgemeinen Geschäftsbedingung, nach der der Arbeitnehmer auf sein künftiges Widerspruchsrecht verzichtet, wird deutlich, dass letztere nicht die für den Überraschungseinwand erforderliche objektive Ungewöhnlichkeit aufweist.

aa) Formales Überraschungsmoment

Ein Arbeitnehmer, der die oben genannten überraschende Ausgleichsquittung unterzeichnet, denkt, er quittiere lediglich den Erhalt bestimmter Unterlagen, gebe also eine reine Wissenserklärung ab.[601] Tatsächlich verzichtet der Arbeitnehmer aber zugleich auf bestimmte Ansprüche, gibt also die für den Abschluss des negativen Schuldanerkenntnisses notwendige rechtsgeschäftliche Willenserklärung ab. Die Ungewöhnlichkeit folgt im Ausgleichsquittungsfall aus dem irreführenden Standort der Klausel.

Im Gegensatz dazu erliegt der Arbeitnehmer in Fall 1 keinem Irrtum über die rechtliche Tragweite seines Handelns. Die Verzichtsklausel ist mit einer eigenen Überschrift versehen und dadurch optisch vom übrigen Vertragstext abgehoben. Dem Arbeitnehmer ist aufgrund dieser formalen Vertragsgestaltung bewusst, dass er sein Widerspruchsrecht mit der Unterzeichnung des Arbeitsvertrags endgültig aufgibt und sein Arbeitsverhältnis im Fall eines späteren Betriebsübergangs auf den unbekannten Erwerber des Betriebs oder Betriebsteils übergeht. Die Verzichtsbestimmung im Arbeitsvertrag hat in Fall 1 deshalb nicht

---

599 BAG, Urteil vom 23. 2. 2005 - 4 AZR 139/04, NZA 2005, 1193, 1198 f.

600 *Rolfs*, in: Preis, Der Arbeitsvertrag, II V 50, Rn. 11.

601 Vgl. *Grüneberg*, in: Palandt, § 368 BGB Rn. 2.

die für das Vorliegen einer überraschenden Klausel erforderliche Täuschungsäquivalenz infolge der formalen Vertragsgestaltung.

bb) Inhaltliches Überraschungsmoment

Möglicherweise folgt der überraschende Charakter der arbeitsvertraglichen Verzichtsklausel aber auch ohne ein solches formales Überraschungsmoment daraus, dass der Arbeitnehmer allein aufgrund des ungewöhnlichen materiellen Regelungsinhalts der Klausel, nämlich der Abbedingung von § 613a Abs. 6 BGB, überrumpelt wird. Voraussetzung für die Qualifizierung der Verzichtsklausel als inhaltlich überraschende Vertragsbedingung ist allerdings, dass der Verzicht des Arbeitnehmers auf das Widerspruchsrecht einen so ungewöhnlichen Fremdkörper in einem Arbeitsvertrag darstellt, dass ein durchschnittlicher Arbeitnehmer mit einer solchen Regelung in keinem Fall rechnen kann.

Dagegen spricht, dass Klauseln im Arbeitsvertrag, nach denen der Arbeitnehmer bereits mit Abschluss des Arbeitsvertrags einem zukünftigen Arbeitgeberwechsels zustimmt, nicht völlig ungewöhnlich sind, wie das Beispiel der Konzernversetzungsklausel zeigt. Konzernversetzungsklauseln sollen es dem Arbeitgeber ermöglichen, den Arbeitnehmer dauerhaft zu einem anderen Konzernunternehmen zu versetzen, um flexibel auf den jeweiligen Arbeitskräftebedarf innerhalb des Konzerns reagieren zu können. Dabei kommt es stets zu einem konzerninternen Arbeitgeberwechsel, da die vertragliche Verbindung mit dem Einstellungsunternehmen bei einer dauerhaften Versetzung anders als bei einer nur vorübergehenden Abordnung gelöst und ein neues Arbeitsverhältnis mit dem anderen Konzernunternehmen begründet werden muss.[602] Diesen Arbeitgeberwechsel kann das Einstellungsunternehmen nicht einseitig aufgrund seines allgemeinen Direktionsrechts vornehmen, da der Arbeitnehmer im Arbeitsvertrag nur das Einstellungsunternehmen, nicht aber ein anderes beliebiges, rechtlich selbständiges Konzernunternehmen als Arbeitgeber anerkannt hat.[603] Unabhängig davon, unter welchen Voraussetzungen derartige Klauseln einer Inhaltskontrolle standhalten,[604] vermag jedenfalls allein die Anordnung eines zukünftigen Arbeitgeberwechsels innerhalb des Konzerns den Überraschungscharakter der Versetzungsklausel nicht zu begründen.[605]

---

602 *Maschmann*, RdA 1996, 24, 32.

603 *Maschmann*, RdA 1996, 24, 32.

604 Vgl. hierzu ausführlich *Preis*, in: Preis, Der Arbeitsvertrag, II D 30, Rn. 211 ff.

605 Vgl. die Entscheidung des BAG vom 13. 4. 2010 - 9 AZR 36/09, AP Nr. 45 zu § 307 BGB, in der das Gericht offen lässt, ob eine Konzernversetzungsklausel einer Kontrolle am Maßstab der §§ 307 ff. standhält, also inzident das Vorliegen einer

Gegen die Übertragung dieser Grundsätze auf die arbeitsvertragliche Verzichtsklausel spricht nicht, dass der Arbeitnehmer bei einer Konzernversetzungsklausel im Gegensatz zum Verzicht auf das Widerspruchsrecht im Zeitpunkt des Vertragsschlusses zumindest auf das Kriterium der Konzernzugehörigkeit als Eingrenzungshilfe zur Bestimmung der in Betracht kommenden Arbeitgeber zurückgreifen kann. Denn ein Konzern hat in der Regel keine statische Struktur, vielmehr treten typischerweise im Laufe der Zeit neue Unternehmen in den Konzernverbund ein, während andere ausscheiden, so dass eine genaue Bezeichnung der potentiell als Arbeitgeber in Betracht kommenden Konzernunternehmen kaum möglich ist.[606] Die Verzichtsklausel begründet auch weder eine zusätzliche Hauptleistungspflicht des Arbeitnehmers, die den eigentlichen Gegenstand des Vertrags in Frage stellt, noch modifiziert sie eine Hauptleistungspflicht derart, dass der Vertrag abweichend von seinem äußeren Erscheinungsbild ein völlig anderes rechtliches Gepräge als das des Arbeitsvertrags erhält.

Schließlich ist zu berücksichtigen, dass die arbeitsvertragliche Abbedingung des Widerspruchsrecht in systematischer Hinsicht eher im Bereich der Inhalts- als der (negativen) Einbeziehungskontrolle zu verorten ist, da der Schwerpunkt der Prüfung auf der Vereinbarkeit der arbeitsvertraglichen Abbedingung des Widerspruchsrechts mit dem materiellen Recht liegt. Zwar hat der BGH in zahlreichen Entscheidungen Allgemeine Geschäftsbedingungen wegen ihres Inhalts sowohl als überraschend iSd. § 305c Abs. 1 BGB als auch als unangemessene Benachteiligung iSd. § 307 Abs. 1 BGB angesehen.[607] In der Tat ist nicht von der Hand zu weisen, dass es zu Überschneidungen im Anwendungsbereich der beiden Vorschriften kommen kann.[608] Eine überraschende Klausel wird in vielen Fällen auch eine den Kunden inhaltlich unangemessen benachteiligende

---

überraschenden Klausel verneint; in diesem Sinn auch *Däubler*, in: D/B/D, AGB-Kontrolle im Arbeitsrecht, § 309 Nr. 10 BGB Rn. 2.

606 *Tödtmann*, in: Maschmann, Rigidität und Flexibilität im Arbeitsrecht, S. 31, 46. Nicht ausgeschlossen erscheint, dass die Rspr. eine Konzernversetzungsklausel aus diesem Grund für intransparent halten würde, vgl. *Tödtmann*, a.a.O., S. 31, 45 f.

607 Vgl. z.B. BGH, Urteil vom 10. 9. 2002 - XI ZR 305/01, NJW 2002, 3627; BGH, Urteil vom 17. 1. 1990 - VIII ZR 292/88, NJW 1990, 2065, 2067.

608 Von der reinen Prüfungslogik her hat § 305c Abs. 1 BGB Vorrang, weil es keinen Grund gibt, eine nicht in den Vertrag einbezogene Klausel auf ihre Wirksamkeit zu überprüfen. Im Verbandsklageverfahren stellt sich die Konkurrenzproblematik nicht, da der Prüfungsmaßstab dabei nach § 1 UKlaG auf die §§ 307 bis 309 BGB beschränkt ist. Der Grund dafür ist, dass im Rahmen des § 305c Abs. 1 BGB für die Beurteilung des Überraschungsmoments auch immer die konkreten Erwartungen

Regelung enthalten.[609] Dennoch haben Einbeziehungs- und Inhaltskontrolle grundsätzlich eigenständige, voneinander abgrenzbare Anwendungsbereiche. Die Trennungslinie zwischen den beiden Kontrollinstrumenten wird deutlich, wenn man sich den Zweck des Ausschlusses überraschender Klauseln vom Vertragsinhalt einerseits und der Kontrolle des Inhalts von AGB andererseits ins Gedächtnis ruft. § 305c Abs. 1 BGB ist von seiner Funktion her ein Filter für die Einbeziehung derjenigen AGB in den Vertrag, die anschließend einer Inhalts- und/oder Transparenzkontrolle unterzogen werden sollen.[610] Entsprechend dieser Zielsetzung soll § 305c Abs. 1 BGB diejenigen Klauseln vom übrigen Vertragsinhalt aussieben, deren Einbeziehung in den Vertrag allein wegen ihres treuwidrigen Überraschungscharakters nicht gerechtfertigt ist, ohne dass es darauf ankommt, ob sie im Übrigen rechtmäßig sind oder nicht. Der Verwendungsgegner soll sich darauf verlassen können, „dass sich die einzelnen Regelungen im großen und ganzen im Rahmen dessen halten, was nach den Umständen bei Abschluss des Vertrags erwartet werden kann"[611].

Die Regelungen der Inhaltskontrolle dienen dagegen der Überprüfung von AGB auf ihre Vereinbarkeit mit den zwingenden Vorgaben des materiellen Rechts.[612] Um der hinsichtlich der Frage der inhaltlichen Rechtmäßigkeit einer Klausel sachnäheren Inhaltskontrolle nicht zu viel Raum zu nehmen, ist § 305c Abs. 1 BGB in dem Bereich, in dem es zu Überschneidungen mit den §§ 307 ff. BGB kommt, eher restriktiv anzuwenden; an das Vorliegen seiner tatbestandlichen Voraussetzungen sind in diesem Fall strenge Anforderungen zu stellen.[613]

---

des Vertragspartners eine Rolle spielen, die nur im Individualprozess berücksichtigt werden können, vgl. *Basedow*, in: MüKo, § 305c BGB Rn. 4.

609 *Basedow*, in: MüKo, § 305c BGB Rn. 3; *Ulmer/Schäfer*, in: U/B/H, § 305c BGB Rn. 5; *Stoffels*, AGB-Recht, S. 109, Rn. 330. Insbesondere im Fall der Unterbringung einer Klausel an einer unerwarteten Stelle ist es aber möglich, dass die Klausel den Verwendungsgegner überrascht, aber nicht zwingend inhaltlich unangemessen benachteiligen muss.

610 *Stoffels*, AGB-Recht, S. 110, Rn. 330. § 305c Abs. 1 BGB gilt auch in dem Bereich, der gemäß § 307 Abs. 3 Satz 1 der Inhaltskontrolle entzogen ist und nach § 307 Abs. 3 Satz 2 BGB nur einer Transparenzkontrolle unterliegt, vgl. *Ulmer/Schäfer*, in: U/B/H, § 305c BGB Rn. 5.

611 BT-Drucks. 7/3919, S. 19.

612 Es handelt sich also nicht nur um eine bloße Billigkeitskontrolle, vgl. *Fuchs*, in: U/B/H, Vorb. v. § 307 BGB Rn. 2; *Stoffels*, in: AGB-Recht, S. 169 f., Rn. 460.

613 *Stoffels*, AGB-Recht, S. 110, Rn. 330. Gegen eine restriktive Handhabung von § 305c Abs. 1 BGB zugunsten eines umfassenderen Anwendungsbereich von §§ 307-309 BGB *Ulmer/Schäfer*, in: U/B/H, § 305c BGB Rn. 5.

Dies gilt nicht zuletzt deshalb, weil mit der im Rahmen der Inhaltskontrolle vorgenommenen Überprüfung der Wirksamkeit des materiellen Gehalts einer Klausel eine größere Rechtsbefriedungswirkung verbunden ist, als wenn man sich dieser inhaltlichen Auseinandersetzung unter Berufung auf den Überraschungscharakter einer Klausel entzieht.[614] Diese Überlegungen sprechen ebenfalls dafür, nicht schon die Einbeziehung der Verzichtsklausel in den Arbeitsvertrag an § 305c Abs. 1 BGB scheitern zu lassen, sondern sie einer Inhaltskontrolle zu unterziehen und zum Problem der Wirksamkeit der Klausel Stellung zu beziehen.

2. Ergebnis

Der Überraschungscharakter der Verzichtsklausel kann in Fall 1 allenfalls Konsequenz der äußeren Vertragsgestaltung sein, folgt aber nicht allein aus der Abweichung der Vertragsbedingung von § 613a Abs. 6 BGB. Vorbehaltlich einer solchen das Überraschungsmoment begründenden, „täuschungsähnlichen" äußeren Vertragsgestaltung handelt es sich deshalb bei der arbeitsvertraglichen Verzichtsklausel nicht um eine überraschende Klausel iSd. § 305c Abs. 1 BGB.

IV. Inhaltskontrolle der arbeitsvertraglichen Verzichtsklausel

Nachdem geklärt ist, dass die Einbeziehung der Verzichtsklausel in den Arbeitsvertrag nicht an § 305c Abs. 1 BGB scheitert, stellt sich die Frage, ob die Klausel der Inhaltskontrolle standhält. Bevor die Klausel auf ihre Angemessenheit überprüft werden kann, muss allerdings zunächst der normative Vergleichsmaßstab der Inhaltskontrolle konkretisiert werden, um sicher zu sein, dass die arbeitsvertragliche Abbedingung des Widerspruchsrechts überhaupt an diesem Maßstab zu messen ist.

1. Kontrollmaßstab der Inhaltskontrolle

a) Abweichung vom dispositiven Recht in AGB

Wie § 307 Abs. 2 Nr. 1 BGB zeigt, dient die Inhaltskontrolle dazu, die Angemessenheit von Allgemeinen Geschäftsbedingungen zu überprüfen, die vom dispositiven Recht abweichen. Zwingende Normen sind dagegen nach richtiger Ansicht[615] nicht in den Vergleichsmaßstab einzubeziehen. Grund dafür ist, dass

---

614 *Stoffels*, AGB-Recht, S. 109, Rn. 330; in diese Richtung auch *Schlosser*, in: Staudinger, § 305c BGB Rn. 2, der der Meinung ist, tendenziell sollte der Weg der Inhaltskontrolle als „ehrlicherer Weg" beschritten werden.

615 *Fuchs*, in: U/B/H, § 307 BGB Rn. 208; *Grüneberg*, in: Palandt, § 307 BGB Rn. 29; *Coester*, in: Staudinger, § 307 BGB Rn. 232. Die insbesondere von der Rspr. vertretene Gegenansicht bezieht dagegen auch zwingende Vorschriften

das Ergebnis der Inhaltskontrolle einer Allgemeinen Geschäftsbedingung, die vom zwingenden Recht abweicht, von vornherein feststeht und deshalb sinnlos ist.[616] Eine Allgemeine Geschäftsbedingung, die von zwingenden Vorschriften abweicht, ist in jedem Fall unwirksam. Dies gilt unabhängig davon, ob diese Rechtsfolge automatisch aus der Natur des zwingenden Rechts selbst[617] oder aus § 134 BGB[618] folgt. Zu prüfen ist deshalb, ob § 613a Abs. 6 BGB im Zeitpunkt der Begründung des Arbeitsverhältnisses zum zwingenden Recht zählt.

b) *Zwingende Wirkung von § 613a Abs. 6 BGB bei Begründung des Arbeitsverhältnisses*

Der Wortlaut von § 613a Abs. 6 BGB enthält keinen Hinweis auf einen zwingenden Charakter der Norm. Wenn die zwingende Wirkung einer Norm im Gesetz nicht ausdrücklich geregelt ist, muss der Normcharakter durch Auslegung ermittelt werden.[619] Zu diesem Zweck muss zunächst die Funktion des zwingenden Rechts bestimmt werden.

---

in den Vergleichsmaßstab des § 307 Abs. 2 Nr. 1 BGB ein, vgl. BGH, Urteil vom 25. 9. 2002 - VIII ZR 253/99, NJW 2003, 290, 293; BGH, Urteil vom 10. 12. 1997 - VIII ZR 107/97, NJW-RR 1998, 629, 630. Grund für diese eigentlich systemwidrige Rspr. ist, dass der Vergleichmaßstab im Verbands-klageverfahren nach dem Wortlaut des § 1 UKlaG auf Verstöße gegen die §§ 307-309 BGB beschränkt ist, die Rspr. es aber für geboten hält, das abstrakte Kontrollverfahren auch auf solche AGB zu erstrecken, die gegen zwingendes Recht verstoßen. Diese grundsätzlich sinnvolle Erweiterung des Verbandsklageverfahrens sollte aber nicht dadurch erreicht werden, dass man eine ohnehin nichtige AGB zusätzlich noch einer Inhaltskontrolle unterzieht. Vielmehr sollte der zu engen Wortlaut des § 1 UKlaG im Wege der teleologischen Extension auch auf Verstöße gegen zwingendes Recht erweitert werden, vgl. *Fuchs*, in: U/B/H, § 307 BGB Rn. 208, *Coester*, in: Staudinger, § 307 BGB Rn. 232; *Stoffels*, AGB-Recht, S. 190, Rn. 507; i.E. auch *Lindacher*, in: W/L/P, § 1 UKlaG Rn. 17 („Erst-Recht-Schluss").

616 Vgl. z.B. BGH, Urteil vom 25. 9. 2002 - VIII ZR 253/99, NJW 2003, 290, 293: Die streitgegenständliche Klausel „ist wegen dieses Verstoßes nach § 134 BGB nichtig und hält schon deshalb der Inhaltskontrolle nicht stand".

617 *Krause*, in: Staudinger, Anh. zu § 310 BGB, Rn. 22 f.; *Armbrüster*, in: MüKo, § 134 BGB Rn. 3; *Medicus*, AT, § 43 Rn. 646; *Flume*, AT II, S. 342 f.; *Wolf/Neuner*, AT, § 45 Rn. 4; vgl. auch *Stoffels*, AGB-Recht, S. 190, Rn. 507.

618 BGH, Urteil vom 3. 7. 2003 - III ZR 348/02, NJW 2003, 2906, 2907.

619 *Ulrici*, JuS 2005, 1073, 1074.

aa) Funktion des zwingenden Rechts

In manchen Fällen kommt die Funktion des zwingenden Rechts unmittelbar im Gesetzeswortlaut zum Ausdruck. Gemäß § 12 EFZG kann z.B. von den Vorschriften des EFZG grundsätzlich nicht zuungunsten des Arbeitnehmers abgewichen werden. Noch deutlicher ist die Funktionsweise in § 536 Abs. 4 BGB formuliert. Danach ist eine Vereinbarung, die bei einem Mietverhältnis über Wohnraum zum Nachteil des Mieters von dessen Minderungsrecht abweicht, unwirksam. Dies macht deutlich, dass die Unwirksamkeit eines Rechtsgeschäfts, das von zwingenden Vorschriften abweicht, nicht wie z.T. angenommen aus § 134 BGB folgt. Das zwingende Recht begrenzt vielmehr selbst die Befugnis zur privatautonomen Gestaltung von Rechtsverhältnissen.[620] Vertragliche Abreden, die gegen zwingendes Recht verstoßen, sind automatisch unwirksam.[621] Zwingende Normen zielen also darauf, die privatautonome Gestaltung von Rechtsbeziehungen in einem bestimmten Bereich auszuschließen.[622] Speziell im Arbeitsrecht existiert eine Vielzahl zwingender Vorschriften.[623] Grund dafür ist, dass der Arbeitnehmer grundsätzlich strukturell unterlegen und deshalb besonders schutzwürdig ist.[624] Bereits in der Begründungsphase eines Arbeitsverhältnisses besteht die Gefahr, dass der Arbeitnehmer aus Sorge um seinen Arbeitsplatz auch unangemessene Vertragsbedingungen akzeptieren könnte. Der Arbeitnehmer wird deshalb durch das zwingende Recht gewissermaßen „vor sich selbst" geschützt.

Bezogen auf den Rechtsverzicht bedeutet die zwingende Wirkung, dass der Rechtsinhabers nicht schon vor der Entstehung des Rechts darauf verzichten kann. Nicht gesagt ist damit, dass der Arbeitnehmer generell nicht auf die betreffende Rechtsposition verzichten kann. Ein Beispiel dafür ist der Verzicht auf den gesetzlichen Kündigungsschutz. Da der Kündigungsschutz zwingendes Recht ist,[625] kann der Arbeitnehmer nicht vor Ausspruch einer Kündigung auf den

620 *Krause*, in: Staudinger, Anh. zu § 310 BGB, Rn. 22; *Flume*, AT II, S. 342 f.; *Wolf/Neuner*, AT, § 45 Rn. 4.

621 *Krause*, in: Staudinger, Anh. zu § 310 BGB, Rn. 23.

622 *Medicus*, AT, § 43 Rn. 646.

623 Vgl. nur §§ 12 EFZG, 22 TzBfG.

624 Das Kriterium der strukturellen Unterlegenheit trifft allerdings nicht auf jedes Arbeitsverhältnis zu. Vgl. zum Problem der „unternehmerähnlichen Arbeitnehmer" (z.B. Topverdiener, Spitzensportler) *Bauer/von Medem*, NZA 2013, 1233 ff.; *Bayreuther*, NZA 2013, 1238 ff.

625 *Dörner/Vossen*, in: A/P/S, § 1 KSchG Rn. 5; *Dörner/Vossen*, in: A/P/S, § 626 Rn. 7.

Kündigungsschutz verzichten.[626] Nach Zugang der Kündigung ist ein solcher Verzicht dagegen möglich. Dies folgt bereits daraus, dass es dem Arbeitnehmer freisteht, ob er die Kündigung akzeptiert oder sich dagegen mit einer Kündigungsschutzklage zur Wehr setzt.[627] Zu prüfen ist deshalb, ob § 613a Abs. 6 BGB im Zeitpunkt der Begründung des Arbeitsverhältnisses der rechtsgeschäftlichen Gestaltungsmacht der Arbeitsvertragsparteien entzogen ist. Entscheidend dafür ist der Schutzzweck des Widerspruchsrechts.

bb) Schutzzweck des Widerspruchsrechts

Der wesentliche Grundgedanke des Widerspruchsrechts ist, den Arbeitnehmer vor der Aufdrängung eines von ihm nicht gewählten Arbeitgebers zu schützen. Das von der Berufsfreiheit umfasste Recht des Arbeitnehmers, seinen Arbeitgeber frei zu wählen, wird nicht nur bei der Suche nach einem geeigneten Arbeitsplatz relevant, sondern aktualisiert sich auch bei einem Betriebsübergang. Die Wahlfreiheit ist dabei nur auf die Auswahl zwischen zwei möglichen Arbeitgebern verengt. Der Gesetzgeber gewährleistet den verfassungsrechtlich notwendigen Schutz vor Aufdrängung eines Vertragspartners bei einem Betriebsübergang dadurch, dass er dem Arbeitnehmer in § 613a Abs. 6 BGB ein Wahlrecht hinsichtlich seines zukünftigen Arbeitgebers einräumt. Der Arbeitnehmer kann sich entweder für den von ihm ursprünglich gewählten Arbeitgeber entscheiden, indem er das Widerspruchsrecht fristgemäß ausübt. Er kann aber auch den Übergang seines Arbeitsverhältnisses akzeptieren und dadurch den Betriebserwerber als neuen Arbeitgeber wählen. Das Widerspruchsrecht ist eine Ausprägung des Rechts zur freien Wahl des Arbeitgebers und deshalb verfassungsrechtlich wegen Art. 12 Abs. 1 GG geboten.[628]

cc) Vereinbarkeit des arbeitsvertraglichen Verzichts mit dem Schutzzweck des Widerspruchsrechts

Der Verzicht auf das Widerspruchsrecht enthält eine Entscheidung des Arbeitnehmers zugunsten des Betriebserwerbers als neuen Arbeitgeber. Der von Art. 12 Abs. 1 GG gewährleistete Schutz vor Aufdrängung eines Vertragspartners wird deshalb auch in der Verzichtssituation aktuell.[629] Voraussetzung für die

---

626 *Dörner/Vossen*, in: A/P/S, § 1 KSchG Rn. 5; *Griebeling*, in: KR, § 1 KSchG Rn. 31.

627 BAG, Urteil vom 6. 9. 2007 - 2 AZR 722/06, NZA 2008, 219, 220; BAG, Urteil vom 19. 4. 2007 - 2 AZR 208/06, NZA 2007, 1227, 1228.

628 Zum verfassungsrechtlichen Fundament des Widerspruchsrechts ausführlich oben § 1 B. III.

629 Vgl. oben § 1 B. III. 1. b).

Dispositivität des Widerspruchsrechts muss deshalb sein, dass der Arbeitnehmer im Zeitpunkt der Abgabe der Verzichtserklärung ein echtes Wahlrecht zwischen zwei Arbeitgebern hat. Von einem solchen Wahlrecht kann aber im Fall eines Betriebsübergangs erst in dem Zeitpunkt die Rede sein, in dem der Arbeitnehmer zumindest Kenntnis von der Person des Betriebswerbers hat. Erst dann ist es dem Arbeitnehmer möglich, eine Entscheidung unter Abwägung der für die Arbeitgeberwahl relevanten Kriterien[630] zu treffen. Dies ist bei einem arbeitsvertraglichen Verzicht in der Regel nicht der Fall.

Würde man dagegen das Widerspruchsrecht bereits in dem Zeitpunkt als dispositiv ansehen, in dem noch ungewiss ist, ob es in Zukunft überhaupt zu einem Betriebsübergang kommen wird, würde die Rechtsfolge eintreten, vor der § 613a Abs. 6 BGB den Arbeitnehmer schützen will. Der Arbeitnehmer könnte sich in diesem Fall bei einem künftigen Arbeitgeberwechsel nicht mehr gegen die Aufdrängung eines von ihm nicht gewählten Arbeitgebers zur Wehr setzen. Dies ist nicht mit der Berufsfreiheit des Arbeitnehmers vereinbar. Gegen die Dispositivität des Widerspruchsrechts im Zeitpunkt der Begründung des Arbeitsverhältnisses spricht demnach, dass der Arbeitnehmer den Schutz vor Aufdrängung eines nicht frei gewählten Vertragspartners verlöre, ohne Kenntnis von der Person seines möglichen neuen Arbeitgebers zu haben.

2. Ergebnis

§ 613a Abs. 6 BGB ist zumindest solange zwingendes Recht, bis der Arbeitnehmer Kenntnis von der Person des Betriebserwerbers hat.[631] Der arbeitsvertragliche Formularverzicht unterliegt daher mangels Abweichung vom dispositiven Recht nicht der Inhaltskontrolle, sondern ist bereits (ausschließlich) deshalb unwirksam, weil er gegen zwingendes Recht verstößt.[632] Dies gilt nur in dem

630 Vgl. oben § 1 B. III. 1. a).

631 *Grau*, Unterrichtung und Widerspruchsrecht, S. 352 f. und S. 354 Fn. 52 a.E.; a.A. *Müller-Glöge*, in: MüKo, § 613a BGB Rn. 12 (Unwirksamkeit des arbeitsvertraglichen Verzichts nach § 307 BGB).

632 Für die Unwirksamkeit des arbeitsvertraglichen Verzichts im Ergebnis auch die herrschende Ansicht in der Literatur, bis auf *Müller-Glöge* (oben Fn. 635) allerdings weitgehend ohne Nennung der Rechtsgrundlage, aus der sich diese Rechtsfolge ergibt, vgl. *Annuß*, in: Staudinger, § 613a BGB Rn. 326; *Bayreuther*, in: D/F/L, § 613a BGB Rn. 143; *Gussen*, in: BeckOK ArbR, § 613a BGB Rn. 165; *Bauer/von Steinau-Steinrück*, ZIP 2002, 457, 464 f.; *Franzen*, RdA 2002, 258, 268; *B. Gaul/Otto*, DB 2002, 634, 638; *Olbertz/Ungnad*, BB 2004, 213, 217 f.; *Grobys*, BB 2002, 726, 730; *Worzalla*, NZA 2002, 353, 357; *Pietzko*, ZIP 1990, 1105, 1116; *Moll*, NJW 1993, 2016, 2017; *Grau*, Unterrichtung und Widerspruchsrecht, S. 352 f. (arbeitsvertraglicher

Ausnahmefall nicht, dass der Arbeitnehmer die Identität des Betriebserwerbers bereits bei Begründung des Arbeitsverhältnisses kennt.[633]

V. Zusammenfassung von § 8 A.

Eine Allgemeine Geschäftsbedingung des Arbeitgebers, wonach der Arbeitnehmer mit Unterzeichnung des Arbeitsvertrags auf sein Widerspruchsrecht verzichtet, wird Bestandteil des Arbeitsvertrags. Es handelt sich dabei nicht um eine überraschende Klausel iSd. § 305c Abs. 1 BGB.

§ 613a Abs. 6 BGB steht nicht zur Disposition der Arbeitsvertragsparteien, wenn der Arbeitnehmer keine Kenntnis von der Person seines potentiellen neuen Arbeitgeber hat. Da der Arbeitnehmer die Identität des Betriebserwerbers bei Begründung des Arbeitsverhältnisses in der Regel nicht kennt, kann er zu diesem Zeitpunkt nicht wirksam über das Widerspruchsrecht disponieren. Die arbeitsvertragliche Verzichtsklausel weicht deshalb von der zwingenden Vorschrift des § 613a Abs. 6 BGB ab und ist deshalb unwirksam. Eine Inhaltskontrolle der arbeitsvertragliche Verzichtsklausel ist daneben mangels Abweichung vom dispositiven Recht nicht notwendig.

B. Wirksamkeit des individuell ausgehandelten arbeitsvertraglichen Verzichts (Fall 2)

I. Voraussetzungen einer Individualabrede

Gemäß § 305 Abs. 1 Satz 3 BGB handelt es sich nicht um Allgemeine Geschäftsbedingungen, soweit die Vertragsbedingungen zwischen den Vertragsparteien im Einzelnen ausgehandelt sind. Eine solche Individualabrede liegt vor, wenn der Arbeitgeber den gesetzesfremden Kern der Klausel ernsthaft und deutlich zur Disposition des Arbeitnehmers stellt und diesem die Möglichkeit einräumt, den Inhalt der fraglichen Klausel zu beeinflussen.[634] Dies setzt voraus, dass sich

---

Verzicht nach § 134 BGB nichtig); *Menze*, Das Widerspruchsrecht, S. 77 ff.; *Pietzko*, Der Tatbestand des § 613a, S. 295; a.A. *Pottmeyer*, ZfA 1989, 239, 250 f. (allerdings aufgrund des dogmatisch nicht haltbaren Ausgangspunkts, der Widerspruch des Arbeitnehmers stelle die Verweigerung der zum gegen den Übergang des Arbeitsverhältnisses erforderlichen Zustimmung gemäß den §§ 182, 183 BGB dar); *Pröpper*, DB 2000, 2322, 2324 ff.

633 Zur Wirksamkeit eines solchen konkreten Verzichts ausführlich unten § 9.

634 BAG, Urteil vom 15. 9. 2009 - 3 AZR 173/08, NZA 2010, 342, 344; BAG, Urteil vom 27. 7. 2005 - 7 AZR 486/04, NZA 2006, 40, 44; *Preis*, in: ErfK, §§ 305-310 BGB, Rn. 24.

der Arbeitgeber zu einer Änderung der zu treffenden Vereinbarung bereit erklärt.[635] Kann der Arbeitnehmer dagegen keinen Einfluss auf den Inhalt der vorformulierten arbeitsvertraglichen Vereinbarung nehmen, unterliegt diese gemäß § 310 Abs. 3 Nr. 2 BGB selbst dann der Inhaltskontrolle, wenn sie nur zur einmaligen Verwendung bestimmt ist.

II. Kontrollmaßstab für Individualabreden

1. Grundsatz: Keine Inhaltskontrolle von Individualabreden

Das BAG differenzierte in seiner früheren Rspr. hinsichtlich der am Maßstab von § 242 BGB vorgenommenen Inhaltskontrolle arbeitsvertraglicher Regelungen grundsätzlich nicht danach, ob es sich um eine individuell zwischen den Parteien ausgehandelte Klausel oder um eine vom Arbeitgeber vorformulierte, formularmäßige Klausel handelte.[636]

Dieser Standpunkt kann nach der Integration des AGBG in das BGB nicht mehr geteilt werden.[637] Wie die Regelungen der §§ 310 Abs. 3 Nr. 2, 305b und 305 Abs. 1 Satz 3 BGB zeigen, soll der Bereich der privatautonom ausgehandelten Vertragsbedingungen grundsätzlich frei von der richterlichen Inhaltskontrolle bleiben. Da die in den §§ 307 ff. BGB enthaltene Inhaltskontrolle das Gebot von Treu und Glauben abschließend konkretisiert, ist daneben grundsätzlich kein Raum (mehr) für eine allgemeine Billigkeitskontrolle nach § 242 BGB.[638] Grund dafür ist, dass ein individuelles Aushandeln der Vertragsbedingungen zu einer „Richtigkeitsgewähr“[639] oder zumindest einer „Richtigkeitschance“[640] für einen angemessenen Interessenausgleich zwischen den Vertragsparteien führt und dadurch die Gefahr, dass eine Vertragspartei ihre Interessen einseitig auf Kosten der anderen Vertragspartei durchsetzen kann, grundsätzlich ausgeschlossen ist.[641] Eine zusätzliche richterliche Kontrolle des Vertragsinhalts ist deshalb bei Individualvereinbarungen nicht

635 BAG, Urteil vom 15. 9. 2009 - 3 AZR 173/08, NZA 2010, 342, 344; BAG, Urteil vom 27. 7. 2005 - 7 AZR 486/04, NZA 2006, 40, 44.

636 Vgl. etwa BAG, Urteil vom 24. 6. 2004 - 6 AZR 320/03, BeckRS 2004, 41837; *Däubler*, in: D/B/D, AGB-Kontrolle im Arbeitsrecht, Einl. Rn. 26.

637 *Thüsing*, in Graf von Westphalen/Thüsing, Vertragsrecht und AGB-Klauselwerke, Arbeitsverträge, Rn. 43; *Preis*, in: ErfK, §§ 305 310 BGB Rn. 24; a.A *Hromadka*, NJW 2002, 2523, 2525.

638 BAG, Urteil vom 25. 5. 2005 - 5 AZR 572/04, NZA 2005, 1111, 1116.

639 *Schmidt-Rimpler* in: FS für Raiser, S. 3, 6.

640 *Preis*, in: FS für Richardi, S. 339, 342.

641 Vgl. zur vertragstheoretischen Rechtfertigung der Inhaltskontrolle ausführlich unten § 9 A. II. 1.b).

notwendig. Eine Vertragspartei darf infolgedessen eine für sie nach allgemeinen Umständen unangemessene, aber individuell ausgehandelte Regelung bewusst hinnehmen, wenn sie sich von dem Vertrag insgesamt einen Vorteil verspricht.[642] Die äußerste Wirksamkeitsgrenze für im Einzelnen ausgehandelte Vertragsbedingungen sind die zivilrechtlichen Generalklauseln, vor allem die Grenze der Sittenwidrigkeit (§ 138 Abs. 1 BGB).[643] Daneben kann es auch bei Individualabreden - wie bei allen Rechten - nach § 242 BGB treuwidrig sein, sich auf die an sich rechtswirksam vereinbarte Rechtsposition zu berufen (Ausübungskontrolle).[644]

2. Verstoß der Individualabrede gegen zwingendes Recht

Unabhängig davon, dass Individualabreden nicht der Inhaltskontrolle unterliegen, gelten auch für sie die Vorgaben des zwingenden Rechts.[645] § 613a Abs. 6 BGB ist im Zeitpunkt der Begründung des Arbeitsverhältnisses grundsätzlich nicht dispositiv.[646] Ein arbeitsvertraglicher Verzicht ist deshalb unabhängig davon unwirksam, ob es sich um einen formularmäßigen oder individuell ausgehandelten Verzicht handelt.[647]

3. Ergebnis

Der individuell vereinbarte arbeitsvertragliche Verzicht ist ebenso wie der formularmäßige arbeitsvertragliche Verzicht unwirksam, weil er gegen zwingendes Recht verstößt.

III. Zusammenfassung von § 8 B.

Vertragsbedingungen, die individuell ausgehandelt werden, unterliegen keiner Inhaltskontrolle nach den §§ 307 ff. BGB.

Allerdings ist auch bei einem individuell ausgehandelten Verzicht der Schutzzweck des Widerspruchsrechts zu berücksichtigen. Aus diesem Grund ist ein arbeitsvertraglicher Verzicht, der individuell ausgehandelt worden ist, grundsätzlich unwirksam, da er von der zwingenden Vorschrift des § 613a Abs. 6 BGB abweicht.

---

642 BAG, Urteil vom 25. 5. 2005 - 5 AZR 572/04, NZA 2005, 1111, 1116.

643 BAG, Urteil vom 25. 5. 2005 - 5 AZR 572/04, NZA 2005, 1111, 1116; *Preis*, in: ErfK, §§ 305 310 BGB Rn. 24.

644 BAG, Urteil vom 25. 5. 2005 - 5 AZR 572/04, NZA 2005, 1111, 1116; *Preis*, in: ErfK, §§ 305 310 BGB Rn. 24.

645 Vgl. *Krause*, in: Staudinger, Anh zu § 310 BGB, Rn. 23.

646 Vgl. oben A. IV 1 b).

647 *Bayreuther*, in: D/F/L, § 613a BGB Rn. 143.

§ 9 Verzicht auf das Widerspruchsrecht anlässlich eines konkret bevorstehenden Betriebsübergangs

A. Wirksamkeit des formularmäßigen einseitigen Verzichts (Fall 3)

Im Gegensatz zu einem Verzicht, den der Arbeitnehmer in zeitlicher Nähe zur Begründung des Arbeitsverhältnisses erklärt, kennt der Arbeitnehmer in der konkreten Übergangssituation grundsätzlich seinen möglichen neuen Arbeitgeber. Der Arbeitnehmer kann deshalb in diesem Zeitpunkt zwischen zwei Arbeitgebern frei wählen. Aus diesem Grund könnte die Bewertung der Wirksamkeit eines Verzichts angesichts eines konkret bevorstehenden Betriebsübergangs anders ausfallen als die des arbeitsvertraglichen Verzichts.

I. Direkte Anwendbarkeit der §§ 305 ff. BGB

1. Isolierte Verzichtserklärung als Vertragsbedingung

Voraussetzung für das Vorliegen einer Allgemeinen Geschäftsbedingung ist nach § 305 Abs. 1 Satz 1 BGB, dass es sich bei der vom Arbeitgeber vorformulierten Verzichtserklärung des Arbeitnehmers um eine Vertragsbedingung handelt. In Fall 1 und Fall 2 stellt die dingliche Verzichtserklärung eine Vertragsbedingung dar, weil sie Inhalt des Arbeitsvertrags geworden ist. Im Gegensatz zu Fall 1 und 2 ist die Verzichtserklärung des Arbeitnehmers in Fall 3 nicht Inhalt des Arbeitsvertrags, sondern wird vom Arbeitnehmer isoliert vom Arbeitsvertrag auf einem vom Arbeitgeber vorformulierten Formular erklärt. Da die einseitige Verzichtserklärung also in Fall 3 nicht in den Arbeitsvertrag integriert ist, unterliegt der Verzicht möglicherweise mangels Anwendbarkeit der §§ 305 ff. BGB nicht der Inhaltskontrolle.

a) Vorüberlegung

Vertragsbedingungen zielen auf die Regelung des Inhalts von Verträgen.[648]

Unerheblich ist, ob sich um es sich um Bestandteile gegenseitiger, unvollkommen zweiseitiger oder einseitig verpflichtender Verträge handelt.[649]

Bei gegenseitigen Verträgen stehen die beiderseitigen Vertragspflichten in dem von den §§ 320 ff. BGB vorausgesetzten Abhängigkeitsverhältnis zueinander.[650] Unvollkommen zweiseitige Verträge sind solche, bei denen die beiderseitigen Vertragspflichten nicht im Gegenseitigkeitsverhältnis stehen und die für

---

648 *Basedow*, in: MüKo, § 305 BGB Rn. 9; *Stoffels*, AGB-Recht, S. 36, Rn. 109.

649 *Pfeiffer*, in: W/L/P, § 305 BGB Rn. 9.

650 *Grüneberg*, in: Palandt, Einf v § 320 BGB Rn. 5.

den Vertrag charakteristische Leistungspflicht in der Regel nur von einer Partei übernommen wird, wie z.B. bei Leihe oder Auftrag.[651] Ein einseitig verpflichtender Vertrag begründet dagegen nur für eine Partei eine Leistungspflicht, während die andere Partei nur die bei jedem Schuldverhältnis entstehenden Rücksichtnahmepflichten nach § 241 Abs. 2 BGB zu beachten hat.[652] Sollte es sich bei der Verzichtserklärung des Arbeitnehmers in Fall 3 um eine Vertragsbedingung handeln, kann es sich bei dem schuldrechtlichen Vertrag, in den das einseitige Rechtsgeschäft integriert ist, nur um einen einseitig verpflichtenden Vertrag handeln. Denn in diesem Fall würde sich nur der Arbeitnehmer schuldrechtlich zum Verzicht auf das Widerspruchsrecht verpflichten und zeitgleich die dingliche (einseitige) Verzichtserklärung abgeben, während der Arbeitgeber im Gegenzug keine Leistung versprechen würde.

b) Angebot zum Abschluss eines einseitig verpflichtenden Vertrags

Fraglich ist aber, ob der für einen Vertragsschluss erforderliche Antrag zum Abschluss eines schuldrechtlichen Vertrags tatsächlich vorliegt. Allein die Vorformulierung der Verzichtserklärung durch den Arbeitgeber hat nicht die Qualität eines Angebots iSd. § 145 BGB, da es ansonsten keine einseitigen Rechtsgeschäfte des Verwendungsgegners in Allgemeinen Geschäftsbedingungen geben, sondern allein aufgrund der Vorformulierung immer eine Vertragsbedingung vorliegen würde.

Allerdings könnte der Arbeitnehmer dadurch das Angebot zum Abschluss des Verzichtvertrags abgegeben haben, dass er das vorformulierte Formular unterzeichnet.[653] Da der Arbeitnehmer das dingliche Verfügungsgeschäft aber durch einseitiges Willenserklärung vornehmen kann,[654] ist zu prüfen, ob die vom Arbeitnehmer abgegebene Verzichtserklärung tatsächlich darauf gerichtet ist, neben der unproblematisch vorliegenden einseitigen Verzichtserklärung ein zusätzliches schuldrechtliches Vertragsverhältnis zu begründen, dessen Inhalt

651 *Grüneberg*, in: Palandt, Einf v § 320 BGB Rn. 4a.

652 *Grüneberg*, in: Palandt, Einf v § 320 BGB Rn. 4.

653 In diesem Sinn geht auch die Rspr. in den Fällen des Verzichts auf die Erhebung einer Kündigungsschutzklage davon aus, dass der Arbeitnehmer das Angebot zum Abschluss des Klageverzichtsvertrag in Form eines pactum de non petendo mit der Unterzeichung des vom Arbeitgeber vorformulierten Verzichtsformulars ausgeht, die Annahme des Arbeitgebers erfolge nach § 151 Satz 1 BGB, vgl. LAG Köln, Urteil vom 22. 2. 2000 - 13 (10) Sa 1388/99, NZA-RR 2001, 85, 86; LAG Rheinland-Pfalz, Urteil vom 22. 7. 1997 - 4 Sa 294/97, BeckRS 1997, 30769671.

654 Zur Möglichkeit des einseitigen Verzichts oben § 4 C.

die einseitige Verfügung des Arbeitnehmers über das Widerspruchsrecht ist. Da das Angebot eine einseitige, empfangsbedürftige Willenserklärung ist, die auf den Abschluss eines im Zeitpunkt der Abgabe der Willenserklärung noch nicht existierenden Vertrags gerichtet ist, ist es selbst kein einseitiges Rechtsgeschäft.[655] Der Anbietende will nämlich die von ihm beabsichtigte Rechtswirkung nicht allein, sondern nur in Verbindung mit einer übereinstimmenden Erklärung des Annehmenden herbeiführen.[656]

Gegen die Qualifikation der Verzichtserklärung des Arbeitnehmers als Angebot zum Abschluss eines zusätzlichen schuldrechtlichen Verzichtsvertrags spricht, dass der Arbeitnehmer mit der Abgabe der Verzichtserklärung nicht darauf zielt, sich gemeinsam mit dem Arbeitgeber über eine schuldrechtliche Verpflichtung hinsichtlich des dinglichen Verzichts auf das Widerspruchsrecht zu einigen. Denn zum einen ist der Arbeitnehmer für die isolierte Verfügung über sein Widerspruchsrecht nicht auf eine Mitwirkungshandlung des Arbeitgebers in Form der Annahme des Angebots angewiesen. Vielmehr kann der Arbeitnehmer auf das Widerspruchsrecht bereits durch eine einseitige Willenserklärung verzichten. Die Erklärung des Arbeitnehmers muss folglich, um das Widerspruchsrecht zum Erlöschen zu bringen, nicht auf die Begründung eines Vertragsverhältnisses gerichtet sein. Zum anderen ist ein schuldrechtlicher Vertrag aus Sicht des Arbeitnehmers auch deshalb nicht erforderlich, weil er im Gegenzug für den Verzicht keine Gegenleistung des Arbeitgebers erhält. Der Arbeitnehmer hat aus diesem Grund kein Interesse daran, den Arbeitgeber schuldrechtlich zu binden. Deshalb liegt es näher, in der Erklärung des Arbeitnehmers bereits das dingliche Rechtsgeschäft zu sehen, das der Arbeitnehmer einseitig vornimmt.[657]

2. Ergebnis

Eine direkte Anwendung des Rechts der Allgemeinen Geschäftsbedingungen kommt mangels Vorliegens einer Vertragsbedingung in Fall 3 nicht in Betracht. Die Verzichtserklärung des Arbeitnehmers ist nicht auf die Begründung eines (zusätzlichen) Vertragsverhältnisses gerichtet, sondern nur auf die einseitige

---

655 *Flume*, AT II, S. 635.

656 *Busche*, in: MüKo, § 145 BGB Rn. 5.

657 So im Ergebnis auch *Bauer/Günther*, NJW 2008, 1617, 1621 für den Verzicht des Arbeitnehmers auf die Erhebung einer Kündigungsschutzklage, den der Arbeitnehmer einige Tage nach Zugang des Kündigungsschreibens isoliert vom Kündigungsschreiben erklärt.

Verfügung über das Widerspruchsrecht. Sie ist deshalb keine Vertragsbedingung iSd. § 305 Abs. 1 Satz 1 BGB.

II. Analoge Anwendbarkeit der §§ 305 ff. BGB

Möglicherweise unterliegt die vom Arbeitgeber vorformulierte einseitige Verzichtserklärung des Arbeitnehmers der Inhaltskontrolle aber aufgrund einer analogen Anwendung der §§ 305 ff. BGB. Um dies entscheiden zu können, muss zunächst offengelegt werden, weshalb die Definition Allgemeiner Geschäftsbedingungen grundsätzlich nur Vertragsbedingungen, nicht aber einseitige Rechtsgeschäfte erfasst.

1. Schutzzweck des Rechts der Allgemeinen Geschäftsbedingungen

a) Verfassungsrechtlicher Ausgangspunkt

Das Bundesverfassungsgericht betonte die verfassungsrechtliche Gebotenheit einer Kontrolle des Vertragsinhalts erstmals in der *Handelsvertreterentscheidung.*[658] Es geht dabei zunächst von der Prämisse aus, dass die Vertragspartner ihre Rechtsbeziehungen grundsätzlich eigenverantwortlich ohne staatlichen Zwang gestalten dürfen. Der Staat habe die im Rahmen der Privatautonomie getroffenen Regelungen grundsätzlich zu respektieren. Privatautonomie bestehe aber nur im Rahmen der geltenden Gesetze. Solche Schranken seien unentbehrlich, weil Privatautonomie auf dem Prinzip der Selbstbestimmung beruhe. Habe ein Vertragsteil ein so starkes Übergewicht, dass er vertragliche Regelungen faktisch einseitig setzen könne, könne der andere Vertragsteil seine rechtlichen Beziehungen nicht mehr selbstbestimmt regeln, sondern unterliege der Fremdbestimmung des stärkeren Vertragspartners. Das Vertragsrecht allein könne in einem solchen Fall von gestörter Vertragsparität keinen sachgerechten Ausgleich der Interessen gewährleisten. In diesem Fall müssten staatliche Regelungen regulierend eingreifen, um den Grundrechtsschutz der unterlegen Partei zu sichern.[659]

In der *Bürgschaftsentscheidung*[660] bekräftigte das Bundesverfassungsgericht diesen Standpunkt. In dieser Entscheidung konkretisierte es zudem die Voraussetzungen, unter denen ein staatlicher Eingriff in einen privatrechtlichen Vertrag erforderlich ist. Handele es sich um eine typisierbare Fallgestaltung, die eine strukturelle Unterlegenheit des einen Vertragsteils erkennen lasse, und

658 BVerfG, Beschluss vom 7. 2. 1990 - 1 BvR 26/84, BVerfGE 81, 242 ff.

659 BVerfG, Beschluss vom 7. 2. 1990 - 1 BvR 26/84, BVerfGE 81, 242, 254 f.

660 BVerfG, Beschluss vom 19. 10. 1993 - 1 BvR 567/89 u.a., BVerfGE 89, 214 ff.

seien die Folgen des Vertrages für den unterlegenen Vertragsteil ungewöhnlich belastend, so müsse die Zivilrechtsordnung darauf reagieren und Korrekturen ermöglichen. Denn dann habe eine Vertragspartei ein so starkes Übergewicht, dass die einem Vertrag grundsätzlich innewohnende Richtigkeitsgewähr nicht mehr gewährleistet sei. Diese Pflicht folge aus der grundrechtlichen Gewährleistung der Privatautonomie in Art. 2 Abs. 1 GG und dem in Art. 20 Abs. 1, Art. 28 GG verankerten Sozialstaatsprinzip.

Zur Begründung dieser staatlichen Verpflichtung zur Inhaltskontrolle privatrechtlicher Verträge zieht das Bundesverfassungsgericht das Rechtsprinzip der praktischen Konkordanz heran. Am Zivilrechtsverkehr nähmen gleichrangige Grundrechtsträger teil, die unterschiedliche Interessen und vielfach gegenläufige Ziele verfolgten. Da alle Beteiligten des Zivilrechtsverkehrs ihre individuelle Handlungsfreiheit wahrnähmen und sich gleichermaßen auf die grundrechtliche Gewährleistung ihrer Privatautonomie berufen könnten, dürfe nicht das Recht des Stärkeren gelten. Vielmehr seien die kollidierenden Grundrechtspositionen in ihrer Wechselwirkung zu sehen und so zu begrenzen, dass sie für alle Beteiligten möglichst wirksam würden.[661] In den neueren Entscheidungen zur *Überschussbeteiligung*[662] und zum *Rückkaufswert*[663] bestätigte das Bundesverfassungsgericht seine in der Handelsvertreter- und der Bürgschaftsentscheidung entwickelte Rspr.

b) *Vertragstheoretische Rechtfertigung der Inhaltskontrolle*

Ausgehend von diesen Grundsätzen besteht der Zweck der Inhaltskontrolle nach h.M. darin, den Verwendungsgegner vor der mit der Verwendung von Allgemeinen Geschäftsbedingungen typischerweise verbundene Gefahr der einseitigen Inanspruchnahme der Vertragsgestaltungsfreiheit durch den Verwender zu schützen.[664]

661 BVerfG, Beschluss vom 19. 10. 1993 - 1 BvR 567/89 u.a., BVerfGE 89, 214, 232.

662 BVerfG, Urteil vom 26. 7. 2005 - 1 BvR 782/94 u.a., BVerfGE 114, 1 ff.

663 BVerfG, Beschluss vom 15. 2. 2006 - 1 BvR 1317/96, NJW 2006, 1783 ff.

664 BGH, Urteil vom 19. 11. 2009 - III ZR 108/08, NJW 2010, 1277, 1278; BGH, Urteil vom 29. 11. 2002 - V ZR 105/02, NJW 2003, 888, 890; BGH, Urteil vom 24. 5. 1995 - XII ZR 172/94, NJW 1995, 2034, 2035; BGH, Urteil vom 30. 6. 1994 - VII ZR 116/93, NJW 1994, 2825, 2826; *Ulmer/Habersack*, in: U/B/H, Einl., Rn. 48; *Grüneberg*, in: Palandt, Überbl. vor § 305 BGB, Rn. 8; *Stoffels*, AGB-Recht, S., Rn. 89. Aus rechtsökonomischer Sichtweise soll die AGB-Kontrolle dagegen ein „Marktversagen" in Form eines „Qualitätswettlaufs nach unten" verhindern. Für den Kunden lohne es sich nicht, Zeit und Geld zu investieren, um entweder durch Verhandlungen mit dem Verwender eine Abänderung der AGB zu erreichen oder andere

Die in den Regelungen der §§ 305 ff. BGB zum Ausdruck kommende gesetzgeberische Absicht wird offenkundig, wenn man sie im Zusammenhang mit dem Grundrecht der Vertragsfreiheit betrachtet. Die Vertragsfreiheit ist Bestandteil der umfassenderen Privatautonomie, die das zivilrechtliche Pendant zur allgemeinen Handlungsfreiheit ist.[665] Sie wird von Art. 2 Abs. 1 GG gewährleistet und umfasst das Recht, Verträge im Rahmen der zivilrechtlichen Ordnung frei zu schließen und aufzulösen (Abschluss- und Gestaltungsfreiheit).[666] Die Vertragsfreiheit wird dadurch zum maßgeblichen Instrument zur Verwirklichung der Privatautonomie als Selbstbestimmung des Einzelnen im Rechtsleben.[667] Der Vertrag dient dabei als Mittel zur Herstellung eines angemessenen Interessenausgleichs zwischen den beteiligten Parteien. Aus diesem Grund finden die Regelungen der Inhaltskontrolle nur dann Anwendung, wenn das Modell, „durch individuelles Aushandeln von Verträgen zwischen freien, zur rechtsgeschäftlichen Selbstbestimmung fähigen Partnern Vertragsgerechtigkeit zu schaffen“[668], versagt.

Dem Recht der Allgemeinen Geschäftsbedingungen liegt also die Annahme zu Grunde, dass ein Vertrag in der Regel aufgrund seines Wesens und Mechanismus eine „Richtigkeitsgewähr“[669] oder zumindest eine „Richtigkeitschance“[670] hat. *Flume* beschreibt dieses Charakteristikum privatautonom zu Stande gekommener Willensübereinstimmung wie folgt: „Ein Vertrag ist richtig, weil und soweit er von der Selbstbestimmung der Vertragsschließenden getragen

---

Anbieter ausfindig zu machen, deren Vertragsbedingungen für ihn günstigere Regelungen enthalten. Folge dieses Kundenverhaltens sei, dass die auf dem Markt verwendeten Allgemeinen Geschäftsbedingungen den Kunden insgesamt immer mehr benachteiligen würden, da die „Verschlechterung“ seiner AGB dem Verwender Kostenvorteile bringe und andere Anbieter aus Wettbewerbsgründen nach ziehen müssten und ihre AGB deshalb ebenfalls zu Lasten des Kunden verschlechtern würden. Die Inhaltskontrolle von Allgemeinen Geschäftsbedingungen dient damit nach dieser Ansicht dazu, eine Mindestqualität der auf dem Markt vorhandenen AGB zu gewährleisten, vgl. zu dieser rechtsökonomischen Sichtweise *Basedow*, in: MüKo, Vor § 305 BGB Rn. 5 f.; *Schäfer/Ott*, Lehrbuch der ökonomischen Analyse des Zivilrechts, S. 513 ff.; *Kötz*, JuS 2003, 209 ff.; *Köndgen*, NJW 1989, 943, 946 f.

665 *Di Fabio*, in: Maunz/Dürig, Art. 2 GG Rn. 101.

666 BVerfG, Beschluss vom 28. 3. 2007 - 2 BvR 1304/05, NVwZ 2007, 802, 803; *Di Fabio*, in: Maunz/Dürig, Art. 2 GG Rn. 101.

667 *Jarass*, in: Jarass/Pieroth, Art. 2 GG Rn. 22.

668 BT-Drucks. 7/3919, S. 13.

669 *Schmidt-Rimpler* in: FS für Raiser, S. 3, 6.

670 *Preis*, in: FS für Richardi, S. 339, 342.

ist".[671] Während der Vertragsverhandlungen prüfen beide Vertragspartner die Rechtsfolgen des Vertrags darauf, ob sie akzeptabel sind oder nicht. Das Erfordernis des übereinstimmenden Willens zweier Parteien mit gegenläufigen Interessen führt mit großer Wahrscheinlichkeit dazu, dass am Ende der Vertragsverhandlungen ein richtiges Ergebnis im Sinne eines für beide Vertragspartner gerechten Vertragsinhalts steht. Bei einem „unrichtigen" Vertrag würde der Antrag auf Abschluss eines Vertrags dagegen abgelehnt werden.[672] Einen gerechten Ausgleich der widerstreitenden Interessen kann der Vertrag als Ordnungsmittel aber nur dann schaffen, wenn zwischen den Beteiligten ein Gleichgewicht der Kräfte herrscht.[673] Ansonsten besteht die Gefahr, dass der Stärkere seine Interessen einseitig zu Lasten des Schwächeren durchsetzt. Daher ist ein hoheitlicher Eingriff in die privatautonome Sphäre der vertraglichen Ordnung gerechtfertigt, wenn der Vertragsmechanismus aufgrund des Kräfteungleichgewichts zwischen den Vertragsparteien zu oft versagt.[674]

Formuliert ein Vertragspartner die Vertragsbedingungen vor, entzieht er den Inhalt des Vertrags der durch das freie Aushandeln begründeten Richtigkeitsgewähr. Die dadurch hervorgerufene, situative Überlegenheit des Verwenders beruht darauf, dass er die Vertragsbedingungen ohne Zeitdruck und ggf. mit Hilfe fachkundigen Rats in seinem Sinn entwerfen kann, während der Verwendungsgegner in der konkreten Abschlusssituation die Bedeutung der Vertragsbedingungen in der Regel nicht ausreichend erfassen und Änderungsvorschläge machen kann.[675] Das Tatbestandsmerkmal „Vorformulierung für eine Vielzahl von Verträgen" hat deshalb Indizwirkung für das Vorliegen einer die Vertragsfreiheit beeinträchtigenden, überlegenen Verhandlungsmacht des Verwenders.[676] Die Inhaltskontrolle soll die störende Wirkung, die die Vorformulierung der Vertragsbedingungen auf die Vertragsparität hat, sowie die damit verbundene fehlende Richtigkeitsgewähr des Vertragsinhalts kompensieren.[677]

671 AT II, S. 8.

672 *Schmidt-Rimpler*, AcP 147 (1947), S. 130, 156; *ders.*, in: FS für Nipperdey, S. 1, 6; *ders.*, in: FS für Raiser, S. 3, 5 f.

673 *Raiser*, in: FS Deutscher Juristentag Band 1, S. 101, 118.

674 *Schmidt-Rimpler*, AcP 147 (1947), S. 130, 156; *ders.*, in: FS für Raiser, S. 3, 13.

675 *Coester*, in: Staudinger, § 307 BGB Rn. 3; *Stoffels*, AGB-Recht, S. 24, Rn. 83; *Lieb*, AcP 178 (1978), S. 196, 201 f.

676 *Pfeiffer*, in: W/L/P, Einl. Rn. 20; *Preis*, in: FS für Richardi, S. 339, 341.

677 *Ulmer/Habersack* in: U/B/H, Einl., Rn. 48; *Lieb*, AcP 178 (1978), S. 196, 200 ff.

2. Vergleich des formularmäßigen vertraglichen mit dem einseitigen Verzicht

Fraglich ist, ob der Schutzzweck der Inhaltskontrolle auch bei einem formularmäßigen einseitigen Verzicht einschlägig ist.

a) Meinungsspektrum

aa) Herrschende Meinung

Die h.M. geht davon aus, dass die Vorschriften der §§ 305 ff. BGB grundsätzlich auch für einseitige Rechtsgeschäfte des anderen Teils gelten, die auf einer Vorformulierung des Verwenders beruhen.[678] Voraussetzung sei aber, dass die entsprechenden einseitigen Erklärungen im Zusammenhang mit einer vertraglichen Beziehung zwischen Verwender und Verwendungsgegner stehen.[679] Das einseitige Rechtsgeschäft muss demnach nicht zwangsläufig Bestandteil eines Vertrags werden, um einer Inhaltskontrolle unterzogen werden zu können.

Ausschlaggebend für die Anwendbarkeit der §§ 305 ff. BGB auf einseitige Rechtsgeschäfte ist nach h.M. der Schutzzweck des Rechts der Allgemeinen Geschäftsbedingungen. Auch bei der Vorformulierung einseitiger Rechtsgeschäfte des anderen Teils greife der Verwender der vorformulierten Erklärung in die rechtsgeschäftliche Gestaltungsfreiheit des Erklärenden ein. Dieser habe nur Einfluss darauf, ob er die Erklärung überhaupt abgeben will, nicht aber auf ihren Inhalt.[680] Der Schutz des AGB-Rechts dürfe deshalb nicht von der äußerlichen Gestaltung der rechtsgeschäftlichen Beziehungen abhängen.[681]

bb) Mindermeinung

Nach anderer Ansicht ist das Recht der Allgemeinen Geschäftsbedingungen nicht auf einseitige Rechtsgeschäfte anzuwenden.[682] Die Qualifizierung einer Klausel als Vertragsbedingung setze voraus, dass der mit ihr bezweckte recht-

---

678 Für eine direkte Anwendung BGH, Urteil vom 27. 1. 2000 - I ZR 241/97, NJW 2000, 2677; BGH, Urteil vom 9. 4. 1987 - III ZR 84/86, NJW 1987, 2011; BGH, Urteil vom 5. 5. 1986 - II ZR 150/85, NJW 1986, 2428, 2429; *Grüneberg*, in: Palandt, § 305 BGB Rn. 5; *Basedow*, in: MüKo, § 305 BGB Rn. 9. Für eine analoge Anwendung BGH, Urteil vom 16. 3. 1999 - XI ZR 76/98, NJW 1999, 1864; *Schlosser*, in: Staudinger, § 305 BGB Rn. 6; *Stoffels*, AGB-Recht, S. 37 f., Rn. 113; *Ulmer/Habersack*, in: U/B/H, § 305 BGB Rn. 16; *Pfeiffer*, in W/L/P, § 305 BGB Rn. 11.

679 Vgl. nur BGH, Urteil vom 16. 3. 1999 - XI ZR 76/98, NJW 1999, 1864.

680 BGH, Urteil vom 27. 1. 2000 - I ZR 241/97, NJW 2000, 2677.

681 *Stoffels*, AGB-Recht, S. 38, Rn. 113.

682 *Bauer/Günther*, NJW 2008, 1617, 1621; *Lettl*, NJW 2001, 42, 43; *Dietlein*, JZ 1977, 637, 638; *Schippel/Brambring*, DNotZ 1977, 131, 139 f.

liche Erfolg von mindestens zwei übereinstimmenden Willenserklärungen verschiedener Rechtssubjekte abhänge.[683] Zur Begründung beruft sich diese Ansicht zum einen auf eine grammatikalische Auslegung des Gesetzes. Der Begriff „Vertragsbedingung" erfasse nach seinem Wortlaut einseitige Erklärungen gerade nicht.[684] Zumindest die schuldrechtliche Verpflichtung zur Vornahme des einseitigen Rechtsgeschäfts müsse deshalb zwingend Bestandteil eines Vertrags sein.[685] Zum anderen sprächen teleologische Gründe für die Nichtanwendbarkeit des ABG-Rechts auf einseitige Rechtsgeschäfte. Die typischerweise von Allgemeinen Geschäftsbedingungen ausgehenden Gefahr, dass den anderen Teil unangemessen benachteiligende Regelungen durch einseitige Inanspruchnahme rechtsgeschäftlicher Gestaltungsmacht in den Vertrag einbezogen werden, von denen der andere Teil in der Regel keine Kenntnis nimmt, bestehe bei einseitigen Erklärungen nicht.[686]

b) Analyse des Abgrenzungsmerkmals „vertraglicher Zusammenhang"

Zu unterschiedlichen Ergebnissen gelangen die beiden Ansichten bei einseitigen Rechtsgeschäften, die nicht Bestandteil eines Vertrags sind. Während die restriktive Ansicht solche isolierten einseitigen Rechtsgeschäfte vom Anwendungsbereich der §§ 305 ff. BGB ausnimmt, subsumiert die h.M. diese dann unter das Merkmal der Vertragsbedingungen, wenn das einseitige Rechtsgeschäft vom Verwender vorformuliert worden ist und im Zusammenhang mit einer vertragliche Beziehung zwischen Verwender und Verwendungsgegner steht. Zunächst muss deshalb geklärt werden, wann ein derartiger Zusammenhang des einseitigen Rechtsgeschäfts mit einer vertraglichen Beziehung vorliegt. Zu diesem Zweck werden nachfolgend zwei Beispiele aus der Rspr. analysiert.

aa) Einseitiges Rechtsgeschäft in zeitlichem Zusammenhang mit einem Vertragsschluss

In einer Entscheidung des BGH vom 16. März 1999[687] war in einem Kontoeröffnungsformular unter der Zeile für die Unterschrift des Kunden optisch getrennt durch einen durchgezogenen Strich eine vom Verwender vorformulierte Erklärung des Kunden enthalten, die das Einverständnis des Kunden für Telefonwerbung für Produkte der Bank und ihrer Kooperationspartner enthielt. Für

683 *Dietlein*, JZ 1977, 637, 638.

684 *Bauer/Günther*, NJW 2008, 1617, 1621; *Lettl*, NJW 2001, 42, 43.

685 *Dietlein*, JZ 1977, 637, 638.

686 *Lettl*, NJW 2001, 42, 43.

687 BGH, Urteil vom 16. 3. 1999 - XI ZR 76/98, NJW 1999, 1864 ff.

die Einverständniserklärung war eine gesonderte Unterschrift des Kunden zur Bestätigung der Abgabe vorgesehen.

Nach Ansicht des BGH sollen nach dem Wortlaut des Gesetzes eigentlich nur solche Klauseln einer AGB-Kontrolle unterzogen werden, die als Kernbestandteile oder Nebenabreden Inhalt des Vertrags werden sollen. Mit Rücksicht auf den Schutzzweck des Rechts der Allgemeinen Geschäftsbedingungen sei es jedoch geboten, auch die vom Verwender vorformulierten einseitigen rechtsgeschäftlichen Erklärungen, die weder eine Nebenabrede enthielten noch zum notwendigen Inhalt eines gleichzeitig abgeschlossenen Vertrags gehörten, den Regelungen der §§ 305 ff. BGB zu unterstellen. Voraussetzung sei nur, dass die Erklärung im Zusammenhang mit einer vertraglichen Beziehung stehe. Dieses Erfordernis bejahte der BGH.

Der BGH subsumiert das einseitige Rechtsgeschäft demnach deshalb unter den Begriff der Vertragsbedingung, weil die Einverständniserklärung anlässlich der Kontoeröffnung abgegeben worden ist. Der erforderliche Zusammenhang mit einer vertraglichen Beziehung liegt nach Ansicht des BGH vor, weil das einseitige Rechtsgeschäft zeitgleich mit dem Abschluss eines Vertrags vorgenommen wird und die Abgabe der rechtsgeschäftlichen Erklärung die künftige Vertragsbeziehung zwischen den Parteien modifiziert, indem sie der Bank und ihren Kooperationspartnern während der Dauer des Vertragsverhältnisses die telefonische Kontaktaufnahme mit dem Kunden zu Werbezwecken gestattet.

bb) Einseitiges Rechtsgeschäft als Ausgestaltung bestehender vertraglicher Beziehungen

Gegenstand einer Entscheidung des BGH vom 5. Mai 1986[688] war eine Fakultativklausel in einem Überweisungsformular. Diese Klausel räumte dem überweisenden Kreditinstitut die Befugnis ein, den Überweisungsbetrag einem anderen Konto des Empfängers als dem in der Überweisung angegebenen gutzuschreiben. Der Charakter der Fakultativklausel als Allgemeine Geschäftsbedingung könnte deswegen angezweifelt werden, weil diese nicht schon bei Abschluss des Girovertrags[689] als dessen Bestandteil vereinbart, sondern erst Inhalt des Überweisungsauftrags[690] geworden ist. Denn bei dem zeitlich nach dem Abschluss des Girovertrags erklärten Überweisungsauftrag handelt es sich um eine Weisung i.S.d. § 665 Satz 1 BGB, mit der die im Girovertrag nur gattungsmäßig bestimmte

688 BGH, Urteil vom 5. 5. 1986 - II ZR 150/85, NJW 1986, 2428 ff.

689 Nach heutiger Terminologie ist der Girovertrag als Zahlungsdiensterahmenvertrag iSd. § 675f Abs. 2 Satz 1 BGB einzustufen, vgl. *Sprau*, in: Palandt, § 675f BGB Rn. 11.

690 Heute Zahlungsauftrag, § 675f Abs. 3 Satz 2 BGB.

Überweisungspflicht des Kreditinstituts konkretisiert wird.[691] Die Weisung ist ein einseitiges Rechtsgeschäft.[692]

Der BGH unterzog das einseitige Rechtsgeschäft dennoch einer Inhaltskontrolle, da die einseitige Gestaltungserklärung die vor Abgabe der Erklärung begründeten vertraglichen Beziehungen zwischen Kunde und Bank unmittelbar dadurch beeinflusse, dass der Inhalt der Weisung die im Girovertrag generell übernommene Pflicht zur Ausführung von Überweisungen hinsichtlich der zu überweisenden Summe und des Begünstigten konkretisiere.[693]

c) Stellungnahme

aa) Anhaltspunkte in den Klauselverboten der §§ 308, 309 BGB

Möglicherweise finden sich in den Klauselverboten der §§ 308 und 309 BGB Anhaltspunkte, die für eine Inhaltskontrolle isolierter einseitiger Rechtsgeschäfte des Verwendungsgegners sprechen, die auf einer Vorformulierung des Verwenders beruhen.

Gemäß § 308 Nr. 1 Hs. 1 Var. 1 BGB ist eine Allgemeine Geschäftsbedingung unwirksam, durch die sich der Verwender eine unangemessen lange oder nicht hinreichend bestimmte Frist für die Annahme oder Ablehnung eines Angebots auf Abschluss eines Vertrags vorbehält. Die Vorschrift regelt den Fall, dass die Annahmefrist abweichend von § 148 BGB vom Verwender als Antragsempfänger gesetzt wird.[694] Die Fristbestimmung durch den Verwender als Antragenden fällt dagegen nicht in den Anwendungsbereich von § 308 Nr. 1 Hs. 1 Var. 1 BGB.[695] Der Verwender bezweckt mit einer solchen Klausel, sich den Vertragsschluss unter einseitiger Bindung des anderen Teils für eine gewisse Zeitspanne vorzubehalten. Zwar enthält das Gesetz an dieser Stelle den Hinweis, dass auch eine einseitige Willenserklärung eine Allgemeine Geschäftsbedingung sein kann. Allerdings beschränkt sich die Aussagekraft dieser Regelung darauf, dass auch eine vorformulierte Klausel, die den Vertragsschluss regelt (sog. Vertragsabschlussklausel) und deshalb von der AGB-Definition nicht erfasst ist, der

691 BGH, Urteil vom 5. 5. 1986 - II ZR 150/85, NJW 1986, 2428, 2429; *Sprau*, in: Palandt, § 675f BGB Rn. 17.

692 *Sprau*, in: Palandt, § 665 BGB Rn. 2.

693 Das Kriterium der Beeinflussung des girovertraglichen Pflichtenkreises des Kreditinstituts hält auch *Häuser*, ZIP 1982, 14, 19 für maßgeblich.

694 *Grüneberg*, in: Palandt, § 308 BGB Rn. 3.

695 *Coester-Waltjen*, in: Staudinger, § 308 BGB Rn. 8.

Inhaltskontrolle unterliegt.[696] § 308 Nr. 1 BGB erweitert also den Anwendungsbereich der Inhaltskontrolle speziell für Vertragsabschlussklauseln, so dass der Vorschrift wegen ihres Ausnahmecharakters keine verallgemeinerungsfähige Aussage enthält.[697]

Auch die Regelung des § 309 Nr. 12b BGB lässt keinen generellen Schluss auf die Einbeziehung einseitiger Rechtsgeschäfte in den Anwendungsbereich des AGB-Rechts zu. Nach dieser Vorschrift ist eine Bestimmung in Allgemeinen Geschäftsbedingungen, durch die der Verwender die Beweislast zum Nachteil des anderen Vertragsteils ändert, indem er ihn bestimmte Tatsachen bestätigen lässt, unwirksam. Von § 309 Nr. 12b BGB werden z.B. die vom Verwender vorformulierte Erklärungen des anderen Teils erfasst, die Vertragsbedingungen seien im Einzelnen ausgehandelt worden,[698] die mündliche Verhandlung i.S.d. § 312 Abs. 3 BGB sei auf eine vorhergehende Bestellung des Kunden zurückzuführen[699] oder er sei über sein Recht zum Widerruf belehrt worden.[700] Derartige einseitige Bestätigungserklärungen werden aber in der Regel Vertragsbestandteil, so dass sie bereits direkt unter die AGB-Definition fallen.[701] Die Vorschrift enthält also keinen Anhaltspunkt für das vorliegende Problem.[702] Vielmehr bestätigt sie nur den Grundsatz, dass auch einseitige Erklärungen des Verwendungsgegners, die Inhalt des Vertrags werden, Allgemeine Geschäftsbedingungen sein können.

bb) Materielles Verständnis der AGB-Definition

Entscheidend für eine Inhaltskontrolle der einseitigen, isolierten Verzichtserklärung des Arbeitnehmers spricht, dass der AGB-Definition kein formelles,

---

696 *Grüneberg*, in: Palandt, § 308 BGB Rn. 2; *Stoffels*, AGB-Recht, S. 276, Rn. 695. Nach anderer Ansicht erweitert § 308 Nr. 1 BGB nicht den Anwendungsbereich der Inhaltskontrolle. Vielmehr erfasse die AGB-Definition auch Vertragsabschlussklauseln, vgl. *Wurmnest*, in: MüKo, § 308 Nr. 1 BGB Rn. 3. Da es sich also nach dieser Ansicht bei Vertragsabschlussklauseln schon definitorisch um AGB handelt, können auch nach dieser Ansicht aus § 308 Nr. 1 BGB für die hier zu entscheidende Problematik keine Rückschlüsse gezogen werden können.

697 A.A. *Deinert*, in: D/B/D, AGB-Kontrolle im Arbeitsrecht, § 305 BGB Rn. 6; *Grüneberg*, in: Palandt, § 305 BGB Rn. 5; *Heinrichs*, NJW 1977, 1505, 1506.

698 BGH, Urteil vom 28. 1. 1987 - IVa ZR 173/85, NJW 1987, 1634.

699 OLG Zweibrücken, Urteil vom 27. 1. 1992 - 7 U 101/91, NJW-RR 1992, 565.

700 OLG Koblenz, Urteil vom 19. 2. 1993 - 2 U 527/91, NJW-RR 1993,1078, 1081.

701 Vgl. oben § 8 A. II. 1.

702 A.A. *Deinert*, in: D/B/D, AGB-Kontrolle im Arbeitsrecht, § 305 BGB Rn. 6; *Grüneberg*, in: Palandt, § 305 BGB Rn. 5; *Heinrichs*, NJW 1977, 1505, 1506.

sondern ein materielles Verständnis zugrunde liegt.[703] Das der Anwendungsbereich des AGB-Rechts nicht anhand formaler Kriterien, sondern an seinem materiellen Schutzzweck zu bestimmen ist, wird am Beispiel der klarstellenden Vorschrift des § 305 Abs. 1 Satz 2 BGB deutlich. Danach ist es für das Vorliegen Allgemeiner Geschäftsbedingungen gleichgültig, ob die Bestimmungen einen äußerlich gesonderten Bestandteil des Vertrags bilden oder in die Vertragsurkunde selbst aufgenommen werden, welchen Umfang sie haben, in welcher Schriftart sie verfasst sind und welche Form der Vertrag hat. Für das Vorliegen Allgemeiner Geschäftsbedingungen ist nicht die formale Gestaltung oder die Zahl der Vertragsklauseln maßgeblich, sondern allein das materielle Kriterium der mit der Verwendung vorformulierter Klauseln typischerweise einhergehenden Gefährdung der Vertragsparität.[704] Das von der herrschenden Meinung verwendete Kriterium des vertraglichen Zusammenhangs trägt dem materiellen Kern der AGB-Definition Rechnung, indem es nicht auf den formalen Gesichtspunkt abstellt, ob das einseitige Rechtsgeschäft Bestandteil eines Vertrags wird. Es ist deshalb richtig, das AGB-Recht entsprechend auf einseitige Rechtsgeschäfte des Verwendungsgegners anzuwenden, die vom Verwender vorformuliert sind und einen Zusammenhang mit einer vertraglichen Beziehung zwischen Verwender und Verwendungsgegner aufweisen.

cc) Auswirkungen für den einseitigen Verzicht

Die Verzichtserklärung des Arbeitnehmers ist in Fall 3 ein vom Arbeitsvertrag isoliertes, selbständiges Rechtgeschäft. Andererseits liegen unstreitig Allgemeine Geschäftsbedingungen vor, wenn sich der Arbeitnehmer im Arbeitsvertrag zur Vornahme des einseitigen Rechtsgeschäfts schuldrechtlich verpflichtet und diese Vertragsklausel vom Verwender vorformuliert worden ist oder wenn das einseitige Rechtsgeschäft selbst - wie in Fall 1 - eine Vertragsbedingung darstellt. Gemessen am materiellen Kriterium des Schutzzwecks macht es aber keinen Unterschied, ob das einseitige Rechtsgeschäft zwar nicht Vertragsbestanteil, aber entweder in unmittelbarem zeitlichen Zusammenhang mit dem Abschluss eines Vertrags vorgenommen oder eine bereits bestehende vertragliche Beziehung unmittelbar beeinflusst. In beiden Fällen handelt es sich zwar um selbständige Rechtsgeschäfte.[705] Bei der für die AGB-Definition maßgeblichen materiellen Betrachtung ist dies aber nicht entscheidend. Maßgeblich ist vielmehr, dass

703 *Ulmer/Habersack*, in: U/B/H, § 305 BGB Rn. 33; *Stoffels*, AGB-Recht, S. 48, Rn. 145.

704 *Ulmer/Habersack*, in: U/B/H, § 305 BGB Rn. 6.

705 Dieser Aspekt wird bei der Prüfung der Kontrollfreiheit nach § 307 Abs. 3 BGB relevant, vgl. unten III. 5.

die Vorformulierung des einseitigen Verzichts dazu dient, den Inhalt des Arbeitsverhältnisses zu gestalten. Der einseitige Verzicht des Arbeitnehmers beeinflusst das Arbeitsverhältnis, da er das Widerspruchsrecht erlöschen lässt[706] und das Arbeitsverhältnis dadurch eines seiner Elemente verliert.[707] Materiell ähnelt das einseitige Rechtsgeschäft daher eher einer Modifikation bzw. einem teilweisen Neuabschluss des bereits existierenden Arbeitsvertrags. Der erforderliche Zusammenhang des einseitigen Verzichts mit einem Vertragsverhältnis ist deshalb gegeben.

d) Ergebnis

Entscheidend für eine entsprechende Anwendung des AGB-Rechts auf die isolierte Verzichtserklärung in Fall 3 spricht, dass der Arbeitgeber das Recht zur inhaltlichen Ausgestaltung des einseitigen Rechtsgeschäfts allein für sich in Anspruch nimmt, um den Inhalt des Arbeitsverhältnisses zu modifizieren. Die einseitige Verzichtserklärung, die der Arbeitnehmer in der konkreten Übergangssituation abgibt, fällt in entsprechender Anwendung von § 305 Abs. 1 Satz 1 BGB in den Anwendungsbereich des AGB-Rechts.

III. Kontrollfähigkeit des formularmäßigen einseitigen Verzichts

1. Vorüberlegung

Möglicherweise ist der einseitige Verzicht nach § 307 Abs. 3 Satz 1 BGB inhaltskontrollfrei. Wie bereits dargelegt, ist der Verzicht des Arbeitnehmers auf das Widerspruchsrecht auf zwei Wegen möglich.Der Arbeitnehmer kann sich zum einen vertraglich gegenüber einer oder beiden Kaufvertragsparteien verpflichten, sein Widerspruchsrecht nicht auszuüben. In diesem Fall fällt das zeitgleich mit der schuldrechtlichen Vereinbarung vorgenommene einseitige Rechtsgeschäft direkt in den Anwendungsbereich der §§ 305 ff. BGB, da es sich um eine Vertragsbedingung handelt.[708]

Zum anderen kann der Arbeitnehmer den Verzicht auch isoliert von einem Vertragsverhältnis erklären. Dieses isolierte, dingliche Rechtsgeschäft ist auch ohne schuldrechtliches Kausalgeschäft kondiktionsfest.[709] Da die §§ 305 ff. BGB in diesem Fall nur entsprechend herangezogen werden können,[710] muss die hier

706 Vgl. oben § 5 B. II.
707 Vgl. oben § 4 B. I.
708 Vgl. oben § 8 A. II. 1.
709 Vgl. oben § 4 D.
710 Vgl. oben A. II.

zu untersuchende Fragestellung angepasst und das einseitige Rechtsgeschäft auch im Rahmen des § 307 Abs. 3 BGB einer Vertragsbedingung gleichgestellt werden, die unmittelbar in den Anwendungsbereich des AGB-Rechts fällt. Untersucht werden muss demnach, ob eine Verzichtserklärung, zu deren Abgabe sich der Arbeitnehmer in der konkreten Übergangssituation gegenüber einer oder beiden Kaufvertragsparteien schuldrechtlich verpflichtet, inhaltskontrollfrei ist oder nicht. Bei dieser hypothetischen Vereinbarung würde es sich um einen einseitig verpflichtenden Vertrag handeln. Der der Arbeitnehmer würde sich schuldrechtlich zum Verzicht auf das Widerspruchsrecht verpflichten und zeitgleich die dingliche (einseitige) Verzichtserklärung abgeben, während der Arbeitgeber im Gegenzug keine Leistung versprechen würde.[711]

2. Transparenz der vorformulierten Verzichtserklärung

Nach § 307 Abs. 1 Satz 2 BGB kann sich eine unangemessenen Benachteiligung durch Bestimmungen in Allgemeinen Geschäftsbedingungen auch daraus ergeben, dass die Vertragsklausel nicht klar und verständlich formuliert ist. § 307 Abs. 3 Satz 2 BGB stellt klar, dass sich auch Klauseln, die nach § 307 Abs. 3 Satz 1 BGB in den kontrollfreien Bereich fallen, am Transparenzgebot messen lassen müssen. Die Transparenzkontrolle stellt also eine Bedingung für die Kontrollfreiheit Allgemeiner Geschäftsbedingungen dar.[712] Da es sich bei der Verzichtsvereinbarung um einen Verbrauchervertrag handeln würde,[713] sind gemäß § 310 Abs. 3 Nr. 3 BGB für die Beurteilung der Transparenz auch die den Vertragsschluss begleitenden Umstände zu berücksichtigen.

Aufgrund des Transparenzgebots muss der Verwender z.B. Tatbestandsvoraussetzungen und Rechtsfolgen einer Allgemeinen Geschäftsbedingung derart konkretisieren, dass für den Verwendungsgegner keine ungerechtfertigten Beurteilungsspielräume entstehen und dieser seine Rechte ohne fremde Hilfe möglichst klar und einfach erkennen kann.[714] Aus der Verzichtsvereinbarung muss deshalb deutlich hervorgehen, dass dem Arbeitnehmer anlässlich des konkret zu benennenden Betriebsübergangs ein Widerspruchsrecht nach § 613a Abs. 6 BGB zusteht, so dass der Verzichtsgegenstand eindeutig definiert ist. Die Rechtsfolgen der Ausübung des Widerspruchsrechts zählen zwar nicht zu den Rechtfolgen der Verzichtsvereinbarung. Dennoch kann (vorsorglich) angegeben werden,

711 Vgl. oben A. I. 1. b).

712 *Stoffels*, AGB-Recht, S. 152, Rn. 430.

713 Vgl. zum Arbeitsvertrag als Verbrauchervertrag oben § 8 A. II. 3. b) aa).

714 BGH, Urteil vom 26. 10. 2005 - VIII ZR 48/05, NJW 2006, 996, 997 f.; *Fuchs*, in: U/B/H, § 307 BGB Rn. 338.

dass der Arbeitnehmer mit der Ausübung des Widerspruchsrechts den Übergang seines Arbeitsverhältnisses auf den konkret benannten Betriebserwerber verhindert und das Arbeitsverhältnis mit dem bisherigen Arbeitgeber fortbesteht. Zudem muss die Verzichtsvereinbarung aufgrund des Transparenzgebots auch auf die Rechtsfolgen des Verzichts hinweisen, nämlich dass der Verzicht zum Erlöschen des Widerspruchsrechts führt mit der Folge, dass das Arbeitsverhältnis nach § 613a Abs. 1 Satz 1 BGB unverändert auf den konkret benannten Betriebserwerber übergeht. Ein Beispiel für eine transparente Verzichtsklausel ist die Klausel, die die Kaufvertragsparteien in Fall 3 verwenden.[715]

3. Ausgangspunkt der Kontrollfreiheit: § 307 Abs. 3 BGB

Nach § 307 Abs. 3 Satz 1 BGB erfolgt eine Inhaltskontrolle nur bei solchen Bestimmungen in Allgemeinen Geschäftsbedingungen, die von Rechtsvorschriften abweichen oder diese ergänzen. Andere Bestimmungen müssen aber gemäß § 307 Abs. 3 Satz 2 BGB zumindest dem Transparenzgebot genügen.

Neben der damit bezweckten Bindung der Judikative an das geltende Recht dient § 307 Abs. 3 BGB dazu, die Prinzipien der freien Marktwirtschaft zu gewährleisten, indem das Gesetz das Austauschverhältnis von Leistung und Gegenleistung von der staatlichen Inhaltskontrolle frei hält.[716] Da die Vertragsparteien nach dem Grundsatz der Privatautonomie Leistung und Gegenleistung eines Vertrags grundsätzlich frei bestimmen können, unterliegen AGB-Klauseln über den unmittelbaren Gegenstand der Hauptleistung (sog. Leistungsbeschreibungen) ebenso wenig der Inhaltskontrolle wie Vereinbarungen über das vom anderen Teil zu erbringende Entgelt.[717] Unter den Begriff der Leistungsbeschreibung fallen solche Bestimmungen, die Art, Umfang und Güte der geschuldeten Leistung festlegen.[718] Dagegen werden Klauseln, die das Hauptleistungsversprechen einschränken, ausgestalten oder modifizieren, inhaltlich kontrolliert.[719] Von der

715 Vgl. oben § 7 B.

716 *Coester*, in: Staudinger, § 307 BGB Rn. 4, 285 a.E.; *Fuchs*, in: U/B/H, § 307 BGB Rn. 14; Stoffels, AGB-Recht, S. 148 f., Rn. 423.

717 BGH, Urteil vom 12. 6. 2001 - XI ZR 274/00, NJW 2001, 2635, 2636; BGH, Urteil vom 16. 11. 1999 - KZR 12/97, NJW 2000, 577, 579.

718 BGH, Urteil vom 12. 6. 2001 - XI ZR 274/00, NJW 2001, 2635, 2636; BGH, Urteil vom 13. 7. 1994 - IV ZR 107/93, NJW 1994, 2693, 2694; BGH, Urteil vom 23. 6. 1993 - IV ZR 135/92, NJW 1993, 2369; *Fuchs*, in: U/B/H, § 307 BGB Rn. 37; *Stoffels*, AGB-Recht, S. 156, Rn. 439.

719 BGH, Urteil vom 12. 6. 2001 - XI ZR 274/00, NJW 2001, 2635, 2636; BGH, Urteil vom 13. 7. 1994 - IV ZR 107/93, NJW 1994, 2693, 2694; BGH, Urteil vom

Überprüfung ausgenommen sind demnach (nur) diejenigen Regelungen, ohne deren Vorliegen mangels Bestimmtheit oder Bestimmbarkeit des wesentlichen Vertragsinhalts ein wirksamer Vertrag nicht mehr angenommen werden kann.[720] Diese Entscheidung des Gesetzgebers zugunsten der Kontrollfreiheit der essentialia negotii eines Vertrags kommt in Art. 4 Abs. 2 der RL 93/13/EWG des Rates vom 5. April 1993 über missbräuchliche Klauseln in Verbraucherverträgen[721] deutlicher als in der nationalen Vorschrift zum Ausdruck. Danach erfasst die Inhaltskontrolle „weder den Hauptgegenstand des Vertrages noch die Angemessenheit zwischen dem Preis bzw. dem Entgelt und den Dienstleistungen bzw. den Gütern, die die Gegenleistung darstellen, sofern diese Klauseln klar und verständlich abgefasst sind."

An die Stelle der materiellen Angemessenheitskontrolle des § 307 Abs. 1 BGB tritt im Bereich der vertraglichen Hauptleistungspflichten, einschließlich des Äquivalenzverhältnisses von Leistung und Gegenleistung,[722] die regulierende Wirkung von Markt und Wettbewerb.[723] Der Grund für diese Einschränkung des Anwendungsbereichs der Inhaltskontrolle ist, dass die vertraglichen Hauptleistungspflichten sowie das Äquivalenzverhältnis in der Regel die wesentlichen Kriterien sind, die aus der Sicht des Kunden für oder gegen den Abschluss des Vertrags sprechen. Der Kunde wird ihnen deshalb im Rahmen seiner Abschlussentscheidung besondere Aufmerksamkeit schenken, ggf. auf ihre Änderung drängen oder nach Ausweichmöglichkeiten suchen, so dass sich eine staatliche Einflussnahme auf die vertraglichen Hauptleistungspflichten mangels Kontrollbedürfnis grundsätzlich erübrigt.[724] § 307 Abs. 3 Satz 1 BGB verhindert eine Ausdehnung der Inhaltskontrolle in einen Bereich, in dem die Privatautonomie in der Regel funktioniert.[725] Neben das Argument des fehlenden Kontrollbedürfnisses tritt noch eine praktische Erwägung, die einer Inhaltskontrolle von

23. 6. 1993 - IV ZR 135/92, NJW 1993, 2369; *Fuchs*, in: U/B/H, § 307 BGB Rn. 38; *Stoffels*, AGB-Recht, S. 157, Rn. 441.

720 BGH, Urteil vom 12. 6. 2001 - XI ZR 274/00, NJW 2001, 2635, 2636; BGH, Urteil vom 13. 7. 1994 - IV ZR 107/93, NJW 1994, 2693, 2694; BGH, Urteil vom 23. 6. 1993 - IV ZR 135/92, NJW 1993, 2369.

721 ABl. Nr. L 95 vom 21. 4. 1993, S. 29 ff.

722 *Coester*, in: Staudinger, § 307 BGB Rn. 284; *Fuchs*, in: U/B/H, § 307 BGB Rn. 6; *Stoffels*, JZ 2001, 843, 848.

723 *Coester*, in: Staudinger, § 307 BGB Rn. 285; *Fuchs*, in: U/B/H, § 307 BGB Rn. 18; *Stoffels*, AGB – Recht, S. 162, Rn. 449.

724 *Coester*, in: Staudinger, § 307 BGB Rn. 285; *Fuchs*, in: U/B/H, § 307 BGB Rn. 18, 21; *Stoffels*, AGB-Recht, S. 148 f., Rn. 423.

725 *Preis*, in: FS für Richardi, S. 339, 344.

Leistung und Gegenleistung im Weg steht. Mangels Abweichung vom dispositiven Gesetzesrecht[726] existiert für das Äquivalenzverhältnis der vertraglichen Hauptleistungspflichten gar kein rechtlich kontrollfähiger, normativer Maßstab, an dem sich die Inhaltskontrolle orientieren könnte.[727] In der freien Marktwirtschaft treten an die Stelle normativer Vorgaben vielmehr die Kräfte des Marktes in Form von Angebot und Nachfrage,[728] die einer richterlichen Inhaltskontrolle nicht zugänglich sind.

4. Relevanz einer kompensatorischen Gegenleistung des Arbeitgebers

Möglicherweise wird die Bestimmung des kontrollfreien Bereichs davon beeinflusst, ob der Arbeitnehmer für den Verzicht auf das Widerspruchsrecht von seinem Vertragspartner eine kompensatorische Gegenleistung erhält oder nicht. Besonders das BAG und ihm folgend einige Instanzgerichte[729] scheinen einer solchen Sichtweise nicht abgeneigt zu sein. In einer Entscheidung vom 6. September 2007 behauptet das Gericht nämlich in einem vergleichbaren Fall apodiktisch, der Verzicht des Arbeitnehmers auf eine Kündigungsschutzklage ohne kompensatorische Gegenleistung unterliege der Inhaltskontrolle, weil er lediglich eine Nebenabrede zum Arbeitsvertrag darstelle, nicht aber die Hauptleistung eines daneben zusätzlich abgeschlossenen Vertrags.[730] Das BAG geht wie selbstverständlich davon aus, dass sich ein Verzicht auf den kündigungsrechtlichen Bestandsschutz in dem Bereich bewegt, der nach § 307 Abs. 1 BGB der Inhaltskontrolle zugänglich ist. Auch in der Literatur wird teilweise für die Festlegung des kontrollfreien Bereichs eines Verzichtsvertrags danach differenziert, ob der

---

726 Ausführlich zur Leitbildfunktion des dispositiven Rechts *Weick*, NJW 1978, 11 ff.

727 *Coester*, in: Staudinger, § 307 BGB Rn. 284; *Fuchs*, in: U/B/H, § 307 BGB Rn. 19; *Wurmnest*, in: MüKo, § 307 BGB Rn. 1; *Stoffels*, AGB-Recht, S. 149, Rn. 423. *Stoffels* weist allerdings zurecht darauf hin, dass es sich dabei nur um einen Reflex der marktwirtschaftlichen Gestaltung unserer Privatrechtsordnung und nicht um einen eigenständigen Grundgedanken des § 307 Abs. 3 BGB handelt.

728 *Coester*, in: Staudinger, § 307 BGB Rn. 284; *Fuchs*, in: U/B/H, § 307 BGB Rn. 21; *Wurmnest*, in: MüKo, § 307 BGB Rn. 1; *Stoffels*, AGB-Recht, S. 149, Rn. 423.

729 LAG Baden-Württemberg, Urteil vom 19. 7. 2006, 2 Sa 123/05, BeckRS 2010, 73031; LAG Düsseldorf: Urteil vom 13. 04. 2005 - 12 Sa 154/05, BeckRS 41644; LAG Hamburg, Urteil vom 29. 4. 2004 - 1 Sa 47/03, NZA-RR 2005, 151, 153; LAG Schleswig-Holstein, Urteil vom 24. 9. 2003 - 3 Sa 6/03, NZA-RR 2004, 74, 75; LAG Mecklenburg-Vorpommer, Urteil vom 29. 1. 2003, 2 Sa 492/02, BeckRS 2003, 30797925.

730 BAG vom 6. 9. 2007 - 2 AZR 722/06, NZA 2008, 219, 221.

Arbeitnehmer für den Verzicht eine Gegenleistung erhält oder nicht.[731] Diesen Ansichten liegt der Gedanke zugrunde, dass nur die Absprache „Verzicht gegen Kompensation" der Hauptgegenstand einer selbstständigen Vereinbarung sein kann (und keine bloße Nebenabrede zum Arbeitsvertrag), während der kompensationslose Verzicht immer eine Nebenvereinbarung zum Arbeitsvertrag ist.

Richtigerweise spielt dieser Aspekt bei der Bestimmung des Anwendungsbereichs von § 307 Abs. 3 Satz 1 BGB keine Rolle,[732] da sich die Kontrollfreiheit nicht auf das Äquivalenzverhältnis von Leistung und Gegenleistung beschränkt. Der Hauptleistungspflichtcharakter einer Verzichtsbestimmung kann schon aus gesetzessystematischen Gründen nicht davon beeinflusst werden, ob und wenn ja in welcher Höhe eine Gegenleistung gezahlt wird. Dies richtet sich allein danach, ob die Verzichtserklärung die Hauptleistungspflicht eines selbständigen Vertrags ist, also unmittelbar Art, Umfang und Güte der geschuldeten Leistung festlegt.[733] Die Frage einer (angemessenen) Gegenleistung des Arbeitgebers wird bei der Festlegung der Leistungsbeschreibungen eines Vertrags nicht relevant, da die Prüfung der Kontrollfreiheit nach § 307 Abs. 3 BGB der Angemessenheitsprüfung aus Gründen der Prüfungslogik zwingend vorgelagert ist.[734] Erst im

---

731 *Preis*, in: ErfK, §§ 305-310 BGB, Rn. 77, 100; *Gallner*, in: Fiebig/Gallner/Mestwerdt/Nägele, § 4 KSchG Rn. 90; *Hesse*, in: A/P/S, § 4 KSchG Rn. 123; *Friedrich*, in: KR, § 4 KSchG Rn. 311a; *Reinecke*, DB 2002, 583, 586.

732 *Thüsing*, in: Graf von Westphalen/Thüsing, Vertragsrecht und AGB-Klauselwerke, Arbeitsverträge, Rn. 442; *Gotthardt*, in: H/W/K, Anh. §§ 305-310 BGB, Rn. 58 i.V.m. Rn. 4; Müller, BB 2011, 1653, 1654; *Bauer/Günther*, NJW 2008, 1617, 1620; *Krets*, in: FS Bauer, S. 601, 607; *Söhner*, Der Verzicht auf Bestandsschutz, S. 218 ff. Vgl. auch BAG, Urteil vom 15. 3. 2005 - 9 AZR 502/03, NZA 2005, 683, 684 und BGH, Urteil vom 15. 1. 1987 - III ZR 153/85, NJW 1987, 2014, 2015, nach denen ein abstraktes Schuldanerkenntnis keine vorformulierte Nebenabrede zum Grundgeschäft, sondern ein selbständiges Rechtsgeschäft darstellt, dessen Hauptleistungspflicht - die Zahlungsverpflichtung – gemäß § 307 Abs. 3 BGB der Inhaltskontrolle entzogen sei. Vgl. auch BAG, Urteil vom 27. 11. 2003 - 2 AZR 135/03, wonach der Verzicht des Arbeitnehmers auf Erhebung einer Kündigungsschutzklage ein selbständiges Rechtsgeschäft darstellt, dessen Hauptleistung - die Beendigung des Arbeitsverhältnisses bzw. der Verzicht auf künftige Ansprüche - nach § 307 Abs. 3 BGB nicht kontrollfähig ist. Zwar spricht das BAG in dieser Entscheidung von der Beendigungsvereinbarung eines Aufhebungsvertrags. Tatsächlich handelte es sich aber nach dem Tatbestand des Urteils um eine Klageverzichtsvereinbarung. Im Ergebnis beschränkt die Rspr. die Kontrollfreiheit in diesen Entscheidungen damit ebenfalls nicht auf das Äquivalenzverhältnis von Leistung und Gegenleistung.

733 *Söhner*, Der Verzicht auf Bestandsschutz, S. 218.

734 So auch *Krets*, in: FS Bauer, S. 601, 608.

Rahmen der nach § 307 Abs. 1 BGB vorzunehmenden Angemessenheitsprüfung ist zu ermitteln, ob die Nachteile, die mit der Verzichtsbestimmung verbunden sind, durch Vorteile andere Vertragsbestimmungen kompensiert werden und deshalb bei einer Gesamtbetrachtung keine unangemessene Benachteiligung des Arbeitnehmers vorliegt.[735] Die Verpflichtung zum Rechtsverzicht kann dementsprechend auch dann Hauptleistungspflicht eines selbständigen Vertrags sein, wenn überhaupt keine Gegenleistung für den Verzicht vereinbart wird,[736] wie das Beispiel eines formularmäßige Schenkungsversprechens zeigt. Auf dieser Linie bewegt sich auch die Rspr. hinsichtlich der Hauptleistungspflicht, zu der sich der Arbeitnehmer mit dem Abschluss eines Aufhebungsvertrags verpflichtet. Diese besteht allein darin, dass der Arbeitnehmer seinen Arbeitsplatz aufgibt bzw. auf künftige Rechte verzichtet, und nicht etwa in der Auflösung des Arbeitsverhältnisses gegen Zahlung einer Abfindung.[737] Die vertragliche Hauptleistungspflicht, zu der sich der Arbeitnehmer mit einer Vereinbarung über den Verzicht auf das Widerspruchsrecht verpflichtet, ist also nicht „Verzicht auf das Widerspruchsrecht gegen Kompensation", sondern allein der Verzicht auf das Widerspruchsrecht.

Hinzu kommt, dass bei der Festlegung des kontrollfreien Bereich eines Vertrags die Vereinbarung einer Gegenleistung für den Verzicht schon deshalb unberücksichtigt bleiben muss, weil unsere Rechtsordnung keinen gesetzlichen Maßstab für die Angemessenheit der Gegenleistung bereit hält, so dass es an der Kontrollfähigkeit derartiger Vertragsregelungen fehlt.[738] Dies ist einer der Gründe, weshalb § 307 Abs. 3 BGB das Äquivalenzverhältnis von Leistung und Gegenleistung von der Inhaltskontrolle ausnimmt. Unproblematisch ist dies noch, wenn man für die Kontrollfreiheit des Verzichts auf das Widerspruchsrecht nur fordert, dass der Verzicht durch irgendeine Gegenleistung - gleichgültig

735 Vgl. zu dieser Kompensationswirkung Stoffels, AGB-Recht, S. 180 f., Rn. 487 f.

736 *Gotthardt*, in: H/W/K, Anh. §§ 305-310 BGB, Rn. 58 i.V.m. Rn. 4; *Linck*, in: Schaub, Arbeitsrechts-Handbuch, § 35 Rn. 60a; *Bauer/Günther*, NJW 2008, 1617, 1620; *Müller*, BB 2011, 1653, 1654; *Söhner*, Der Verzicht auf Bestandsschutz, S. 218.

737 Vgl. BAG, Urteil vom 8. 5. 2008 - 6 AZR 517/07, NJW 2008, 3372, 3373; BAG, Urteil vom 22. 4. 2004 - 2 AZR 281/03, AP Nr. 27 zu § 620 BGB Aufhebungsvertrag; BAG, Urteil vom 27. 11. 2003 - 2 AZR 135/03, NZA 2004, 597, 603 f; LAG Hessen, Urteil vom 6. 11. 2003 - 14 Sa 438/03, BeckRS 2003, 17002; LAG Rheinland-Pfalz, Urteil vom 12. 7. 2006 - 9 Sa 324/06, BeckRS 2006, 44943; LAG Düsseldorf, Urteil vom 29. 6. 2007 - 9 Sa 447/07, BeckRS 2007, 46389.

738 Vgl. ausführlich oben III. 3.

in welcher Höhe - abgegolten werden muss.[739] Die Kontrollfreiheit wäre dann schon bei einer Gegenleistung von „einem Euro“ gegeben.[740] Dieses Ergebnis bedeutet allerdings einen Wertungswiderspruch, da eine formularmäßige Verzichtsvereinbarung, die eine nur äußerst geringfügige Gegenleistung vorsieht, demnach lediglich auf Transparenz kontrolliert werden dürfte, während sie bei Fehlen jeglicher Gegenleistung unwirksam wäre.[741] Lässt man eine solche „symbolische“ Gegenleistung nicht genügen, müsste man dazu Stellung beziehen, welche Gegenleistung eine „echte Kompensationswirkung“ hat.[742] Eine sinnvolle Anwendung dieses Kompensationsgedankens ist aber nur in solchen Fällen möglich, in denen zumindest eine objektive Richtschnur existiert, um den Wert der vom Arbeitnehmer zu erbringenden Leistung zu bestimmen. Gegen eine Angemessenheitsprüfung der Verzichtserklärung spricht deshalb im vorliegenden Fall zusätzlich, dass in unserer Rechtsordnung überhaupt kein Maßstab dafür existiert, welche Gegenleistung für den Verzicht des Arbeitnehmers auf das Widerspruchsrecht angemessen ist. Selbst wenn man die Verzichtsvereinbarung als Nebenabrede des Arbeitsvertrags qualifizieren würde, wäre eine Angemessenheitsprüfung deshalb nicht praktikabel.[743]

Neben diesen praktischen Schwierigkeiten würde die Forderung nach einer Gegenleistung des Arbeitgebers den mit § 307 Abs. 3 BGB verfolgten gesetzlichen

---

739 So in der Tat *Preis*, in: ErfK, §§ 305-310 BGB Rn. 77, 100, nach dem eine formularmäßige Verzichtsvereinbarung. ohne kompensatorische Gegenleistung in der Regel eine unangemessene Benachteiligung darstellt, während ein Verzicht, der durch eine kompensatorische Gegenleistung „abgekauft“ wird - gleichgültig welche Höhe die Gegenleistung hat - eine Hauptabrede sein könne, die gemäß § 307 Abs. 3 Satz 1 BGB nur auf Transparenz kontrollierbar sei.

740 Vgl. *Söhner*, Der Verzicht auf Bestandsschutz, S. 219.

741 *Bauer/Günther*, NJW 2008, 1617, 1620.

742 Teilweise wird in der Literatur gefordert, es müsse sich zumindest um eine „reale“ Gegenleistung handeln, vgl. *Lakies*, in: AR-Blattei, SD 35 Rn. 274. Zu den Schwierigkeiten bei der Ermittlung eines „gerechten“ Preises für den Verzicht des Arbeitnehmer auf den kündigungsrechtlichen Bestandsschutz ausführlich *Krets*, in: FS Bauer, S. 601, 608; *Söhner*, Der Verzicht auf Bestandsschutz, S. 219.

743 *Gotthardt*, in: H/W/K, Anh. §§ 305-310 BGB, Rn. 4, 58 (für den Verzicht auf den Arbeitsplatz bzw. den Kündigungsschutz); *Stoffels*, AGB-Kontrolle, S. 157, Rn. 440 (für die Beendigungsvereinbarung in einem Aufhebungsvertrag); *ders.*, ZfA 2009, 861, 868 (für die Beendigungsvereinbarung in einem Aufhebungsvertrag sowie den Verzicht auf den Kündigungsschutz); *Linck*, in: Schaub, Arbeitsrechts-Handbuch, § 35 Rn. 60a (für den Verzicht auf den Kündigungsschutz); *Krets*, in: FS Bauer, S. 601, 608 (für den Verzicht auf den Kündigungsschutz); *Söhner*, Der Verzicht auf Bestandsschutz, S. 219 (für den Verzicht auf den Kündigungsschutz).

Zweck konterkarieren. Denn im Ergebnis würde dann das Gericht darüber entscheiden, welcher Preis für den Verzicht auf das Widerspruchsrecht „gerecht" ist, und nicht - wie es § 307 Abs. 3 BGB fordert - der Kontrollmechanismus von Markt und Wettbewerb. Demnach ist es für die hier zu entscheidende Frage irrelevant, ob der Arbeitnehmer für den Verzicht auf das Widerspruchsrecht von den Kaufvertragsparteien eine Gegenleistung erhält oder nicht.

5. Verzicht als Hauptbestandteil eines eigenständiges Rechtsgeschäfts

Die Verzichtserklärung des Arbeitnehmers unterliegt nach § 307 Abs. 3 Satz 1 BGB nicht der Inhaltskontrolle, wenn sie Hauptbestandteil eines im Verhältnis zum Arbeitsvertrag eigenständigen Rechtsgeschäfts ist.

a) Indiz: Zeitlicher Abstand zwischen den Rechtsgeschäften

Gegen das Vorliegen einer Nebenabrede zum Arbeitsvertrag und damit für die Kontrollfreiheit spricht bereits der zeitlich große Abstand, der in der Regel zwischen beiden Rechtsgeschäften liegt. Unselbständige Nebenabreden werden typischerweise in engem zeitlichen Zusammenhang mit der in Bezug genommenen Hauptabrede getroffen. Diese zwischen dem Abschluss des Arbeitsvertrags und der Verzichtsvereinbarung liegende Zeitspanne indiziert, dass die Verzichtsvereinbarung auf einem neuen Willensentschluss des Arbeitnehmers zugunsten des Betriebserwerbers als zukünftigen Arbeitgeber beruht.[744] Die Entscheidung des Arbeitnehmers, auf sein Widerspruchsrecht zu verzichten, knüpft zeitlich und inhaltlich an den konkret bevorstehenden Betriebsübergang an und stellt deshalb einen neuen Willensentschluss gegenüber demjenigen dar, der in der Vergangenheit zum Abschluss des Arbeitsvertrags geführt hat.[745]

Zwar modifiziert auch der Verzicht des Arbeitnehmers auf das Widerspruchsrecht letztlich den Inhalt des Arbeitsvertrags, indem er eines der Elemente dieses Schuldverhältnisses in Form des Widerspruchsrechts zum Erlöschen bringt.[746] Dies allein genügt aber nicht, um die Verzichtsvereinbarung als Nebenabrede zum Arbeitsvertrag zu qualifizieren. Denn aufgrund der Vertragsfreiheit können die Parteien die ursprünglich getroffene Vereinbarung jederzeit durch eine neue vertragliche Vereinbarung (vgl. § 311 Abs. 1 BGB) ändern oder aufheben,

---

744 Vgl. *Krets*, in: FS Bauer, S. 601, 606; *Müller*, BB 2011, 1653, 1654 hinsichtlich des Verzichts des Arbeitnehmers auf eine Kündigungsschutzklage, den der Arbeitnehmer nach Zugang des Kündigungsschreibens abgibt. Vgl. auch BGH, Urteil vom 15. 1. 1987 - III ZR 153/85, NJW 1987, 2014, 2015.

745 Vgl. *Krets*, in: FS Bauer, S. 601, 606; *Müller*, BB 2011, 1653, 1654.

746 Vgl. oben § 4 B. I.

deren Hauptgegenstand dann gerade die Modifizierung der ursprünglich getroffenen Vereinbarung ist.[747] Allein aufgrund der inhaltlichen Verbindung mit dem Arbeitsvertrag kann der Verzicht deshalb nicht als unselbständiges, voll kontrollfähiges Nebengeschäft zum Arbeitsvertrag angesehen werden.[748] Würde man anders entscheiden, würden Vereinbarungen zwischen den Arbeitsvertragsparteien, die einen sachlichen Bezug zum Arbeitsverhältnis aufweisen, nie die Hauptleistung eines selbständigen Vertrags und damit eine kontrollfreie Vertragsvereinbarung sein können, weil immer eine Nebenabrede zum Arbeitsvertrag vorliegen würde. Die Kontrolle vorformulierter Verzichtserklärungen, die im Laufe eines Arbeitsverhältnisses abgegeben werden, würde sich demnach im Ergebnis praktisch niemals auf eine bloße Transparenzkontrolle beschränken, da der Verzichtsgegenstand seine Grundlage in der Regel im Arbeitsvertrag hat.[749] Ein solches Ergebnis mag aus Sicht der Rspr. vielleicht rechtspolitisch wünschenswert sein,[750] ist aber mit dem Gesetzeszweck des § 307 Abs. 3 BGB nicht vereinbar. Ein deutlicher zeitlicher Abstand zwischen dem Zeitpunkt des Abschlusses des Arbeitsvertrags und der Verzichtsvereinbarung ist vielmehr ein Indiz dafür, dass es sich trotz der inhaltlichen Verknüpfung der Verzichtsvereinbarung mit dem Arbeitsvertrag um zwei eigenständige Vertragsverhältnisse handelt.

b) Keine untrennbare Verbindung des Verzichts mit anderen Erklärungen

Für das Vorliegen einer kontrollfreien Hauptabrede spricht auch, dass die Abgabe der Verzichtsvereinbarung nicht untrennbar mit der Abgabe anderer Erklärungen verbunden ist, sondern es sich um eine „echte“ isolierte Verzichtserklärung handelt. Die Inhaltskontrolle eines Rechtsverzichts ist immer dann geboten, wenn die Vereinbarung neben dem Verzicht noch andere Bestimmungen enthält und dem Verzichtenden nicht zugemutet werden kann, den Verzicht

747 *Preis/Bleser/Rauf*, DB 2005, 2812, 2814.

748 *Preis/Bleser/Rauf*, DB 2005, 2812, 2814.

749 Darauf weist zurecht *Rolfs*, in: Preis, Der Arbeitsvertrag, II V 50, Rn. 12 hin.

750 Vgl. BAG vom 6. 9. 2007 - 2 AZR 722/06, NZA 2008, 219, 221, in der das BAG den Verzicht auf Kündigungsschutz, den der Arbeitnehmer nach Zugang der Kündigung formularmäßig erklärt hat, als unselbständige Nebenabrede des Arbeitsvertrags angesehen hat. Nach *Krets* wollte das BAG dadurch dem in der Praxis vermehrt um sich greifenden „Geschäftsmodell“, dem Arbeitnehmer mit dem Ausspruch einer (häufig rechtsunwirksamen) Kündigung einen formularmäßigen Verzicht auf die Erhebung einer Kündigungsschutzklage ohne Gegenleistung zur Unterschrift vorzulegen, einen Riegel vorschieben, vgl. *Krets*, in: FS Bauer, S. 601.

abzulehnen, weil er ansonsten von anderen Rechten ausgeschlossen wird.[751] Ein Beispiel sind die im Arbeitsrecht häufig anzutreffenden Ausgleichsquittungen. Dabei handelt es sich um die anlässlich der Beendigung des Arbeitsverhältnisses abgegebene schriftliche Bestätigung des Arbeitnehmers über den Erhalt verschiedener Leistungen, z.B. die Rückgabe der Arbeitspapiere oder die Auszahlung der restlichen Vergütung, verbunden mit einer Verzichtserklärung hinsichtlich weiterer Ansprüche aus dem Arbeitsverhältnis.[752] Der Arbeitnehmer ist nach § 368 Satz 1 BGB auf Verlangen verpflichtet, den Empfang der Leistungen schriftlich zu bestätigen. Verweigert er dies, ist der Arbeitgeber berechtigt, die Leistung zurückzubehalten.[753] Ist in der Ausgleichsquittung für die Bestätigung und den Verzicht jeweils eine gesonderte Unterschrift vorgesehen, steht es dem Arbeitnehmer frei, nur die Quittung oder auch den Verzicht zu unterschreiben. In diesem Fall besteht kein Bedürfnis, den Verzicht einer Inhaltskontrolle zu unterziehen, da Wissens- und Willenserklärung nicht untrennbar miteinander verbunden sind.[754]

Fehlt diese Trennung in der Ausgleichsquittung, kann der Arbeitnehmer seine Quittierungspflicht aus § 368 Satz 1 BGB nur erfüllen, wenn er auch die Verzichtserklärung unterschreibt. Ansonsten muss er damit rechnen, weder seine Arbeitspapiere ausgehändigt noch die restliche Vergütung ausgezahlt zu bekommen. In einem solchen Fall unterliegt die Verzichtserklärung der Inhaltskontrolle, weil die Kontrolle der Verzichtsvereinbarung nicht - wie es § 307 Abs. 3 BGB für vertragliche Hauptleistungspflichten eigentlich fordert - dem Kontrollmechanismus von Angebot und Nachfrage überlassen bleiben kann.[755] Denn dieser Mechanismus funktioniert nur, wenn der Markt für den Kunden transparent ist, z.B. infolge von Werbung oder Warenteste, und deshalb eine realistische Ausweichmöglichkeit auf andere Anbieter existiert.[756] Dagegen versagt die regulierende Wirkung des Marktes, wenn der Verwendungsgegner in seiner Verzichtsentscheidung nicht frei ist, sondern es sich aufgrund des ansonsten drohenden Verlustes anderer Rechte bei der Verzichtsentscheidung um eine gebundene Entscheidung handelt. In dieser Situation ist es dem Arbeitnehmer nicht möglich, eine aus seiner Sicht angemessene Gegenleistung für den von ihm

751 LG Frankfurt, Urteil vom 6. 12. 1982 - 2/24 S 156/82, NJW 1983, 233, 234; *Gotthardt*, in: H/W/K, Anh. §§ 305-310 BGB, Rn. 58; *Preis/Bleser/Rauf*, DB 2005, 2812, 2814.

752 Vgl. zur Ausgleichsquittung bereits oben § 8 A. III. 1. b).

753 *Fetzer*, in: MüKo, § 368 BGB Rn. 9.

754 Vgl. *Söhner*, Der Verzicht auf Bestandsschutz, S. 224.

755 Vgl. zu dieser Kontrollfunktion des Marktes oben A. III. 3.

756 *Coester*, in: Staudinger, § 307 BGB Rn. 285.

erklärten Rechtsverzicht auszuhandeln, weil er nicht die Möglichkeit hat, dem Verzicht dadurch „auszuweichen", dass er die Abgabe der Verzichtserklärung verweigert. Maßgeblich für die Abschlussentscheidung des Arbeitnehmers ist in diesem Fall nicht der Verzicht, sondern der ansonsten drohende Rechtsverlust, so dass der Ausschluss der Inhaltskontrolle nicht gerechtfertigt ist. Aus diesem Grund unterliegt die in einer Ausgleichsquittung enthaltene Verzichtserklärung, die untrennbar mit der Quittung verbunden ist, der Inhaltskontrolle nach § 307 Abs. 1 Satz 1 BGB.[757] Dies gilt unabhängig davon, dass der Verzicht auch in diesem Fall eigentlich eine Hauptleistungsabrede ist.[758] Umgekehrt können sich isolierte Verzichtserklärungen der regulierenden Wirkung des Wettbewerbs nicht entziehen, so dass das Regulativ der materiellen Inhaltskontrolle hier nicht notwendig wird.

c) Vergleich mit der Beendigungsvereinbarung in Aufhebungsverträgen

Deutlich wird der Hauptleistungscharakter des Verzichts auch anhand eines Vergleichs mit der Beendigungsvereinbarung in einem Aufhebungsvertrag.[759] Der Verzicht auf das Widerspruchsrecht besiegelt das Ende des Arbeitsverhältnisses mit dem Betriebsveräußerer. Aufgrund dieser Beendigungswirkung ist der Verzicht auf das Widerspruchsrecht mit der Beendigungsvereinbarung eines Aufhebungsvertrags vergleichbar.

Die Beendigungsvereinbarung des Aufhebungsvertrags unterliegt gemäß § 307 Abs. 3 BGB nicht der Inhaltskontrolle, weil hierdurch nicht von Rechtsvorschriften abgewichen wird. Die Beendigungsvereinbarung ist ein selbstständiges Rechtsgeschäft, bei dem die Hauptleistung die Beendigung des Arbeitsverhältnisses ist. Die Beendigungsvereinbarung als solche unterliegt daher auch ohne Abfindungszahlung nicht der Inhaltskontrolle.[760] Ebenso wenig

757 *Preis*, in: FS für Richardi, S. 339, 358; *Preis/Bleser/Rauf*, DB 2005, 2812, 2814; *Söhner*, Der Verzicht auf Bestandsschutz, S. 224 f.

758 *Söhner*, Der Verzicht auf Bestandsschutz, S. 225.

759 *Söhner*, Der Verzicht auf Bestandsschutz, S. 221 f.; vgl. auch *Linck*, in: Schaub, Arbeitsrechts-Handbuch, § 35 Rn. 60a, jeweils für den Verzicht auf den Kündigungsschutz.

760 BAG, Urteil vom 8. 5. 2008 - 6 AZR 517/07, NJW 2008, 3372, 3373; BAG, Urteil vom 22. 4. 2004 - 2 AZR 281/03, AP Nr. 27 zu § 620 BGB Aufhebungsvertrag; BAG, Urteil vom 27. 11. 2003 - 2 AZR 135/03, NZA 2004, 597, 603 f; LAG Hessen, Urteil vom 6. 11. 2003 - 14 Sa 438/03, BeckRS 2003, 17002; LAG Rheinland-Pfalz, Urteil vom 12. 7. 2006 - 9 Sa 324/06, BeckRS 2006, 44943; LAG Düsseldorf, Urteil vom 29. 6. 2007 - 9 Sa 447/07, BeckRS 2007, 46389.

kann die Abfindungsvereinbarung einer Inhaltskontrolle unterzogen werden.[761] Kontrollfähig sind nur die weiteren Modalitäten des Aufhebungsvertrags, z.B. Freistellungsklauseln.[762] Der Grund für die Kontrollfreiheit der Aufhebungsvereinbarung ist, dass es sich dabei - ebenso wie bei der Entscheidung, eine bestimmte Arbeit in einem bestimmten zeitlichem Umfang zu dem angebotenen Entgelt zu leisten - um eine bewusste Abschlussentscheidung des Arbeitnehmers handelt.[763] Denn bevor ein „durchschnittlicher" Arbeitnehmer einen Aufhebungsvertrag abschließt, wird er die Beendigungsbestimmung in jedem Fall berücksichtigen, bevor er seine Abschlussentscheidung trifft. Überträgt man diese Grundsätze auf das hier zu untersuchende Problem, muss man auch den isolierten Verzicht des Arbeitnehmers in Fall 3 als ein selbständiges Rechtsgeschäft ansehen, dessen einziger Bestandteil die Verfügung des Arbeitnehmers über das Widerspruchsrecht ist. Der Vergleich mit der Beendigungsvereinbarung eines Aufhebungsvertrags spricht deshalb ebenfalls für die Kontrollfreiheit der isolierten Verzichtserklärung.

6. Ergebnis

Die angesichts eines konkret bevorstehenden Betriebsübergangs vom Arbeitgeber vorformulierte isolierte Verzichtserklärung des Arbeitnehmers unterliegt in entsprechender Anwendung von § 307 Abs. 3 BGB nicht der richterlichen Inhaltskontrolle, da es sich dabei nicht um eine unselbständige Nebenabrede des Arbeitsvertrags, sondern um die Hauptleistungspflicht eines (hypothetisch) selbständigen Rechtsgeschäfts handelt.

IV. Sonstige Wirksamkeitsvoraussetzungen

1. Mittelbare Drittwirkung der Berufsfreiheit (§§ 138, 242 BGB)

Voraussetzung für die Wirksamkeit des Verzichts ist nach §§ 138, 242 BGB, dass der Arbeitnehmer Kenntnis von der Person des Betriebserwerbers hat. Dies folgt aus dem Zweck des Widerspruchsrechts, den Arbeitnehmer vor der Aufdrängung eines nicht frei gewählten Vertragspartners zu schützen.[764] Wegen dieses Schutzzwecks ist es nicht ausreichend, wenn der Arbeitnehmer lediglich

---

761 *Gotthardt*, in: H/W/K, Anh. §§ 305-310 BGB, Rn. 4; *Söhner*, Der Verzicht auf Bestandsschutz, S. 221; *Bauer*, NZA 2002, 169, 172 f.

762 Vgl. *Linck*, in: Schaub, Arbeitsrechts-Handbuch, § 122 Rn. 11, 12; *Gotthardt*, in: H/W/K, Anh. §§ 305-310 BGB, Rn. 4.

763 *Preis*, in: FS für Richardi, S. 339, 351.

764 Vgl. zum Schutzzweck des Widerspruchsrecht ausführlich oben § 1 B. III.

die Konzernzugehörigkeit des Betriebserwerbers oder den Kreis der möglichen neuen Inhaber kennt.[765] Denn auch bei Kenntnis der Konzernzugehörigkeit des Betriebserwerbers oder mehrerer potentieller Erwerber hat der Arbeitnehmer kein echtes Wahlrecht zwischen zwei Arbeitgebern, da er nicht konkret weiß, welche Person als sein neuer Vertragspartner in Betracht kommt. Unerheblich ist, ob der Arbeitnehmer von den Kaufvertragsparteien über die Person des Betriebserwerbers informiert worden ist oder davon aus anderen Quellen Kenntnis erlangt hat.[766]

Aus Sicht der Kaufvertragsparteien empfiehlt es sich, dem Arbeitnehmer die Identität des Betriebserwerbers bereits in dem von ihnen vorformulierten Verzichtsformular so eindeutig mitzuteilen, dass jede Verwechslungsgefahr ausgeschlossen ist. Um völlig sicher zu gehen, können sich die Kaufvertragsparteien an den Anforderungen orientieren, die das BAG an den Unterrichtungsgegenstand „Identität des Betriebserwerbers" im Informationsschreiben nach § 613a Abs. 5 BGB stellt. Danach muss der Erwerber konkret identifizierbar sein, so dass die Person des Erwerbers mit Firmenbezeichnung, Firmensitz und Anschrift benannt werden muss.[767] Die Angabe der Handelsregisternummer ist zur Identifizierung nicht erforderlich,[768] aber zweckmäßig, um dem Arbeitnehmer die Einholung weiterer Auskünfte über die Person des Betriebserwerbers zu erleichtern. Ein ordnungsgemäßes Informationsschreiben muss bei Gesellschaften nach Ansicht des BAG zudem entweder die gesetzliche Vertretung enthalten oder eine identifizierbare natürliche Person mit Personalkompetenz angeben.[769] Können diese Informationen nicht erteilt werden, weil der Käuferin des Betriebs noch nicht gegründet ist, muss dies offengelegt werden.[770] Sind die Informationen der Kaufvertragsparteien über die Identität des Betriebserwerbers fehlerhaft, kann es nach § 242 BGB treuwidrig sein, sich auf den an sich wirksam vereinbarten Verzicht zu berufen.[771]

765 A.A *Annuß*, in: Staudinger, § 613a BGB Rn. 327.

766 Vgl. *Annuß*, in: Staudinger, § 613a BGB Rn. 327 i.V.m. Rn. 290.

767 BAG, Urteil vom 13. 7. 2006 - 8 AZR 305/05, NZA 2006, 1268, 1271.

768 BAG, Urteil vom 13. 7. 2006 - 8 AZR 305/05, NZA 2006, 1268, 1271.

769 BAG, Urteil vom 23. 7. 2009 - 8 AZR 538/08, NZA 2010, 89, 91.

770 BAG, Urteil vom 23. 7. 2009 - 8 AZR 538/08, NZA 2010, 89, 91.

771 Vgl. LAG München, Urteil vom 30. 8. 2005 – 8 Sa 523/05, BeckRS 2009, 68042 hinsichtlich fehlerhafter Angaben zur Identität des Betriebserwerbers in einem Informationsschreiben nach § 613a Abs. 5 BGB.

2. Zugang eines ordnungsgemäßen Informationsschreibens als Wirksamkeitsvoraussetzung

Fraglich ist, ob der Zugang eines Informationsschreibens, das den Arbeitnehmer über alle in § 613a Abs. 5 BGB genannten Unterrichtungsgegenstände richtig und vollständig informiert, Wirksamkeitsvoraussetzung des Verzichts ist.

a) Meinungsspektrum

Das LAG Saarland ist der Ansicht, ein Arbeitnehmer könne aus Anlass eines bevorstehenden Betriebsübergangs allenfalls dann wirksam auf das Widerspruchsrecht verzichten, wenn er zuvor ordnungsgemäß nach § 613a Absatz 5 BGB informiert worden ist.[772] Dieser Standpunkt wird teilweise auch in der Literatur eingenommen.[773] Zur Begründung wird besonders der Zweck der Informationspflicht ins Feld geführt, dem Arbeitnehmer eine ausreichenden Wissensgrundlage dafür zu vermitteln, ob er sein Widerspruchsrecht ausüben soll oder nicht.[774] Zudem könne dem Arbeitnehmer ansonsten die Überlegungsfrist, die ihm § 613a Abs. 6 Satz 1 BGB für seine Entscheidung einräume, genommen werden.[775] Andere bejahen zwar grundsätzlich, dass eine Information des Arbeitnehmers Wirksamkeitsvoraussetzung für einen Verzicht auf das Widerspruchsrecht ist, beschränken aber den Inhalt der Information auf eine „ausreichende Unterrichtung über die wesentlichen Aspekte des Betriebsübergangs".[776]

---

772 LAG Saarland, Urteil vom 12. 8. 2009 - 2 Sa 52/09, BeckRS 2011, 65207.

773 Für den Zugang eines in allen Punkten ordnungsgemäßen Unterrichtungsschreibens als Wirksamkeitsvoraussetzung des Verzichts *Hauck*, in: H/B/D, § 613a BGB Rn. 223; *Steffan*, in: A/P/S, Kündigungsrecht, § 613a BGB Rn. 232; *Edenfeld*, in: Erman, § 613a BGB Rn. 53; *Lingemann*, in: Prütting/Wegen/Weinreich, § 613a BGB Rn. 46; *Nehls*, NZA 2003, 822, 826 f; *Bayreuther*, in: D/F/L, § 613a BGB Rn. 143 („Verzicht nur wirksam, wenn der Arbeitnehmer zuvor ausreichend über den Betriebsübergang und dessen Folgen informiert wird", so dass „die Anforderungen, die an die Information zu stellen sind, denjenigen ähnlich sind, die an eine Unterrichtung nach § 613a Abs. 5 BGB zu stellen sind"); widersprüchlich *Grobys*, BB 2002, 726, 730 (Verzicht nur nach ausreichender Unterrichtung wirksam, Überleitungsvereinbarung dagegen nicht).

774 So ausdrücklich LAG Saarland, Urteil vom 12. 8. 2009 - 2 Sa 52/09, BeckRS 2011, 65207; *Franzen*, RdA 2002, 258, 268 (allerdings mit der Einschränkung auf die wesentlichen Aspekte des Betriebsübergangs); *Nehls*, NZA 2003, 822, 826.

775 LAG Saarland, Urteil vom 12. 8. 2009 - 2 Sa 52/09, BeckRS 65207.

776 *Franzen*, RdA 2002, 258, 268, wobei unklar bleibt, welche Aspekte *Franzen* zu den wesentlichen eines Betriebsübergangs zählt.

Ein Teil der Literatur wendet sich schließlich gegen jede Verknüpfung der Information mit der Wirksamkeit des Verzichts.[777]

b) Stellungnahme

Richtigerweise ist der Zugang eines ordnungsgemäßen Informationsschreibens keine Wirksamkeitsvoraussetzung des Verzichts. Denn zum einen ist dies auch keine Voraussetzung für die wirksame Ausübung des Widerspruchsrechts. Aus systematischen Gründen muss dieser Grundsatz, der für die Ausübung des Widerspruchsrechts gilt, auch für den Verzicht auf das Widerspruchsrecht gelten.[778] Zum anderen ist eine solche Rechtsfolge weder gesetzlich geregelt, noch folgt sie aus dem Zweck der Unterrichtungspflicht.

aa) Vergleich der Verzichts- mit der Ausübungssituation

Gegen eine solche Wirksamkeitsvoraussetzung für den Verzicht spricht bereits der Vergleich der Verzichts- mit der Ausübungssituation. Der Zugang eines Informationsschreibens, das den Arbeitnehmer über alle in § 613a Abs. 5 BGB genannten Umstände ordnungsgemäß informiert, ist keine Entstehungsvoraussetzung für das Widerspruchsrecht.[779] Dies muss schon deshalb gelten, weil es ansonsten im Belieben der Kaufvertragsparteien stehen würde, ob dem Arbeitnehmer ein Widerspruchsrecht zusteht oder nicht.[780] Für die Ausübungssituation gilt deshalb, dass der Arbeitnehmer dem Übergang seines Arbeitsverhältnisses widersprechen kann, sobald er von einem bevorstehenden oder bereits vollzogenen Betriebsübergang und damit von der Person des Betriebserwerbers Kenntnis erlangt.[781] In diesem Fall trägt er allerdings das Risiko der Rechtsausübung auf einer unzureichenden Informationsgrundlage.[782] Der Widerspruch ist

---

777 *Preis*, in: ErfK, § 613a BGB Rn. 102; *Annuß*, in: Staudinger, § 613a BGB Rn. 327; *Willemsen/Müller-Bonanni*, in: H/W/K, § 613 a BGB Rn. 362; *Cohnen/Tepass*, in: Münchener Anwaltshandbuch Arbeitsrecht, § 52 Rn. 83 (Verzicht auf das Widerspruchsrecht enthält zugleich auch immer einen Verzicht auf die Erfüllung der Unterrichtungspflicht); *Göpfert/Buschbaum*, ZIP 2011, 64, 64 f., *Bauer/von Steinau-Steinrück*, ZIP 2002, 457, 464; *Grau*, Unterrichtung und Widerspruchsrecht, S. 356.

778 So auch *Grau*, Unterrichtung und Widerspruchsrecht, S. 356 f; im Ergebnis auch *Rieble/Wiebauer*, NZA 2009, 401, 407 auf dem Boden der hier als Einheitstheorie bezeichneten Ansicht, vgl. oben § 3 C. I. 2.

779 *Grau*, Unterrichtung und Widerspruchsrecht, S. 229; *Grau*, ZfA 2005, 647, 662, Fn. 51.

780 *Grau*, Unterrichtung und Widerspruchsrecht, S. 229, der zudem auf die verfassungsrechtliche Begründung des Widerspruchsrechts verweist.

781 *Grau*, Unterrichtung und Widerspruchsrecht, S. 229.

782 *Grau*, Unterrichtung und Widerspruchsrecht, S. 229.

aus Gründen der Rechtssicherheit nicht so lange frei widerruflich, bis dem Arbeitnehmer ein ordnungsgemäßes Unterrichtungsschreiben zugegangen ist.[783] Ist der Widerspruch mit Zugang beim Erklärungsgegner wirksam geworden, ohne dass der Arbeitnehmer seine Erklärung vor oder zeitgleich mit dem Zugang der Widerspruchserklärung widerrufen hat (vgl. § 130 Abs. 1 Satz 2 BGB), ist das Widerspruchsrecht wegen seines Charakters als Gestaltungsrecht grundsätzlich durch seine Ausübung verbraucht und erlischt.[784] Nach diesem Zeitpunkt kann die Wirkung des Widerspruchs deshalb nur noch dadurch beseitigt werden, dass sich die Kaufvertragsparteien und der Arbeitnehmer in einem dreiseitigen Vertrag auf den Übergang des Arbeitsverhältnisses verständigen[785] oder der Arbeitnehmer die Widerspruchserklärung wirksam anficht.[786]

Der Grund für die grundsätzliche Bindung des Arbeitnehmers an die Wirkung des Widerspruchs ist, dass es sich bei der Entscheidung des Arbeitnehmers, das Widerspruchsrecht auszuüben, um eine bewusste Entscheidung für seinen bisherigen Arbeitgeber handelt. Da der Arbeitnehmer in der konkreten Übergangssituation anders als bei einem arbeitsvertraglichen Verzicht Kenntnis von der Person des Betriebserwerbers hat, ist der mit dem Widerspruchsrecht verfolgte Zweck auch ohne Zugang eines ordnungsgemäße Informationsschreibens nach § 613a Abs. 5 gewahrt. Diese privatautonom getroffene Entscheidung des

783 So für den Fall einer nicht ordnungsgemäßen Information ausdrücklich LAG Köln, Urteil vom 2. 8. 2010 – 2 Sa 176/10, BeckRS 2010, 73959; allgemein gegen ein Widerrufsrecht des Arbeitnehmers nach Zugang des Widerspruchs auch die h.M., vgl. nur BAG, Urteil vom 30. 10. 2003 - 8 AZR 491/02, NZA 2004, 481, 483 und *Preis*, in: ErfK, § 613a BGB Rn. 97; vgl. auch *Müller-Glöge*, in: MüKo, § 613a BGB Rn. 115 („nach den Regeln der Anfechtung bestimmt sich auch die Folge eines nach nicht ordnungsgemäßer Unterrichtung erklärten Widerspruchs"); a.A. *Nehls*, NZA 2003, 822, 825, nach dem der Arbeitnehmer ein Recht zur Rücknahme des Widerspruchs bei nicht ordnungsgemäßer Unterrichtung hat.

784 BAG, Urteil vom 30. 10. 2003 - 8 AZR 491/02, NZA 2004, 481, 483; *Preis*, in: ErfK, § 613a BGB Rn. 97; *Haas/Salamon/Hoppe*, NZA 2011, 128; *Grau*, Unterrichtung und Widerspruchsrecht, S. 229. Vgl. zur Rechtsnatur des Widerspruchsrechts ausführlich oben § 2.

785 Eine bloß zweiseitige Vereinbarung zwischen Arbeitnehmer und dem Verkäufer stellt einen unzulässigen Vertrag zu Lasten des Betriebserwerber dar, vgl. BAG, Urteil vom 30. 10. 2003 - 8 AZR 491/02, NZA 2004, 481, 483.

786 Zur Anfechtung der Widerspruchserklärung ausführlich *Haas/Salamon/Hoppe*, NZA 2011, 128 ff.; *Grau*, RdA 2005, 367, 370 f; speziell zur Anfechtung der Widerspruchserklärung wegen arglistiger Täuschung aufgrund einer bewussten Falschinformation des Arbeitnehmers BAG, Urteil vom 15. 12. 2011 – 8 AZR 220/11, NZA 2012, 1101 ff.

Arbeitgebers zwischen zwei Arbeitgebern darf nicht dadurch entwertet werden, dass man den Widerspruch bis zum Zugang eines ordnungsgemäßen Unterrichtungsschreibens für frei widerruflich erklärt, da § 613 a BGB den Arbeitnehmer zwar vor ungerechtfertigten Nachteilen schützen, nicht aber seine Vertragsfreiheit einschränken soll.[787] Aus systematischen Gründen müssen diese Grundsätze auch für den Verzicht des Arbeitnehmers auf das Widerspruchsrecht gelten.[788] Auch der Verzicht, den der Arbeitnehmer in der in der konkreten Übergangssituation oder nach Vollzug des Betriebsübergangs erklärt, stellt eine bewusste Auswahlentscheidung des Arbeitnehmers dar - diesmal zugunsten des Betriebserwerbers als künftigen Arbeitgeber. Diese Auswahlentscheidung, mit der sich der Arbeitnehmer gegen den Eingriff in seine Privatautonomie in Gestalt des in § 613a Abs. 1 Satz 1 BGB angeordneten Vertragspartnerwechsel zur Wehr setzt, wird durch das Widerspruchsrecht geschützt.[789] Deshalb besteht ebenso wie in der Ausübungssituation kein Grund, die Entscheidung des Arbeitnehmers für einen Verzicht auf das Widerspruchsrecht von einer ordnungsgemäßen Information abhängig zu machen. Alles andere würde bedeuten, dem Arbeitnehmer eine bestimmte Entscheidungsgrundlage zu diktieren.[790] Dies würde den Schutzzweck des Widerspruchsrechts relativieren, da der Arbeitnehmer an einer privatautonom getroffenen Entscheidung zugunsten des Betriebserwerbers als neuen Arbeitgeber gehindert wäre.

bb) Notwendigkeit einer zusätzlichen gesetzlichen Sanktion der Informationspflichtverletzung

Möglicherweise erfordert es der Schutzzweck der Informationspflicht, die Wirksamkeit des Verzichts von der Erfüllung der Informationspflicht abhängig zu machen. Um diese Frage beantworten zu können, muss zunächst geklärt werden, welche Sanktion der Gesetzgeber für die Verletzung der Informationspflicht vorgesehen hat. Anschließend wird geprüft, ob die gesetzlich vorgesehene Sanktion einer Informationspflichtverletzung ausreichend ist, um die Einhaltung des Schutzzwecks der Informationspflicht nach § 613a Abs. 5 BGB effektiv zu gewährleisten.

---

787 Vgl. *Preis*, in: ErfK, § 613a BGB Rn. 102.

788 *Grau*, Unterrichtung und Widerspruchsrecht, S. 356 f; im Ergebnis auch *Rieble/Wiebauer*, NZA 2009, 401, 407 auf dem Boden der hier als Einheitstheorie bezeichneten Ansicht.

789 Vgl. *Haas/Salamon/Hoppe*, NZA 2011, 128, 130 und oben § 1 III. b).

790 So ausdrücklich *Preis*, in: ErfK, § 613a BGB Rn. 102.

aaa) Gesetzliche Sanktion der Informationspflichtverletzung

Die europäische Betriebsübergangsrichtlinie 2001/23/EG vom 12. März 2001[791] enthält keine Vorgaben für die Sanktion einer Informationspflichtverletzung, so dass die Rechtsfolgenanordnung in die Zuständigkeit der Mitgliedsstaaten fällt.[792] Der nationale Gesetzgeber hat sich dafür entschieden, die Informationspflichtverletzung dadurch zu sanktionieren, dass die Widerspruchsfrist des § 613a Abs. 6 Satz 1 BGB nicht anläuft.[793] Nach § 613a Abs. 6 Satz 1 BGB kann der Arbeitnehmer dem Übergang seines Arbeitsverhältnisses auf den Betriebserwerber „innerhalb eines Monats nach Zugang der Unterrichtung nach Absatz 5“ widersprechen. Unmittelbare Rechtsfolge einer unterbliebenen oder unvollständigen Unterrichtung ist danach, dass die Widerspruchsfrist nicht zu laufen beginnt.

Da es sich bei der Informationspflicht nicht nur um eine bloße Obliegenheit der Kaufvertragsparteien, sondern einen (echten) Anspruch des Arbeitnehmers handelt,[794] kann die Verletzung der Informationspflicht daneben noch die Sekundärrechtsfolge nach sich ziehen, dass die Kaufvertragsparteien dem Arbeitnehmer nach § 280 Abs. 1 BGB (ggf. i.V.m. § 311 Abs. 2 BGB) den Schaden ersetzen müssen, der ihm kausal durch die fehlerhafte Unterrichtung entstanden ist.[795] Weitere Rechtsfolgen der Informationspflichtverletzung hat der Gesetzgeber dagegen nicht geregelt. Eine rechtliche Grundlage dafür, die Wirksamkeit des Verzichts an den Zugang eines ordnungsgemäßen Unterrichtungsschreibens zu knüpfen, existiert also grundsätzlich nicht.

bbb) Effektivität der gesetzlichen Sanktion

Fraglich ist, ob es der Schutzzweck der Informationspflicht gebietet, eine Informationspflichtverletzung zusätzlich dadurch zu sanktionieren, dass der Zugang eines ordnungsgemäßen Informationsschreibens zur Wirksamkeitsvoraussetzung des Verzichts gemacht wird. Nach der Gesetzesbegründung soll die Unterrichtung dem Arbeitnehmer die Grundlage für die Entscheidung liefern, ob er dem Übergang seines Arbeitsverhältnisses widersprechen will.[796] Diesem Zweck

---

791 ABl. EG Nr. L 82 vom 22. 3. 2001, S. 16 ff.

792 *Sagan*, ZIP 2011, 1641,1645; *Grau*, ZfA 2005, 647, 665.

793 Vgl. oben § 1 B. II. 1.

794 *Preis*, in ErfK, § 613a BGB Rn. 94; *Willemsen/Lembke*, NJW 2002, 1159, 1161; a.A. *Bauer/von Steinau-Steinrück* ZIP 2002, 457, 463; *Grobys* BB 2002, 726, 727.

795 BAG, Urteil vom 20. 3. 2008 - 8 AZR 1022/06, NZA 2008, 1297, 1301; BAG, Urteil vom 13. 7. 2006 - 8 AZR 382/05, NZA 2006, 1406, 1411.

796 BT-Drucks. 14/7760, S. 19.

diene gerade auch das Formerfordernis der Textform, die für die Unterrichtung vorgesehen sei. Im Gegensatz zu einer nur mündlich erteilten Information werde dem Arbeitnehmer dadurch die Möglichkeit eröffnet, die für ihn neuen und nicht sofort überschaubaren Informationen nachzulesen, sich weitergehend zu erkundigen und gegebenenfalls beraten zu lassen.[797] Das BAG konkretisiert die Gesetzesbegründung in ständiger Rspr. dahingehend, dass der Arbeitnehmer durch die Unterrichtung eine ausreichende Wissensgrundlage für die Ausübung oder Nichtausübung seines Widerspruchsrechts erhalten soll.[798] Die Einhaltung dieses Schutzzwecks der Informationspflicht gewährleistet der Gesetzgeber, indem er den Beginn der Widerspruchsfrist davon abhängig macht, dass die Kaufvertragsparteien den Arbeitnehmer ordnungsgemäß nach § 613a Abs. 5 BGB informieren. Sowohl eine unterbliebene als auch eine fehlerhafte Information verhindert, dass die Widerspruchsfrist zu laufen beginnt.[799] Die gesetzliche Sanktion der Informationspflichtverletzung besteht also neben eines möglicherweise bestehenden Schadensersatzanspruch darin, dass das Widerspruchsrecht nicht durch Fristablauf erlischt, sondern dem Arbeitnehmer auch nach dem Stichtag des Betriebsübergangs bis zur Grenze der Verwirkung erhalten bleibt.

Dagegen bezweckt die Informationspflicht des § 613a Abs. 5 BGB nicht, den Arbeitnehmer vor den Folgen seiner privatautonomen Entscheidung für oder gegen einen Verzicht auf das Widerspruchsrecht, die er unabhängig von einem Informationszugang trifft, zu schützen.[800] Dafür besteht angesichts der Verknüpfung des Informationszugangs mit dem Beginn der Widerspruchsfrist auch kein

797 BT-Drucks. 14/7760, S. 19.

798 Vgl. etwa BAG, Urteil vom 13. 7. 2006 - 8 AZR 305/05, NZA 2006, 1268, 1270.

799 Vgl. oben § 1 B. II. 1.

800 Darauf weist zu Recht auch das BAG für die Ausübung des Widerspruchsrechts hin, vgl. BAG, Urteil vom 24. 5. 2005 - 8 AZR 398/04, NZA 2005, 1302, 1305. In dieser Entscheidung hat das BAG entschieden, dass eine betriebsbedingte Kündigung des Arbeitsverhältnisses auch dann nicht nach § 242 BGB unwirksam ist, wenn der Arbeitnehmer vor Ausübung des Widerspruchsrechts nicht ordnungsgemäß informiert worden ist. Zwar genüge für den Einwand der Treuwidrigkeit ein objektiv unredliches Verhalten. Voraussetzung sei jedoch, dass das unredliche Verhalten für den Gläubiger Vorteile oder den Schuldner Nachteile gebracht habe, die bei redlichem Verhalten nicht entstanden wären. Das Entstehen des betriebsbedingten Kündigungsgrundes sei aber nicht Folge der unvollständigen Unterrichtung, sondern der privatautonomen Entscheidung des Arbeitnehmers, von seinem Widerspruchsrecht Gebrauch zu machen. Diese Entscheidung des BAG macht deutlich, dass die Information nach § 613a Abs. 5 BGB keinen Einfluss auf die Wirksamkeit der Entscheidung des Arbeitnehmers für oder gegen den Widerspruch hat.

Bedürfnis.[801] Das unbefristete Recht des Arbeitnehmers, dem Übergang seines Arbeitsverhältnisses zu widersprechen, stellt ein „wirksames Durchsetzungsvehikel“[802] für die Erfüllung des Informationsanspruchs dar. Die Kaufvertragsparteien haben ein Interesse daran, möglichst frühzeitig zu wissen, welche Arbeitsverhältnisse übergehen[803] und müssen deshalb die Ausübung des Widerspruchsrechts nach dem Stichtag des Betriebsübergangs verhindern.[804] Diese Planungssicherheit können die Kaufvertragsparteien nur erreichen, indem sie die vom Betriebsübergang betroffenen Arbeitnehmer ordnungsgemäß vor dem Stichtag des Betriebsübergangs nach § 613a Abs. 5 BGB informieren. Die im nationalen Recht vorgesehene Verknüpfung von Informationszugang und Widerspruchsfrist gewährleistet deshalb, dass der Zweck der Informationspflicht eingehalten wird.[805] Die Verletzung der Informationspflicht ist damit hinreichend effektiv und abschreckend sanktioniert.[806]

Auf der anderen Seite ist der Arbeitnehmer durch diese Rechtsfolgenanordnung auch ausreichend geschützt. Wird er nicht ordnungsgemäß informiert, kann er den Zugang des Informationsschreibens abwarten oder ggf. seinen Informationsanspruch gerichtlich geltend machen. Er ist deshalb nicht „unter Zugzwang“, das Widerspruchsrecht auf einer unzureichenden Informationsbasis auszuüben[807] oder darauf zu verzichten. Hat der Arbeitnehmer Zweifel, ob die ihm erteilte Information den gesetzlichen Anforderungen entspricht, obliegt es ihm (auch nach der Gesetzesbegründung[808]), diese Zweifel durch Einholung eines Rechtsrats zu beseitigen. Übt er dagegen das Widerspruchsrecht trotz fehlender oder unzureichender Information dennoch aus oder verzichtet darauf, ist er an diese Entscheidung gebunden.[809]

Diese Bindungswirkung spiegelt sich auch darin wieder, dass eine nicht ordnungsgemäße Information keinen Einfluss auf die Wirksamkeit einer betriebsbedingten Kündigung des Arbeitsverhältnisses hat, die der Verkäufer

---

801 So auch das BAG, Urteil vom 24. 5. 2005 - 8 AZR 398/04, NZA 2005, 1302, 1305 hinsichtlich der Frage, ob eine unterbliebene oder fehlerhafte Unterrichtung ein Kündigungsverbot für die Arbeitsverhältnisse widersprechender Arbeitnehmer zur Folge hat.

802 *Grau*, ZfA 2005, 647, 666.

803 Vgl. BT-Drucks. 14/7760, S. 19; *Grau*, ZfA 2005, 647, 664.

804 Vgl. zu dieser Interessenlage der Kaufvertragsparteien ausführlich oben § 1 C. III.

805 Sagan, ZIP 2011, 1641, 1646; *Grau*, ZfA 2005, 647, 666.

806 *Sagan*, ZIP 2011, 1641, 1646.

807 BAG, Urteil vom 24. 5. 2005 - 8 AZR 398/04, NZA 2005, 1302, 1305.

808 BT-Drucks. 14/7760, S. 19.

809 Vgl. oben IV. 2. b) aa).

dem Arbeitnehmer im Anschluss an den Widerspruch gegen den Übergang des Arbeitsverhältnisses erklärt.[810] Eine solche Kündigung ist nicht etwa deswegen unwirksam, weil der Arbeitnehmer nicht ordnungsgemäß informiert worden ist. Ursache des Kündigungsgrunds ist nicht der Informationsmangel, sondern die privatautonome Entscheidung des Arbeitnehmers, dem Übergang seines Arbeitsverhältnisses unabhängig vom Zugang einer ordnungsgemäßen Information zu widersprechen.[811] Dies ist auch der Grund für die Bindung des Arbeitnehmers an einen Widerspruch bzw. an einen Verzicht auf das Widerspruchsrecht, den der Arbeitnehmer vor Zugang eines ordnungsgemäßen Unterrichtungsschreibens erklärt. Im Ergebnis bedarf es daher auch unter Berücksichtigung des Schutzzwecks der Informationspflicht keiner zusätzlichen Sanktion der Informationspflichtverletzung dadurch, dass man die Wirksamkeit des Verzichts auf das Widerspruchsrecht vom Zugang einer ordnungsgemäßen Unterrichtungsschreibens abhängig macht. Die Verknüpfung der Wirksamkeit des Verzichts mit dem Zugang eines ordnungsgemäßen Informationsschreibens ist daher de lege lata nicht möglich.

c) Ergebnis

Der formularmäßige Verzicht auf das Widerspruchsrecht, den der Arbeitnehmer in der konkreten Übergangssituation oder nach Vollzug des Betriebsübergangs erklärt, ist unabhängig davon wirksam, ob der Arbeitnehmer von den Kaufvertragsparteien vor Abgabe der Verzichtserklärung ordnungsgemäß nach § 613a Abs. 5 BGB informiert worden ist.

V. Alternativ: Inhaltskontrolle des formularmäßigen einseitigen Verzichts

Nach der hier vertretenen Ansicht unterliegt der isolierte Verzicht des Arbeitnehmers als Hauptleistungsabrede nach § 307 Abs. 3 Satz 1 BGB nicht der Inhaltskontrolle.[812] Allerdings sehen dies vor allem die Rspr.[813], aber auch namhafte

810 BAG, Urteil vom 24. 5. 2005 - 8 AZR 398/04, NZA 2005, 1302, 1305.

811 BAG, Urteil vom 24. 5. 2005 - 8 AZR 398/04, NZA 2005, 1302, 1305.

812 Vgl. oben III.

813 BAG vom 6. 9. 2007 - 2 AZR 722/06, NZA 2008, 219, 221; LAG Baden-Württemberg, Urteil vom 19. 7. 2006, 2 Sa 123/05, BeckRS 2010, 73031; LAG Düsseldorf: Urteil vom 13. 04. 2005 - 12 Sa 154/05, BeckRS 41644; LAG Hamburg, Urteil vom 29. 4. 2004 - 1 Sa 47/03, NZA-RR 2005, 151, 153; LAG Schleswig-Holstein, Urteil vom 24. 9. 2003 - 3 Sa 6/03, NZA-RR 2004, 74, 75; LAG Mecklenburg-Vorpommer, Urteil vom 29. 1. 2003, 2 Sa 492/02, BeckRS 2003, 30797925.

Stimmen in der Literatur[814] im Fall des Verzichts auf den gesetzlichen Kündigungsschutz anders und prüfen die Angemessenheit des Verzichts nach den §§ 307 ff BGB. Da es sich dabei um einen vergleichbaren Fall handelt, soll auch der isolierte Verzicht nachfolgend alternativ am Maßstab der §§ 307 ff. BGB gemessen werden.

1. Unwirksamkeit des Verzichts nach § 309 Nr. 10 BGB

Möglicherweise verstößt die Verzichtsklausel gegen § 309 Nr. 10 BGB. Gemäß § 309 Nr. 10 BGB ist eine Allgemeinen Geschäftsbedingung unwirksam, wonach bei Kauf-, Darlehens-, Dienst- oder Werkverträgen ein Dritter anstelle des Verwenders in die sich aus dem Vertrag ergebenden Rechte und Pflichten eintritt oder eintreten kann, es sei denn, in der Bestimmung wird der Dritte namentlich bezeichnet oder dem anderen Vertragsteil das Recht eingeräumt, sich vom Vertrag zu lösen. Ein Verstoß gegen § 309 Nr. 10 BGB scheidet demnach aus, wenn der Betriebserwerber in der Verzichtsklausel namentlich bezeichnet wird. Wird der Betriebserwerber dagegen in der Verzichtsklausel nicht namentlich genannt, könnte § 309 Nr. 10 BGB einschlägig sein.

§ 309 Nr. 10 BGB erfasst sowohl die rechtsgeschäftliche Übertragung des gesamten Schuldverhältnisses als auch die Schuldübernahme nach den §§ 414 ff. BGB.[815] Zweck der Regelung ist, zu verhindern, dass dem anderen Vertragsteil gegen seinen Willen ein neuer, unbekannter Vertragspartner aufgezwungen werden kann.[816] Ein Vertragspartnerwechsel soll nur dann wirksam sein, wenn der eintretende Dritte mit Namen und Anschrift in den Allgemeinen Geschäftsbedingungen angegeben wird[817] oder dem Verwendungsgegner für den Fall, dass der Verwender von der Übertragungsmöglichkeit Gebrauch macht, ein sofortiges Lösungsrecht eingeräumt wird.[818]

Das Widerspruchsrecht des Arbeitnehmers richtet sich allerdings nicht gegen den rechtsgeschäftlichen Eintritt eines Dritten in den Vertrag, sondern gegen den

---

814 *Preis*, in: ErfK, §§ 305-310 BGB, Rn. 77, 100; *Gallner*, in: Fiebig/Gallner/Mestwerdt/Nägele, § 4 KSchG Rn. 90; *Hesse*, in: A/P/S, § 4 KSchG Rn. 123; *Friedrich*, in: KR, § 4 KSchG Rn. 311a; *Reinecke*, DB 2002, 583, 586.

815 *Grüneberg*, in: Palandt, § 309 BGB Rn. 98; *Coester-Waltjen*, in: Staudinger, § 309 Nr. 10 BGB Rn. 12.

816 *Grüneberg*, in: Palandt, § 309 Rn. 97; *Jacobs*, in: BeckOK ArbR, § 309 BGB Rn. 32.

817 BGH, Urteil vom 11. 6. 1980 – VIII ZR 174/79, NJW 1980, 2518; *Wurmnest*, in: MüKo, § 309 Nr. 10 BGB Rn. 7.

818 LG Köln, Urteil vom 4. 2. 1987 – 26 O 120/86, NJW-RR 1987, 885, 886; *Wurmnest*, in: MüKo, § 309 Nr. 10 BGB Rn. 8.

in § 613a Abs. 1 Satz 1 BGB gesetzlich angeordneten Vertragspartnerwechsel. § 309 Nr. 10 BGB erfasst daher nach seinem Wortlaut nicht die Verzichtsklausel. Auch das Widerspruchsrecht soll aber verhindern, dass dem Arbeitnehmer gegen seinen Willen ein neuer Arbeitgeber als Vertragspartner aufgedrängt wird.[819] Deshalb besteht in beiden Fällen eine vergleichbare Interessenlage, so dass der Schutzzweck des § 309 Nr. 10 BGB grundsätzlich auch bei einem formularmäßigen Verzicht des Arbeitnehmers auf das Widerspruchsrecht einschlägig ist. Aus diesem Grund wird § 309 Nr. 10 BGB z.T. entsprechend angewendet. Nach dieser Ansicht ist der formularmäßige Verzicht, den der Arbeitnehmer in der konkreten Übergangssituation erklärt, nach § 309 Nr. 10 BGB unwirksam.[820]

a) Anwendbarkeit von § 309 Nr. 10 BGB im Arbeitsrecht

Fraglich ist, ob die Anwendbarkeit von § 309 Nr. 10 BGB gemäß § 310 Abs. 4 Satz 2 Hs. 1 BGB wegen der im Arbeitsrecht geltenden Besonderheiten ausgeschlossen ist. Gemeint sind nicht die in spezifischen Bereichen des Arbeitsrechts geltenden Besonderheiten, z.B. bei kirchlichen oder befristeten Arbeitsverhältnissen,[821] sondern die Besonderheiten des Rechtsgebiets Arbeitsrecht im Ganzen.[822] Die arbeitsrechtlichen Besonderheiten sind daher bei sämtlichen arbeitsrechtlichen Formularverträgen[823] ungeachtet ihrer rechtlichen Gestaltung zu berücksichtigen.[824] Zu den Besonderheiten des Arbeitsrechts in diesem Sinn zählen unstreitig die rechtlichen Besonderheiten. Ob daneben auch die tatsächlichen Besonderheiten des Arbeitsrechts zu berücksichtigen sind, ist umstritten, wird aber insbesondere vom BAG bejaht.[825]

---

819 Zur dogmatischen Begründung des Widerspruchsrechts ausführlich oben § 1 B. III.

820 *Grau*, Unterrichtung und Widerspruchsrecht, S. 353 f.

821 So *Birnbaum*, NZA 2003, 944, 948 f.; *Hümmerich*, NZA 2003, 753, 762; *Hümmerich/Holthausen*, NZA 2002, 173, 178.

822 Vgl. nur BAG, Urteil vom 4. 3. 2004 - 8 AZR 196/03, NZA 2004, 727, 731.

823 *Hümmerich/Ebeling*, in: Hümmerich/Boecken/Düwell, § 310 BGB Rn. 30.

824 *Thüsing*, in: Graf von Westphalen/Thüsing, Vertragsrecht und AGB-Klauselwerke, Arbeitsverträge, Rn. 105.

825 BAG, Urteil vom 14. 1. 2009 - 3 AZR 900/07, NZA 2009, 666, 669; BAG, Urteil vom 25. 5. 2005 - 5 AZR 572/04, NZA 2005, 1111, 1113; so auch *Basedow*, in: MüKo, § 310 BGB Rn. 100; *Kreft*, in Clemenz/Kreft/Krause, AGB-Arbeitsrecht, § 310 BGB Rn. 55; kritisch *Preis*, in: ErfK, §§ 305-310 BGB Rn. 11; *Thüsing*, in: Graf von Westphalen/Thüsing, Vertragsrecht und AGB-Klauselwerke, Arbeitsverträge, Rn. 109, der dem BAG aber letztlich dennoch aufgrund pragmatischer Erwägungen zustimmt.

Für eine Anwendbarkeit von § 309 Nr. 10 BGB scheint zu sprechen, dass das Gesetz ausdrücklich Dienstverträge nennt, und der Arbeitsvertrag ein Unterfall des freien Dienstvertrags ist.[826] Teilweise wird deshalb § 309 Nr. 10 BGB auch im Arbeitsrecht für anwendbar gehalten.[827] Demzufolge ist z.B. die Wirksamkeit sog. Konzernversetzungsklauseln am Maßstab dieser Norm zu prüfen.[828]

aa) Widerspruch zum Kündigungsrecht

Gegen die Anwendbarkeit von § 309 Nr. 10 BGB im Arbeitsrecht könnte aber das zwingende Kündigungsrecht als rechtliche Besonderheit des Arbeitsrechts sprechen. Erfüllt eine Allgemeine Geschäftsbedingung die Voraussetzungen von § 309 Nr. 10a BGB oder § 309 Nr. 10b BGB, ist sie ohne weiteres wirksam,[829] und darf deshalb keiner Inhaltskontrolle mehr am Maßstab von § 307 Abs. 1 BGB unterzogen werden. Zwar muss eine Klausel grundsätzlich auch dann, wenn sie in den Anwendungsbereich eines in §§ 308, 309 BGB enthaltenen Klauselverbots fällt, danach aber nicht zu beanstanden ist, noch an der Generalklausel des § 307 BGB gemessen werden.[830] Dies darf aber nicht dazu führen, dass dadurch die gesetzgeberische Regelungsabsicht, die in den Klauselverboten zum Ausdruck kommt, unterlaufen wird.[831] Die Entscheidung des Gesetzgebers zugunsten der Wirksamkeit einer § 309 Nr. 10 BGB entsprechenden Klausel kommt in der Formulierung „ist in Allgemeinen Geschäftsbedingungen unwirksam, es sei denn" eindeutig zum Ausdruck.

Allein die namentliche Bezeichnung des zum Eintritt in die Arbeitgeberstellung berechtigten Dritten würde also dazu führen, dass eine entsprechende arbeitsvertragliche Regelung wirksam wäre. Dadurch gerät § 309 Nr. 10a BGB in Widerspruch zu den im Arbeitsrecht geltenden kündigungsrechtlichen Vorschriften. Ein Arbeitnehmer, für dessen ursprüngliches Arbeitsverhältnis die Vorschriften des KSchG Anwendung gefunden haben, könnte infolge des

---

826 *Thüsing*, in: H/W/K, Vor § 611 BGB Rn. 18; *Preis*, in: ErfK, § 611 BGB Rn. 1.

827 *Hümmerich/Ebeling*, in H/B/D, § 309 BGB Rn. 44; *Wisskirchen/Bissels*, in: Tschöpe, Anwaltshandbuch Arbeitsrecht, Teil 1 D Rn. 66, S. 239 f.; *Hümmerich*, NZA 2003, 753, 758.

828 *Dammann*, in: W/L/P, § 309 Nr. 10 BGB Rn. 50; *Hümmerich/Ebeling*, in: H/B/D, § 309 BGB Rn. 46 f.; *Wisskirchen/Bissels*, in: Tschöpe, Anwaltshandbuch Arbeitsrecht, Teil 1 D Rn. 66, S. 239 f.; *Hümmerich*, NZA 2003, 753, 758.

829 Vgl. *Grüneberg*, in: Palandt, § 309 BGB Rn. 99.

830 *Stoffels*, AGB-Recht, S. 227, Rn. 577; vgl. auch BGH, Urteil vom 4. 12. 1996 - XII ZR 193/95, NJW 1997, 739, 740.

831 BGH, Urteil vom 4. 12. 1996 - XII ZR 193/95, NJW 1997, 739, 740.

Eintritts des Dritten in die Arbeitgeberposition den Kündigungsschutz nach dem KSchG verlieren, z.B. wenn der Betrieb des eintretenden Dritten nicht in den sachlichen Anwendungs-bereich des KSchG fällt. Da der gesetzliche Kündigungsschutz einseitig zwingendes Recht ist, sind Vereinbarungen, die vor Zugang der Kündigungs-erklärung zum Nachteil des Arbeitnehmers getroffen werden, unwirksam.[832] Aus diesem Grund kann die Konkretisierung der Person des möglichen neuen Arbeitgebers im Arbeitsvertrag nicht dazu führen, dass bei einem späteren Eintritt des Dritten in die Arbeitgeberposition der im Verhältnis mit dem ursprünglichen Arbeitgeber geltende Kündigungsschutz ausgehebelt wird. Vielmehr sprechen die zwingenden Regelungen des Kündigungsschutzrechts als Besonderheiten des Arbeitsrechts iSd. § 310 Abs. 4 Satz 2 BGB gegen die Anwendbarkeit von § 309 Nr. 10 BGB im Arbeitsrecht.[833]

bb) Widerspruch zum Bestandsschutzinteresse des Arbeitnehmers

Ein fristloses Kündigungsrechts, wie es in § 309 Nr. 10b BGB als Kompensation für das Eintrittsrecht des Dritten vorgesehen ist, würde daneben das Bestandsschutzinteresse des Arbeitnehmers konterkarieren. Das Bestandsschutzinteresse des Arbeitnehmers kommt z.B. in § 613a Abs. 6 BGB zum Ausdruck kommt, Zwar wäre es auch europarechtskonform gewesen, bei einem Betriebsübergang anstelle des Widerspruchsrechts ein außerordentliches Kündigungsrechts des Arbeitnehmers vorzusehen.[834] Der nationale Gesetzgeber hat sich aber in § 613a Abs. 6 BGB für den Fall des gesetzlichen Arbeitgeberwechsels bewusst nicht für ein Kündigungsrecht, sondern für ein Widerspruchsrecht entschieden und dadurch dem Interesse des Arbeitnehmers am Fortbestand seines mit dem Veräußerer bestehenden Arbeitsverhältnisses Vorrang vor einem bloßen Lösungsrecht eingeräumt.

Dem Bestandsschutzinteresse des Arbeitnehmers wird nicht ausreichend Rechnung getragen, wenn man dem Arbeitnehmer als Ausgleich für das vertragliche Eintrittsrecht des Dritten ein fristloses Kündigungsrecht einräumt[835] Der Widerspruch zur Regelung des § 613a Abs. 6 BGB, der gegen die Anwendbarkeit von § 309 Nr. 10 BGB im Arbeitsrecht spricht, wird auch nicht dadurch beseitigt, dass man dem in § 309 Nr. 10b BGB vorgesehenen Lösungsrecht dieselbe

---

832 *Dörner/Vossen*, in: A/P/S, Kündigungsrecht, § 1 KSchG Rn. 5, 8.

833 *Preis*, in: ErfK, §§ 305-310 BGB Rn. 86; *Gotthardt*, in: H/W/K, § 309 BGB Rn. 13; *Däubler*, in: D/B/D, AGB-Kontrolle im Arbeitsrecht, § 309 Nr. 10 BGB Rn. 2.

834 Vgl. oben § 1 B. IV. C.

835 *Preis*, in: ErfK, §§ 305-310 BGB Rn. 86; *Gotthardt*, in: H/W/K, § 309 BGB Rn. 13; *Jacobs*, in: BeckOK ArbR, § 309 Nr. 10 BGB Rn. 33.

Wirkung wie dem Widerspruchsrecht nach § 613a Abs. 6 BGB beimisst.[836] Legt man nämlich eine dem Wortlaut des § 309 Nr. 10b BGB entsprechende arbeitsvertragliche Regelung „widerspruchsgleich" aus, handelt es sich im Ergebnis nicht um eine von § 613a Abs. 6 BGB abweichende Regelung, sondern um eine rein deklaratorische Klausel, die den Wortlaut der gesetzliche Vorschrift lediglich wiederholt. Eine solche deklaratorische Klausel unterliegt aber gemäß § 307 Abs. 3 Satz 1 BGB keiner Inhaltskontrolle, sondern muss nach § 307 Abs. 3 Satz 2 BGB nur dem Transparenzgebot genügen.[837] Aus diesem Grund würde eine solche Klausel im Arbeitsvertrag entgegen der Mindermeinung überhaupt nicht in den Anwendungsbereich von § 309 Nr. 10b BGB fallen, sondern überhaupt keiner Inhaltskontrolle unterliegen.[838]

b) Ergebnis

§ 309 Nr. 10 BGB gilt nicht für Allgemeine Geschäftsbedingungen in arbeitsrechtlichen Verträgen. Eine § 309 Nr. 10a BGB entsprechende Regelung würde den im Arbeitsrecht geltenden kündigungsrechtlichen Besonderheiten nicht gerecht. Auch eine Klausel, die dem Arbeitnehmer im Fall eines rechtsgeschäftlichen Eintritts eines Dritten ein Recht zur außerordentlichen Kündigung des Arbeitsvertrags gewährt, steht mit einer arbeitsrechtlichen Besonderheit, nämlich dem Bestandsschutzinteresse des Arbeitnehmers, nicht in Einklang. Aus diesem Grund gilt § 309 Nr. 10 BGB nicht entsprechend für den formularmäßigen Verzicht auf das Widerspruchsrecht. Die Verzichtsklausel ist nicht wegen eines Verstoßes gegen § 309 Nr. 10 BGB unwirksam, und muss deshalb im nächsten Prüfungsschritt an der Generalklausel des § 307 Abs. 1 BGB gemessen werden.

2. Unwirksamkeit des Verzichts nach § 307 Abs. 2 Nr. 1, Abs. 1 BGB

Möglicherweise ist der formularmäßige Verzicht nach § 307 Abs. 1 Satz 1 BGB unwirksam. In der Literatur wird eine unangemessene Benachteiligung des Arbeitnehmers überwiegend bejaht und der formularmäßige Verzicht in der konkreten Übergangssituation deshalb nach § 307 Abs. 1 Satz 1 BGB für unwirksam gehalten.[839]

---

836 So aber *Hümmerich/Ebeling*, in: H/B/D, § 309 BGB Rn. 44.

837 *Stoffels*, AGB-Recht, S. 152, Rn. 431.

838 Vgl. *Dammann*, in: Wolf/Lindacher/Pfeifer, § 309 Nr. 10 BGB Rn. 19.

839 *Annuß*, in: Staudinger, § 613a BGB Rn. 328; *Bayreuther*, in: Dornbusch/Fischermeier/Löwisch, § 613a BGB Rn. 143 a.E.; *Grau*, Unterrichtung und Widerspruchsrecht, S. 354.

a) Vereinbarkeit mit den wesentlichen Grundgedanken des Widerspruchsrechts, § 307 Abs. 2 Nr. 1 BGB

Nach § 307 Abs. 2 Nr. 1 BGB liegt eine unangemessene Benachteiligung des Verwendungsgegners im Zweifel vor, wenn eine Allgemeine Geschäftsbedingung mit wesentlichen Grundgedanken der gesetzlichen Regelung, von der abgewichen wird, nicht zu vereinbaren ist. Im Rahmen dieser Prüfung sind nach § 310 Abs. 3 Nr. 3 BGB auch die den Vertragsschluss begleitenden Umstände zu berücksichtigen. Nach h.M. handelt es sich bei den Tatbeständen des § 307 Abs. 2 BGB um gesetzliche Regelbeispiele, die eine unangemessene Benachteiligung des Verwendungsgegners indizieren[840]

aa) Gesetzliches Leitbild von § 613a Abs. 6 BGB

Der wesentliche Grundgedanke des Widerspruchsrechts ist, den Arbeitnehmer vor der Aufdrängung eines von ihm nicht gewählten Arbeitgebers zu schützen.[841]

bb) Vereinbarkeit des formularmäßigen Verzichts mit dem gesetzlichen Leitbild von § 613a Abs. 6 BGB

Hat der Arbeitnehmer Kenntnis von der Person des Betriebserwerbers, kann er von seinem Recht auf freie Wahl seines Vertragspartners Gebrauch machen. Die Gefahr, dass dem Arbeitnehmer ein nicht frei gewählter Arbeitgeber aufgedrängt wird, besteht nicht (mehr). Übt er das Widerspruchsrecht aus, wählt er seinen bisherigen Arbeitgeber. Verzichtet er auf das Widerspruchsrecht, entscheidet er sich für den Betriebserwerber als neuen Arbeitgeber. Dieses Wahlrecht ist Ausfluss von Art. 12 Abs. 1 GG und einfachgesetzlich in § 613a Abs. 6 BGB verankert. Infolgedessen weicht der Verzicht, den der Arbeitnehmer in Kenntnis von der Person des Betriebserwerbers erklärt, nicht vom materiellen Regelungsgehalt des gesetzlichen Leitbilds von § 613a Abs. 6 BGB ab. Mit Abgabe der Verzichtserklärung macht der Arbeitnehmer vielmehr von dem ihm gesetzlich eingeräumten Wahlrecht Gebrauch und verwirklicht dadurch den Schutzzweck des Widerspruchsrechts. Die Verzichtsklausel weicht deshalb nicht vom gesetzlichen Leitbild des § 613a Abs. 6 BGB ab. Eine solche Abweichung liegt nur dann vor, wenn der Arbeitnehmer in der konkreten Übergangssituation keine Kenntnis von der Person des Betriebserwerbers hat.

Die Vereinbarkeit des formularmäßigen Verzichts mit dem Grundgedanken des Widerspruchsrechts wird auch dadurch bestätigt, dass der Arbeitnehmer

840 *Stoffels*, AGB-Recht, S. 186, Rn. 499 m.w.N.

841 Vgl. ausführlich oben § 1 B. III.

in der konkreten Übergangssituation nicht gezwungen ist, die Verzichtserklärung abzugeben. Im Zeitpunkt der Begründung des Arbeitsverhältnisses ist das in vielen Fällen anders. In der Begründungsphase besteht oft ein (wirtschaftlich) faktischer Zwang, die Verzichtsklausel zu akzeptieren. In der konkreten Übergangssituation hat der Arbeitnehmer dagegen nach § 613a Abs. 6 BGB die freie Wahl hinsichtlich seines künftigen Vertragspartners, so dass er mit der Verzichtsentscheidung von seinem verfassungsrechtlich von Art. 12 Abs. 1 GG garantierten Recht auf freie Wahl seines Arbeitgebers Gebrauch machten kann. Da der Arbeitnehmer in der konkreten Übergangssituation nicht strukturell unterlegen ist, kann keine Rede davon sein, dass der Verzicht den Arbeitnehmer unangemessen benachteiligen würde.[842]

Zudem spricht auch der Rechtsgedanke von § 309 Nr. 10a BGB zumindest in dem Fall, dass der Betriebserwerber in der Verzichtsklausel namentlich bezeichnet ist, dafür, dass die arbeitsvertragliche Verzichtsklausel den Arbeitnehmer nicht unangemessenen benachteiligt. Zwar findet diese Regelung wegen der im Arbeitsrecht geltenden Besonderheiten keine Anwendung auf arbeitsrechtliche Verträge.[843] Allerdings bezieht sich die Unvereinbarkeit allein auf die Rechtsfolge, die eine dem Wortlaut des § 309 Nr. 10a BGB entsprechende Klausel nach sich ziehen würde, nämlich eine möglichen Umgehung des allgemeinen Kündigungsschutzes. Nicht ausgeschlossen ist es aber, den allgemeinen Rechtsgedanken heranzuziehen, der in dem Tatbestandsmerkmal der namentlichen Bezeichnung des Dritten, dem das Recht zum Eintritt in den Vertrag eingeräumt werden soll, zum Ausdruck kommt. Denn die Klauselverbote enthalten Wertungen, die über den unmittelbar geregelten Bereich hinaus den Maßstab der Generalklausel konkretisieren und dadurch Anhaltspunkte für das Vorliegen einer unangemessenen Benachteiligung des Verwendungsgegners bieten.[844] Der Rechtsgedanke des § 309 Nr. 10a BGB enthält infolgedessen ein weiteres Argument für die Vereinbarkeit der formularmäßigen Verzichtsklausel, die den Betriebserwerber namentlich bezeichnet, mit dem gesetzlichen Leitbild des Widerspruchsrechts.

b) Ergebnis

Die formularmäßige Verzichtserklärung, die der Arbeitnehmer in Kenntnis der Person des Betriebserwerbers abgibt, verstößt nicht gegen den wesentlichen

842 *Pils*, BB 2014, 185, 190 f.

843 Vgl. oben V. 1.

844 *Fuchs*, in: U/B/H, § 307 BGB Rn. 164.

Grundgedanken des Widerspruchsrechts. Die Klausel ist deshalb nicht nach § 307 Abs. 2 Nr. 1 i.V.m. Abs. 1 BGB unwirksam.[845]

B. Wirksamkeit des individuell ausgehandelten Verzichts (Fall 4)

Auch der Verzicht, der zwischen Arbeitnehmer und einer oder beiden Kaufvertragsparteien in der konkreten Übergangssituation individuell ausgehandelt wird, ist wirksam. Da der Verzicht bereits dann wirksam ist, wenn er in Allgemeinen Geschäftsbedingungen erklärt wird, gilt dies erst recht, wenn er individuell ausgehandelt ist.

C. Zusammenfassung von § 9

Die Verzichtserklärung des Arbeitnehmers wird in Fall 3 nicht Bestandteil eines Vertrags. Mangels Vorliegen einer Vertragsbedingung iSd. AGB-Definition sind die §§ 305 ff. BGB deshalb nicht direkt anwendbar.

Die angesichts eines konkret bevorstehenden Betriebsübergangs formularmäßig abgegebene Verzichtserklärung fällt aber in analoger Anwendung der §§ 305 ff. BGB in den Anwendungsbereich des Rechts der Allgemeinen Geschäftsbedingungen. Voraussetzung für eine analoge Anwendung auf vom Verwender vorformulierte einseitige Rechtsgeschäfte des Verwendungsgegners ist, dass das einseitige Rechtsgeschäft im Zusammenhang mit einer vertraglichen Beziehung zwischen Verwender und Verwendungsgegner steht. Dieses Kriterium ist erfüllt, wenn das einseitige Rechtsgeschäft entweder in engem zeitlichem Zusammenhang mit dem Abschluss eines Vertrags vorgenommen wird oder die bereits bestehenden vertraglichen Beziehungen zwischen Verwendungsgegner und Verwender beeinflusst. Zwar finden sich hierfür in den Klauselverboten der §§ 308 und 309 BGB keine Anhaltspunkte. Die analoge Anwendung des AGB-Rechts auf einseitige Rechtsgeschäfte, die einen Zusammenhang mit einer vertraglichen Beziehung aufweisen, ist aber wegen des materiellen, schutzzweckorientierten Verständnisses des AGB-Begriffs geboten. Denn auch mit der Vorformulierung des isolierten Verzichts in engem zeitlichen Zusammenhang mit dem Abschluss des Arbeitsvertrags bzw. zum Zweck der Modifikation eins bereits bestehenden Vertragsverhältnisses nimmt der Arbeitgeber die Vertragsgestaltungsfreiheit einseitig in Anspruch und schaltet dadurch die mit einem Aushandeln des einseitigen Rechtsgeschäfts verbundene Richtigkeitsgewähr aus.

845 So auch *Pils*, BB 2014, 185, 190 f.

Die vom Arbeitgeber vorformulierte isolierte Verzichtserklärung des Arbeitnehmers unterliegt aber im Gegensatz zu einem Verzicht bei Begründung des Arbeitsverhältnisses nach § 307 Abs. 3 BGB nicht der richterlichen Inhaltskontrolle, da es sich dabei nicht um eine unselbständige Nebenabrede des Arbeitsvertrags, sondern um die Hauptleistungspflicht eines selbständigen Rechtsgeschäfts handelt. Für die Einordnung als Hauptleistungspflicht eines selbständigen Vertrags ist unerheblich, ob der Arbeitnehmer für den Verzicht eine Gegenleistung erhält oder nicht.

Mindestvoraussetzung für die Wirksamkeit des Verzichts in der konkreten Übergangssituation ist, dass der Arbeitnehmer Kenntnis von der Person des Betriebserwerbers hat. Die Kenntnis von der Konzernzugehörigkeit genügt eben so wenig wie die Kenntnis des Kreises der möglichen Erwerber, da der Schutzzweck des Widerspruchsrechts in diesen Fällen voll einschlägig ist. Unerheblich ist, auf welche Weise der Arbeitnehmer Kenntnis von der Person des Betriebserwerbers erlangt hat. Aus Sicht der Kaufvertragsparteien empfiehlt es sich, dem Arbeitnehmer vor Abgabe der Verzichtserklärung die Person des Betriebserwerbers möglichst exakt mitzuteilen. Die Kaufvertragsparteien können sich diesbezüglich an den Anforderungen orientieren, die das BAG an den Unterrichtungsgegenstand „Identität des Betriebserwerbers" im Informationsschreiben nach § 613a Abs. 5 BGB stellt.

Entgegen der herrschenden Meinung spielt es für die Wirksamkeit des Verzichts keine Rolle, ob der Arbeitnehmer von den Kaufvertragsparteien vor Abgabe der Verzichtserklärung ordnungsgemäß nach § 613a Abs. 5 BGB informiert worden ist. Eine rechtliche Grundlage dafür, die Wirksamkeit des Verzichts an den Zugang eines ordnungsgemäßen Unterrichtungsschreibens zu knüpfen, existiert nicht. Gegen eine solche Wirksamkeitsvoraussetzung für den Verzicht spricht zudem der Vergleich der Verzichts- mit der Ausübungssituation. Der Zugang eines Informationsschreibens, das den Arbeitnehmer über alle in § 613a Abs. 5 BGB genannten Umstände ordnungsgemäß informiert, ist keine Entstehungsvoraussetzung für das Widerspruchsrecht, so dass das Widerspruchsrecht bereits vor Zugang eines ordnungsgemäßen Informationsschreibens wirksam ausgeübt werden kann. Aus systematischen Gründen müssen diese Grundsätze auch für den Verzicht des Arbeitnehmers auf das Widerspruchsrecht gelten. Auch der Verzicht, den der Arbeitnehmer in der in der konkreten Übergangssituation oder nach Vollzug des Betriebsübergangs erklärt, stellt ebenso wie die Ausübung des Widerspruchsrechts eine bewusste Auswahlentscheidung des Arbeitnehmers hinsichtlich seines künftigen Vertragspartners dar. Auch der Schutzzweck der Informationspflicht gebietet es entgegen der herrschenden Meinung nicht, die Wirksamkeit des Verzichts von der Erfüllung der Informationspflicht abhängig zu machen. Der Arbeitnehmer ist durch die Verknüpfung des Beginns der Widerspruchsfrist mit dem Informationszugang sowie etwaigen Sekundäransprüchen ausreichend vor einer Entscheidung aufgrund einer unzureichenden Tatsachengrundlage geschützt. Entgegen der herrschenden Meinung kann der Informationszugang daher de lege lata nicht zur Wirksamkeitsvoraussetzung für den Verzicht gemacht werden.

Misst man den formularmäßigen Verzicht entgegen der hier vertretenen Ansicht am Maßstab der §§ 307 ff. BGB, hält die Verzichtsklausel der Inhaltskontrolle entgegen der herrschenden Meinung Stand. Ein Verstoß gegen §309 Nr. 10 BGB scheidet aus. wenn der Betriebserwerber namentlich in der Verzichtsklausel bezeichnet ist. Auch in den übrigen Fällen ist die Verzichtsklausel nicht nach § 309 Nr. 10 BGB unwirksam, weil die Norm wegen der im Arbeitsrecht geltenden Besonderheiten nicht anwendbar ist. Die Verzichtsklausel benachteiligt den Arbeitnehmer nicht unangemessen iSd. § 307 Abs. 1 Satz 1 BGB, wenn er Kenntnis von der Person des Betriebserwerbers hat. Der Schutzzweck des Widerspruchsrechts ist nicht mehr einschlägig, da dem Arbeitnehmer in diesem Zeitpunkt nicht mehr gegen seinen Willen ein neuer Arbeitgeber aufgedrängt werden kann. Der Arbeitnehmer, der die Verzichtserklärung abgibt, macht von dem durch Art. 12 Abs. 1 GG gewährleisteten Recht zur freien Wahl seines Vertragspartners Gebrauch. Der Verzicht des Arbeitnehmers auf das Widerspruchsrecht widerspricht nicht dem gesetzlichen Leitbild von § 613a Abs. 6 BGB, sondern verwirklicht es. Die Verzichtsklausel verstößt deshalb nicht gegen § 307 Abs. 1 Satz 1 BGB.

Kapitel 4: Zusammenfassung der wesentlichen Ergebnisse

Im Folgenden werden die wesentlichen Ergebnisse der vorliegenden Untersuchung in Form von Schlussthesen zusammengefasst:

1. a) Verfassungsrechtliches Fundament des Widerspruchsrechts ist das von Art. 12 Abs. 1 GG garantierte Grundrecht der Berufsfreiheit. Der Schutzbereich dieses Grundrecht erstreckt sich auf sämtliche Dimensionen der beruflichen Betätigung, angefangen von der freien Wahl einer bestimmten Berufsausbildung bis hin zu der Entscheidung des Einzelnen, welchen Beruf er ergreifen, wie, wann und wo er ihn ausüben und welchen Arbeitsplatz er dazu wählen will. Das Recht zur freien Arbeitsplatzwahl beschränkt sich nicht auf die räumliche Komponente, sondern umfasst beim abhängig Beschäftigten auch die freie Wahl des Vertragspartners.

   b) Das Recht des Arbeitnehmers, seinen Arbeitgeber frei zu wählen, wird nicht nur bei der Suche nach einem geeigneten Arbeitsplatz relevant, sondern aktualisiert sich auch bei einem Betriebsübergang. Die Wahlfreiheit ist dabei nur auf die Auswahl zwischen zwei möglichen Arbeitgebern verengt. Der Gesetzgeber gewährleistet den verfassungsrechtlich notwendigen Schutz vor Aufdrängung eines Vertragspartners bei einem Betriebsübergang dadurch, dass er dem Arbeitnehmer in § 613a Abs. 6 BGB ein Wahlrecht hinsichtlich seines zukünftigen Arbeitgebers einräumt. Der Arbeitnehmer kann sich entweder für den von ihm ursprünglich gewählten Arbeitgeber entscheiden, indem er das Widerspruchsrecht ausübt. Er kann aber auch den Übergang seines Arbeitsverhältnisses akzeptieren und dadurch den Betriebserwerber als neuen Arbeitgeber wählen. Das Widerspruchsrecht ist Ausprägung des Rechts zur freien Wahl des Vertragspartners und damit letztlich Ausfluss der Berufsfreiheit.

   c) Aus europäischer Perspektive ist das Widerspruchsrecht nur insoweit erforderlich, als es dem Arbeitnehmer ermöglicht, den Betriebserwerber als neuen Arbeitgeber abzuwehren. Demnach wäre es auch europarechtskonform gewesen, dem Arbeitnehmer bei einem Betriebsübergang anstelle des Widerspruchsrechts ein außerordentliches Kündigungsrecht einzuräumen. Im Gegensatz dazu kann den grundrechtlichen Anforderungen von Art. 12 Abs. 1 GG nicht mit einem außerordentlichen Kündigungsrecht Rechnung getragen werden. Grund dafür ist zum einen, dass eine

Eigenkündigung des Arbeitnehmers negative sozialrechtliche Konsequenzen hat, z.B. eine Sperrzeit beim Bezug von Arbeitslosengeld (§ 159 Abs. 1 Satz 1, Satz 2 Nr. 1 SBG III). Dadurch entsteht zumindest ein faktischer Zwang, den Betriebserwerber als neuen Arbeitgeber zu akzeptieren. Diese negativen sozialrechtlichen Auswirkungen hat die Ausübung des Widerspruchsrechts nicht. Die Kündigungslösung kann zum anderen nicht verhindern, dass das Arbeitsverhältnis zunächst auf den Betriebserwerber übergeht und vom Arbeitnehmer mit Wirkung für die Zukunft beendet wird. Vor allem in den Fällen, in denen der Arbeitnehmer keine Kenntnis vom Übergangsstichtag hat, wird ihm zumindest für eine gewisse Zeit ein neuer Arbeitgeber aufgedrängt. Zudem missachtet die Kündigungslösung die ursprünglich getroffene Arbeitgeberwahl und entzieht dem Arbeitnehmer dadurch unter Umständen ein erhebliches Maß an Bestandsschutz.

2. a) Das Widerspruchsrecht des Arbeitnehmers ist ein negatives Gestaltungsrecht, mit dessen Ausübung der Arbeitnehmer sich gegen den gesetzlichen Automatismus eines Betriebsübergangs - den in § 613a Abs. 1 Satz 1 BGB angeordneten Übergang der Rechte und Pflichten aus seinem Arbeitsverhältnis auf den Betriebserwerber - zur Wehr setzen kann.

   b) Eine Zustimmung des Arbeitnehmers zum Übergang seines Arbeitsverhältnisses ist nicht erforderlich. Aus diesem Grund ist der Verzicht des Arbeitnehmers auf das Widerspruchsrecht nicht mit der Erteilung der zum Übergang des Arbeitsverhältnisses erforderlichen Zustimmung gleichzusetzen. Gegen ein Zustimmungserfordernis sprechen grammatikalische, systematische und teleologische Gründe.

3. a) Das Widerspruchsrecht erlischt, sobald es wirksam ausgeübt worden ist. Ein Widerruf der Widerspruchserklärung ist gemäß § 130 Abs. 1 Satz 2 BGB nur wirksam, wenn der Widerruf dem Erklärungsgegner vor oder zeitgleich mit der Widerspruchserklärung zugeht. Ist die Widerspruchserklärung dagegen mit Zugang beim Empfänger wirksam geworden, kann sie nicht mehr durch Widerruf oder Rücknahme beseitigt werden. Die Widerspruchserklärung ist aus Gründen der Rechtssicherheit nicht so lange frei widerruflich, bis dem Arbeitnehmer ein ordnungsgemäßes Informationsschreiben nach § 613a Abs. 5 BGB zugegangen ist. Widerspricht der Arbeitnehmer dem Übergang seines Arbeitsverhältnisses auf den Betriebserwerber trotz fehlender oder unzureichender Unterrichtung, ist davon auszugehen, dass der Arbeitnehmer sich die erforderlichen Informationen

selbst verschafft hat und sein Widerspruchsrecht deshalb ausübt, weil er das Arbeitsverhältnis mit seinem bisherigen Arbeitgeber fortsetzen will.

b) Diese für die Ausübung des Widerspruchsrechts anerkannten Grundsätze müssen aus systematischen Gründen auch für den Verzicht des Arbeitnehmers auf das Widerspruchsrecht gelten, weil auch der Verzicht des Arbeitnehmers eine Ausprägung des ihm durch das Widerspruchsrecht vermittelten Wahlrechts zwischen zwei Arbeitgebern ist.

4. a) Das verfassungsrechtliche Fundament des Widerspruchsrechts in Gestalt der Berufsfreiheit steht einem Verzicht nicht grundsätzlich entgegen. Ein Grundrechtsverzicht im eigentlichen Sinn würde nur dann vorliegen, wenn der Arbeitnehmer eine verfassungsrechtlich garantierte Rechtsposition endgültig rechtsgeschäftlich aufgeben würde. Ein solcher genereller, zeitlich unbegrenzter Verzicht auf die Ausübung bestimmter Grundrechte ist nach allgemeiner Ansicht unzulässig. Gegenstand der vorliegenden Arbeit ist demgegenüber die Frage, in welchem konkreten Fall und unter welchen Voraussetzungen der Grundrechtsinhaber auf einzelne, durch das betreffende Grundrecht geschützte Handlungsweisen verzichten kann.

b) Der Verzicht auf das Widerspruchsrecht und die Ausübung des Widerspruchsrechts stellen jeweils eigenständige Rechtsgeschäfte dar, die unterschiedlichen Regeln folgen können. Der Verzicht auf das Widerspruchsrecht ist die rechtsgeschäftliche Aufgabe des Gestaltungsrechts durch eine rechtsaufhebende Verfügung. Es handelt sich dabei nicht um eine positive Ausübung des Widerspruchsrechts. Eine solche bestätigende Ausübung des Widerspruchsrechts existiert nicht. Die Bestätigung des Übergangs der Rechte und Pflichten aus dem Arbeitsverhältnis auf den Käufer des Betriebs ist vielmehr ein Verzicht des Arbeitnehmers auf das Widerspruchsrecht.

c) Da die gesetzlichen Regelungen für die Ausübung des Widerspruchsrechts aufgrund der Trennung von Ausübung und Verzicht nicht zwangsläufig auch für den Verzicht gelten müssen, ist das für die Ausübung des Widerspruchsrechts geltende Schriftformerfordernis des § 613a Abs. 6 Satz 1 BGB jedenfalls nicht direkt auf die Verzichtserklärung des Arbeitnehmers anwendbar. Die Frage, welchem Verzichtsmechanismus das Widerspruchsrecht unterliegt, ist ebenfalls nicht aufgrund des einseitigen Ausübungs-mechanismus für das Widerspruchsrecht zu Gunsten eines einseitigen Verzichts „vorprogrammiert".

5. a) Der Verzicht auf das Widerspruchsrecht unterliegt trotz des im Schuldrecht geltenden Vertragsprinzips einem anderen Verzichtsmechanismus als der Forderungsverzicht, für den nach h.M. in § 397 Abs. 1 BGB ein Vertragserfordernis enthalten ist. Der Arbeitnehmer kann auf das Widerspruchsrecht durch eine einseitige Willenserklärung verzichten. Die Verzichtserklärung muss für ihre Wirksamkeit nicht von den Kaufvertragsparteien angenommen werden. Für die Möglichkeit des einseitigen Verzichts auf das Widerspruchsrecht spricht unter anderem eine analoge Anwendung von § 144 Abs. 1 BGB, der für den Verzicht auf das Anfechtungsrecht die einseitige Bestätigung des anfechtbaren Rechtsgeschäfts durch den Anfechtungsberechtigten genügen lässt.

   b) Der Verzicht auf das Widerspruchsrecht ist kein Zuwendungsgeschäft, da der Arbeitnehmer den Verzicht vorrangig aus eigenem Interesse erklärt und den Kaufvertragsparteien dadurch keinen Vermögensvorteil zukommen lassen will. Der Verzicht bedarf daher keiner kausalen Zweckbestimmung, um kondiktionsfest zu sein. Alles andere würde den einseitigen Verzichts-mechanismus, dem das Widerspruchsrecht unterliegt, konterkarieren. Aus diesem Grund hat der Arbeitnehmer keinen bereicherungsrechtlichen Anspruch gegen den Verzichtsgegner auf Wiederbegründung des Widerspruchsrechts, wenn dem Verfügungsgeschäft keine schuldrechtliche causa zugrunde liegt.

6. a) Der einseitige Verzicht des Arbeitnehmers auf das Widerspruchsrecht zählt zu den Verfügungsgeschäften. Infolge des Verzichts erlischt das Widerspruchsrecht unmittelbar durch eine rechtsaufhebende Verfügung. Gleiches gilt bei Abschluss einer Verzichts- oder Überleitungsvereinbarung zwischen dem Arbeitnehmer und einer oder beiden Kaufvertragsparteien, da der Arbeitnehmer in diesem Fall das dingliche Verfügungsgeschäft zeitgleich mit dem Abschluss der schuldrechtlichen Vereinbarung vornimmt.

   b) Um dem Arbeitnehmer die Berufung auf die Rechtsfolgen des Widerspruchs zu verwehren, muss deshalb entgegen der Rspr. des BAG nicht auf § 242 BGB zurückgegriffen werden.

7. a) Für den Verzicht des Arbeitnehmers gilt das in § 613a Abs. 6 Satz 1 BGB für die Ausübung des Widerspruchsrechts geregelte Schriftform-erfordernis entsprechend. Die Verzichtserklärung muss deshalb schriftlich abgefasst und vom Arbeitnehmer eigenhändig unterzeichnet werden. Die Warnfunktion der Schriftform spricht in der Verzichtsituation – anders als in

der Ausübungssituation – entgegen der herrschenden Meinung allerdings nicht für die Formbedürftigkeit des Verzichts. Während der Arbeitnehmer in der Ausübungssituation regelmäßig seinen Arbeitsplatz riskiert, besiegelt der Verzicht den in § 613a Abs. 1 Satz 1 BGB angeordneten Arbeitgeberwechsel, den der Gesetzgeber zum Schutz des Arbeitnehmers vor dem Verlust seines Arbeitsplatzes infolge eines Betriebsübergangs angeordnet hat. In der Verzichtssituation muss der Arbeitnehmer deshalb – anders als in der Ausübungssituation - nicht von der Warnfunktion der Schriftform erreicht werden. § 144 Abs. 2 BGB enthält für das vorliegende Problem keinen Lösungsansatz, da der Regelungsgegenstand dieser Norm wegen der fehlenden Vergleichbarkeit nicht auf das Widerspruchsrecht übertragen werden kann. Entscheidend für eine analoge Anwendung des in § 613a Abs. 6 Satz 1 BGB enthaltenen Schriftformerfordernisses in der Verzichtssituation spricht aber dessen Beweisfunktion. Die Auswahlentscheidung des Arbeitnehmers hinsichtlich seines künftigen Arbeitgebers muss aus Gründen der Rechtssicherheit eindeutig und beweisbeständig dokumentiert sein. Infolgedessen verbleibt nur ein eingeschränkter Spielraum für einen konkludenten Verzicht des Arbeitnehmers auf das Widerspruchsrecht.

b) Die (einseitige) Verzichtserklärung ist eine empfangsbedürftige Willenserklärung und wird deshalb - genauso wie die Widerspruchserklärung nach § 613a Abs. 6 Satz 2 BGB – mit Zugang bei einer von beiden Kaufvertragsparteien wirksam. Dafür spricht besonders der Gedanke der rechtssicheren Zuordnung der Arbeitsverhältnisse. Die Kaufvertragsparteien müssen eindeutig erkennen können, für welchen Arbeitgeber sich der Arbeitnehmer entschieden hat. Die Kaufvertragsparteien sind aufgrund einer vertraglichen Nebenpflicht aus der rechtsgeschäftlichen Grundlage des Betriebsübergangs verpflichtet, sich gegenseitig über zugegangene Verzichtserklärungen zu informieren.

8. a) Der einseitige, dingliche Verzicht auf das Widerspruchsrecht, der in den Arbeitsvertrag integriert ist, ist eine Vertragsbedingung iSd. AGB-Definition, da auch die Aufnahme einseitiger Rechtsgeschäfte in den Vertrag dazu dient, den Inhalt des Vertrags zu gestalten.

b) Eine Allgemeine Geschäftsbedingung des Arbeitgebers, wonach der Arbeitnehmer mit der Unterzeichnung des Arbeitsvertrags auf sein Widerspruchsrecht verzichtet, wird - vorbehaltlich einer „täuschungsähnlichen" äußeren Vertragsgestaltung - Bestandteil des Arbeitsvertrags.

aa) Es handelt sich dabei grundsätzlich nicht um eine überraschende Klausel iSd. § 305c Abs. 1 BGB, wenn die Verzichtsklausel mit einer eigenen Überschrift versehen und dadurch optisch vom übrigen Vertragstext abgehoben ist. Dem Arbeitnehmer ist aufgrund dieser formalen Vertragsgestaltung bewusst, dass er sein Widerspruchsrecht mit der Unterzeichnung des Arbeitsvertrags endgültig aufgibt und sein Arbeitsverhältnis im Fall eines späteren Betriebsübergangs auf den unbekannten Erwerber des Betriebs oder Betriebsteils übergeht. Die Verzichtsbestimmung im Arbeitsvertrag hat deshalb nicht die für das Vorliegen einer überraschenden Klausel erforderliche Täuschungsäquivalenz infolge der formalen Vertragsgestaltung.

bb) Die Verzichtsklausel ist auch nicht inhaltlich derart überraschend, dass ein durchschnittlicher Arbeitnehmer mit einer solchen Regelung in keinem Fall rechnen kann. Dagegen spricht, dass Klauseln im Arbeitsvertrag, nach denen der Arbeitnehmer bereits mit Abschluss des Arbeitsvertrags einem zukünftigen Arbeitgeberwechsels zustimmt, nicht völlig ungewöhnlich sind. Dies zeigt das Beispiel der Konzernversetzungsklausel. Unabhängig davon, unter welchen Voraussetzungen derartige Klauseln einer Inhaltskontrolle standhalten, vermag jedenfalls allein die Anordnung eines zukünftigen Arbeitgeberwechsels innerhalb des Konzerns den Überraschungscharakter der Versetzungsklausel nicht zu begründen. Gegen die Übertragung dieser Grundsätze auf die arbeitsvertragliche Verzichtsklausel spricht nicht, dass der Arbeitnehmer bei einer Konzernversetzungsklausel im Gegensatz zum Verzicht auf das Widerspruchsrecht im Zeitpunkt des Vertragsschlusses zumindest auf das Kriterium der Konzernzugehörigkeit als Eingrenzungshilfe zur Bestimmung der in Betracht kommenden Arbeitgeber zurückgreifen kann. Denn ein Konzern hat in der Regel keine statische Struktur. Vielmehr treten im Laufe der Zeit typischerweise neue Unternehmen in den Konzernverbund ein, während andere ausscheiden. Eine genaue Bezeichnung der potentiell als Arbeitgeber in Betracht kommenden Konzernunternehmen ist deshalb kaum möglich.

cc) Schließlich ist zu berücksichtigen, dass die arbeitsvertragliche Abbedingung des Widerspruchsrecht in systematischer Hinsicht eher im Bereich der Inhalts- als der (negativen) Einbeziehungskontrolle zu verorten ist, da der Schwerpunkt der Prüfung auf der Vereinbarkeit der arbeitsvertraglichen Abbedingung des Widerspruchsrechts mit dem materiellen Recht liegt. Einbeziehungs- und Inhaltskontrolle haben grundsätzlich eigenständige, voneinander abgrenzbare Anwendungsbereiche. § 305c Abs. 1 BGB hat eine Filterfunktion für die Einbeziehung von solchen Allgemeinen Geschäftsbedingungen in den Vertrag, die anschließend einer Inhalts- und/oder Transparenzkontrolle unterzogen werden sollen. Entsprechend dieser Zielsetzung soll § 305c Abs. 1 BGB Klauseln vom übrigen Vertragsinhalt aussieben, deren Einbeziehung in den Vertrag allein wegen ihres treuwidrigen Überraschungscharakters nicht gerechtfertigt ist, ohne dass es darauf ankommt, ob sie im Übrigen rechtmäßig sind oder nicht. Die Regelungen der Inhaltskontrolle dienen dagegen der Überprüfung von AGB auf ihre Vereinbarkeit mit den zwingenden Vorgaben des materiellen Rechts. Um der für diese Frage sachnäheren Inhaltskontrolle nicht zu viel Raum zu nehmen, ist § 305c Abs. 1 BGB in dem Bereich, in dem es zu Überschneidungen mit den §§ 307 ff. BGB kommt, eher restriktiv anzuwenden. Dies gilt nicht zuletzt deshalb, weil mit der im Rahmen der Inhaltskontrolle vorgenommenen Überprüfung des materiellen Gehalts einer Klausel eine größere Rechtsbefriedungswirkung verbunden ist, als wenn man sich dieser inhaltlichen Auseinandersetzung unter Berufung auf den Überraschungs-charakter einer Klausel entzieht.

c) Die Inhaltskontrolle dient dazu, die Angemessenheit von Allgemeinen Geschäftsbedingungen zu überprüfen, die vom dispositiven Recht abweichen. Das zwingende Recht zählt dagegen nicht zum Kontrollgegenstand der Inhaltskontrolle. Die arbeitsvertragliche Verzichtsklausel unterliegt nicht der Inhaltskontrolle nach den §§ 307 ff. BGB, weil sie von der zwingenden Regelung des § 613a Abs. 6 BGB abweicht. Gegen die Disposivität des Widerspruchsrechts im Zeitpunkt der Begründung des Arbeitsverhältnisses spricht, dass der Arbeitnehmer den Schutz vor Aufdrängung eines nicht frei gewählten Vertragspartners verlöre, ohne Kenntnis von der Person seines möglichen neuen Arbeitgebers zu haben. Der Arbeitnehmer kann wegen des verfassungsrechtlichen Fundaments von § 613a Abs. 6 BGB nicht vor der Entstehung des Widerspruchsrechts auf diese Rechtsposition verzichten. Der arbeitsvertragliche Verzicht ist deshalb unwirksam, weil er gegen zwingendes Recht verstößt.

9. a) Vertragsbedingungen, die individuell zwischen den Vertragsparteien ausgehandelt werden, unterliegen nicht der Inhaltskontrolle nach den

§§ 307 ff. BGB. Wie die Regelungen der §§ 310 Abs. 3 Nr. 2, 305b und 305 Abs. 1 Satz 3 BGB zeigen, soll der Bereich der privatautonom ausgehandelten Vertragsbedingungen grundsätzlich frei von einer richterlichen Inhaltskontrolle bleiben. Da die in den §§ 307 ff. BGB enthaltene Inhaltskontrolle das Gebot von Treu und Glauben abschließend konkretisiert, ist daneben kein Raum (mehr) für eine allgemeine Billigkeitskontrolle nach § 242 BGB.

b) Allerdings ist auch bei einem individuell ausgehandelten Verzicht das von Art. 12 Abs. 1 GG garantierte Recht zur freien Vertragspartnerwahl zu berücksichtigen. Da der Arbeitnehmer dieses Wahlrecht ohne Kenntnis von der Identität des Betriebserwerbers nicht ausüben kann, verstößt auch der individuell ausgehandelte arbeitsvertragliche Verzicht des Arbeitnehmers gegen die zwingende Vorschrift des § 613a Abs. 6 BGB und ist deshalb unwirksam.

10. a) Erklärt der Arbeitnehmer den Verzicht nicht im Arbeitsvertrag, sondern isoliert davon, sind die §§ 305 ff. BGB mangels Vorliegen einer Vertragsbedingung nicht direkt anwendbar. Allerdings gilt das AGB-Recht entsprechend für den vorformulierten einseitigen Verzicht des Arbeitnehmers.

b) Voraussetzung einer solchen Anwendung auf einseitige, vom Verwender vorformulierte Rechtsgeschäfte des Verwendungsgegners ist, dass das einseitige Rechtsgeschäft im Zusammenhang mit einer vertraglichen Beziehung zwischen Verwender und Verwendungsgegner steht. Dieses Kriterium ist erfüllt, wenn das einseitige Rechtsgeschäft entweder in engem zeitlichem Zusammenhang mit dem Abschluss eines Vertrags vorgenommen wird oder die bereits vor Abgabe der Willenserklärung begründeten und noch fortbestehenden vertraglichen Beziehungen zwischen Verwendungsgegner und Verwender beeinflusst. Zwar finden sich hierfür in den §§ 308 und 309 BGB keine Anhaltspunkte. Die analoge Anwendung des AGB-Rechts auf einseitige Rechtsgeschäfte, die einen Zusammenhang mit einer vertraglichen Beziehung aufweisen, ist aber wegen des materiellen, schutzzweck-orientierten Verständnisses des AGB-Begriffs geboten.

c) Entscheidend für eine entsprechende Anwendung des AGB-Rechts auf die isolierte Verzichtserklärung spricht, dass der Arbeitgeber das Recht zur inhaltlichen Ausgestaltung des einseitigen Rechtsgeschäfts allein für sich in Anspruch nimmt, um den Inhalt des Arbeitsverhältnisses zu modifizieren. Wird das einseitige Rechtsgeschäft in unmittelbarem zeitlichen Zusammenhang mit dem Abschluss eines Vertrags vorgenommen oder beeinflusst das einseitige Rechtsgeschäft unmittelbar eine bereits bestehende vertragliche Beziehung, ist es bei materieller Betrachtung unerheblich, dass das einseitige Rechtsgeschäft nicht Vertragsbestandteil ist. In beiden Fällen handelt es sich zwar um selbständige Rechtsgeschäfte. Bei der für die AGB-Definition maßgeblichen materiellen Betrachtung ist dies aber nicht entscheidend. Maßgeblich ist vielmehr, dass die Vorformulierung des einseitigen Verzichts dazu dient, den Inhalt des Arbeitsverhältnisses zu gestalten. Der einseitige Verzicht des Arbeitnehmers beeinflusst das Arbeitsverhältnis, da er das Widerspruchsrecht erlöschen lässt und das Arbeitsverhältnis dadurch eines seiner Elemente verliert. Materiell ähnelt das einseitige Rechtsgeschäft daher eher einer Modifikation bzw. einem teilweisen Neuabschluss des bereits existierenden Arbeitsvertrags.

d) Die angesichts eines konkret bevorstehenden Betriebsübergangs vom Arbeitgeber vorformulierte isolierte Verzichtserklärung des Arbeitnehmers unterliegt nach § 307 Abs. 3 BGB nicht der richterlichen Inhaltskontrolle, da es sich dabei nicht um eine unselbständige Nebenabrede des Arbeitsvertrags, sondern um den Hauptgegenstand eines selbständigen Rechtsgeschäfts handelt.

   aa) Dies indiziert der große zeitliche Abstand, der in der Regel zwischen dem Abschluss des Arbeitsvertrags und der Abgabe der Verzichtserklärung liegt. Da der formularmäßige Verzicht keine anderen rechtsgeschäftlichen Erklärungen enthält, ist die Inhaltskontrolle auch deswegen nicht erforderlich, weil es sich bei dem Verzicht des Arbeitnehmers um eine freie, von „sachfremden Erwägungen“ unbeeinflusste Entscheidung handelt. Schließlich spricht der Vergleich mit der Beendigungsvereinbarung in Aufhebungsverträgen für das Vorliegen einer Hauptleistungspflicht, die nach § 307 Abs. 3 BGB dem kontrollfreien Bereich zuzuordnen ist. Denn auch die Beendigungsvereinbarung eines Aufhebungsvertrags wird von der Rspr. keiner Inhaltskontrolle unterzogen, da es sich bei der Beendigungsvereinbarung um ein selbständiges Rechtsgeschäft handelt, bei dem die Hauptleistung die Beendigung des Arbeitsverhältnisses ist. Da der Verzicht im Verhältnis zum Verkäufer des Betriebs im Ergebnis eine Aufhebung des Arbeitsverhältnisses bedeutet, ist der Verzicht die Hauptleistung der (hypothetischen) Verzichtsvereinbarung, ebenso wie die Beendigungsvereinbarung die Hauptleistung des Aufhebungsvertrags ist.

bb) Keine Rolle für die Bewertung des Verzichts als Hauptleistungspflicht spielt dagegen, ob der Arbeitnehmer für den Verzicht eine kompensatorische Gegenleistung erhält oder nicht.

e) Voraussetzung für die Disposivität des Widerspruchsrechts ist, dass der Arbeitnehmer Kenntnis von der Person des Betriebserwerbers hat. Dies folgt aus dem Schutzzweck des Widerspruchsrechts, den Arbeitnehmer vor der Aufdrängung eines nicht frei gewählten Arbeitgebers zu schützen. Nicht ausreichend ist deshalb, dass der Arbeitnehmer die Konzernzugehörigkeit des Betriebserwerbers oder den Kreis der möglichen Erwerber kennt. Unerheblich ist dabei, auf welche Weise der Arbeitnehmer diese Kenntnis erlangt hat. Aus Sicht der Kaufvertragsparteien empfiehlt es sich, dem Arbeitnehmer die Identität des Betriebserwerbers bereits in dem von ihnen vorformulierten Verzichtsformular so eindeutig mitzuteilen, dass jede Verwechslungsgefahr ausgeschlossen ist. Um völlig sicher zu gehen, können sich die Kaufvertragsparteien an den Anforderungen orientieren, die das BAG an den Unterrichtungsgegenstand „Identität des Betriebserwerbers“ im Informations-schreiben nach § 613a Abs. 5 BGB stellt.

f) Der Zugang eines ordnungsgemäßen Informationsschreibens nach § 613a Abs. 5 BGB ist keine Wirksamkeitsvoraussetzung für den Verzicht. Eine gesetzliche Regelung, die eine solche Rechtsfolge vorsieht, existiert nicht.

aa) Der Arbeitnehmer kann sich bereits vor Zugang eines ordnungsgemäßen Informationsschreibens durch die Ausübung des Widerspruchsrechts für seinen bisherigen Arbeitgeber entscheiden. Dies muss aus systematischen Gründen auch für die Entscheidung des Arbeitnehmers zugunsten des Betriebserwerbers als künftigen Arbeitgeber gelten, die der Arbeitnehmer mit der Abgabe der Verzichtserklärung trifft.

bb) Auch aus teleologischen Gründen ist es nicht geboten, die Wirksamkeit des Verzichts mit dem Zugang eines ordnungsgemäßen Informations-schreibens zu verknüpfen. Die Einhaltung des Schutzzwecks der Informationspflicht nach § 613a Abs. 5 BGB wird dadurch wirksam gewährleistet, dass der Gesetzgeber den Beginn der

Widerspruchsfrist vom Zugang eines ordnungsgemäßen Informationsschreibens abhängig gemacht hat. Einer zusätzlichen Sanktion der Informationspflichtverletzung in Form der Unwirksamkeit des Verzichts bedarf es daneben nicht. Der vor Zugang eines ordnungsgemäßen Unterrichtungsschreibens erklärte Verzicht ist deshalb wirksam, unter Umständen aber anfechtbar. Bei Vorliegen weiterer Voraussetzungen kommt zudem ein Schadensersatzanspruch des Arbeitnehmers nach § 280 Abs. 1 (ggf. i.V.m. § 311 Abs. 2 BGB) gegen die Kaufvertragsparteien in Betracht. Neben der unmittelbaren Rechtsfolge der Nichtauslösung der Widerspruchsfrist bieten diese „Sekundärrechte" dem Arbeitnehmer im Fall einer Informationspflichtverletzung ausreichenden Schutz. Entgegen der herrschenden Meinung kann der Informationszugang daher de lege lata nicht zur Wirksamkeitsvoraussetzung für den Verzicht gemacht werden.

g) Misst man den formularmäßigen Verzicht entgegen der hier vertretenen Ansicht am Maßstab der §§ 307 ff. BGB, hält die Verzichtsklausel der Inhaltskontrolle entgegen der herrschenden Meinung Stand.

aa) Ein Verstoß gegen § 309 Nr. 10 BGB scheidet aus, wenn der Betriebserwerber in der Verzichtsklausel namentlich genannt ist. Auch in den übrigen Fällen ist die Verzichtsklausel nicht nach § 309 Nr. 10 BGB unwirksam, weil die Norm wegen der im Arbeitsrecht geltenden Besonderheiten nicht auf arbeitsrechtliche Verträge anwendbar ist.

bb) Die Verzichtsklausel benachteiligt den Arbeitnehmer nicht unangemessen iSd. § 307 Abs. 1 Satz 1 BGB, wenn er Kenntnis von der Person des Betriebserwerbers hat. Der Schutzzweck des Widerspruchsrechts ist nicht mehr einschlägig, da dem Arbeitnehmer in diesem Zeitpunkt nicht mehr gegen seinen Willen ein neuer Arbeitgeber aufgedrängt werden kann. Der Arbeitnehmer, der die Verzichtserklärung abgibt, macht von dem durch Art. 12 Abs. 1 GG gewährleisteten Recht zur freien Wahl seines Vertragspartners Gebrauch. Der Verzicht des Arbeitnehmers auf das Widerspruchsrecht widerspricht deshalb nicht dem gesetzlichen Leitbild von § 613a Abs. 6 BGB, sondern verwirklicht es. Die Verzichtsklausel verstößt aus diesem Grund nicht gegen § 307 Abs. 1 Satz 1 BGB.

Schriften zum deutschen und europäischen Arbeitsrecht

Herausgegeben von Frank Bayreuther

Band 1 Petra Hamann: Die Kündigung wegen häufiger Kurzerkrankungen. 2009.

Band 2 Robert K. Strecker: „Turboprämie" und Sozialplan. 2009.

Band 3 Julia Rath: Die pauschale Abgeltung von Überstunden im Arbeitsvertrag. 2010.

Band 4 Jens Jensen: Der Freiwilligkeitsvorbehalt bei Entgeltleistungen. Rechtsdogmatik und AGB-Kontrolle. 2010.

Band 5 Enrico Meier: Die unterlassene Änderungskündigung als Unwirksamkeitsgrund der Beendigungskündigung. 2011.

Band 6 Jonas Zäh: Die arbeitsrechtlichen Aspekte des § 11 Wertpapiererwerbs- und Übernahmegesetz. Unter Berücksichtigung der Frage, unter welchen Voraussetzungen der Bieter bei einem öffentlichen Angebot i.S.d. WpÜG verpflichtet ist, Angaben zu seinen Absichten zu machen. 2011.

Band 7 Claudia Voggenreiter: Betriebliche Mitbestimmung im Diskriminierungsrecht. 2011.

Band 8 Lars Weinbrenner: Der Sonderkündigungsschutz im Pflegezeitgesetz. 2011.

Band 9 Julian Schmidt: Quotenorientierte Einstellungs- und Beförderungsentscheidungen nach § 5 AGG. Eine rechtsvergleichende Untersuchung positiver Maßnahmen und US-amerikanischer Affirmative Action. 2012.

Band 10 Hendrik Gülker: Die Geltungserstreckung günstigerer Tarifverträge im Anwendungsbereich des AentG. Eine verfassungsrechtliche Analyse. 2012.

Band 11 Steffen Jankowiak: Das behördliche Betriebsübergangsverlangen nach Art. 4 Abs. 5 Verordnung (EG) Nr. 1370/2007 bei der Vergabe von Aufträgen im öffentlichen Personenverkehr. 2012.

Band 12 Falko Daub: Das Erwerberkonzept. Arbeitsrechtliche Aspekte von Erwerberkonzepten bei der übertragenden Sanierung. 2013.

Band 13 Marthe J. Schwarzbach: Die Geltung von Tarifverträgen in Frankreich. 2013.

Band 14 Esther Kollar: Gesundheitsschutz als Aufgabe der Betriebs- und Tarifparteien. Eine Untersuchung zu Beteiligungs- und Mitbestimmungsrechten aus dem Betriebsverfassungsgesetz und zur Zulässigkeit einer tarifvertraglich etablierten Arbeitnehmervertretung zum Gesundheitsschutz. 2015.

Band 15 Oliver Deeg: Die Verwirkung im Individualarbeitsrecht. 2015.

Band 16 Daniel Heimann: Der Verzicht des Arbeitnehmers auf das Widerspruchsrecht nach § 613a Abs. 6 BGB. Mechanismus, Wirkung, Ausübungsmodalitäten und rechtliche Grenzen des Verzichts. 2015.

www.peterlang.com